劳动基准法研究

林嘉 等◎著

STUDY ON THE LABOUR STANDARDS LAW

法律出版社
LAW PRESS · CHINA
北京

图书在版编目(CIP)数据

劳动基准法研究 / 林嘉等著. -- 北京 : 法律出版社, 2023

ISBN 978-7-5197-7810-1

Ⅰ. ①劳… Ⅱ. ①林… Ⅲ. ①劳动法-研究-中国 Ⅳ. ①D922.504

中国国家版本馆 CIP 数据核字(2023)第 064551 号

劳动基准法研究
LAODONG JIZHUNFA YANJIU

林 嘉 等著

策划编辑 沈小英
责任编辑 刘晓萌
装帧设计 鲍龙卉

出版发行 法律出版社
编辑统筹 法治与经济出版分社
责任校对 王 丰
责任印制 吕亚莉
经　　销 新华书店

开本 710 毫米×1000 毫米 1/16
印张 21.5 **字数** 397 千
版本 2023 年 8 月第 1 版
印次 2023 年 8 月第 1 次印刷
印刷 三河市兴达印务有限公司

地址:北京市丰台区莲花池西里 7 号(100073)
网址:www.lawpress.com.cn
投稿邮箱:info@lawpress.com.cn
举报盗版邮箱:jbwq@lawpress.com.cn

销售电话:010-83938349
客服电话:010-83938350
咨询电话:010-63939796

书号:ISBN 978-7-5197-7810-1
定价:118.00 元

凡购买本社图书,如有印装错误,我社负责退换。电话:010-83938349

作者简介

林　嘉

中国人民大学法学院社会法教研中心主任，中国人民大学劳动法和社会保障法研究所所长，教授、博士研究生导师，入选教育部新世纪优秀人才支持计划，享受国务院政府特殊津贴。

杨　飞

中国政法大学民商经济法学院社会法研究所党支部书记兼副所长，副教授、硕士研究生导师。

范　围

首都经济贸易大学劳动经济学院副院长，教授、博士研究生导师。

黄旭东

华南理工大学法学院法学实践教学中心副主任，副教授、硕士研究生导师。

邓　娟

广东省广州市人民检察院第五检察部副主任、三级高级检察官，法学博士。

黄　晶

中华女子学院法学院（中国妇女儿童权益保障研究院）院长，硕士研究生导师。

陈文涛

中信证券股份有限公司合规部副总裁，法学博士。

李俊杰

西南政法大学经济法学院讲师、硕士研究生导师。

陈靖远

中国人民大学法学院讲师，法学博士。

于　汇

中国政法大学民商经济法学院社会法研究所讲师，法学博士。

惠大帅

首都经济贸易大学博士后研究员，法学博士。

张　韵

中国劳动和社会保障科学研究院助理研究员，法学博士。

序　言

劳动基准法是指关于基本劳动标准的立法，即国家为保障劳动者身体健康和基本生活而制定的，关于各项劳动条件最低标准的法律规范。劳动基准法又可以进一步区分为形式意义上的劳动基准法和实质意义上的劳动基准法，前者指直接以“劳动基准”命名的体系化单独立法，如美国《公平劳动基准法》(The Fair Labor Standards Act, FLSA)、日本《劳动基准法》(労働基準法)等；后者则指国家就工资、工时、休息休假以及职业安全卫生等各项劳动条件介入干预的法律规范。实质意义上的劳动基准法由来已久，最早可追溯到1802年的英国《学徒健康与道德法案》，这也是现代劳动立法的开端。

我国目前虽无形式意义上的劳动基准法，但改革开放以来，实质意义上的劳动基准法在体系和内容上得到了相当程度的丰富。1994年《劳动法》颁布，作为基础性、综合性的劳动立法，其对工作时间和休息休假、工资、劳动安全卫生以及女职工和未成年工特殊保护等劳动基准作出了一般性规定，后国务院及其行政部门又相继出台《国务院关于职工工作时间的规定》《工资支付暂行规定》《最低工资规定》《职工带薪年休假条例》《女职工劳动保护特别规定》等行政法规、部门规章，对各项具体劳动基准予以规范。我国劳动基准法制的建设与发展，对保障劳动者基本权利、构建和谐劳动关系和发展完善劳动力市场发挥了重要的作用。

但是，应当看到在改革开放40多年后的今天，我国劳动基准法的立法质量与制度供给仍然存在较为突出的问题。一是目前我国的劳动基准性规定以行政法规和部门规章为主体，规定分散且效力层级较低，尚未形成相对独立的劳动基准法律体系，不同规范之间的协调与衔接不够顺畅，导致重复立法与立法空白，甚至有些条款存在冲突，进而影响法律条文的理解与适用。二是《劳动法》对我国劳动基准的主体内容确立之后，近30年来未有实质性修改，部分条款规定过于原则，缺乏可操作性，亦有部分条款已经过时，难以适应经济社会发展的现实需求。此外，立法的疏漏与滞后又进一步影响着法律的实施与执行，影响全面推进依法治国进程。

党的十八大以来，中国特色社会主义进入新时代。新时代的新矛盾和新问题，对我国劳动基准法的理论与实践提出了新挑战。例如，随着移动互联网、大数据、云计算等信息技术的运用和新一轮科技革命的到来，工作组织形式和用工方式发生进一步变革，催生了灵活多样的新就业形态。不同于传统的标准用工形态，新就业形态管理松散化、主体多样化、关系复杂化，以标准劳动关系为基础确立的劳动基准规范实难妥善因应新就业形态下劳动者权益保障的缺失问题。因此，如何规范新就业形态用工关系，保障从业劳动者的权益，成为劳动法学界与实务界近年来关注与讨论的重点。又如，新近公布的第七次全国人口普查结果显示我国人口发展中高龄少子化的结构性矛盾突出。为促进人口长期均衡发展，国家进一步优化生育政策，实施三孩生育政策及其配套措施。在此背景下，如何构建生育友好的职场环境，平衡劳动者工作与家庭关系，保障女性就业合法权益，也是劳动法研究的新课题。

劳动基准法是劳动法体系中的基础支柱之一，发挥着“奠基石”的作用，对保障劳动者的生存利益有着重要的影响。面临法治建设中旧问题和新时代的新挑战，我国劳动基准法的理论发展与制度建设必须充分考虑我国的具体国情，担负起时代使命，真正发挥其保障劳动者合法权益与维护和谐劳动关系的制度价值，保持法律的生命力。2018年十三届全国人大常委会发布立法规划，将基本劳动标准法列入第三类立法规划；2019年人社部在对十三届全国人大二次会议第8033号建议的答复中提到将“适时向立法机关提出尽快出台劳动基准法或修改完善劳动法等劳动保障法律法规的建议”，这给我国劳动基准法制的完善提供了新契机。

本书以劳动基准法为研究对象，立足中国实际、探究理论根基、比较域外经验，旨在对劳动基准法的基础理论、具体制度以及实施机制进行全面而系统的研究。概观本书，其研究思路主要呈现如下三个特点：

一是理论研究与制度实践相结合。深化劳动基准法基础理论研究，探讨劳动基准法的性质、效力，在劳动关系调整模式中的地位和作用。同时，以我国劳动基准立法与实施现状为研究起点，结合实证调研数据，呈现我国劳动基准法的真实状况及问题，并对我国劳动基准立法各项具体制度实践与实施机制展开研究。

二是体系建构与问题导向相结合。本书对劳动基准法的理论与制度进行全面梳理,构建完整的知识体系与系统的制度体系,并以此搭建研究框架。同时,在宏观层面,聚焦我国劳动基准立法的争议焦点,就劳动基准的高低、劳动基准的立法模式选择、劳动基准法的时代挑战等问题进行分析讨论,又在各项具体制度研究中对存在的突出问题进行分析并提出应对。

三是本土化与国际化相结合。本书以根植中国现实、解决中国问题为研究主线,同时在研究中融入国际化视野,对全球化进程和国际劳工标准对劳动基准立法的影响展开研究,为我国参与国际市场竞争、有效应对外部环境变化提供理论储备,并在各具体制度研究中对域外立法经验进行比较、分析与借鉴,汲取有益成果。

本书是在国家社科基金重点项目“劳动基准法律问题研究”(11AFX009)的结项成果基础上完成的。参与本书写作的作者有(以撰写章节先后为序):第一章:研究背景与研究对象(林嘉);第二章:我国劳动基准法的现状与争议(陈文涛);第三章:劳动基准法的基础理论(林嘉、陈文涛);第四章:全球化与国际劳工标准对劳动基准法的影响(邓娟);第五章:工作时间法律问题研究(杨飞、惠大帅);第六章:休假法律问题研究(于汇、陈靖远、惠大帅);第七章:工资法律问题研究(李俊杰);第八章:职业安全卫生法律问题研究(范围);第九章:女职工和未成年工特殊保护法律问题研究(黄晶、张韵);第十章:劳动基准法的实施机制研究(黄旭东)。全书由林嘉负责策划并统稿。中国人民大学法学院博士生马进、周圆、罗寰昕、岳福岚对本书的资料更新及统稿校对等提供了协助,在此为他们对本书做出的贡献表示衷心感谢。

作为国内首本以“劳动基准法”为研究对象的学术著作,本书力求在研究广度与研究深度方面均有所推进,希望对我国劳动基准法的理论奠基与制度建设提供学术支持,进而对中国特色社会法学知识体系建构与中国特色社会主义法律体系完善提供助益。碍于时间因素与客观条件的限制,书中一定还存在各种问题或错误,恳请广大读者不吝指正。

林 嘉

2023 年 5 月 20 日

目　　录

第一章　绪论：研究背景与研究对象

第一节　研究背景

改革开放40多年以来，中国的法治建设取得了丰硕成果，中国特色社会主义法律体系不断完善，劳动法作为社会法的重要组成部分，从体系和内容上都得到了极大的丰富。以1994年7月5日全国人大常委会颁布的《中华人民共和国劳动法》（以下简称《劳动法》）为典型代表，加上《中华人民共和国劳动合同法》（以下简称《劳动合同法》）、《中华人民共和国就业促进法》（以下简称《就业促进法》）、《中华人民共和国劳动争议调解仲裁法》（以下简称《劳动争议调解仲裁法》）等法律，国务院及其组成部门出台的《中华人民共和国劳动合同法实施条例》（以下简称《劳动合同法实施条例》）、《劳动保障监察条例》、《集体合同规定》等行政法规和部门规章，以及各省市的地方性法规及地方政府规章等，基本形成了较为完整的劳动法律体系。基于立法体系以及学理探讨，学界也对劳动关系法律调整模式达成了基本的共识，即包括微观、中观、宏观三个层次。微观上是劳动合同法调整下的个体自治模式；中观上是集体劳动法调整下的团体自治模式；宏观上是劳动基准法调整下的国家强制模式。劳动基准法作为规定最低劳动条件的"保底性"立法，实质上采取的是一种强制性调整方式，"以国家公权力介入科以雇主一定作为或不作为的义务"，"以强制性手段达成平衡要求，再以罚则等种种措施，促使雇主严格遵守"。[1]

虽然我国在劳动基准方面已有不少立法并已实施多年，但劳动基准法的法律

[1] 林丰宾：《劳动基准法》，台北，三民书局股份有限公司2004年版，第12页。

调整理论并未构建完整,仍存在不少理论空白亟须研究填补。当前,我国已经进入了全面建设社会主义现代化国家、向第二个百年奋斗目标进军的新征程,经济社会转向高质量发展阶段,准确把握劳动基准法的法律调整定位,推进劳动基准立法,有利于解决当前劳动领域存在的突出问题,保障劳动者权益,提升就业质量,促进劳动关系的和谐稳定,支持我国经济社会的繁荣发展。从宏观上看,劳动基准法的研究背后有着多重的时代背景。

一、国内立法背景

多年来,我国没有统一的劳动基准立法。劳动基准的基础理论研究在中国劳动法学界还有待加强,立法也处于摸索起步的阶段。随着改革开放以来经济体制转型的深入,我国的劳动关系法律调整模式出现了巨大变迁,逐渐从计划经济时代的劳动行政管理方式转向普遍推行劳动合同制。除立法对公务员、参照公务员管理的人员(通说认为,这部分就业者通常不属于劳动关系范畴,因此不在本书探讨范围内),行政权力对劳动关系的调控,亦随之呈现向劳动基准及部分强制性规则退缩的趋势。但从现行立法内容上看,立法在如何建立劳动基准法的调整机制上,尚未完善成熟。

1994 年《劳动法》的颁布,顺应了社会主义市场经济体制的建立和国家经济转轨时劳动用工制度改革的需要,在宏观上初步奠定了劳动关系法律调整的基本模式。《劳动法》在基本法层面上规定了劳动基准内容,但较为简单,“工作时间和休息休假”“工资”“劳动安全卫生”“女职工和未成年工特殊保护”四章仅有 30 个条文。为了实施工资、工时等各项基准制度,我国采取分别立法的方式,出台了诸多行政法规、部门规章,如《关于职工工作时间的规定》《工资支付暂行规定》《最低工资规定》等。但总体来看,每一部法规、规章的条文内容都非常有限,将大量的操作空白留给了行政自由裁量。近年来,加班现象备受关注,新就业形态下劳动者权益保护等问题也亟待解决,社会对加强劳动基准领域立法和执法的呼声愈加强烈,学界也在推动劳动基准法体系化研究。同时,从法律调整方式上看,《劳动法》的出台处在初步建立市场经济的时代背景下,其中的基准性规范还体现出浓郁的行政本位色彩。无论从权力设置、执法程序还是法律责任上看,立法都是仅将企业用工作为行政管理的对象,而劳动者成为行政权力的单纯受益者,除了向劳动行政部门检举揭发用人单位违法之外,难以主动参与到劳动基准的实施过程中。这种单纯依赖行政强制的法律调整方式,是否符合劳动基准强制性的本质要求?未来的劳动基准法势必属于劳动法体系的基础支柱之一。在对现行基准立法实施效果的反思下,立法者需要给予劳动基准法的调整方式以更加清晰的定位。

二、社会经济背景

在经济发展方面,我国经历了40多年的改革开放快速发展时期,社会财富积累大幅增加,人民生活水平发生了天翻地覆的变化。1978年,中国国内生产总值只有3679亿元,至2023年已经达到了121万亿元。[1] 中国经济总量跃居世界第二,综合国力和国际影响力实现历史性跨越。1978年,全国居民人均可支配收入仅171元,2009年突破万元大关,2014年突破2万元大关,[2] 截至2022年已达36,883元。[3] 2021年7月1日,习近平总书记在庆祝中国共产党成立100周年大会上代表党和人民庄严宣告,经过全党全国各族人民持续奋斗,我们实现了第一个百年奋斗目标,在中华大地上全面建成了小康社会。当然,我国仍处于并将长期处于社会主义初级阶段,仍是世界上最大的发展中国家,仍面临着一些发展不平衡不充分的突出问题。

首先,虽然我国在经济建设方面取得了瞩目的成就,但收入分配格局仍然存在不合理的地方。第一,初次分配中居民部门占比仍有可提升的空间。在国民初次分配收入中,我国居民部门占比为60.6%,较世界平均水平低5.5个百分点;企业部门占比为24.7%,较世界平均水平高5.6个百分点;政府部门占比为14.7%,与世界平均水平基本相当。这说明,我国居民部门初次分配收入占比明显低于世界平均水平,企业部门占比高于世界平均水平,我国居民部门初次分配收入占比受到企业部门一定程度的挤占。[4] 第二,我国劳动者报酬占初次分配的比重偏低。据测算,近年来我国劳动者报酬占初次分配比重保持在50%左右,2018年

〔1〕 参见《政府工作报告——2023年3月5日在第十四届全国人民代表大会第一次会议上》,载中华人民共和国中央人民政府网,http://www.gov.cn/zhuanti/2023lhzfgzbg/index.htm,2023年5月26日访问。

〔2〕 参见《国家统计局发布改革开放40年经济社会发展成就报告　中国实现历史性跨越》,载中央人民政府网,http://www.gov.cn/xinwen/2018-08/29/content_5317294.htm。

〔3〕 参见《2022年居民收入和消费支出情况》,载中华人民共和国中央人民政府网,http://www.gov.cn/xinwen/2023-01/17/content_5737487.htm。

〔4〕 参见中国宏观经济研究院:《扩大居民消费的关键是"两提"》,载国家发展和改革委员会网,https://www.ndrc.gov.cn/xxgk/jd/wsdwhfz/202107/t20210701_1285233_ext.html。

为 51.75%,[1]2020 年为 52.3%,[2]属偏低水平。[3] 第三,我国尚未形成工资与劳动生产率同步增长的机制。长期以来,我国大部分行业的工资增长速度是低于劳动生产率的,这一定程度上造成了居民收入增长缓慢和内需不足。[4] 构建合理的收入分配制度与格局,既是畅通国内大循环的关键,也是人民日益增长的美好生活需要的基本前提。[5] 2017 年党的十九大报告提出"坚持按劳分配原则,完善按要素分配的体制机制,促进收入分配更合理、更有序","坚持在经济增长的同时实现居民收入同步增长、在劳动生产率提高的同时实现劳动报酬同步提高"。2021 年《国民经济和社会发展第十四个五年规划和 2035 年远景目标纲要》提出要"坚持居民收入增长和经济增长基本同步、劳动报酬提高和劳动生产率提高基本同步,持续提高低收入群体收入,扩大中等收入群体,更加积极有为地促进共同富裕"。通过提高各方面劳动基准保护水平,厘清劳动基准法的法律调整机制,对提升广大劳动者的劳动报酬水平和居民消费率具有重要价值。

其次,人口老龄化也将成为今后较长一段时期我国的基本国情。官方预计"十四五"期间我国人口将进入中度老龄化阶段,2035 年前后进入重度老龄化阶段,[6]这将对我国经济、社会各个领域产生深远影响。为了减缓人口老龄化进程,促进人口长期均衡发展,2021 年 6 月 26 日,中共中央、国务院发布的《关于优化生育政策促进人口长期均衡发展的决定》提出"优化生育政策,实施一对夫妻可以生育三个子女政策","配套实施积极生育支持措施"。其中,该决定还明确提出要"完善生育休假与生育保险制度","严格落实产假、哺乳假等制度","支持有条件的地方开展父母育儿假试点,健全假期用工成本分担机制";并要求"保障女性就业合法权益","落实好《女职工劳动保护特别规定》","鼓励用人单位制定有利于职工平衡工作和家庭关系的措施,依法协商确定有利于照顾婴幼儿的灵活休假和弹性工作

---

[1] 有关测算数据参见张车伟、赵文:《国民收入分配形势分析及建议》,载《经济学动态》2020 年第 6 期。

[2] 参见国家统计局编:《中国统计年鉴 2021》,载国家统计局网,http://www.stats.gov.cn/tjsj/ndsj/2021/indexch.htm,2021 年 12 月 10 日访问。

[3] 参见韩文龙、陈航:《当前我国收入分配领域的主要问题及改革路径》,载《当代经济研究》2018 年第 7 期。

[4] 同上。

[5] 参见司聪、孔祥利:《畅通国内大循环视阈下完善居民收入分配制度研究》,载《东岳论丛》2020 年第 12 期。

[6] 参见李昌禹:《"十四五"期间全国老年人口将突破 3 亿》,载《人民日报》2020 年 10 月 24 日,第 5 版。

方式"，"适时对现行有关休假和工作时间的政策规定进行相应修改完善"。为实施积极应对人口老龄化国家战略，加强新时代老龄工作，2021 年 11 月 18 日，中共中央、国务院发布《关于加强新时代老龄工作的意见》，提到要"鼓励老年人继续发挥作用"，"探索适合老年人灵活就业的模式"。上述措施举措直接对劳动基准制度中的工作时间与休息休假、女职工和老龄劳动者劳动权益保护等制度的完善提出了新的要求与方向。完善我国劳动基准法中的相关制度，对落实积极应对人口老龄化国家战略，也具有重要意义。

最后，进入 21 世纪以来，信息科学技术突飞猛进，促使新一轮科技革命的到来。习近平总书记明确指出，"现在，我们迎来了世界新一轮科技革命和产业变革同我国转变发展方式的历史性交汇期"〔1〕。新一轮科技革命和产业变革在为经济增长注入新动能的同时，也对劳动过程和就业产生了革命性的影响。〔2〕随着信息技术与社会经济各个领域的深度结合，不仅推动了传统行业生产率的提高，还催生了"互联网＋"、共享经济等新就业形态。尤其面对突如其来的新冠病毒，新就业形态在我国稳就业中的作用得到了凸显。但是，新就业形态与传统就业相比，在工作时间、工作地点、管理模式等方面有所改变，这就导致法律关系的定性模糊化，进而导致新就业形态从业者劳动权益保护面临法律困境。〔3〕完善劳动基准的适用范围并为新业态劳动者提供基本保护，是补足新业态劳动者权益保护法律短板的关键一环，也给劳动法的变革提供了新的契机。此外，信息通信技术对劳动世界的深度渗透也提出了远程劳动的法律规制、防止劳动者工作时间对生活时间的侵蚀以及劳动者隐私权、个人信息的保护等新的课题。

三、国际社会背景

国际社会近期的发展变化对劳工保护的影响是深远而又复杂的。劳动基准的法律调整也随着国际社会的发展变化而不断蜕变。

首先，经济全球化与反全球化并行。经济全球化以追求最大利润、提高经济效益为目标，在全球范围内实现资源和生产要素的优化配置，主要体现形式包括分工、贸易、投资、跨国公司和要素流动等。改革开放以来，我国凭借低廉的劳动力优

〔1〕 习近平：《努力成为世界主要科学中心和创新高地》，载《求是》2021 年第 6 期。
〔2〕 参见赵敏、王金秋：《新技术革命的政治经济学研究》，载《政治经济学评论》2020 年第 3 期。
〔3〕 参见林嘉：《新就业形态，要补什么法律短板》，载《人民论坛》2020 年第 22 期。

势，吸引了大批跨国企业对中国的贸易投资，积累了较多外汇储备。但是近期国内劳动力价格的上升，使得中国在制造业中的"世界工厂"地位有所动摇，部分行业开始向劳动力成本更为低廉的地区转移。例如，在2000年，全世界40%的耐克运动鞋在中国生产，越南的生产份额仅占13%；而到2009年，两者产量各占全球总额的36%；到了2010年，越南已取代中国成为世界上最大的耐克鞋生产国。[1] 此时，面对经济下行压力，发展中国家在坚持劳动基准法方面将面临更大的选择困难。

伴随经济全球化的不断发展和深化，世界各个国家之间的发展越发不平衡，国内不同阶层、群体间的贫富差距日益加大，越来越多的人开始反思，曾经备受追捧的经济全球化，为何质疑和怀疑的声音和力量愈演愈烈。英国的脱欧公投、美国的一系列保护主义政策等，都被视为反全球化力量的集中展示，逆全球化或反全球化现象逐渐显现。衡量经济全球化程度，有一个最具代表性的指标：世界进出口贸易额占世界经济总量的比重。经济全球化是一把"双刃剑"，在为世界经济增长提供强劲动力，促进商品和资本流动、科技和文明进步、各国人民交往的同时，也存在一些不足和问题。在世界经济繁荣期，这些不足和问题被掩盖，在世界经济下行期则明显地暴露出来，某种程度上诱发了今天逆全球化思潮的出现。国际劳工组织发布的报告显示，2020年全球失业人口新增250万人，总量1.88亿人，除此之外，全球还有1.65亿人未能充分带薪就业，1.2亿人或者放弃了积极寻找工作或者缺乏进入劳动力市场的途径。[2] 在现有全球产业链、价值链、供应链的分工布局下，全球生产和外包体系已经建立，劳动密集型制造业主要分布在广大发展中国家。这导致欧、美、日等发达国家制造业部门的失业工人增加，就业压力巨大。基于竞争压力和自身利益的考虑，逆全球化思潮涌动，欧美等地借助"制造业回归"政策进一步收缩全球产业布局。[3]

面对经济全球化和反全球化的双重挑战，世界各国选择的多元性、差异性、复杂性逐步扩大，全球就业问题、贫富差距问题逐步凸显，劳动基准法在此背景下面

[1] 参见裴长洪：《我国"世界工厂"地位与培育国际竞争新优势》，载《对外经济实务》2013年第5期。

[2] 参见国际劳工组织：《世界就业与社会展望：2020年趋势》，载国际劳工组织网2020年1月21日，https://www.ilo.org/beijing/information-resources/public-information/press-releases/WCMS_734858/lang--zh/index.htm。

[3] 参见李俊江、焦国伟、黄浩政：《从全球化到逆全球化思潮下的欧美发达国家制造业回归效果分析》，载《吉林大学社会科学学报》2018年第4期。

临更大的挑战,劳动基准法标准的高与低、保护范围的宽与窄、权利义务设定的多与少,都将影响劳资双方关系,影响劳动力市场的发展与稳定。

其次,国际劳工组织继续发挥积极作用。20 世纪以来,以国际劳工组织(International Labor Organization,ILO)为代表的国际组织,通过制定国际劳工公约和建议书,推行劳工标准,为各国提供劳动立法方面的指导。截至 2023 年 4 月,ILO 共批准了 190 项公约和 206 项建议书。这些国际法律文件对批准加入公约的成员具有直接的法律效力,其中的劳工标准内容对各国劳动基准的国内立法也有着重要的参考意义。从承载四项基本劳工标准的八大公约的批准情况可以看出,其蕴含的价值和精神已在全球范围内得到广泛接受。[1] 自 1999 年以来,ILO 主要围绕体面劳动工作议程开展工作。1999 年 6 月,新任局长索马维亚在第 87 届国际劳工大会上首次提出了“体面劳动”的理念,该报告同时提出了 ILO 为应对全球化挑战制定的新目标,即促进所有女性与男性获得体面工作的机会。体面劳动是指在自由、公平、安全和符合人性尊严的条件下从事工作。为了实现促进体面劳动的目标,ILO 将其视为四项战略目标的统合,即在工作中实现对基本原则和权利的普遍尊重,为男女创造更多的就业和收入机会,扩大社会保护以及促进社会对话。[2] 2008 年 6 月,国际劳工大会第 97 届会议通过了《关于争取公平全球化的社会正义宣言》,该宣言将在体面劳动议程及其四项战略目标的框架内实施,[3] 这是继 1919 年《国际劳工组织章程》之后国际劳工组织历史上第三项主要原则和政策声明。

最后,各国劳动基准立法呈现新趋势。一方面,全球化的过程中,经济竞争不仅在局部区域而且在全球范围愈加激烈。在劳动基准法的刚性程度上,一些国家为了谋求全球化中的竞争优势,相继出现了放松劳工标准现象,降低工资和社会福利待遇。一些发展中国家为了短期内能够吸引更多外资、扩大出口,也竞相压缩劳动法领域,压低本国的劳动力使用成本,导致“探底竞争”(Race to the Bottom)现

---

〔1〕 参见刘宏松、杨柳青:《全球劳工治理:主体、现状与困境》,载《上海交通大学学报(哲学社会科学版)》2018 年第 1 期。

〔2〕 Juan Somavia, *Decent Work for All in a Global Economy: An ILO Perspective*, ILO(Jan. 20, 2000), https://www.ilo.org/public/english/bureau/dgo/speeches/somavia/1999/seattle.htm.

〔3〕 International Labour Conference, *ILO Declaration on Social Justice for a Fair Globalization*, ILO(Jun. 10, 2008), https://www.ilo.org/wcmsp5/groups/public/---dgreports/---cabinet/documents/genericdocument/wcms_371208.pdf.

象。[1] 例如,在 2004 年之前,孟加拉国一直禁止在出口加工区工作的工人组织工会,将其作为对外资的特殊非财政优惠待遇提供给投资企业。这种探底式的恶性竞争,在外部环境上对我国严格执行劳动基准的法律机制产生了一定的负面冲击效应。

另一方面,现代社会的发展促使劳动关系呈现多样化,许多新行业的用工形式不断涌出,需要劳动关系调整增加更多弹性。例如,随着福特主义生产模式逐渐被后福特主义所替代,很多现代企业开始采用更具有灵活性的生产组织形式,劳动者的工作性质与特征,尤其是专业技术类、研发创作类工作,与以流水线工作为主的传统劳动关系存在很大不同。并且,由于劳动者受教育程度的提高和思想观念的转变,一些劳动者反而期待更多弹性空间以增加生活的自由度。对此,许多发达国家和地区采取了相对弹性的法律规范,提供劳动条件多样化空间,例如弹性工时、特定基准制度中的选择权、增加排除性规定等。例如日本劳动基准法进入 21 世纪以来,通过引入集体协商、增加特殊工作制度和扩大工作时间适用除外范围等一系列措施进行工作时间规制的灵活化改革。

与此同时,随着工会的发展成熟,集体协商、团体契约在劳动领域发挥着越来越大的作用,逐渐渗入了传统的由国家权力控制的劳动基准领域。在一些发达国家,典型的如德国,最低行业工资等基准条件已经完全由行业协商自主调整,国家的法律强制逐渐式微。工会主导下的集体谈判,不断提高各行业的劳动条件,在最低劳动条件方面发挥越来越大的作用。这种变化趋势对劳动基准法强制性调整的范围、方式等方面都产生了深远影响,促使我们不得不从体系论角度妥善协调劳动法中的多种调整机制。

我国未来的劳动基准立法的完善,必须考虑时代因素、域外经验和国际新动态,合理运用劳动基准法这一种强制性调整模式,才能保证立法的生命力,达到立法预期的法律调整效果。为此,我们需要在总结过去几十年的劳动基准法律实践经验的同时,认真考虑这些错综复杂的因素对法律调整的影响,从而实现劳动基准法的法律调整与社会环境的契合。

---

[1] 参见周长征:《全球化与中国劳动法制问题研究》,南京大学出版社 2003 年版,第 30 页。

第二节　研究对象

从哲学的观念来说，概念是思维的基本单位。概念作为思维的细胞，是组成推理和判断的基本要素。我国是大陆法系国家，学界也深受潘德克顿法学的概念体系的影响，十分注重以法学概念为基础而形成的学科体系化。为了明确论证的逻辑起点，有必要首先明晰劳动基准法相关概念界定。劳动基准法在我国法学概念体系中是一个舶来品，越来越多地出现在学界讨论中，近乎约定俗成。但如果按照逻辑学对概念的界定来分析，概念应当是对特征的独特组合所形成的知识单元〔1〕，我们就会发现劳动基准法的内涵（内涵是概念所反映的特定事物对象所特有的属性）及外延（外延是概念所反映的特定事物对象的范围）仍存在许多争议。

一、劳动基准的含义辨析

“劳动基准”一词被认为最早出现于1938年美国的“The Fair Labor Standards Act”，简称为FLSA〔2〕。第二次世界大战后，1947年日本国会通过了《劳动基准法》，将“Labor Standards”翻译为日文的“劳动基准”。目前，国内学界对劳动基准的概念表述有多种观点，主要有以下几种：

1. 劳动基准属于法律为了保障劳动者所必备的最低水平劳动报酬、劳动条件而规定的最低措施和要求。〔3〕这一观点主要是从劳动基准的内容范围上所做的界定。

2. 劳动基准是“国家劳动基准法规定的用人单位必须保障劳动者享有的最低劳动权利和劳动待遇”〔4〕。“劳动基准是指国家为保护劳动者的利益而制定的有关劳动条件与劳动待遇的最低标准。”〔5〕这一类观点除限定劳动基准事项外，还特别强调国家在劳动基准上的权力角色，认为公权力介入是实施劳动基准制度的必需手段。

3. 劳动基准分为两种：一是作为劳动条件水平的标准，如工资、工时、劳动安全

---

〔1〕国家质量技术监督局《中华人民共和国国家标准》，GB/T 15237.1—2000。

〔2〕该法有人译为“公平劳动标准法”，也有人译为“公平劳动基准法”。

〔3〕参见董保华：《中国劳动基准法的目标选择》，载《法学》2007年第1期。

〔4〕沈同仙：《我国劳动基准的实施现状及对策》，载《当代法学》2007年第4期。

〔5〕郭捷主编：《劳动法与社会保障法》，法律出版社2008年版，第28页。

卫生等；二是作为劳动关系运行规则的强制性标准，即劳动法律中的强行性劳动关系运行规则。[1] 这种观点主要为王全兴教授所主张，概念较其他学术观点更为宽泛，将劳动法中的强制性规范均划入劳动基准的范畴。

从域外研究看，“劳动基准”在词源上是从日本的法律概念移植而来。日本1947年出台的《劳动基准法》第1条规定，“本法规定的劳动条件属于最低标准，劳动关系当事人不应以最低标准为理由降低劳动条件，而且应力求高于本标准的劳动条件”。可见，日本的“劳动基准”即法定的最低标准劳动条件。1953年韩国制定的《劳动基准法》中第2条将劳动基准定义为“本法所规定的劳动条件应属雇佣之最低标准，劳动关系双方不得降低该条件”。为了维持劳动契约双方的自由，国家往往在重要内容上强制规定劳动条件的上限或下限，形成“劳动基准”，并且基准必须由立法者依法规定。

笔者认为，学界对劳动基准概念的理解尽管在外延上存在一定的争议，但对其内涵的理解基本达成一致，即劳动基准是国家为保障劳动者基本生活而制定的、关于各项劳动条件的最低标准。劳动基准的含义可以从两方面来理解：

第一，劳动基准是最低标准的劳动条件。它是劳动保护最重要的部分，是指关于劳动条件最低之标准。所谓“劳动条件”是劳工受雇从事工作时劳资双方在工资、工作时间等内容方面的种种约定。劳动基准体现的是劳动者的生存利益，是保障劳动者基本生活的必要条件，不得基于契约而被剥夺。现代劳动法从强调当事人合意的“主观平等性”转变为更加重视“契约内容的客观妥当性”，而劳动基准即维护“契约客观妥当性”的重要途径。[2] 高于劳动基准的内容属于劳动关系双方意思自治的领域，不在劳动基准法特殊调整方式的规制之内。

第二，劳动基准具有强制性。劳动基准的强制性不属于道德强制的范畴，而体现为国家意志的强制性，可通过强制性法律规范得以实施。劳动基准的利益本位不仅体现为劳动者个人利益，还关系着劳动者的基本生存，与社会利益、公共福祉紧密相关。[3] 这一特性是国家实施强制干预的逻辑起点。

---

〔1〕 参见王全兴：《劳动合同立法争论中需要澄清的几个基本问题》，载《法学》2006年第9期。

〔2〕 参见黄越钦：《劳动法新论》，中国政法大学出版社2003年版，第197页。

〔3〕 黄越钦认为基准法所订标准系最低标准，低于此一标准即有害于社会共同福祉或安全，故基于公共福祉考虑，予以强化贯彻。参见黄越钦：《劳动法新论》，中国政法大学出版社2003年版，第196页。

二、劳动基准的事项范围

虽然劳动基准由来已久,但其具体包括的劳动条件范围却一直没有统一的认识。参见各国的立法内容,其规制的范围相去甚远。

1938 年美国出台的《公平劳动基准法》所规定的劳动条件仅包括工时、工资和就业年龄。加拿大《劳工(标准)法》规定了最低工资、工时、年休假、通例假日等内容。[1] 德国的劳动基准事项体现在劳动保护法中,德国学者认为其范围包括"危险保护""劳动时间保护""妇女劳动保护""青少年劳动保护""残疾人保护""家庭劳动保护"。[2]

日本和韩国所制定的劳动基准法对劳动基准的界定较宽泛,其立法思路也是一脉相承。日本立法规定了劳动合同、工资、工作时间、休息休假、安全卫生、女工及未成年工保护、技工培养、事故补贴、雇佣(工作)规则、宿舍、监察机构以及罚则等事项内容。韩国规定了劳动合同、工资、工作时间与休息、女职工保护、安全健康、学徒、事故赔偿、工作规则等事项。

我国由于缺少完整统一的劳动基准立法,《劳动法》也仅简单列举了一些主要基准事项,并没有予以明确界定。对此,学者也存在不同的看法。一种观点认为,劳动基准包括工资、工时、职业安全、职业卫生、女工保护、未成年工保护。[3] 有学者认为,应涵盖工作时间和休息休假、工资、劳动安全卫生、女职工和未成年工特殊保护以及职业培训。[4] 也有人认为,劳动基准立法仅包括工时法、工资法、劳动保护法和劳动监督法。[5] 还有学者认为,劳动基准应当更加宽泛,参照《劳动法》第四章至第七章的内容可知,劳动基准包括工时、休假、工资保障、劳动安全卫生、女工及未成年工的保护;同时,其他劳动法律规范中也有符合劳动基准性质的内容,如劳动合同解除的经济补偿金、解雇保护等。[6]

笔者认为,劳动基准的事项范围难以在世界范围内形成统一的认知标准,因为基准事项与各国劳动关系实践紧密相关,基于不同的国情会形成不同的理解。劳

[1] 参见董保华:《社会法原论》,中国政法大学出版社 2001 年版,第 207 页。
[2] 参见[德]W. 杜茨:《劳动法》(2003 年第 5 版),张国文译,法律出版社 2005 年版,第 177 ~178 页。
[3] 参见常凯主编:《劳动法》,高等教育出版社 2011 年版,第 38 页。
[4] 参见李坤刚:《关于我国劳动基准立法的反思》,中国法学会社会法学研究会 2009 年年会论文。
[5] 参见王全兴:《劳动法》(第 3 版),法律出版社 2008 年版,第 59 页。
[6] 参见董保华:《劳动法论》,上海世界图书出版公司 1999 年版,第 133 页。

动基准存在的根本原因在于国家强制对劳动关系干预的必要性。不同国家和地区，出于历史传统、社会习惯等原因，对劳动关系干预的事项或程度具有差异性。具体到国内而言，总结现阶段立法有关最低劳动条件的规定内容以及国内学者的观点，劳动基准的事项范围应当包括：工作时间和休息休假，工资，劳动安全卫生，女职工、未成年工、残障劳动者等特殊保护。经济补偿金、解雇保护的内容虽同属强制性规则，但本质上仅是劳动合同范畴中用人单位解除劳动关系所必须遵守的强制性规则，并不属于最低劳动条件。劳动监督、劳动监察固然属于劳动基准法的重要组成，但其属于权益保障的程序性内容，是劳动基准得以实现的权力保障，但其本身并不属于劳动条件，亦难以归入劳动基准的范围。至于职业培训，其并不属于劳动关系协调法的范畴，而属于劳动就业法范畴。劳动基准以维持劳动关系的正常运行为目的而存在，而劳动就业法旨在调整和规范劳动关系的建立，两者不属于同类范畴。

三、劳动基准与相似概念的区别

（一）劳动基准与劳动标准

"Labor Standard"在译为中文时通常有两种表述：一种是劳动基准，另一种是劳动标准。国内学者一度将这两组概念混为一谈，将劳动标准当作劳动基准的同义表达。[1] 我们认为两者虽然有交集，但属于性质不同的概念。

从定义上分析，劳动标准是以劳动领域内的重复性概念、事物和行为为规范对象，以定性形式（如文字描述）或定量形式（如数据图表）对该类规范对象所作出的统一规定。劳动标准以劳动领域内涉及的社会科学、自然科学成果和经验为规范基础，经各主体协商一致而决定，或经有关部门批准，以多种形式发布，作为劳动领域内统一遵守的准则、标准。[2] 这种标准可以通过法律法规、行业约定、特定技术规范标准或管理制度得以体现。[3] 它是基于劳动的重复性，即事物、概念或行为反复出现的性质而形成的规范范畴，是国家标准体系的重要组成部分，与劳动法和劳动规章制度也有密切联系。劳动标准建立在劳动力市场基础上，体现了劳动力

〔1〕 相关论述参见常凯：《劳动标准：一个无法回避的法律问题》，载《中国劳动》2001 年第 12 期；刘志光：《重要的劳动标准——对〈劳动法〉第四章的理解》，载《中国劳动科学》1994 年第 11 期。

〔2〕 参见劳动和社会保障部劳动工资研究所编：《中国劳动标准体系研究》，中国劳动社会保障出版社 2003 年版，第 23 页。

〔3〕 参见朱勇国、张楠：《劳动标准与和谐劳动关系》，载《中国人力资源开发》2012 年第 11 期。

市场的规范化、科学化以及现代化。相比之下,劳动基准的概念则大为不同。劳动基准以劳动条件为调整对象,仅是有关各项劳动条件的法定最低标准。尽管不同国家、地区对劳动条件的事项范围理解并不一致,但都认为基本劳动条件与劳动者的生存利益紧密联系,是劳动者赖以维持基本生活、实现再生产的必需条件。

从规范的对象范围上看,劳动标准的规范对象主要包括以下几方面:(1)劳动者,包括劳动能力、职业资格、技能水平、人力资本及其评定等内容;(2)劳动过程,包括劳动者的生产规范、工作规程、岗位工作准则、劳动力资源配置、劳动数量、适量的考核方法;(3)劳动条件,主要包括劳动安全卫生、劳动环境等方面的劳动保护以及基本劳动权益保障;(4)劳动关系,包括劳动关系的建立、劳动关系的调整;(5)劳动力市场管理,如有关劳动行政部门在管理劳动力市场、协调处理劳动关系等方面的活动,中介机构参与调节劳动关系、为劳动力市场提供服务的活动。[1] 可见,劳动标准的范围比劳动基准大得多,涉及劳动领域的多层内容。

在实践中,劳动标准的制定主体具有多元化特征,由此可分为国家劳动标准、行业劳动标准、地方劳动标准以及企业劳动标准。[2] 部分劳动标准具有强制性,例如规定在劳动法律法规中的标准、受国家标准化机构批准施行的部分强制性劳动标准。其他的劳动标准则没有强制性,仅起到示范作用。例如,国家标准化机构推荐的劳动标准只提倡、鼓励有关方面执行。劳动基准的相关法律规范主要由国家立法机关制定,普遍具有强制性效力,且排除个体协议的变更。

(二)劳动基准与国际劳工标准

在战后的国际社会中,国际劳工标准(International Labor Standards)在劳工保护方面发挥了越来越重要的作用。如今在国际社会上提及劳工标准(Labor Standards),不可避免地会涉及国际劳工标准的内容。它与劳动基准的关系密切,但亦有不少差异之处。确有不少学者在研究国际劳工标准对中国的影响时,将劳工标准与劳动基准、劳动标准相混淆。[3]

国际劳工标准是指由国际法主体基于若干基本的价值判断所达成的一系列国

---

〔1〕 参见劳动和社会保障部劳动工资研究所编:《中国劳动标准体系研究》,中国劳动社会保障出版社2003年版,第21页。

〔2〕 同上书,第32页。

〔3〕 有的学者在使用"国际劳工标准"时,对国内的相关立法定义为"劳动标准立法",参见周长征:《WTO的"社会条款"之争与中国的劳动标准》,载《法商研究》2001年第3期。有些学者则使用"劳工标准立法"的概念,参见宗泊、谭振波:《析WTO框架内的国际劳工标准》,载《河北法学》2006年第1期。

际公约，旨在保护劳工的基本劳动权利、促进工作安全以及在全球范围内改善工作条件。它的宗旨在于通过采取公约约定的措施，在全球范围内建立一个抵制非人道主义工作的最低保护水平。[1] 国际劳工标准的目的是保证劳工在工作中享有若干基本权利，如免受职场暴力、职业歧视、性别不平等的权利，实现工作平等和多样化。国际劳工标准概念的出现实际上要比国际劳工组织的建立早得多。[2] ILO自建立以来，便承担了国际劳工标准的制定工作，其主要表现形式是国际劳工公约和建议书。

从所涉及的内容上看，国际劳工标准的内容覆盖面十分广泛，ILO官方将所涉及的项目内容分为22类，涉及基本权利、劳动条件、禁止就业歧视、产业关系、社会政策、移民工人等特殊群体保护等诸多方面，内容十分丰富而广泛。与劳动条件相关的劳动基准问题仅是国际劳工标准中的一类。

从实施的效力机制上看，国际劳工标准并不具有一国的内国法中劳动基准法的强制性效力，具有典型的"软法"性。各国在条约批准方面享有批准的自主决定权。虽然公约与建议书是在国际劳工大会上以2/3的多数比例通过的，但条约通过并不会直接对各国发生法律效力，还必须在成员国的国内批准后才得以在各国法域内产生拘束力。只有8项核心劳工公约(Fundamental Conventions)属于例外。

总之，国际劳工标准属于国际社会中约定俗成的特定概念，以对劳动者基本人权的保护为核心，已经发展为一个体系化的劳动者保护概念，在多方面为各国劳动立法提供了示范和参考。它部分涵盖了劳动基准的内容，但一国劳动基准的具体范围与各国的政治、经济、文化、社会等各方面因素相关，具有一定的不确定性。这与基于成文的国际劳工公约、协议和建议书而形成的国际劳工标准相比，是很不相同的。

四、劳动基准法的界定

劳动基准法是指有关劳动基准的立法，即"关于工资、工时和职业安全卫生等

---

〔1〕 See Drusilla K. Brown, Alan V. Deardorff & Robert M. Stern, *International Labor Standards and Trade: A Theoretical Analysis*, in Jagdish N. Bhagwati and Robert E. Hudec eds., Fair Trade and Harmonization: Prerequisites for Free Trade?, MIT Press, 1996, p. 227 –272.

〔2〕 ILO的前身是1900年在法国巴黎成立的国际劳工立法协会。国际劳工立法协会在1906年大会上通过了两项国际公约，一项是关于禁止使用白磷的协议，另一项是规范女工夜班的协议。这是世界上最早的国际劳工公约。参见刘旭:《国际劳工标准概述》，中国劳动社会保障出版社2003年版，第6~8页。

劳动条件和劳动待遇的最低标准的法律规范总称”[1]。在历史上，它是随着资本主义经济的发展而逐步产生的。

劳动基准法可以分为形式意义上的劳动基准法和实质意义上的劳动基准法。形式意义上的劳动基准法，是指以劳动基准为名称的体系化立法，在历史上出现较晚。在法律用语上，世界各国最早使用“劳动基准”一词并作为立法名称者，乃是美国国会于1938年制定的《公平劳动基准法》。第一个以“劳动基准法”直接命名颁布立法的国家是日本。1947年日本制定了《劳动基准法》，其次为韩国1953年的《劳动基准法》。其实，有关工时、工资等实质意义上的“劳动基准法”由来已久。最早有关劳动基准的立法始于英国1802年颁布的《学徒健康与道德法案》。劳动基准法是规范政府干预劳动条件的法律，根本目的是通过国家干预的法律规范实现对劳动者的倾斜保护，限制劳动者与用人单位的意思自治边界。

我国目前还没有形式意义上的劳动基准法，但有实质意义上的劳动基准法。1994年7月5日通过的《劳动法》在基本法层面上规定了劳动基准，第四章至第七章分别对工作时间和休息休假、工资、劳动安全卫生以及女职工和未成年工特殊保护进行原则性规定。由于法律的规定比较原则性，我国对劳动基准法各项具体制度采取行政分别立法的方式，包括《关于职工工作时间的规定》《最低工资规定》《工资支付暂行规定》等。但不管法律名称如何，劳动基准法实质上是一种采取强制性法律调整方式的倾斜立法，“以国家公权力介入科以雇主一定作为或不作为的义务”，“以强制性手段达成平衡要求，再以罚则等种种措施，促使雇主严格遵守”。[2] 2018年9月10日，十三届全国人大常委会发布立法规划，已经将基本劳动标准列为第三类立法项目。历经3年多的充分调研与论证，基本劳动标准立法已逐步提上立法日程。与前文所述劳动基准的事项范围一致，我们认为劳动基准法的内容包括调整工作时间，休息休假，工资，劳动安全卫生，女职工、未成年工和残障劳动者等特殊保护事项的法律。作为学术研究，本书除了研究工作时间，休息休假（假期），工资，劳动安全卫生（职业安全卫生），女职工、未成年工和残障劳动者特殊保护等具体法律制度外，还研究劳动基准法的基础理论和劳动基准法的实施机制。

---

〔1〕 常凯主编：《劳动法》，高等教育出版社2011年版，第348页。

〔2〕 林丰宾：《劳动基准法》，台北，三民书局股份有限公司2004年版，第12页。

第二章　我国劳动基准法的现状与争议

第一节　我国劳动基准法的立法与实施现状

一、我国劳动基准法的立法现状

我国目前还没有专门的劳动基准体系化立法。《劳动法》规定了劳动基准的一般内容,而行政法规和部门规章主要对劳动基准的各项具体制度内容加以规定。我们采用最低劳动条件标准来界定现有劳动基准立法的内容,主要包括工作时间和休息休假,最低工资,职业安全卫生,女职工、未成年工和残障职工特殊保护。(具体见表1)

(一)工作时间和休息休假

就法律层面而言,第五届全国人民代表大会常务委员会批准《关于职工探亲待遇的规定》,1981年3月由国务院公布施行。

就行政法规层面而言,1994年2月,国务院发布《关于职工工作时间的规定》(1995年3月修订),规定实行每日8小时、平均每周40小时的工时制度;2007年12月,国务院出台《职工带薪年休假条例》;2013年12月,国务院第三次修正《全国年节及纪念日放假办法》,调整了法定节假日,增设中秋、端午等传统节日,至此,有关节假日、年假的规范基本完善。

就部门规章层面而言,国务院于1982年发布《关于归侨、侨眷职工出境探亲待遇问题的通知》;原劳动部于1994年出台《关于企业实行不定时工作制和综合计算工时工作制的审批办法》,对不定时工作制和综合计算工时制的情形作出规定;同年发布《企业职工患病或非因工负伤医疗期规定》;2003年原劳动和社会保障部发布了《关于非全日制用工若干问题的意见》;2008年人力资源和社会保障部进一步制定了《企业职工带薪年休假实施办法》。

(二)工资

原劳动部于1993年11月发布《企业最低工资规定》(已失效),开始实施新的企业职工最低工资保障制度;1994年10月发布了《关于实施最低工资保障制度的通知》(已失效),对《企业最低工资规定》作出补充和修正,同年发布《工资支付暂行规定》,对工资的支付内容、支付形式、支付时间、加班工资的计算等作出规定。原劳动和社会保障部于2004年1月颁布《最低工资规定》,修改了1993年《企业最低工资规定》,扩大了最低工资的适用范围,并明确了小时最低工资标准形式,调整标准制定的参考系数。

(三)职业安全卫生

我国劳动安全与职业健康层面的法律主要表现在法律、行政法规和部门规章上。在法律层面针对劳动安全与职业健康保护的规定主要包括:全国人民代表大会常务委员会于1988年12月通过《中华人民共和国标准化法》(以下简称《标准化法》)(2017年11月修订),对农业、工业、服务业以及社会事业等领域需要统一的技术要求作出标注性规定;于1992年11月通过《中华人民共和国矿山安全法》(以下简称《矿山安全法》)(2009年修正),对矿山企业保障安全生产的设施、安全管理制度以及职工劳动条件等进行了规定;于2001年10月通过《中华人民共和国职业病防治法》(以下简称《职业病防治法》)(2018年12月进行第四次修订),预防、控制和消除职业病危害,防治职业病;于2002年6月通过《中华人民共和国安全生产法》(以下简称《安全生产法》)(2021年6月进行第三次修订)。在行政法规层面针对劳动安全与职业健康保护的规定主要包括:国务院于1990年颁布《中华人民共和国标准化法实施条例》(以下简称《标准化法实施条例》),1982年2月发布《矿山安全条例》《矿山安全监察条例》《锅炉压力容器安全监察暂行条例》(均已失效);后经国务院批准,由原劳动部于1996年10月发布《中华人民共和国矿山安全法实施条例》(以下简称《矿山安全法实施条例》);国务院于2002年5月发布《使用有毒物品作业场所劳动保护条例》,2003年3月和11月分别发布《特种设备安全监察条例》《建设工程安全生产管理条例》。在部门规章层面针对劳动安全与职业健康保护的规定主要包括:原国家安全生产监督管理总局于2012年4月发布的《工作场所职业卫生监督管理规定》(已失效),以及国家卫生健康委员会于2020年发布的《工作场所职业卫生管理规定》。

（四）女职工、未成年工和残障劳动者等特殊保护

在女职工的特殊劳动保护方面，1992 年 4 月全国人民代表大会通过《中华人民共和国妇女权益保障法》（以下简称《妇女权益保障法》）（2018 年 10 月进行第二次修正）以保障妇女的合法权益，促进男女平等。国务院于 1988 年发布《女职工劳动保护规定》（已失效）；于 2012 年 4 月通过《女职工劳动保护特别规定》，将适用范围扩大至覆盖所有用人单位、女职工，调整了女职工禁忌从事的劳动范围，并加强对法律责任的追究。[1]

在未成年工特殊劳动保护方面，国务院于 1991 年发布了《禁止使用童工规定》（已失效），原劳动部于 1992 年颁布《使用童工罚款标准的规定》。1994 年原劳动部制定了专门保障未成年工身心健康及合法权益的《未成年工特殊保护规定》，规定了不得从事的劳动范围、定期健康检查、特殊保护登记等内容。国务院于 2002 年 10 月发布《禁止使用童工规定》，禁止招用不满 16 周岁的未成年人。2006 年 12 月，全国人大常委会修订了《中华人民共和国未成年人保护法》（以下简称《未成年人保护法》），再次强调禁止招用童工以及招用童工的法律责任，还规定了未成年人的职业教育等内容。

在残障劳动者特殊劳动保护方面，1990 年 12 月第七届全国人民代表大会常务委员会第十七次会议通过《中华人民共和国残疾人保障法》（以下简称《残疾人保障法》）（2018 年 10 月 26 日进行第二次修正）以保障残障人士的合法权益，发展残疾人事业，保障残疾人平等地充分参与社会生活，在第四章以专章的形式对残障人士的劳动就业问题作出了规定，以促进残疾人就业，保障残疾人的劳动权利。2007 年 2 月国务院第 169 次常务会议通过《残疾人就业条例》，对残障人士的劳动就业问题作出了更加细化的专门规定，其中包括如何保障残疾人就业权益、改善残疾人就业状况等。

---

[1] 参见林燕玲：《〈女职工劳动保护特别规定〉的六大亮点》，载《妇女研究论丛》2012 年第 4 期。

表 1　我国劳动基准法立法情况

效力层级		具体法律规范
宪法		《中华人民共和国宪法》(以下简称《宪法》)
法律	工作时间和休息休假	《劳动法》、《关于职工探亲待遇的规定》①
	工资	《劳动法》
	职业安全卫生	《劳动法》《标准化法》《矿山安全法》《职业病防治法》《安全生产法》
	女职工、未成年工和残障劳动者特殊保护	《劳动法》《妇女权益保障法》《未成年人保护法》《残疾人保障法》
行政法规	工作时间和休息休假	《关于职工工作时间的规定》《职工带薪年休假条例》《全国年节及纪念日放假办法》
	工资	—
	职业安全卫生	《矿山安全条例》《矿山安全法实施条例》《矿山安全监察条例》《锅炉压力容器安全监察暂行条例》《使用有毒物品作业场所劳动保护条例》《特种设备安全监察条例》《建设工程安全生产管理条例》
	女职工和未成年工特殊保护	《女职工劳动保护特别规定》《禁止使用童工规定》
部门规章	工作时间和休息休假	《关于企业实行不定时工作制和综合计算工时工作制的审批办法》《企业职工患病或非因工负伤医疗期规定》《关于非全日制用工若干问题的意见》《企业职工带薪年休假实施办法》
	工资	《企业最低工资规定》《关于实施最低工资保障制度的通知》《工资支付暂行规定》《最低工资规定》
	职业安全卫生	《工作场所职业卫生管理规定》《工作场所职业卫生监督管理规定》
	女职工和未成年工	《使用童工罚款标准的规定》《未成年工特殊保护规定》

①1981 年 3 月 6 日,国务院《关于职工探亲待遇的规定》由第五届全国人民代表大会常务委员会第十七次会议批准,因此该规定在效力层级上属于国家法律。

二、我国劳动基准法的立法特点

(一)分散规定于各项具体法律法规,尚未建立统一的劳动基准立法

我国既有将劳动基准包含在综合立法中的规定,如《劳动法》;又有制定劳动基准单行法规的规定,如《安全生产法》《职业病防治法》《职工工作时间规定》《工资支付规定》《职工带薪休假条例》等,但尚没有像美国、日本那样专门制定劳动基准法。[1] 目前,我国劳动基准法律规范基本在劳动法基本原则的指导下,分散于各项法律法规中,尚未建立独立完整的劳动基准法律体系。

我国《劳动法》是调整劳动关系的基本法,将劳动基准法的各项制度与劳动合同制度、集体合同制度、劳动争议处理制度等内容统一规定在其中,此外针对具体劳动基准制度配以单行法律、法规。我国《劳动法》第四章至第七章分别对工作时间和休息休假、工资、劳动安全卫生以及女职工和未成年工特殊保护进行规定。劳动基准法和劳动合同法、集体合同法同为劳动法体系的有机组成部分,都承继了劳动法的倾斜保护等基本原则,一方面,劳动基准法以保障劳动者的基本生存权为价值目标,国家介入双方当事人的劳动关系中;而劳动合同法和集体合同法主要是当事人确定劳动者和用人单位之间的权利义务,其目标是追求更优的劳动条件。另一方面,劳动基准法具有替代性、最低保障性、补充性等特点,是相对于劳动合同法、集体合同法更基础的劳动条件保障。劳动基准法在当代社会生活中所发挥的重要作用与其立法地位并不相协调。但从我国的规定来看,劳动法并未针对劳动基准法的特点和性质制定相应的原则,从立法中看不出劳动基准各项制度之间的联系,也看不出劳动基准法与其他法之间的区别,由于对劳动基准法的定位不明,实践中劳动者和用人单位对劳动基准法的作用不甚了解,这在一定程度上影响了劳动基准法的实施。而劳动基准法的各项制度散见于各项法律法规中,具体制度之间的逻辑性和联系性并未有所体现。

(二)主要内容以行政法规、部门规章为主,效力层级比较低

《劳动法》是解决劳动基准问题的一部重要法律,辅之以规定工作时间、休假制度、最低工资、劳动安全和职业健康以及女职工、未成年工与残障劳动者等特殊劳动保护的单行行政法规、部门规章以及地方性法规等规范性文件。司法实践中,

---

[1] 参见王全兴、沈同仙、冯彦君、王文珍:《专家谈:劳动基准问题》,载《中国劳动》2011 年第 5 期。

具体单行规范在维护劳动者劳动权益方面发挥积极作用。如在工作时间和休息休假方面，有关于工资制度暂定规定，有关于工作时间的规定，还有关于国家法定休假制度的规定；在最低工资方面，有最低工资的部门规章规定；在劳动安全和职业健康方面，有职业病防治方面的法律，还有针对不同行业发布的部门规章；在女职工、未成年工与残障劳动者等特殊劳动保护方面，有妇女权益保护、未成年人保护、残疾人保障的法律法规。但现有的关于劳动基准的规定法律层级较低，主要内容多以行政法规、部门规章规定为主，如在劳动基准保护的四个方面，只有在劳动安全和职业健康以及女职工、未成年工和残障劳动者等特殊保护两项上有具体的法律规定，如《矿山安全法》《职业病防治法》《妇女权益保障法》《未成年人保护法》《残疾人保障法》等；此外，现有部分法律文件发布时间较早，地方性立法冗杂，容易与法律的规定相冲突，造成法律体系内部的混乱，实施效果的不足。如国务院于 1981 年 3 月颁布的《关于职工探亲待遇的规定》一直沿用至今，各个省份相继颁布关于休息休假、最低工资等地方性法规，低层级劳动基准立法的存在，尽管可以补足劳动基准法律文件的空白，但亦影响劳动基准法律实施的效果，加剧劳动基准法律法规的混乱。

（三）现有法律规定较为原则

《劳动法》颁布实施时，我国劳动基准法律制度研究无论在理论界还是实务界均尚未达到相对成熟的水平，亦没有充分考虑劳动基准的体系构建，以至于未能有效形成今日所需的劳动基准立法框架，加之《劳动法》的颁布实施已有 20 多年，以至于《劳动法》中关于劳动基准法律的规定过于原则、分散，难以满足司法实践中具体劳动基准权益保护的诉求。一是在劳动基准实体权利层面，如《劳动法》第 36 条关于平均每周工作时间不超过 44 小时的规定已被国务院《关于职工工作时间的规定》第 3 条中每周工作 40 小时的规定所替代；《劳动法》中关于女职工产假的规定也被《女职工劳动保护特别规定》中以正常生产、难产、多胞胎、流产等不同情况下的区别对待而取代。整体来看，《劳动法》第四章至第七章关于劳动基准的法律规定更为宽泛，没有针对不同的劳动基准内容给予具体的实体权利规定，有些原则性规定逐渐为后来的行政法规、部门规章的规定细化或者取代。二是在劳动基准权利救济层面，现在《劳动法》法律条文的规定，没有针对违反劳动基准法律规定的行为提供明确的权利救济路径。如当用人单位违反劳动基准时，法律赋予了劳动者双重救济途径，即劳动监察程序和劳动争议处理程序，但这两种救济程序是二选一的模式，由于劳动基准中的私法特征部分由劳动争议处理程序予以救济，公法特征部分由劳动监察程序予以救济,必然导致劳动争议处理程序无法涉及行政处罚,而劳动监察程序又无法顾及民事责任。[1]

三、我国劳动基准法的实施现状

(一)《劳动法》施行前期我国劳动基准的实施情况

法谚有云,"徒法不足以自行",对于像劳动基准法这样关涉劳动者基本生存权的法律,可以说其实施问题和立法问题同等重要。尽管我国的劳动基准立法几乎可以追溯至1930年第一次建立以江西瑞金为中心的革命根据地时期,[2]并且从改革开放时起迎来了立法的快速发展期,基本以单行法规、部门规章的形式覆盖到了劳动基准的各个方面,但是劳动基准法律法规的实施和执行情况却不尽如人意,从《劳动法》施行10周年时全国人大常委会执法检查组关于检查《中华人民共和国劳动法》实施情况的报告中,关于劳动基准执行情况的描述可以大致看出我国劳动基准法实施的情况:[3]

1. 最低工资保障制度没有得到全面执行,拖欠工资现象仍时有发生,工资正常增长机制尚未形成。执法组2005年4月的抽样调查显示,12.7%的职工工资低于当地最低工资标准。一些企业随意调高劳动定额、降低计件单价,工人在8小时工作时间内根本无法完成定额任务,变相违反最低工资规定。个别地方最低工资标准偏低,不能保障劳动者的基本生活。有些地方克扣和拖欠劳动者工资的问题仍然严重。2004年全国劳动保障监察部门查处的各类案件中,克扣和拖欠工资的占41%。另据检查组问卷调查,在近一年中,有7.8%的员工被拖欠过工资,工资平均被拖欠3.2个月,人均被拖欠金额2184元;问题严重的省有16.1%的职工被拖欠过工资。一些困难国有企业拖欠职工工资问题仍未得到根本解决。建筑企业和劳动密集型加工制造、餐饮服务企业拖欠职工工资问题还很突出,有的企业前清后欠,有的企业甚至把欠薪当作谋利手段,拖欠后恶意逃匿。沿海地区某市反映,仅2004年5月至2005年10月,该市劳动部门处理的欠薪逃匿案件多达156起。拖欠工资特别是欠薪逃匿引发的群体事件呈上升趋势,严重影响社会稳定。不少企

---

[1] 参见刘焱白:《劳动基准法权利救济程序的冲突及其协调》,载《法商研究》2010年第3期。

[2] 参见郭捷编:《劳动法与社会保障法》,法律出版社2011年版,第41页。

[3] 参见何鲁丽:《全国人大常委会执法检查组关于检查〈中华人民共和国劳动法〉实施情况的报告》,载中国人大网,http://www.npc.gov.cn/zgrdw/npc/zt/2005-12/29/content_343899.htm。

业没有根据企业效益和当地政府公布的工资指导线提高职工工资,甚至有些效益好的企业也把最低工资作为工资支付标准,加之多数中小型非公有制企业没有建立工会,职工很难与企业进行工资集体协商,致使劳动者特别是进城务工人员工资增长缓慢,难以分享企业效益增长的成果。

2. 超时加班现象比较普遍。根据检查组的调查,相当一部分企业违反劳动法规定,要求劳动者超时加班,并且不付加班工资,特别是一些生产季节性强、突击任务多的企业,劳动者每日工作长达十几个小时;有的企业将“四班三运转”改为“三班三运转”,劳动者很少有正常休息日。

3. 劳动者的职业安全卫生保护落实不到位。一些企业设备陈旧、作业环境差,劳动者直接受粉尘、噪声、高温甚至有毒有害气体的危害,工伤事故经常发生,职业病危害严重。

4. 女职工和未成年工的特殊保护执行情况不理想。一些企业不执行对女职工和未成年工特殊劳动保护的法律规定,不少女职工在孕、产、哺乳期被企业解雇或者不发工资。

5. 劳动保障监察力度不足,劳动争议处理周期长、效率低。劳动保障监察部门力量不足,手段软弱,对违法行为查处不力。许多地方仅能对投诉举报的案件进行查处,没有建立有效的防范机制;对已经查处的案件惩处力度不够,达不到震慑违法用人单位的目的。各地普遍反映,目前实行的“一调一裁两审”制度,如果走完全部程序,需要1年以上时间。劳动争议不能及时得到解决,直接影响了劳动者合法权益的保护,有的还引发了一些群体纠纷。

(二)近年来我国劳动基准法的实施情况

距离全国人大常委会执法检查组对劳动基准法实施情况的执法检查已经过去10多年,为了准确评估劳动基准法在我国的实施现状,2016年在全国政协的牵头下,依托广东省工会,笔者深入当地企业,采取现场走访和发放调查问卷的方式获取了第一手资料。通过2016年的调研结果,以及近年来的官方统计数据,可以在一定程度上探知近年来我国劳动基准法的实施情况。

1. 样本特征描述

本次劳动者版问卷共回收2930份,其样本特征总结如下,具体情况见表2:

表 2　样本基本特征

指标	选项	频数	比重(%)
性别	男	1500	53.0
	女	1331	47.0
年龄	16~25 岁	547	19.2
	26~35 岁	1532	53.8
	36~45 岁	625	21.9
	46~55 岁	135	4.7
	55~59 岁	9	0.3
受教育程度	文盲	12	0.4
	小学	65	2.3
	初中	442	15.6
	高中或中专	819	28.8
	大专	866	30.5
	本科及以上	637	22.4
户口性质	农业户口	1480	53.7
	非农户口	1233	44.8
	其他	41	1.5
岗位类型	一般职工	1676	59.8
	核心业务人员	98	3.5
	高层管理人员	97	3.5
	中层管理人员	346	12.3
	普通管理人员	587	20.9
所在企业类型	国有企业	59	2.3
	集体企业	63	2.4
	股份合作企业	67	2.6
	联营企业	19	0.7
	有限责任公司(国有独资公司、其他有限责任公司)	152	5.8
	股份有限公司	365	14.0
	私营企业(私营独资企业、私营合伙企业、私营有限责任公司、私营股份有限公司)	939	36.0

续表

指标	选项	频数	比重(%)
	港澳台商投资	415	15.9
	外商投资企业(中外合资、中外合作、外资企业、外商投资)	398	15.2
	个体工商户	47	1.8
	个人合伙	8	0.3
	其他	79	3.0

(1)性别结构趋向均衡化:回收样本中,男性占比为53%,女性占比为47%,说明调查样本的性别分布较均衡。

(2)年龄结构呈现偏中青年化趋势:26~45岁的劳动者所占比例超过了75%,16~25岁和46~59岁的劳动者比例分别为19.2%和5%,说明被调查群体的年龄分布较为集中且偏年轻化。

(3)受教育程度大部分处于高中或中专学历以上:高中或中专以上学历的劳动者所占比例超过了80%,受教育程度为初中及以下的劳动者仅占18.3%,说明被调查群体的受教育程度总体较高。

(4)户口结构呈现均衡化:被调查群体户口性质为农业户口的占比为53.7%,非农户口占比为44.8%,其他占比为1.5%。

(5)岗位类型集中分布于中下阶层:虽处于各个阶层的劳动者都有,但是一般职工、核心业务人员以及普通管理人员占比超过80%,中层和高层管理人员占比分别为12.3%和3.5%。

(6)所在企业类型呈现多样化:被调查样本所处企业类型高达12种,其中私营企业(私营独资企业、私营合伙企业、私营有限责任公司、私营股份有限公司)占比最大,为36%;接下来是港澳台商投资、外商投资企业(中外合资、中外合作、外资企业、外商投资)和股份有限公司,占比分别为15.9%、15.2%和14%;其余企业类型占比多处于5%以下。

2. 样本局限性说明

应当看到,此次调研所发放的样本虽然在企业类型方面尽量做到了涵盖各种所有制企业,并且在这些企业内将劳动者类型通过各项标准覆盖得比较全面,但囿于所选取的省份的产业分布特点,对于服务业等第三产业的个别企业类型覆盖不足,对于矿山、井下、建筑行业等从业者的劳动基准保护情况缺乏数据统计。因此,通过本次调研取得的数据可以基本反映注册企业内劳动者的劳动基准落实情况。对于调研未能覆盖的企业和劳动者类型,本节将通过其他来源数据进行展示和评估。

3. 最低工资及工资支付保障实施情况

(1)平均月收入主要集中于中低水平(见图 1):调查显示,平均月收入为 2000 ~ 4000 元的劳动者占比最多,为 53.9%;其次为 4000 ~ 6000 元,占比为 29%;接下来分别为 6000 ~ 8000 元、8000 ~ 10,000 元、2000 元以下、10,000 ~ 15,000 元、15,000 ~ 25,000 元和 25,000 元以上,比例分别为 8.1%、3.1%、2.3%、2.1%、1% 和 0.3%,说明被调查劳动者收入水平较低。

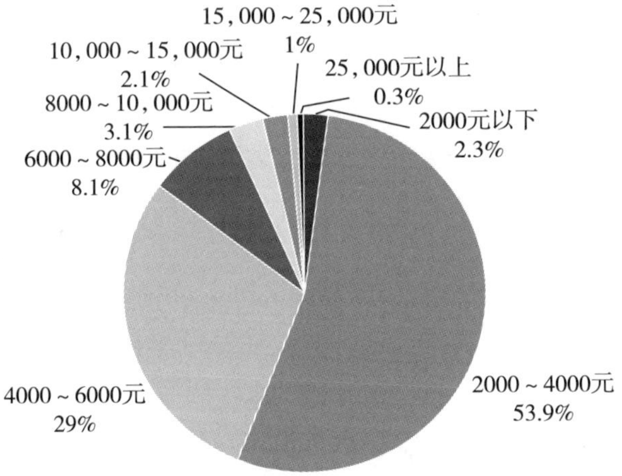

图 1　平均月收入

(2)近一年内有过被拖欠工资经历的劳动者占少数,且有被拖欠工资经历的劳动者拖欠月数多集中于 0 ~ 1 个月(见图 2):数据显示,93.2% 的劳动者近一年内没有被拖欠工资的经历,有被拖欠工资经历的劳动者仅占 6.8%,其中,在有被拖欠工资经历的劳动者中,被拖欠 0 ~ 1 个月的占比最多,为 82.8%,其次是 2 ~ 3 个月,为 14.3%,最后是 4 ~ 5 个月,为 2.9%,说明被调查劳动者基本工资权利能够得到保障。

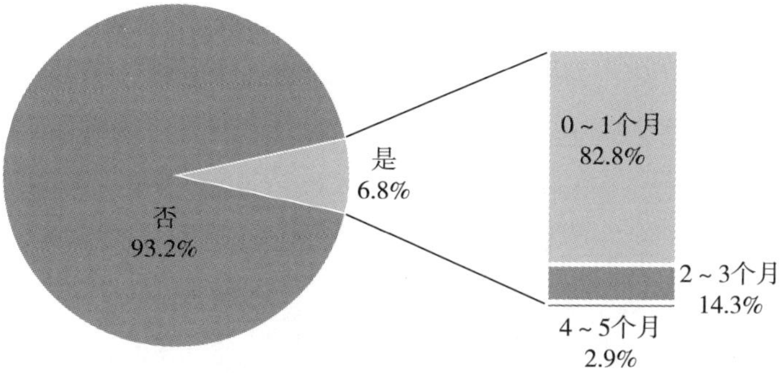

图 2　近一年内是否被拖欠工资及拖欠月数

(3)知道本市最低工资标准的劳动者占大多数(见图 3):知道本市最低工资标准的劳动者占比达到 85%,不知道的劳动者占比为 15%,说明被调查劳动者开始关注与自己利益相关的劳动法律规定。

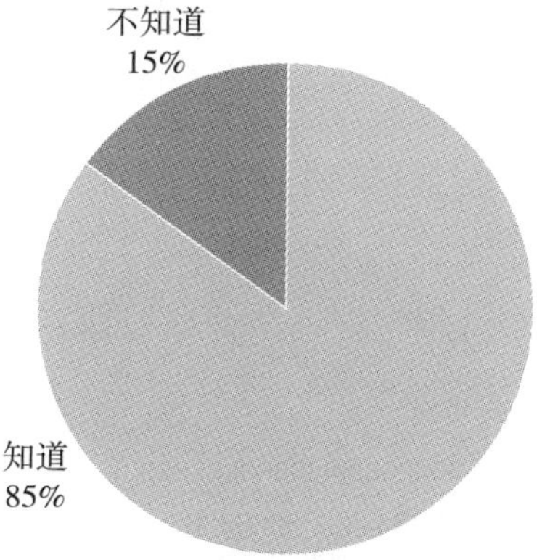

图 3　是否知道本市最低工资标准

(4)在工资决定过程中,劳动者的声音开始出现(见图 4):53.9% 劳动者的工资由单位单方面决定,34.4% 劳动者的工资由单位和个人协商决定,还有 11.7% 劳动者的工资由单位和工会协商决定,说明在工资决定过程中企业的自主权开始受到限制,劳动者的自主权开始扩大。

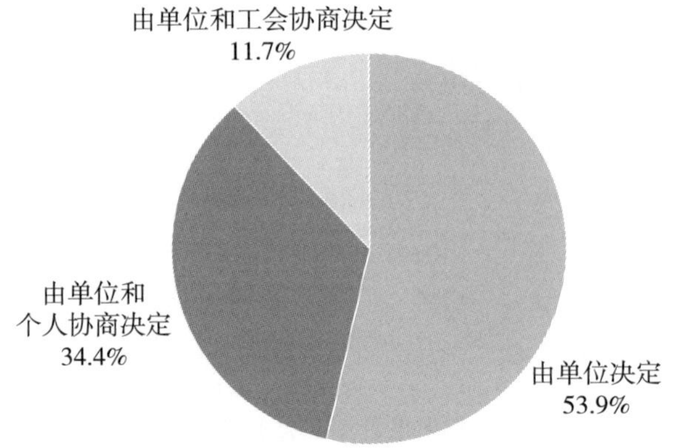

图4　工资决定主体

4. 最高工作时间保护实施情况

(1)工作时间制以标准工时制为主(见图5):69.5%的劳动者实行的是标准工时制;其次是综合工时制,占比为24.6%;最后是不定时工时制,占比为5.9%,说明在工时制度上灵活性还比较低。

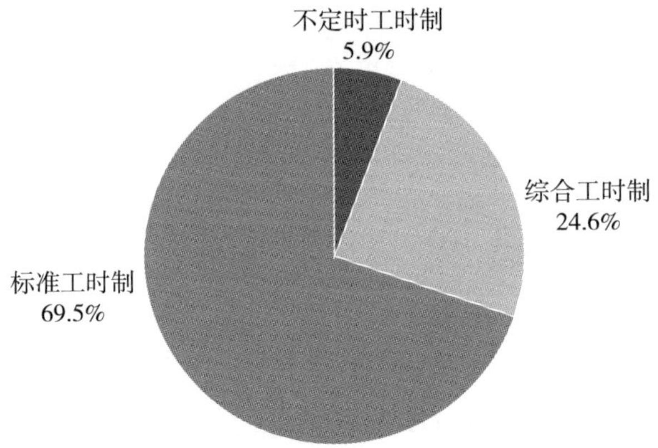

图5　工作时间制

(2)加班现象较严重(见图6):加班比例达到62.3%,其中经常(每周加班3次及以上)加班的比例为18.8%,不经常(每周加班2次以下)加班占比为43.5%,几乎不加班和从来不要求加班的比例分别为24.1%和13.6%。

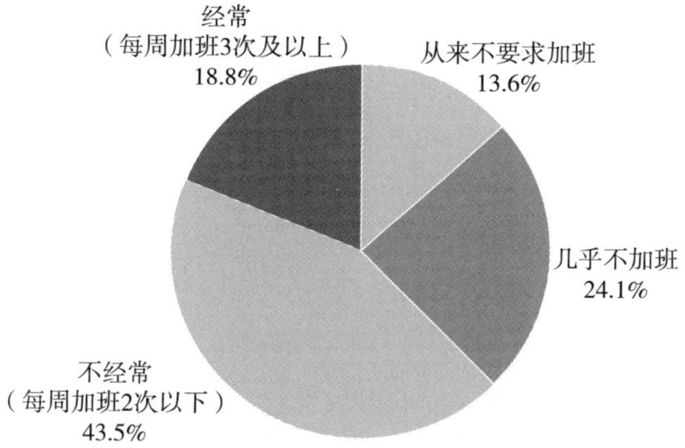

图6　加班频率

(3)每周平均加班数在0~10个小时的占比最多(见图7):每周平均加班数在0~10个小时的劳动者占比为81.4%;其次是10~20个小时,比例为13.9%;最后是30小时以上和20~30个小时,占比分别为2.9%和1.8%。另外,北京市总工会2017年的调查显示,专职"网约工"平均每周工作6天以上的占86.8%,每天工作8小时以上的占42.2%。一些互联网企业甚至主张从早上9时工作到晚上9时,一周7天无休。说明在新兴的互联网行业,加班问题可能比传统行业更为严重。

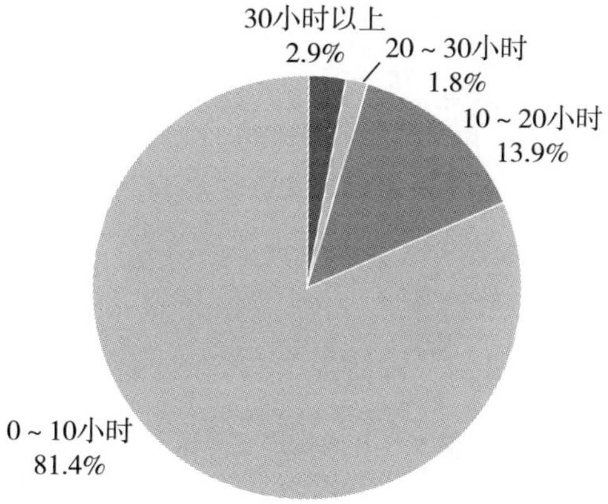

图7　每周平均加班小时数

(4)在调研组选取的注册类型企业中,劳动者的加班工资基本得到保障(见图8):77%的劳动者加班工资得到支付,23%的劳动者加班工资没有被支付。但应注意的是,全国总工会开展的第八次全国职工队伍状况调查显示,加班加点足额拿到加班费或倒休的职工仅占44%。[1] 数据的冲突原因可能在于调查样本覆盖的企业类型不同,调研组的调查问卷未能覆盖到加班密集的行业。

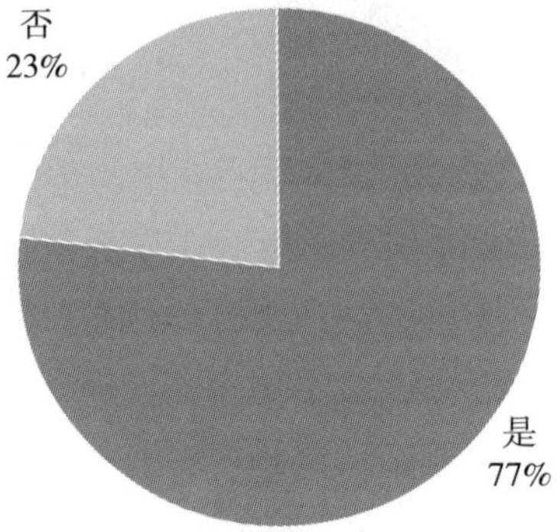

图8 是否支付加班工资

5. 休息、休假制度及其他福利实施情况

(1)平均每周工作天数5天以下和5天以上占比相当(见图9):平均每周工作天数在1~5天的劳动者占比为58.9%,平均每周工作天数在5天以上的劳动者占比为41.1%。

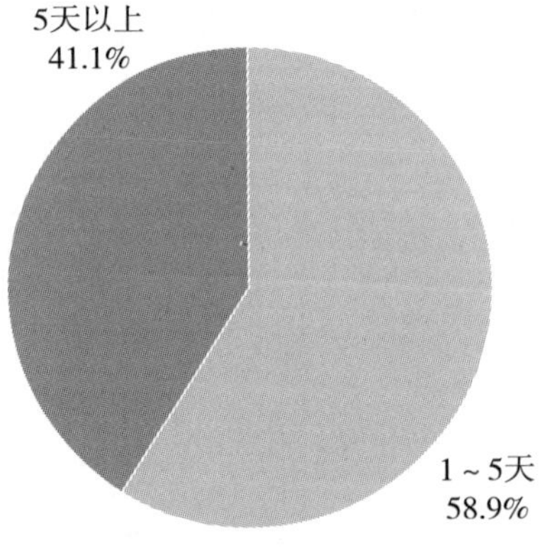

图9 平均每周工作天数

(2)平均每天工作小时数在0~8小时占比较大(见图10):77.7%的劳动者平均每天工作小时数在0~8个小时,平均每天工作小时数在8小时以上的占比为22.3%。

---

[1] 参见《遏制"加班文化",避免"过劳死"悲剧,科学合理去工作》,载搜狐网2018年3月13日,http://www.sohu.com/a/225438722_99910418。

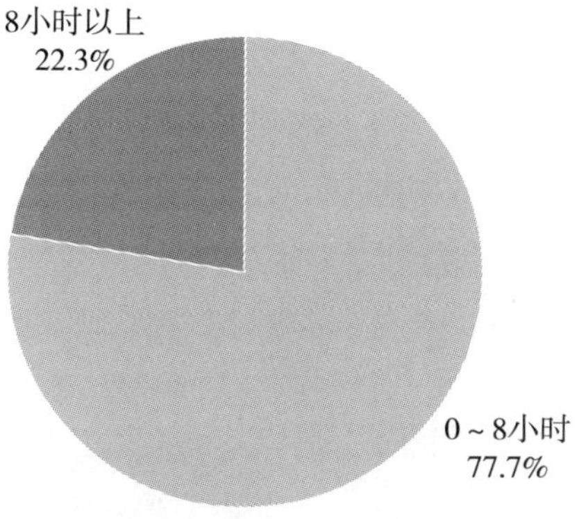

图 10　平均每天工作小时数

(3)大部分劳动者在法定节假日能够休息(见图 11):85.6% 的劳动者在法定节假日能够得到休息,有时能得到休息的劳动者占 9.9%,仅有 4.5% 的劳动者在法定节假日不能得到休息。但是带薪年休假执行不规范的情况还比较严重:根据全国总工会的统计,关于带薪年休假的实施情况,没有享受带薪年假、没有补偿的占 35.1%。[1]

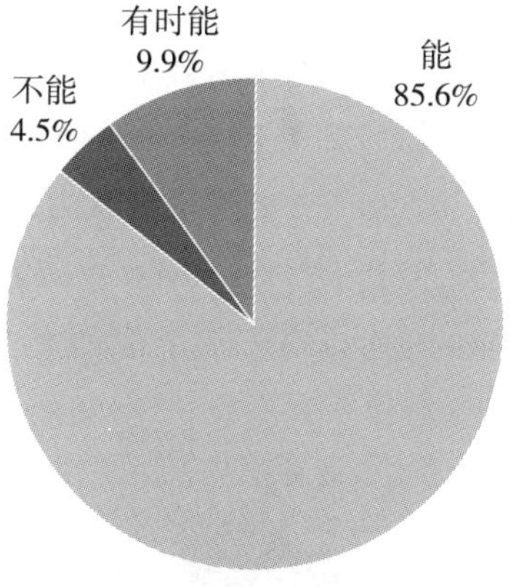

图 11　法定节假日能否休息

(4)劳动者享受的员工福利(含带薪休假)呈现多样化特征(见图 12):劳动者享受的福利多种多样,其中,带薪休假占比最大,为 19.4%;其次为节假日礼品,占比为 16.9%;餐补、高温(供暖)补贴以及公司组织旅游占比均在 12% 左右;其余除其他之外,占比在 2%～8%。

---

〔1〕 参见《遏制"加班文化",避免"过劳死"悲剧,科学合理去工作》,载搜狐网 2018 年 3 月 13 日,http://www.sohu.com/a/225438722_99910418。

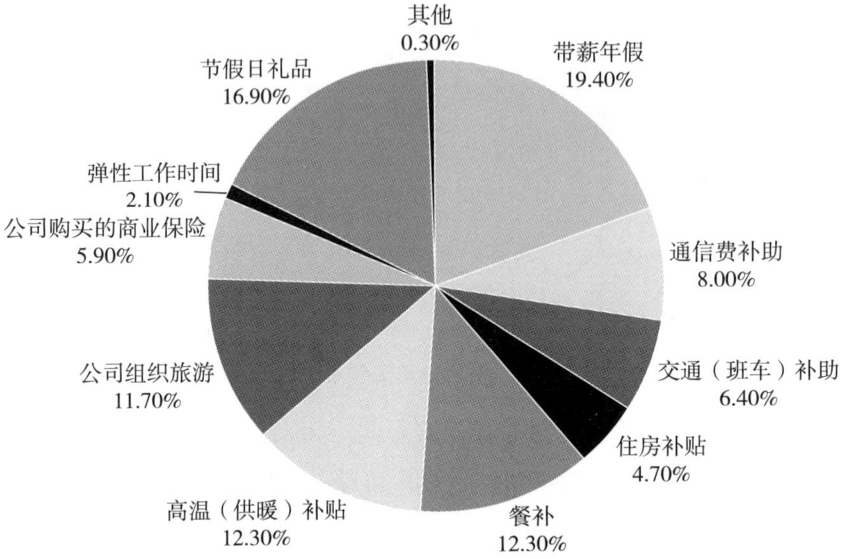

图 12　员工福利

6. 职业安全卫生保护实施情况

(1)在样本选取的注册企业类型中，绝大多数劳动者认为目前从事的工作对自身健康或安全没有产生危害或威胁(见图 13)：73% 的劳动者认为自己目前从事的工作对健康或安全没有危害或威胁；19.7% 的劳动者认为自己目前从事的工作虽然对健康或安全产生了危害或威胁，但是不严重；仅有 0.9% 的劳动者认为自己目前从事的工作对健康或安全产生了严重的危害或安全；其余 6.4% 的劳动者对此状况不清楚。

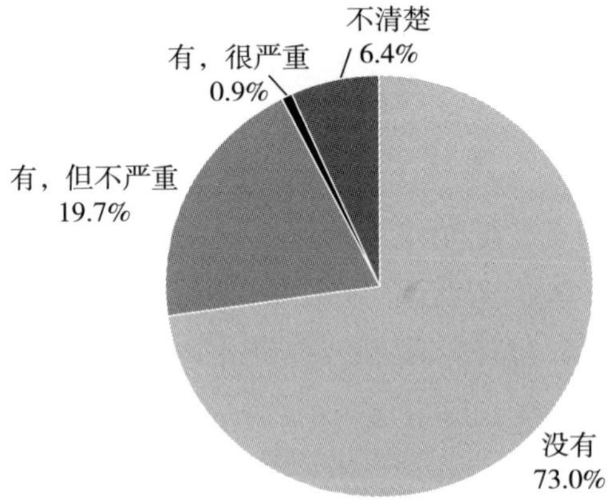

图 13　工作对健康或安全是否有危害或威胁

(2)工伤发生率仍然较高,仍有相当部分劳动者没有得到工伤保险保障;在样本选取的注册类型企业中,93.6%的劳动者在近一年没有遭遇工伤事故,有6.4%的劳动者在近一年内遭遇了工伤事故,从受伤人数来看,这一比率仍然比较高;在遭遇工伤事故的劳动者中,有84.5%的劳动者得到了工伤保险补偿或相同待遇,仍有15.5%的劳动者没有得到工伤保险补偿或相同待遇(见图14)。

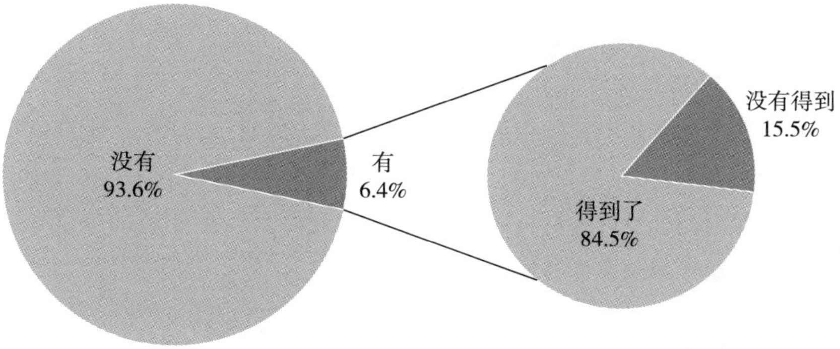

图14　近一年工伤事故及补偿状况

7. 女职工特殊保护实施情况

大多数女性劳动者拥有产假,且产假天数一般在98天及以上(见图15):86%的女性劳动者有过产假,仅有6.8%的劳动者没有产假;在有产假的女性劳动者中,59.1%的劳动者拥有超过98天的产假,26.7%的劳动者是低于98天的产假。

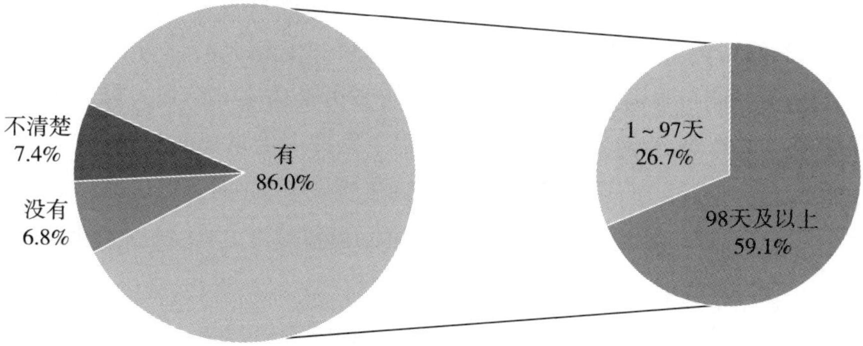

图15　产假状况

8. 劳动监察实施情况

(1)劳动监察覆盖的就业人数:截至2019年年底,我国劳动保障监察主动监察涉及劳动者5140.8万人次,[1]同年我国就业人员数为77,471万人,涉及人数占比为6.6%。[2]

(2)我国劳动保障监察的结案类型:劳动保障监察案件以支付工资和最低工资标准为主。以2019年为例,劳动保障监察结案111,587件,其中支付工资和最低工资标准案件57,758件,占结案总数的52%。另外涉及劳动基准法执行的女职工特殊劳动保护案件77件,未成年工特殊劳动保护案件204件,工作时间和休息休假案件6522件,总共占结案总数的6%。内部劳动保障规章制度案件、订立和解除劳动合同案件、参加社会保险和缴纳社会保险费案件、职业介绍案件、职业技能培训和职业技能考核案件以及各类其他案件共计47,026件,占结案总数的42%。[3]

(3)劳动监察与劳动争议处理程序受理劳动监察案件数量对比:在2019年,劳动保障监察部门处理投诉和举报案件总数为11万件。[4] 同年劳动争议处理程序仅受理有关劳动报酬的案件数量就达446,572件。[5]

四、我国劳动基准法的实施情况分析

通过总结上文数据和图表反映的信息,对比2005年全国人大常委会执法检查组检查报告中对劳动基准部分实施情况的评估,我们可以发现,现在我国的劳动基准法实施情况呈现以下特点:

第一,最低工资标准以及工资支付保障的实施情况大幅改善,但在部分行业如建筑行业等欠薪情况仍然比较突出。与2005年执法检查组调查的数据相比,我国已经建立了完善的最低工资制度,在企业层面执行情况较为良好,企业基本能够遵守最低工资的规定。企业拖欠工资情况大幅减少,并且拖欠的时间很短,一般不超过1个月,这可能与我国欠薪保障制度的完善和劳动监察部门加大对欠薪的执法力度有关。[6] 另外,劳动者在工资确定过程中发挥了更重要的作用:绝大多数劳动者开始意识到自己的工资权利特别是最低工资权利,并通过个人协商和集体协商的方式固定下来。但应注意的是,在调研样本覆盖类型之外,特别是建筑行业拖

---

〔1〕 参见国家统计局人口和就业统计司、人力资源和社会保障部规划财务司编:《中国劳动统计年鉴2020》,中国统计出版社2020年版,第354页。

〔2〕 同上书,第3页。

〔3〕 同上书,第354页。

〔4〕 同上。

〔5〕 同上书,第352页。

〔6〕 参见肖进成:《劳动保障监察法律制度研究》,科学出版社2015年版。

欠农民工工资的问题，在2005年执法检查组的报告中就已指出其严重性，现在看来仍然是我国工资及其支付保障制度实施的薄弱环节。

第二，工作时间特别是延长工作时间标准执行情况不容乐观。与2005年的数据相比，我国劳动者加班现象还是比较严重，超过半数的劳动者都需要加班，大部分劳动者每周加班2次左右，每周加班时间为0～10小时。与2005年相比进步的是我国的加班工资保障制度，与2005年普遍不支付加班工资的情况相比，现在劳动者加班工资权益基本能够得到保障，绝大多数劳动者都会得到加班工资。

第三，休息休假制度中休息制度基本得到执行，休假制度中法定节假日休假制度执行较为规范，但带薪年休假制度执行仍不理想。与2005年"劳动者很少有正常休息日"相比，在每日劳动的间隔期，劳动者能够保证比较充分的休息时间，劳动者基本可以保证每周休息1天，大部分劳动者在法定节假日都能够休息。但是在带薪年休假方面，仍有相当比例的劳动者从未享受、只能部分享受、休假但无法得到工资甚至从来都不知道自己享有此项权利。

第四，劳动者职业安全卫生情况得到改善，但是工伤发生率仍然较高，工伤保险落实不到位情况还比较严重。从调研的数据来看，虽然工伤发生的概率有所下降，但是其绝对数字仍然很大。另外，仍有相当部分劳动者在遭遇工伤后无法获得工伤保险待遇，工伤保险覆盖率亟待提高。

第五，在女职工特殊保护方面，注册企业产假执行较为规范，但是以牺牲女性劳动者职业安全稳定为代价享受产假的"隐性权利侵害"比例上升。大部分女职工能够享受基本产假98天，在产假期间的待遇能够得到保障。但值得注意的是，越来越多女性劳动者面临休完产假后职业稳定无法得到保障的问题，用人单位也常以此"要挟"女性劳动者不休或少休产假。这种隐性侵犯女性劳动者产假权益的方式成为执行女职工产假保护应当重视的问题。

第六，在劳动基准的实施保障方面，劳动监察力量仍然较弱，对劳动基准执行的保障不足。劳动基准执法覆盖人数不足，且有下降趋势；劳动监察力量被大量非劳动基准案件分散；劳动监察并不是劳动者劳动基准权益受到侵犯时的救济首选，更多劳动者愿意选择劳动争议处理的方式维护自己的权益。

通过对比两次我国劳动基准法实施情况的调研结果，笔者认为，在劳动基准核心指标的执行和实施上，较2005年有大幅改善，但应当承认，当前我国的劳动基准实施状况距离劳动基准广泛覆盖并且严格执行这一劳动基准法的本质要求仍有较大距离,但对于劳动基准实施情况的改善我们仍应持谨慎乐观的态度。劳动基准的主要实施力量——劳动监察力度一直偏弱,近几年改善幅度不大,应当引起高度重视。

第二节 我国劳动基准法的争议焦点:劳动标准的高低

劳动基准作为保护劳动者基本权益的最低劳动条件,其标准的客观高低、是否符合我国的基本国情以及能否与我国的劳动监察执法力量相适应,是直接决定我国劳动者能否真正享受到规定在法律中的最低劳动条件保护的关键因素,并且会对企业的生存、我国劳动力市场的长久稳定发展以及我国的投资环境和经济形势产生重大影响。对此,学者在《劳动合同法》立法之时对当前我国的劳动基准产生了"高"和"低"两种截然不同的判断,并展开了激烈的论战。

一、我国劳动标准的高低之争

我国当前法律确定的劳动基准是高还是低,以及未来立法修法时应当选择高标准还是低标准的问题,是学者争论最激烈的阵地,产生了应当选择"高标准、窄覆盖还是低标准、广覆盖","锦上添花还是雪中送炭"以及附带的劳动基准覆盖范围宽窄与执法宽严问题的争论。

有些学者认为,我国当前的劳动基准水平偏高。劳动基准作为"法律允许的最差企业对最差职工可以执行的最低标准",具有强制性,国与国之间可以比较。我国的某些标准虚高,如工时、加班费、补偿金、医疗期等,这些规定其实常常是一种纸面上的规定,并未得到真正的落实。要使劳动法对现实中各种形式的劳动关系(或者称为雇佣关系)加大覆盖面,使劳动者中最普通的劳动者得到保护,必须摆脱对"高标准"的追求。而且只有"低标准"才有可能实现"严执法"。[1]《劳动合同法》中的有些制度不仅使可比的显性劳动标准超过世界发达国家水平,还将大量较为隐性的劳动基准予以提高,其方式是将这些劳动基准与劳动关系凝固化、标准化、形式化和行政化的刚性管理相结合,使劳动基准不仅成为一种底线控制而且成为高线控制。因此,有学者提出我国劳动合同法应在劳动法的基础上通过调整适

---

〔1〕 参见董保华:《中国劳动基准法的目标选择》,载《法学》2007 年第 1 期。

用范围实现“雪中送炭”,而不是通过提高标准实现“锦上添花”。[1] 过高的劳动标准不仅会增加劳动争议的数量,而且会严重阻碍底层劳动者的就业。然而,劳动标准又具有“易升难降”的刚性,国家一旦试图降低标准,则会引发社会动荡。[2]

有些学者则认为,我国有关劳动基准条款所确立的劳动标准的高低,评估上不宜简单化,如竞业限制的经济补偿等,我国社会保障水平还较低,因此我国劳动者被限制竞业损失的机会成本要更高。另外,我国《劳动法》和《劳动合同法》的立法思路都是以问题为导向的,许多基准条款都是为了解决立法遗留的亟待解决的问题而设置的,评价针对这些问题所作出的规定,应当以能否足以解决所要解决的问题为主要尺度,而不能脱离这些问题来谈论标准的高低。只要能够解决所要解决的问题,并且问题的解决是为经济、社会发展所需要的,就表明对劳动者的保护与经济、社会发展的要求相适应,这就不存在所谓的标准高低问题。[3]

二、由劳动基准高低之争带来的劳动基准覆盖范围的宽窄之争

支持低标准的学者注意到了劳动基准高与低的选择可能会影响劳动基准法的现实覆盖范围:“在劳动基准法上,只有低标准才能广覆盖……高标准与广覆盖存在着一定的矛盾,这是一个公共政策目标的选择问题。作为发展中国家,又是人口大国,我们能够选择的只能是低标准与广覆盖。我国的劳动基准都与旧体制中的人身依附、身份差别有联系。而《劳动法》实行了十多年后我国的用工情况已经发生了很大的变化。随着农民进城务工、国有企业员工下岗,劳动者出现了分层,当时劳动法所保护的对象已经成为这种分层中较高层次,如果不对这种状况加以调整,而一味升高劳动标准,就会出现劳动标准只在劳动法原来覆盖的中上层劳动者中间起作用,而更加需要劳动标准保护的弱势劳动者由于无法进入劳动法的视野而无法被劳动标准覆盖,劳动基准制度产生了制度歧视,出现某些贵族化倾向。”[4]

---

[1] 参见董保华:《锦上添花抑或雪中送炭——析〈中华人民共和国劳动合同法(草案)〉的基本定位》,载《法商研究》2006 年第 3 期。

[2] 参见李凌云:《我国劳动标准高低之争的理论溯源》,载《当代法学》2009 年第 4 期。

[3] 参见王全兴:《劳动合同立法争论中需要澄清的几个基本问题》,载《法学》2006 年第 9 期。

[4] 董保华:《中国劳动基准法的目标选择》,载《法学》2007 年第 1 期。

三、由劳动基准高低之争带来的劳动基准执法的宽严之争

支持高标准劳动基准的学者认为,《劳动法》的实施摧毁了我国旧的用工体制,改革过程中政府的管理和保护缺位导致了权利真空,用人单位在权利真空的状态下容易对劳动者滥用经营权和财产权,使"劳动者直接面对市场"。这时候就需要政府通过提高劳动标准来发挥其管制劳动力市场的职能——"一是利用劳工标准立法来规定雇主在个别劳动关系中的义务,同时限制雇主的财产权滥用,特别是解雇权的滥用;二是通过劳动行政来对于雇主遵守《劳动法》的情况实施劳动监察"[1]。

支持低标准的学者则认为,《劳动法》的实施带来的"官退民进""用工市场化"等现象并非"权利真空",而是必要的"社会空间"。这种社会空间的产生为政府管制之外的其他劳动关系调整机制提供了生长土壤,如中观层次的集体协商制度和微观层次的劳动合同制度。[2] 不当地提高劳动标准所期待的政府"高管制",有可能导致行政部门全面介入劳动关系,集体协商和劳资合意自治的空间被侵蚀,使我国又重回计划经济时代的旧体制。另外,我国当前较为紧张的行政执法资源无法承担这样高强度的管制要求,高标准会造成行政部门的任意性执法和选择性执法,甚至会出现权力寻租现象。[3]

四、我国现行劳动标准的高低分析

我国劳动基准客观上究竟是高了还是低了,应当结合劳动者基本权益保护的现实需要、我国经济社会发展水平、劳动力市场供求关系、公共安全需要、国际竞争需要和劳动基准实施效果等方面来考量。[4] 为了更好地体现我国劳动基准的客观水平以及变化趋势,我们选取了较为容易量化呈现的工资、工作时间和休息休假方面有关的数据,分析我国现行劳动标准的高低。

---

[1] 常凯:《论政府在劳动法律关系中的主体地位和作用》,载《中国劳动》2004 年第 12 期。

[2] 参见董保华:《和谐劳动关系的思辨》,载《上海师范大学学报(哲学社会科学版)》2007 年第 2 期。

[3] 参见董保华:《中国劳动基准法的目标选择》,载《法学》2007 年第 1 期。

[4] 参见王文珍、黄昆:《劳动基准立法面临的任务和对策》,载《中国劳动》2012 年第 5 期。

(一)我国的最低工资标准评估

1. 我国近 10 年来平均工资水平和最低工资水平增长速度较快。

据统计,我国平均工资年增长率长期保持在 10% 左右,[1] 2020 年,全国有 10 个省份上调了本省的最低工资标准,上海、北京、广东、天津、江苏、浙江 6 省份的第一档月最低工资标准超过 2000 元。[2] 从全球范围来看,我国的工资增长速度一直稳居世界前列,远远高于世界平均水平(见图 16),也远远高于亚洲平均水平(见图 17)。根据 ILO 的观测报告,在发达经济体中,韩国的工资增速最快,为 22%;其次是德国,德国在 2008 年和 2009 年工资增幅接近于零,2010 ~ 2013 年小幅增长,但随后加速增长,在 2008 ~ 2019 年的整个期间内,实际工资增长了 15%;相比之下,意大利、日本和英国的实际工资有所下降。在 20 国集团新兴国家中,中国表现突出,工资持续上涨,在此期间整体上涨了一倍多(见图 18)。[3]

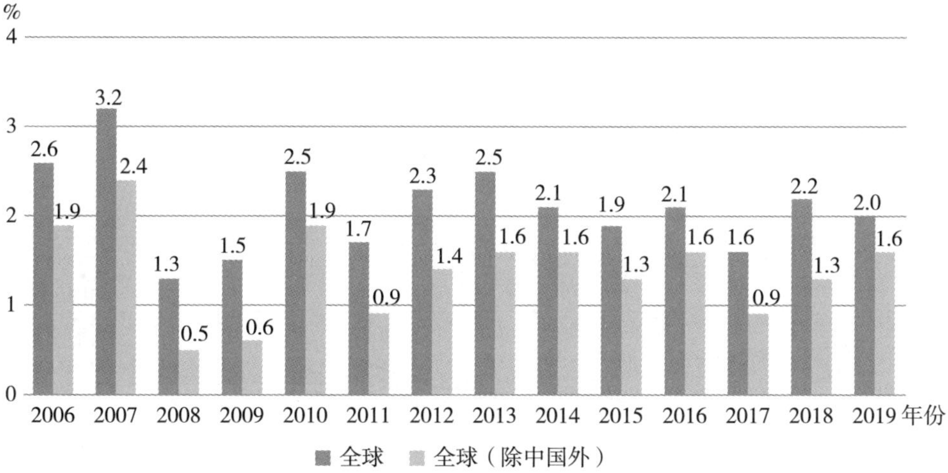

图 16　2006 ~ 2019 年全球年平均实际工资增长

注:因尚未获得所有国家的国家估算数据,2009 年数据仅为初步估算。

数据来源:国际劳工组织基于国际劳工组织统计数据库和国际劳工组织全球工资数据库中记录的官方国家来源得出的估算。完整的数据集可从国际劳工组织全球工资数据库中获得,并可免费下载(见 www. ilo. org/ilostat)。

---

〔1〕 参见国家统计局编:《中国统计年鉴 2021》,中国统计出版社 2021 年版。

〔2〕 参见《全国各地最低工资标准情况》,载人力资源和社会保障部网,http://www. mohrss. gov. cn/SYrlzyhshbzb/laodongguanxi_/fwyd/202004/t20200426_366507. html。

〔3〕 ILO:《全球工资报告 2020—2021》,载国际劳工组织网 2021 年 4 月 13 日,https://www. ilo. org/wcmsp5/groups/public/---asia/---ro-bangkok/---ilo-beijing/documents/publication/wcms_779822. pdf。

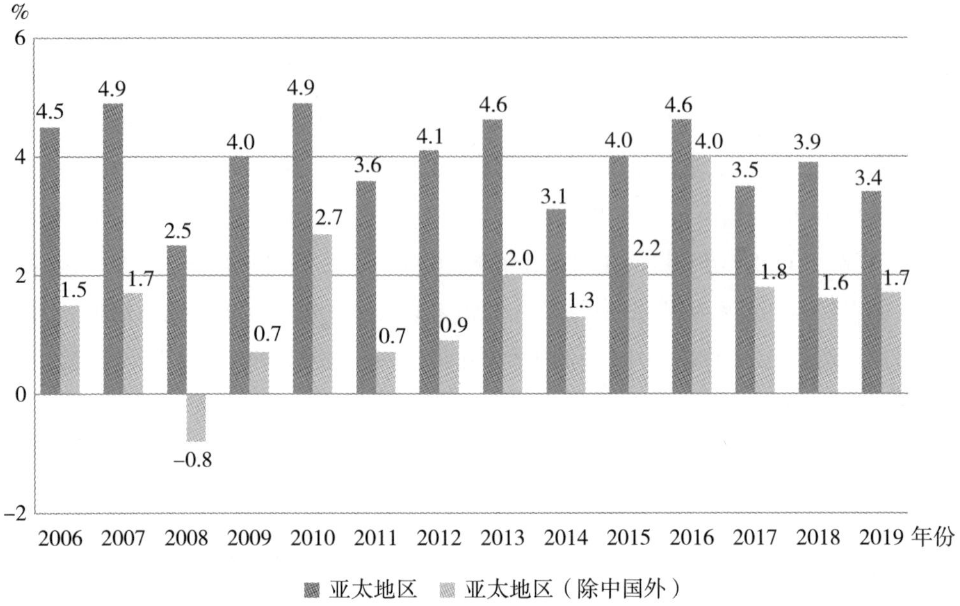

图 17　亚洲和太平洋地区平均工资增长

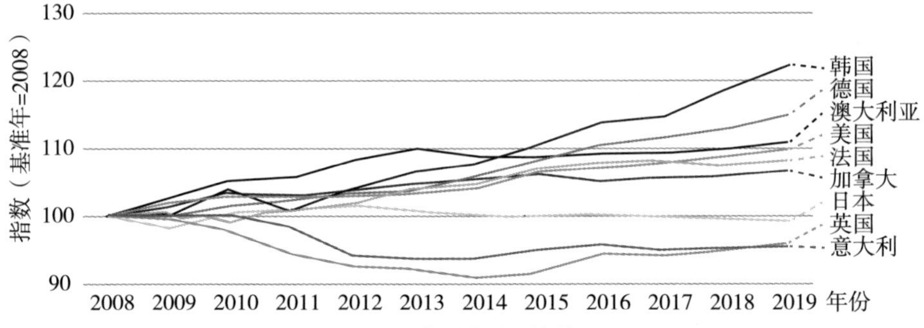

（a）20国集团发达经济体

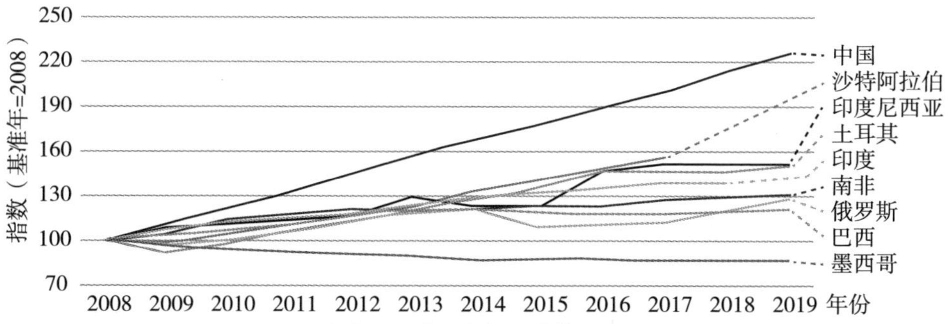

（b）20国集团新兴经济体

图 18　2008～2019 年 20 国集团国家平均实际工资指数

2. 最低工资水平仍有进一步提升的空间。

从 2021 年我国国家统计局发布的最新数据来看，我国 GDP 总量突破 100 万亿元大关，我国人均 GDP 连续两年超 1 万美元。[1] 而 2020 年巴西的人均 GDP 约为 6800 美元，南非的人均 GDP 约为 5656 美元，[2] 在这样的情况下，我国的最低工资水平仍然略低于两国。并且，我国最低工资水平与美、英、法、日、韩等发达国家相比仍有较大差距（见表 3）。

表 3　各国最低工资情况

国家	月最低工资（美元）
美国	1257
英国	1736
法国	1703
日本	1360
韩国	1498
泰国	220

〔1〕 参见《〈中国的全面小康〉白皮书新闻发布会答记者问》，载国家统计局网，http://www.stats.gov.cn/tjsj/zxfb/202109/t20210929_1822623.html。

〔2〕《2020 年人均 GDP 数据》，载世界银行网，https://data.worldbank.org/indicator/NY.GDP.PCAP.CD。

续表

国家	月最低工资(美元)
马来西亚	266
中国	217
南非	242
巴西	253
印度尼西亚	111
越南	181

数据来源:ILO:《全球工资报告》,https://ilostat.ilo.org/topics/wages/。

3.最低工资水平和平均工资之间差距仍然很大。

根据世界通行的工资差距计算指标 Kaitz 指数提供的计算公式可知,某国当年的最低工资与工资中位数或平均工资之比与该国的工资差距大小呈负相关。由于我国平均工资中位数缺少统计数据,只能采取最低工资与平均工资之比。以北京市 2019 年最低工资与平均工资之比为例,当年北京市最低工资为 2120 元,月平均工资为 8467 元,Kaitz 指数为 23.9%。与图 19 中所列的同年其他发展中国家 Kaitz 指数相比,我国指数并没有明显的优势,这也表明我国的最低工资在平均工资中所占比重较低,工资收入差距还是比较大的。

(二)我国的工作时间标准评估

1.我国法定标准工时与发达国家处于同一水平。

我国实行劳动者每日工作时间不超过 8 小时,每周工作时间不超过 40 小时的工时制度。从世界范围来看,大部分国家的标准工作时间的设定都是每周 40~48 小时,如表 4 所示,美国采用每周 40 小时的标准工时制度,印度则采用每周工作 48 小时,每天工作 9 小时的标准工时制度。

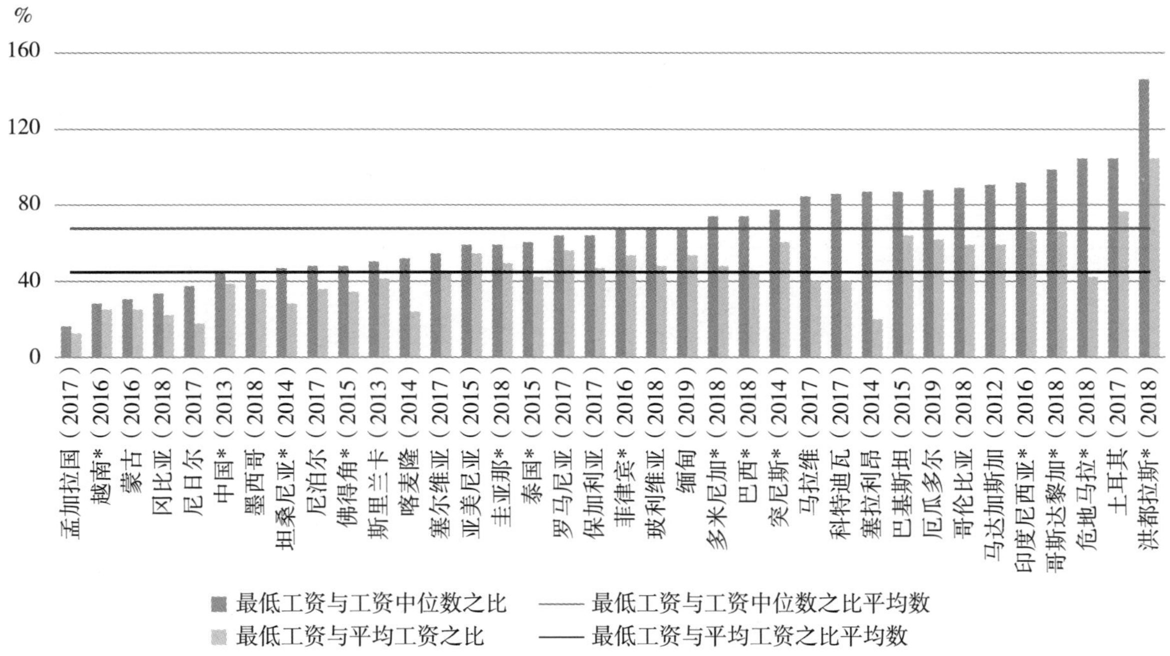

图19　选定的发展中经济体和新兴经济体最低工资水平相对于工资中位数和平均工资的比例

注：括号内为年份。标星号（*）的国家是那些有多个最低工资标准的国家，对于这些国家，最低工资与工资中10位数的比率和最低工资与平均工资的比率是用这些多个最低工资标准的最低与中位数比率和最低与平均数比率的加权平均数计算的。详见附录五。

数据来源：国际劳工组织基于微观数据的估计数。

表 4　各国工时标准比较

国家	标准工时	每日最短休息时间	每周休息时间	工间休息时间	加班时间	加班工资	夜班
美国	每周 40 小时(以周为计算周期)	没有规定	没有规定	20 分钟	没有限制	一工作周内工作超过 40 小时,按正常工资 1.5 倍支付加班工资。对于蓝领工人不能用补休来补偿	没有规定
欧盟	每周包括加班不超过 48 小时(计算周期是 4 个月)	至少连续休息 11 小时	至少连续休息 24 小时(每周休息时间,计算周期不超过 14 天)	6 个小时以上给予工间休息	每周包括正常工时不超过 48 小时		定期体检
日本	每天 8 小时,每周 40 小时(根据集体协议,计算周期可以达到 1 年)	没有规定	每周一日或 4 周 4 日以上	45 分钟(6 小时) 1 小时(8 小时以上)	加班时间每周不得超过 15 小时;每月不得超过 45 小时;每年不得超过 360 小时	125% ~150%	工资比白班高 125%

续表

国家	标准工时	每日最短休息时间	每周休息时间	工间休息时间	加班时间	加班工资	夜班
印度	每周 48 小时，每日 9 小时			半个小时(5 小时)	每日可以延长到 10.5 小时；经总监察官同意，可以延长到 12 小时	200%	女性不允许上夜班
俄罗斯	每周 40 小时。对于特殊人群、如不同年龄段的未成年人、残疾人、从事有害和危险工作的雇员的每日工作时间做出了限定；对于其他人没有规定	没有规定	每周连续休息时间不得低于 42 小时	在工作日(班)内，应该给予雇员不超过 2 个小时、不低于 30 分钟的休息和吃饭时间。该时间不属于工作时间	雇员在连续 2 天内加班时间不应该超过 4 小时，全年不得超过 120 小时	工作日：加班的头两个小时支付不低于 1.5 倍工资的报酬；2 个小时以上的时间按照不低于 2 倍工资支付；周末和节假日工作：应该支付不低于 2 倍工资的报酬	夜间工作时间缩短 1 小时。每小时应该额外支付 20% 的工资。要求某些类别劳动者夜间工作，必须获得他们的书面同意，并且有医生诊断确认其健康状况能够从事夜间工作

数据来源：人力资源和社会保障部劳动科学研究所课题组：《我国工时制度研究》。转引自王文珍、黄昆：《劳动基准立法面临的任务和对策》，载《中国劳动》2012 年第 5 期。

2. 关于延长工作时间的限制,我国处于较高水平。

从表4的数据可以看到,所列国家中,对延长工作时间限制最为严格的是日本,每日延长工作时间理论上不得超过2.5小时。程度相近的是俄罗斯,规定连续2天内不得超过4小时。对于加班的衡量周期,各国标准比较灵活,计量周期被相对延长,有的规定了周最高加班时间、月最高加班时间甚至年最高加班时间,用人单位对加班尺度掌握能力较强。

3. 从实践层面来讲,我国实际上的周平均工作时间仍然较高。

据统计,我国2019年城镇就业人员周平均工作时间为46.8小时。并且我国周平均工作时间最高值非常高,大量就业人员处于长时间工作的状态:我国每周工作时间最长的就业群体是生产、运输设备操作人员及其他有关人员,其周平均工作时间高达49.8小时;其次是商业、服务业人员,其周平均工作时间达49.1小时。[1]

(三)小结

整理前文学者关于劳动标准的争论可以发现,无论是支持"高"还是"低"的学者都一致同意,我国劳动标准的确定必须符合我国的国情,以解决我国现实、迫切问题为先。

首先应当看到,那场著名的高低之争是发生在《劳动合同法(草案)》征求意见之时,当时关注的问题主要是草案中规定的一些制度是否过于超前,许多现在看来不应被纳入劳动基准的事项中的许多"劳动标准",都与"劳动基准"混为一谈,当作了"高"与"低"讨论的对象,如竞业限制补偿金、劳动合同解除条件、劳动合同解除的经济补偿金、订立无固定期限劳动合同条件的高与低都被纳入讨论范围,作为证明我国劳动标准或高或低的佐证。[2] 而这些标准,都不符合劳动基准法"最低"劳动条件的要求,不宜再作为劳动基准法立法的考量和依据。[3]

至于符合劳动基准法要求的最低劳动条件,客观上的标准是高还是低,不可以简单地通过数字比较下结论,应当结合劳动者基本权益保护的现实需要、我国经济社会发展水平、劳动力市场供求关系、公共安全需要、国际竞争需要和劳动基准实施效果等方面来考量。[4] 当前学者对我国各项劳动指标的实证研究已经比较充

---

〔1〕 参见国家统计局人口和就业统计司、人力资源和社会保障部规划财务司编:《中国劳动统计年鉴2020》,中国统计出版社2020年版,第91页。

〔2〕 参见董保华:《中国劳动基准法的目标选择》,载《法学》2007年第1期。

〔3〕 参见林嘉:《劳动法的原理、体系与问题》,法律出版社2016年版,第288页。

〔4〕 参见王文珍、黄昆:《劳动基准立法面临的任务和对策》,载《中国劳动》2012年第5期。

分，从上文我国劳动基准各项指标数据的分析情况来看，我国目前的劳动基准水平不宜一概而论：在一些核心、基本的劳动基准指标上，我国的最低工资水平、工资支付保障水平等基础类的劳动基准水平并不高，亟待进一步提高标准与完善适用；而对于其他一些非核心的劳动基准指标，我国目前的规定又显得偏高，如延长工作时间的限制、加班工资水平、探亲假和一些节日纪念假期等，对于这些基准，我国的规定似乎超过了我国的发展水平，并且在标准的计算和把握上比较死板，缺少必要的调整空间。核心的劳动基准关涉到劳动者的基本人身和财产权益，目前我国偏低的保障水平有可能不利于保护劳动者，特别是弱势劳动者，有违劳动基准法的立法目的；而其他非核心劳动基准水平超越了我国的经济社会发展水平，有可能加重企业负担，长远来看，也不利于劳动者的保护和劳动基准目的的实现。

因此，未来的劳动基准立法和修法，应当在精确调研、科学计算同时结合我国国情的基础上，进行适当的平衡，适度提高核心、基本的劳动基准保障水平，并为其他非核心劳动基准的适用提供一定的灵活弹性空间。

第三节　我国劳动基准法的立法选择

一、我国劳动基准法立法体例选择

1994年颁布施行的《劳动法》是我国劳动法律部门中的基础性法律文件。从《劳动法》的章节可以看到，《劳动法》的规定涉及工作时间和休息休假、工资、劳动安全卫生、女职工和未成年工特殊保护、监督检查、法律责任等方面，涵盖了劳动基准法大部分的内容框架。2007年颁布的《劳动合同法》并未局限于劳动合同的传统内容，而是在劳动合同履行、集体合同等章节中涉及理论上被认为应属于劳动基准法规定的内容。[1] 争论随之产生，按照劳动法的学理体系，劳动基准法应当是与劳动合同法、集体劳动法、劳动就业法、劳动争议处理法等大致并列的，都属于劳动法的组成部分。在劳动就业法、劳动争议处理法纷纷单独立法之后，劳动基准法是否也应当单独立法成为学者争论的热点。

支持应当单独制定劳动基准法的观点认为，我国目前虽有劳动基准性法律规范，但是存在规定分散、内容缺失、法律位阶低、地区差异大等问题，解决这些问题

---

〔1〕 参见《劳动合同法》第30条、第31条、第32条、第55条等。

的最理想方案,就是由中央立法机关制定一部统一的劳动基准法。[1] 这样的立法体例将各项劳动基准制度规定在同一法律中,具有系统、体系化之优势,可以对各具体劳动基准制度概括出共同原则予以规定,作为指引。[2] 但是,在立法路径上,该观点认为即便承认一部统一的劳动基准法的重要意义,考虑我国目前劳动基准立法较为落后的现状,一步到位地制定劳动基准法时机尚未成熟,建议根据我国劳动关系发展的需要,对劳动基准仍采用分散立法和机动立法的方法,在不断积累劳动基准立法和实践的基础上,再制定单独的劳动基准法。[3]

也有观点认为应采用分散立法的模式,反对单独制定劳动基准法。主要理由包括:第一,在我国《劳动合同法》首先成熟起来的情况下,我国很难形成一个与其他国家立法范围相一致的“劳动基准”术语,将来徒增理论上的烦恼。第二,虽然劳动基准立法是劳动立法的重要趋向,但是劳动基准法法典化并非潮流。[4] 第三,我国的劳动基准立法研究起步较晚,对于劳动基准体系的边界以及劳动基准的概念、性质等劳动基准法自身的原理研究尚不透彻,理论研究不够充分,缺乏整体性和系统性,制定一部综合性的劳动基准法对立法技术的要求很高。[5]

笔者认为,尽快制定一部统一的劳动基准法,这是劳动基准法在劳动法体系中的重要地位决定的。松散式的立法思路与劳动基准法的性质背道而驰:劳动基准法所确立的劳动条件,覆盖的对象必须要足够广泛,适用标准必须足够统一,这样规定的最低劳动条件才有意义——发挥其保障广大劳动者群体维系最基本劳动条件的作用,松散式立法下劳动基准分散且冲突,消解了劳动基准应起到的保障和统一作用。劳动基准规范需要高度的概括性和指引性,只有统一立法的模式能够满足这一要求。在立法技术方面,可采用“基本法 + 单行法”的立法思路,先制定一部基本性的劳动基准法,类似于劳动基准法的“总则”,规定劳动基准法的一些基础性问题和工资、工时、休息休假、特殊劳动者保护、劳动卫生安全、法律责任等具体制度,至于具体的技术规定和实施细则,可以在整理现有规范和统一制定新法的基础上,逐步推出。

---

〔1〕 参见王文珍、黄昆:《劳动基准立法面临的任务和对策》,载《中国劳动》2012 年第 5 期。

〔2〕 参见邓娟:《“放松管制”趋势下我国劳动基准立法的思考》,载《探求》2015 年第 1 期。

〔3〕 参见王全兴、沈同仙、冯彦君、王文珍:《专家谈:劳动基准法问题》,载《中国劳动》2011 年第 5 期。

〔4〕 参见涂永前:《我国劳动基准立法的现状与进路》,载《社会科学》2014 年第 3 期。

〔5〕 参见刘汉伟、刘金祥:《我国劳动基准立法体例探究》,载《华东理工大学学报(社会科学版)》2017 年第 1 期。

二、我国劳动基准法立法面临的时代挑战与对策选择

我国《劳动法》等一系列劳动基准法律立法之际，正处于从计划经济向市场经济转变的过渡阶段，劳动关系从行政化向市场化改革，劳动基准法的立法目标是关注劳动者权益在改革中的保有与承继，以保证改革的平稳顺利进行。[1] 时空变幻，今时国内外的形势都不同往日：我国国内开始进行供给侧结构性改革，分享经济成为重要的经济增长点；国际上金融危机余波未平，各国为复苏本国经济开始进行劳动法和劳动政策的本土化、壁垒化等。这些变化给整个劳动法带来了诸多挑战，如弹性与安全、管制与放松等问题。劳动基准法也处于同样的境地，于是在新形势面前如何持守与发展，就成为值得关注的重要议题。

（一）劳动基准立法应考虑的时代因素

1. 劳动用工的灵活化趋势

进入信息时代后，劳动用工形式发生了翻天覆地的变化，非典型劳动关系比重开始增加，带来了劳动基准灵活化的趋势。非典型劳动关系具有劳动时间、地点、方式上灵活多样，使用从属关系弱化或模糊，劳动者身份不明确，就业状态不稳定，权益保障不充分等特点。非典型劳动关系一般表现为非全日制用工、远程劳动、家庭工（house-based working）、轮班工（job-sharing）等形态。[2] 在这些新型的用工形态中，传统劳动基准的表现形式都发生了变化，给既有法律规则带来了冲击。

这些变化大多是技术性的，重点在如何识别传统劳动要素的变形。在工作时间方面，劳动时间长度变得难以认定，延长工作时间的申请与批准更加灵活，待命时间（on-call time）、通勤时间（commuting time）、在家时间（off-work time）等非标准工时制度在工时法上的位置越发重要等；在劳动报酬方面，由于劳动提供的场所与劳动管理中心渐行渐远，雇主难以控制劳动过程，劳动报酬的决定势必将从过程主义转向结果主义；[3] 在劳动安全卫生方面，远程劳动情形下，由于在自宅等情况下工作空间与劳动者私生活密切相连，在有关认定工伤、职业病的法律适用上会更加严格，强调劳动者的举证责任，防止认定范围的扩大，[4] 雇主的劳动场所安全保

---

〔1〕 参见阎天：《供给侧结构性改革的劳动法内涵》，载《法学》2017 年第 2 期。

〔2〕 参见田思路：《劳动关系非典型化的演变及法律回应》，载《法学》2017 年第 6 期。

〔3〕 参见林佳和：《从劳动弹性化到劳动 4.0——一个发展趋势的观察》，科技革命与劳动法的发展——两岸劳动法前沿问题学术研讨会 2017 年论文。

〔4〕 参见田思路：《远程劳动的立法趋势与法律适用》，载《中国劳动》2017 年第 8 期。

障义务有可能延伸至传统的劳动场所之外等。

各国都针对这些变化更新了本国的规则,美国先后出台了《远程劳动促进法》和《远程劳动政府指南》,对于完成工作的质量要求、劳动报酬支付的方式、对员工绩效的考评等事项作了规定。欧盟委员会于2002年通过了《欧盟远程劳动框架协议》,确立了远程劳动者与其他在工作场所工作的劳动者一样,适用劳动相关法律,享有同等权利,并针对远程劳动的特殊性,就数据保护、隐私权、工作用具、组织管理、培训等方面进行了特别规定。德国于2000年2月通过的《部分工时工作及定期劳动契约法》规定,在劳动报酬方面,部分工时劳工实行比例计算原则,根据与可比的标准工时劳工的工作时间的比例来确定,每天工作不得超过8小时,如有延长,延长部分应当在其他工作日缩短,部分工时劳工享有同等的周休日休息权、法定休假日和带薪休假。[1] 日本政府2007年公布了《远程劳动人口倍增行动计划》,明确规定即使劳动者在家内使用资讯通信设备进行工作,仍适用劳动基准法、最低工资法、安全卫生法、劳动者灾害补偿保险法等劳动基准的关系法令。[2]

2. 劳动基准的国际化趋势

20世纪以来,以ILO为代表的国际组织,为提高劳动条件、促进社会正义,致力于国际劳工保护事业的发展。ILO通过制定国际劳工公约和建议书,推行劳工标准,为各国提供劳动立法方面的指导。这些国际法律文件对批准加入公约的成员具有直接的法律效力,其中的劳工标准内容对各国劳动基准的国内立法也有着重要参考意义。我国现行的许多基准制度与国际劳工标准保持一致。此外,以社会责任国际标准(Social Accountability 8000 International Standard, SA8000)为典型代表的第三方认证的社会责任国际标准也不断涌现,旨在改善全球劳工的工作条件、实现公平体面工作。[3] 这些也给我国对外贸易和国内劳动立法带来了冲击和挑战。

另外,部分发达国家在国际贸易领域还提出了“社会条款”的概念,意图将保护劳工权利有关的劳动标准条款与自由贸易相挂钩,主张运用贸易制裁手段,排斥不符合公认的劳工标准的国家。早在1953年,美国国务院就以非正式方式提议在

---

〔1〕 参见[德]沃尔夫冈·多依普勒:《德国雇员权益的维护》,唐伦亿、谢立斌译,中国工人出版社2009年版,第140页。

〔2〕 参见田思路:《远程劳动的立法趋势与法律适用》,载《中国劳动》2017年第8期。

〔3〕 参见胡明娟:《SA8000的引入与我国企业社会责任标准的建立》,载《理论月刊》2005年第6期。

关贸总协定中专门列入"禁止不公平劳动"的贸易条款。1979 年 7 月,美国政府又正式建议将两项最基本的国际劳工基准纳入 1991 年的乌拉圭回合多边贸易谈判的讨论范围,其中一项就是"禁止某国家的出口工业采取低于其他经济部门的劳动基准"[1]。虽然,"社会条款"的提出在世界贸易组织(World Trade Organization,WTO)中仍存在很大争议,但我国仍有必要完善劳动基准法的法律调整,以面对这种新形式的非关税壁垒。

3. 劳动基准的去管制化趋势

经济全球化给传统劳动法带来了很大的挑战。无论是发达国家还是发展中国家,劳动法为应对经济全球化都做出了必要的调整。发达国家为留住资本,不让资本到他国投资,会通过立法放松劳动法的管制,削减社会福利,给资本更多的自由和更优惠的待遇,一些工会与资方谈判自愿降低劳工福利标准,以保留劳动者的工作岗位。而发展中国家为了吸引更多的外资,也会通过立法扩大投资者的权利,减少劳动者的权利或利益,甚至一些政府会采取消极执法的方式来削减劳动法的强制性。在此种背景下,劳动保护法受到了相当大的质疑,有人认为劳动保护法必然提高劳动成本,不利于企业的国际竞争,甚至有人认为高标准的劳动保护是一国失业率高的根本原因,其恶化了一国的就业环境。劳动保护法的去管制化针对的问题涉及劳动法的许多方面,如最低工资标准、工作时间尤其加班时间的限制、解雇保护法令、集体谈判、集体协议的履行等。

(二)我国劳动基准法的立法对策选择

非典型用工形态对劳动基准规则灵活化的要求、国际劳工标准对我国劳动基准法的冲击以及世界上兴起的劳动法去管制化思潮,使《劳动合同法》的修改势在必行。虽然这场讨论是以劳动合同法之名进行,但其中有些讨论以及建议已经直指未来劳动基准制度的立法选择问题,面对这些不容回避的问题,未来立法时应选择以下因应之策。

1. 在坚守劳动基准底线的基础上,完善集体合同立法。

在劳动关系放松管制的趋势下,各国其实都面临一个共同的问题,即劳动法的发展趋势如何?现有方向是否会发生改变,重新走向私法路径?前面已经分析到,尽管各国劳动法在不同的程度上出现了放松管制的趋势,但这种放松管制并非涉

---

[1] 周长征:《WTO 的"社会条款"之争与中国的劳动标准》,载《法商研究》2001 年第 3 期。

及劳动法的方方面面，主要集中在对劳动力市场劳动关系的形成和确定上，运行劳动关系的多元化发展，但法律同时也加强了对禁止就业歧视的规定；而在以保障劳动者基本生存权为价值目标的劳动基准法方面，劳动保护功能并没有发生变化，各国总的趋势不是降低而是加强了。这些劳动法的保护性规定被看作社会稳定器，在充满危机的时代有助于克服社会震荡。[1] 事实上，去管制化本身并非解决劳动力市场上的最佳措施，而是作为一种实现劳动法灵活化体系的方式，以维持企业在市场竞争中的竞争力。去管制化与灵活性往往是有限和受控制的，在某一层面去管制化的同时面临着在另外层面加强管制，去管制化与再管制化是紧密相关、不可分割的。因此，面对劳动关系弹性化时代下的放松管制趋势，劳动法的回应不应当是降低或解除劳动保护的基准，而应是在统一基准外增加选择自由，满足劳动者重视劳动条件规范的自我决定以及多样化的选择自由的需求。

劳动关系自身具有私的因素，由劳动者和用人单位通过平等协商的方式来建立劳动关系和确定劳动权利义务是应有之义，从这个层面来说，劳动合同法调整微观劳动关系，是劳动法上的核心内容。由于劳动关系中双方地位的实质不平等，为保障弱势一方劳动者的权益，各国通常都设置了两种模式作为劳动合同制度顺利实施的补充手段：一是集体谈判制度，由劳动者组成工会，代表单个劳动者与用人单位进行集体谈判，争取更好的劳动条件；二是从法律规范的功能出发，通过国家立法制定劳动基准，规定用人单位的劳动基准义务并通过制裁性手段来约束违法者，保护劳动者的基本生存权益。集体合同法和劳动基准法的发达与否，与各国的国情相关，二者是相互制衡的关系，集体合同法的发达意味着在劳动基准法方面可以不作过多干预；反之，集体合同法的功能不能有效发挥，则需要强化劳动基准立法。劳动基准法只是规定最低基准，而劳动者团体在与用人单位抗衡中可以为劳动者争取更优的劳动条件，因此依靠集体合同法来调整劳动关系应是理想状态，这也是其他国家劳动立法的发展趋势。但考察我国的现实情况，劳动法是在国家全面统一规范管理的基础上产生的，集体合同法的基础不发达，由于工会作为集体合同法的主体在实践中所处的地位，集体合同法更是难以担任如此重大的职能。是故，从长远发展来看，我国应当充分发挥集体合同法的功能；但就目前而言，加强劳动基准立法，守住劳动基准底线，以保障劳动者的基本生存权，仍然具有重

---

〔1〕 参见[德]Rüdiger Krause：《管制与放松管制——德国劳动法在全球化金融危机背景下的变革》，吴文芳译，载《社会法评论》2010 年第 0 期。

要意义。

2. 应当正视劳动关系多元化、弹性化的客观需求，加强非典型工作规则和灵活化调整机制立法。

当前我国以标准工作规则为主的规范体系无法满足灵活用工形式的需求。我国劳动基准法立法时调整对象主要是典型劳动关系，缺少对非典型劳动关系规则的立法考量。而当前，我国劳动的形态已经发生了翻天覆地的变化：我国第三产业就业人口比重明显增加，服务业的参与形式多样化，出现了远程办公、居家办公、在线办公等用工形态。另外，随着我国进入"互联网 +"时代，许多劳动者通过互联网平台提供劳动，对于这些非典型用工形态的工资、工时计算，劳动安全保护，劳动者集体行动等问题，我国劳动基准法缺少相应的规则调整。在未来立法时，应当着重加强这些非标准化劳动关系调整规则的比重，适应劳动关系的现实发展。

另外，我国劳动基准法"一体适用"的法律调整方式也无法满足当今劳动者和企业类型化的需求。随着经济社会的发展，"资强劳弱"的标签显然已经不足以反映劳资关系的多样性，出现了"强劳工、弱资本"的现象。"强劳工"如高级管理人员、高层次专业技术人员，"弱资本"如小微企业。放松管制的思潮呼吁为了减轻企业负担，应当豁免小微企业对于某些劳动基准的适用，或将高级劳动者排除出劳动基准法的保护范围。[1] 我国劳动基准法并没有对这些不同身份的主体进行分层或分类，而是采取"一体适用"的适用方式。未来立法时，既要考虑到灵活化调整方式的必要性，对符合特定条件的劳动关系主体适当考虑分层或分类调整，也要考虑到如此立法的技术难度，对其进行审慎立法。当前，无论是管理学还是社会学对劳动者的分类，套用到劳动法上都无法令人满意，因此统一的分层或分类适用的模式不具有可行性。理想的适用模式是"一般规定 + 个别排除"。对于身份特殊的劳动者，可以通过特别立法的方式，将其排除在某些劳动基准的保护范围之外。对于小微企业的豁免，一方面对于符合条件的小微企业，可以适度地放松管制，豁免某些劳动基准事项的适用，如加班时间限制、加班工资甚至解雇保护等；另一方面也要注意对小微企业真实资格的审查，避免用人单位假借小微企业逃避劳动基准法义务的情况发生。

---

〔1〕 参见谢增毅：《我国劳动关系法律调整模式的转变》，载《中国社会科学》2017 年第 2 期。

3. 制定劳动基准时，应当参照有关国际公约标准，与国际标准接轨。

在经济全球化背景下，如何继续改善工作条件，让全世界劳动者能在安全、有尊严和体面的环境下工作，仍然是国际劳动立法以及各国劳动立法所共同致力的方向。ILO 及其制定的国际劳工标准虽然不可避免地受到经济全球化的挑战，但其发挥的作用越来越重要，尤其是国际劳工标准中保障劳动者基本人权的核心劳动标准，在社会条款之争、国际社会责任的运动发展中已对劳动基准立法产生了深远影响。近年来，除发达国家、WTO、国际经贸组织试图将国际所承认的劳动基准纳入规范以外，地区间的组织如欧洲联盟、北美自由贸易协定也曾先后将保护劳工权益的社会条款正式纳入，以规范其会员国以外的国家。经济合作发展组织对于国际劳动基准的建立，虽然本身尚未公布此类基准，但也利用 ILO 的七项核心公约充当会员国或非会员国是否遵守此类基准的标准。顺应国际劳动立法的发展趋势，各国应思考国内劳动立法与国际社会的基准或潮流趋势如何接轨。

我国受经济发展、历史传统、社会等因素的制约，批准的国际劳工公约数量相对有限，批准进度也相对缓慢，所确定的劳动基准与国际劳工标准尚存在差距，如何加快公约的批准进度，借鉴国际劳工标准中劳动人权理念与制度设计，提高劳动基准水平，逐步缩小与国际劳工标准之间的差距，应当是未来我国劳动基准法立法努力的方向。

第三章　劳动基准法的基础理论

第一节　劳动基准法的理论溯源

世界各国在法律发展过程中将劳动基准法与调整一般交易的民法相分离，并在劳动基准领域采取强制性调整以干预这种交换关系，是有着深厚理论渊源的。研究劳动基准法的理论基础和本位思想，有助于进一步解决其调整方式、法律性质、法律效力等基本问题。

一、早期劳动基准法的理论基础——劳动力的可持续性

（一）劳动基准法的起源

1. 前资本主义社会时期

劳动基准法属于劳动法的分支之一，当然以劳动关系的存在为前提。劳动关系本质上是劳动力与生产资料结合而完成劳动过程的一种社会关系，唯有历史发展到劳动力的所有者与生产资料的所有者相分离的时期才出现，[1]是人类社会发展到一定历史阶段的产物。在资本主义社会之前，奴隶主与奴隶、封建地主与农民之间存在强烈的人身依附关系。劳动力与使用者之间属于人身和财产的所有关系，并无人身自由可言，也不可能产生劳动交换关系。这一时期虽然存在调整劳动方面内容的规范，但其并不能独立于调整身份关系的法律之外。

2. 资本主义原始积累时期

15 世纪后，欧洲封建经济不断衰落和解体，商品经济不断发展。封建社会内

〔1〕 参见王全兴：《劳动法》（第 2 版），法律出版社 2004 年版，第 3 页。

部，资本主义生产关系开始萌芽、发展。其发展的历史浓缩即是以“圈地运动”为代表的资本主义原始积累时期。这一时期，凭借单纯的经济强制已经不能满足资本家更大限度地榨取剩余劳动的目的，因而需要获得国家权力支持，以加速资本主义生产关系的形成。从英王爱德华三世于 1349 年颁布了第一个“劳工法规”开始，14～18 世纪，欧洲国家陆续颁布了许多“劳工法规”。[1] 其中也有涉及工作时间等劳动条件的内容，调整方式也具有强制性，但立法本位与现代劳动基准法强制性调整的宗旨截然相反。这些所谓的“劳工法规”的宗旨是维护新兴资本家的利益，强迫劳动者接受极其苛刻的劳动条件，对拒绝劳动的人施加残酷的刑罚。这些法规还规定了工时下限和工资上限，尽可能降低资本的用工成本。英国伊丽莎白女王当政时期颁布了《学徒法》，对在法定限额之上支付工资的雇佣者处 10 日监禁，并对劳动者处 22 日监禁。[2] 原始积累的重商主义时期，在劳动关系的调整上，法律是以运用国家力量来加强资本家对劳动者的剥削为特征，劳动者实际上是作为义务主体而存在。[3] 这一时期的立法虽然属于国家强制的表现，但绝非现代意义上劳动基准法的历史渊源。

3. 自由资本主义时期

19 世纪初期，人类历史开始进入自由资本主义时期，资本在西方国家已经壮大成熟。社会生活中民事主体的平等性、互换性的特征构成了近代民法制度、理论的基石。[4] 个人人格被从身份桎梏中解放出来，而劳动领域的契约关系也摆脱了传统的支配关系色彩，被债法所吸纳，与民事借贷和租赁分离开来而成为独立的契约关系。1794 年《普鲁士普通法》、1817 年《奥地利民法典》、1896 年《德国民法典》、1911 年《瑞士债法典》均规定了雇佣契约的内容。[5] 这一时期的契约规范并没有考虑到劳动关系双方在经济实力上的差距。劳动力的不可储存性的特殊自然性质、劳动力市场供求关系失衡以及作为无产阶级的劳动者生存需求的社会因素，都给资本家最大限度榨取剩余价值提供了极大方便。在当时的企业工厂中，工人的日工作时间被强制延长到 14 个小时，甚至 16 小时、18 小时，远远超出了工人

---

〔1〕 参见王全兴：《劳动法》(第 2 版)，法律出版社 2004 年版，第 4 页。

〔2〕 参见郭捷主编：《劳动法与社会保障法》，法律出版社 2011 年版，第 28 页。

〔3〕 参见董保华：《劳动法论》，上海世界图书出版公司 1999 年版，第 15～16 页。

〔4〕 所谓互换性，是指民事主体在市场交易中，在民事活动中频繁地互换其位置，在这个交易中作为出卖人与相对人发生交换关系，在另一个交易中则作为买受人与相对人建立交换关系。参见梁慧星：《从近代民法到现代民法——二十世纪民法回顾》，载《中外法学》1997 年第 2 期。

〔5〕 参见黄越钦：《劳动法新论》，中国政法大学出版社 2003 年版，第 5 页。

生理条件的极限。工人的工资难以维持最基本的生活，劳动条件极其恶劣，生命健康得不到保障，工伤事故和职业病频繁发生，死亡率猛增。

上述现象逐渐引发了诸多社会问题，长久以后必然会危及社会人口素质和社会生产的可持续性，以致数个时代后劳动市场上健康劳动力的再生面临障碍，最终会影响工业发展。[1] 同时，产业工人为了维护自身生存权利，自发组织工人运动与资本斗争，阶级矛盾不断激化。为了避免资本对工人的过度剥削，缓和阶级矛盾，资本主义国家出现了以“工厂法”为代表的现代意义上的劳动法。1802 年，英国议会通过了《学徒健康与道德法》，开启了劳动法的先河。该法主要限制纺织工厂的童工日工作时间不得多于 12 小时，并禁止在 21 时至凌晨 5 时的夜间工作中使用童工。这种立法的法律调整方式表现为由国家强制性规定工作时间的最高标准，工厂雇主必须在劳动生产中严格执行。此后，英国以“工厂法”（Factories Act）为名制定了一系列法律，如 1819 年《纺织厂和工厂法》禁止雇用 9 岁以下儿童，[2] 1833 年工厂法对不同年龄阶段的童工从最高工时上进行限制[3]。工厂法在此后多次修改和补充，其立法保护的对象也不断扩大，逐渐包括童工和女工，其规范内容从工作时间延伸到劳动防护方面，适用范围也从最初的纺织业扩展到其他行业。

英国开启了运用国家干预方式的“工厂法”新时代，而欧洲其他国家纷纷效仿制定了本国的“工厂法”，颁布法律保护童工、未成年工、女工，立法内容也从限制最长工作时间，扩及劳动保护方面。典型立法有德国的 1839 年《普鲁士工厂矿山规则》，法国的 1806 年《工厂法》、1841 年《未成年工保护法》和 1874 年《劳动保护法》。瑞士于 1848 年颁布首部限制成年人工作时间的法律。意大利、比利时、奥地利等国家也制定了限制工时、保障工人劳动条件的立法。俄国于 1882 年制定了《雇佣童工、童工劳动时间和工厂监察机构法》。19 世纪末，英国的一些附属国家和殖民地区，如澳大利亚、印度、加拿大和新西兰也制定了此类法律。

这一历史时期的劳动基准立法有自身局限性：立法较为分散；保护对象受限，主要是童工、女工等部分群体；基准事项不多，主要局限在工作时间、劳动保护方面；适用范围有限，主要针对工厂制造业，并不适用于其他行业。

---

[1] 参见黄程贯：《劳动法》（修订再版），台北，台湾空中大学出版社 2001 年版，第 19 页。

[2] 参见常凯主编：《劳动法》，高等教育出版社 2011 年版，第 59 页。

[3] 其中规定 9 ~13 岁的童工每日工作时间不得超过 8 小时，13 ~18 岁的童工每日工作时间不得超过 12 小时。参见常凯主编：《劳动法》，高等教育出版社 2011 年版，第 59 页。

(二)早期“工厂法”的理论基础——劳动力的可持续性

“工厂法”在工业革命早期国家即英国的出现,并非主要基于对劳工权利的考虑,而是出于对人口素质过低的担忧。英国早期工厂法最直接的目的是限制工厂中被过度使用的妇女和童工。

工业生产兴起之初,基于自由放任的资本主义原则,资本不断压榨劳动力的剩余价值,工厂劳动条件不断恶化。正如马克思所言,工业机器作为资本承担者,成为在它所直接占领的工业中把工作时间延长到超越一切自然界限的最强手段。“工作日开始了一个像雪崩一样猛烈的、突破一切界限的冲击。道德和自然、年龄和性别、昼和夜的界限,统统被摧毁了。”〔1〕由于妇女和童工的低廉成本,他们在工厂被普遍使用。1788 年,英国 143 家水力纺纱厂的工人中,儿童占据 2/3 的比重。〔2〕虽然英国社会早期对儿童劳作持鼓励态度,但童工过早地开始工作(大部分是从八九岁起)、日工作时间过长(1833 年前,童工的日工作时间一般要在 13.5 小时左右〔3〕)以及劳动过度过大对整个社会的儿童造成了严重伤害。女工的境况也是极端恶劣,以致严重影响劳动人口的生育繁衍,人口素质急剧下降。同时,妇女被迫离家进入工厂工作,也严重冲击着底层劳动阶级的家庭,妨碍了家庭履行抚养儿童、扩增人口的社会职能。1803 年,在不列颠的 419,560 名工厂工人之中,77% 的产业工人是女工和童工,而且童工大部分属于 5 岁到 10 岁的幼龄儿童。〔4〕

无限度的资本压榨,使劳工的健康面临崩溃,国家生命力遭受严重摧残,进而也影响到资本自身的可持续利益。因此,开明的资本家、政治家呼吁对工厂生产进行法律节制。英国早期工厂法仅关注未成年童工问题,而后开始限制女工的使用,直接目的就是改善劳动人口的素质。1842 年矿山法被提出的重要理由之一就是在矿山劳动的妇女容易出现身体畸形,以致难以怀孕或生下不健康婴儿。

可见,早期工厂法的国家强制是在资本扩张给劳动力带来过度剥削和摧残的背景下,基于对劳动力再生和资本生产可持续的维持而出现的。虽然已有劳工权利本位的萌芽,但其立法的直接出发点不是致力于劳动者权益保护,而主要为资产阶级长期利益服务,本质上是资产阶级生产关系为适应生产力发展而做的制度

---

〔1〕 马克思:《资本论》(第 1 卷),人民出版社 1975 年版,第 441 页。

〔2〕 See Douglas A. Galbi, *Child labor and the Division of Labor in the Early English Cotton Mills*, 10 Journal of Population Eonmics (1997).

〔3〕 See Colin M. Heywood, *A History of Childhood*, Polity Press, 2001, p. 132.

〔4〕 参见何勤华主编:《英国法律发达史》,法律出版社 1999 年版,第 349 页。

调整。

二、人权理论发展的推动

人权理论和人权体系的发展是近现代劳动法得以兴起的重要原因，劳动基准法对劳动者基本劳动条件的强制要求也被认为是对劳动者人权的具体落实。人权观念的发展对各个法律部门的权利发展起到了积极的推动作用，其中也包括劳动基准法。

（一）人权的演变

人权，即人的权利，是人具有人的属性所享有的不可被剥夺并不可转让的基本权利。[1] 它是有关人的政治、经济、社会、文化以及人身等各方面的权利集合，是一个广泛、全面、有机的权利体系。

人权概念最初以十七八世纪自由主义观念为基础。资产阶级启蒙思想家们从自然法理论出发，提出了人生而自由、平等且因出生而被赋予一些不可剥夺的权利。[2] 在人权的发展史上，这一时期的人权以自由权为本位，契合自由资本主义的发展要求。这一时期各个国家经立宪主义在各自的宪法中被确定为宪法权利，对于个人自由的宪法保障多以消极、形式意义的方式避免国家对个人的干涉。这一阶段的人权概念也被称为“第一代人权”[3]。

然而20世纪后，由于社会情势的变化，抽象消极的保障方式反而难以实现个人自由平等的实质人权。国家在人权保障方面的积极责任开始受到重视，“社会权”作为资本主义高度发展时期对自由的具体实质保障被提出。社会权在国际法中体现为经济、社会及文化权利，是指个人有从社会获得基本生活条件、充分发展个体生产和生活能力的保障和良好地发育个体精神人格与社会人格的权利，一般包括个人的生存权、劳动权、教育权和社会保障权等内容。[4] 根据德国公法学家耶律涅克提出的公民与国家关系的“地位理论”，社会权属于积极地位的权利，人

---

〔1〕 参见林嘉：《劳动法与现代人权观念》，载《法学家》1996年第6期。

〔2〕 参见莫纪宏：《人权概念的历史分析》，载《宪政与行政法治评论》2005年第0期。

〔3〕 “第一代人权”是以自由、生命、财产和安全这些天赋人权为核心的，这些人权的基本特征是其固有性，是以政府的不干预为特征的“消极人权”；“第二代人权”是以政府采取积极的保障措施来实现的经济、社会及文化权利，必须依赖政府的积极保障，是在修正“第一代人权”价值缺陷基础上产生的；“第三代人权”以发展中国家人民的生存权、发展权等权利为重心，核心价值是要消灭贫困、缩小发展中国家与发达国家之间的贫富差距。参见富学哲：《从国际法看人权》，新华出版社1998年版，第6～7页。

〔4〕 参见龚向和：《社会权的概念》，载《河北法学》2007年第9期。

民据以请求国家积极作为而进行某些行为。[1] 20 世纪开始,以 1919 年德国《魏玛宪法》为开端,各国宪法在人权保障的形式与内容上进行了巨大变革。以团体主义、国家干预主义为基础的社会权内容得到宪法上的普遍确认。德国《魏玛宪法》第 151 条第 1 款规定,经济生活秩序必须与维持人类生存目的相适应,并符合社会正义原则。1945 年《日本宪法》第 25 条规定:"所有国民均享有维持健康且文化性的最低限度生活的权利。国家必须在一切生活方面,努力提高与增进社会福利、社会保障以及公共卫生。"至此,宪法的公民基本权利体系在理论上形成了自由权和社会权的二元结构。1948 年《世界人权宣言》确立了全面的人权体系,其中包含社会保障权、适当生活水准权、自由择业权、劳动权、获得公正适当的报酬权、工资平等权、休息休假权、组织和参加工会权、受教育权等方面的社会权内容。1966 年第二十一届联合国大会通过了《经济、社会及文化权利国际公约》,对作为第二代人权的社会权进行了体系化的归纳和重申,包括享有公正和良好的工作条件权、组织和参加工会权、社会保障权、达到相当生活水准权、身体和心理健康权、受教育权、参加文化生活权、享受科学进步权等。

第二代人权理论的提出,为国家打破守夜人的定位干预经济自由提供了理论支持,劳动基准法的国家强制模式在这种干预主义的理论背景下也获得了更多的发展空间。

(二)作为社会权重要部分的"生存权"对劳动基准法的理论推动

作为社会权中的重要内容,生存权与劳动权利有着天然联系,也构成了劳动权在人权体系中的基础。奥地利空想社会主义法学家安东·门格尔最早提出了劳动权与生存权的法律概念。他认为生存权就是人能够像人那样生活的权利。[2] 他在 1886 年出版的《全部劳动权史论》中提出,劳动权、劳动受益权以及生存权构成了新一代人权体系"经济基本权"的权利基础。生存欲望是人最具优先性的欲望。社会应当确立社会财富分配的客观标准,保障所有社会成员能够获得与其生存状态相适应的个人份额,"社会成员根据这一标准具有向国家提出比其他具有超越生

---

[1] 耶律涅克根据人民所处地位将其公法权利分为四种:被动地位,服从国家地位,产生人民的义务;消极地位,人民在被动地位产生的义务范围外,拥有公权力不干预的自由范围,即自由权;积极地位,人民获得请求国家积极为某些行为的权利,即社会权;主动地位,人民有资格参与国家意见的形成,即参政权。参见陈新民:《论社会基本权利》,台北,三民书局股份有限公司 1992 年版,第 106 ~107 页。

[2] "所谓像人那样生活,就是说人不能像奴隶和牲畜那样生活,是保全作为人的尊严而生活的权利。"参见[日]三浦隆:《实践宪法学》,李力、白云海译,中国人民公安大学出版社 2002 年版,第 158 页。

存欲望的人优先的、为维持自己生存而必须获得的物和劳动的要求的权利"[1]。生存权的基本定型化开端于德国《魏玛宪法》。该法在第二编第五章"共同生活"中规定:"经济生活秩序必须与公平原则及维持人类生存目的相适应"(第151条);"德国人民应有可能的机会从事经济劳动,以维持生计。无相当劳动机会时,其必需生活应筹划及之"(第163条第2款)。第二次世界大战以来,生存权在世界被普遍接受,许多国家的宪法纷纷规定了关于生存权内容的条款。

在权利的实现方式上,生存权要求国家积极促成公民获得最低限度合于人性尊严的生活条件及提供相应服务,维持基本生存,以充分实现人的价值。而劳动与生存权密不可分,被认为是生存权实现的基本手段。劳动是创造财富的基本方式,保障劳动者的劳动权利,不仅能使劳动者具有在创造财富过程中获得相应劳动对价的资格,也能为不能参与创造财富的人预留一定份额。[2] 随着劳动者生存决定着全社会生存的观点在各国立法上得到肯定,人权法中劳动者权利的内涵也被大大丰富,其中劳动基准的相关内容在人权法中得到了更多的体现,国家通过立法予以强制性保障的方式获得人权法的支持。例如,《世界人权宣言》规定,"每一个工作的人,有权享受公正和合适的报酬,保证使他本人和家属有一个符合人的尊严的生活条件"(第23条);"人人有享有休息和闲暇的权利,包括工作时间有合理限制和定期给薪休假的权利"(第24条)。《经济、社会及文化权利国际公约》第7条要求缔约国承认劳动者有权享受公正良好的工作条件,特别要保证最低限度的报酬、安全和卫生的工作条件、休息和工作时间的合理限制等。

生存权在人权法中地位的提升,要求国家在保障劳动者生存利益方面应当积极干预,这为劳动基准法强制性调整机制的发展起到了积极的推动作用。

三、社会法理论对劳动关系法律调整模式的影响

(一)社会法及其独特的法律调整机制

20世纪的战后时期,随着社会经济发展和社会理念不断变革,社会法的概念在西方法学界逐渐兴起,并形成了一个独立系统的法律领域。社会法的出现对传统法律调整方式产生了巨大的影响,并引起了传统公私法二元法律体系的变革。对于社会法的概念,没有立法上的具体规定,中外学术界也是观点不一。

---

〔1〕 刘升平、夏勇主编:《人权与世界》,人民法院出版社1996年版,第319页。

〔2〕 参见徐显明:《生存权论》,载《中国社会科学》1992年第5期。

2001年3月,在第九届全国人民代表大会第四次会议上,人大常委会工作报告将社会法列为中国特色社会主义法律体系的七个法律部门之一,第一次明确将“社会法”的表述写入官方文件。官方报告将社会法定义为“调整劳动关系、社会保障和社会福利关系的法律”。但关于社会法的概念及内容体系一直存在颇多争议。以法律规范内容作为标准,学界就存在狭义、中义、广义社会法之分。[1]

概括而言,从社会法本质和规范目的角度,我国学界的主要观点主要有:(1)社会法是为了解决各种社会性问题、实施国家的各方面社会政策而制定的立法总称。[2] 社会法是关于具有显著社会意义事项的立法统称,如教育、住房、卫生保健、社会福利、养老保险及其他社会保障领域。[3] 这是较为宽泛范围上的理解。(2)社会法是以保障社会利益为目的,致力于国家对社会生活的干预而产生的立法,是一种社会利益本位的社会调节机制。[4] (3)社会法是保障公民经济、文化、社会权利的法律范畴。[5] 该说以社会弱者的社会权利为逻辑起点和价值核心。

尽管存在概念之争,但社会法学界大多认可社会法的出现打破了传统的二元法律结构,对社会治理和法律调整机制产生了深远影响。社会法是作为对古典民法进行修正而出现的,致力于调节具体利益之间的对立关系,运用的方法是限制具体自由、约束私人所有权自由。[6] 可以说,随着法律社会化进程的深入,法律社会化已从以私法社会化为主的“浅社会化模式”向以社会法主导的“深社会化模式”转化。[7]

社会法具有不同于公法、私法的法律调整机制:

(1)在法理理念上,社会法与传统民法不同,充分考虑了社会中的“人”在各方面的个体差异,如生理素质、经济地位、信息能力、社会地位等,将抽象的人格具体化为不同的社会群体,突破形式上的平等保护而在立法上体现一定的保护倾斜,以

---

〔1〕 广义社会法更多是法理学范畴,狭义社会法专指劳动法和社会保障法,中义社会法是指规范劳动关系、社会保障、社会福利和特殊社会群体权益保障方面的法律规范总和。参见陈甦主编:《社会法学的新发展》,中国社会科学出版社2009年版,第6页。

〔2〕 参见陈国钧:《社会政策与社会立法》,台北,三民书局股份有限公司1984年版,第112页。

〔3〕 参见薛波主编:《元照英美法律词典》,法律出版社2003年版,第1267页。

〔4〕 参见董保华:《社会法原论》,中国政法大学出版社2001年版,第11页。

〔5〕 参见李炳安:《社会法范畴初论》,载《福建政法管理干部学院学报》2007年第3期。

〔6〕 参见王为农:《日本的社会法学理论:形成和发展》,载《浙江学刊》2004年第1期。

〔7〕 参见赵红梅:《私法社会化的反思与批判——社会法学的视角》,载《中国法学》2008年第6期。

追求实质平等。市场中的“强弱关系”是社会法关注的重点，如用人单位与劳动者、经营者与消费者、环境污染企业与普通民众等。通过倾斜化的权利义务规则设置，社会法力图弥补“弱者”的不足。

（2）在调整方式上，社会法基于倾斜立法的原则，形成了多层次结构的法律调整机制。社会法在法律调整方式上体现出了公法强制性调整方式与私法任意性调整方式的混合，通过强制性规范对私权的行使设定了社会义务，并以特殊的公法责任加以保障，以衡平法律关系中强势主体与弱势主体的法律地位，体现出对弱势一方的倾斜。有学者将其总结为宏观上的社会基准、中观上的团体契约和微观上的个人契约。[1] 其中，社会基准法是社会法所特有的强制性调整机制，它对部分权利义务实行法定化，发生法律规范所确定的法律事实后直接引致法律关系主体产生主观权利义务，凸显了国家意志对社会的干预。具体类型上，社会基准法包括劳动基准法、标准化法、产品质量法和义务教育法等。

（3）在法律规范上，社会法采取了强制性规范与任意性规范并重的方式。社会法将团体和个人的意思自治纳入任意性规范的调整范围，同时又将基准制度和保障制度纳入强制性规范的规制范围，以实现法律关系的社会化调整。并且社会法中出现了一种特别的强制性规范，称为“相对强制性规范”。违反这种规范的行为，需要判断是否对弱势群体有利而决定其是否发生法律效力。

（二）社会法理论影响下的现代劳动关系法律调整模式

劳动法被认为是社会法的典型代表，现代劳动法的法律调整模式确立与社会法的发展密不可分。劳动契约作为一种“关系契约”，[2] 劳动关系双方天然具有强弱之分，因为劳动力供应不能脱离于人格本身而存在。因而，劳动关系具有一般债的关系中所没有的身份因素，有不对等主体间“人的关系”的色彩。本质上，劳动关系在生产领域体现的是劳动力与生产资料的结合。劳动者对用人单位指挥管理的服从、经济组织的依赖等因素，均决定了这种契约关系具有相当的隶属性与人身性。马克思明确提出，市场条件下工人和资本的关系是劳动对资本在形式和实际

---

〔1〕 参见董保华：《社会法原论》，中国政法大学出版社 2001 年版，第 200 页。

〔2〕 参见［美］麦克尼尔：《新社会契约论》，雷喜宁、潘勤译，中国政法大学出版社 1994 年版，第 1 ~4 页。

上的从属。[1] 劳动法学界,劳动关系的从属性也属于基本论断。[2] 尤其是社会化大生产以及垄断资本的出现,以法人形态出现的资本组织愈加庞大,与劳动者的社会地位愈加悬殊,以至于“缔约附合化”的程度更加明显。劳动关系从传统的雇佣关系中独立出来,劳动法随之出现了社会化的调整趋势,成为具有社会法性质的法律部门。

社会法承认一些社会关系的实质不平等、倾斜立法的思想在劳动法中得到了充分的体现。有学者指出劳动法的社会法性质充分体现在对传统民法原则的修正上:劳动者生存权优位原则修正了所有权绝对原则,体现了所有权社会化思想;公权力限制修正了绝对契约自由原则;雇主无过失责任修正了过失责任原则。

劳动法中社会化的法律调整模式主要体现在两个方面:(1)私法公法化,在法律调整中以劳动基准法方式使公法介入;(2)劳动者组成团体。[3] 这在各国的劳动立法上基本达成共识。虽然各国法律实践各有差别,但在社会法思想的影响下,各国遵循个体自治、团体自治、国家强制的法律理念,基本形成了劳动合同法、集体协商法、劳动基准法三位一体的社会化调整机制。

应当说,劳动基准法虽然是最早出现的劳工立法,但在社会法理论对劳动法领域的渗入影响下,它作为“私法公法化”的典型代表,其所运用的强制性调整已成为劳动关系社会化调整的重要机制,而不仅仅是国家面对劳动领域的特殊社会问题而制定的个别性立法。在社会法大发展时代,劳动基准法的强制性调整机制已经与其他调整机制相融合,成为劳动关系法律调整机制体系的有机组成部分。它被定位于劳动条件底线的国家控制,将劳动关系一部分权利义务内容通过强制性规范加以限制,以弥补劳动者的能力弱势,避免过度剥削。受社会法国家干预的思想影响,劳动基准法的强制性调整获得了更充分的理论支持。

---

〔1〕 参见[德]马克思、恩格斯:《马克思恩格斯全集》(第48卷),中共中央编译局译,人民出版社1985年版,第3~35页。

〔2〕 黄越钦认为劳动契约的从属性包括“人格上之从属性”“经济上之从属性”“组织上之从属性”。参见黄越钦:《劳动法新论》,中国政法大学出版社2003年版,第94~96页。

〔3〕 参见董保华主编:《劳动关系调整的社会化与国际化》,上海交通大学出版社2006年版,第39页。

第二节　劳动基准法的性质与调整方式

一、劳动基准法的性质

劳动基准法作为规定最低劳动条件的“保底性”立法，实质上采取的是一种强制性调整方式，“以国家公权力介入科以雇主一定作为或不作为的义务”，“以强制性手段达成平衡要求，再以罚则等种种措施，促使雇主严格遵守”。[1] 从劳动条件基准法定原则出发，可以分析出劳动基准法所具有的一些性质。

(一)法定性

劳动基准法定，意味着对劳动条件设置最低标准需要由国家有权机关通过立法来明确。这一性质源于劳动基准法所要实现的价值目标。劳动基准法规定劳动条件的最低界限，是为了防止用人单位提供的劳动条件太恶劣而致劳动者不能维持个人及家庭成员的基本生活需要。劳动者行使劳动权的目的在于获得主要生活来源，劳动权的实现是以生存权为其基础支撑的，说到底，劳动基准法定是保障生活需要，实现生存权保障的重要内容。故维持劳动者最基本劳动条件的基准应当由法律予以明确。[2]

我国《宪法》规定“国家尊重和保障人权”，“中华人民共和国公民有劳动的权利和义务”，虽然没有明确生存权，但生存权是人权首要和重要的权利，对生存权的保障为应有之义。在宪法之下需要由立法机关通过立法具体落实相关权利。根据我国《立法法》，从全国人民代表大会及其常委会到地方人民代表大会及其常委会，从国务院到各部委、地方政府部门，都有相应的立法权，那么，在劳动基准问题上，上述主体所制定的法律、行政法规、地方性法规、部委规章、地方政府规章等是否都可以规定劳动条件基准的内容？这就涉及中央和地方在劳动条件基准的立法资源分配问题。

(二)强制性

劳动关系双方当事人之间通过自由约定来达成协议，建立劳动关系，但劳动者

---

[1] 参见林丰宾：《劳动基准法》，台北，三民书局股份有限公司2004年版，第12页。

[2] 大须贺明先生指出，劳动条件基准法定首先是要求其基准不能以法律之外的诸如政令之类的法的形式来规定，这尤其意味着禁止行政权来决定劳动条件基准，强调了劳动基准法的法定性。参见［日］大须贺明：《生存权论》，林浩译，法律出版社2001年版，第222页。

的弱势地位，常使其在劳动关系中处于被动，失去对等立场，即使明知劳动条件违法，为了生存也迫不得已接受。因此，为防止劳动条件随意被降低而损害劳动者的基本生活需要，基于社会利益的考量，由国家直接介入劳动关系，通过规定劳动条件的基准，实行强制干预，保护劳动者。劳动基准的这一性质表现在法律条文中，更多是以强制性规范的形式出现。强制性规范分为绝对强制性规范和相对强制性规范，绝对强制性规范具有刚性特点，意味着在任何条件下都不能突破，如刑法中对犯罪行为及其刑罚的规定。而劳动基准法中，由于主要是设定劳动条件的底线，以保护劳动者的生存权为价值目标，因此以相对强制性规范为主，其特点在于即使对劳动条件的约定与法律规定不一致，但若该约定有利于劳动者，则约定有效，国家并不干预；一旦突破这个底线，对劳动者不利，则违反了国家规定的强制性义务，应当承担责任。也就是说，衡量违反劳动基准法的行为有效与否，关键是要衡量是否对处于弱势一方的劳动者有利。相对强制性规范在表现形式上是禁止性规范和命令性规范的融合，表面上似乎是命令性法律规范，实际上是禁止性法律规范，这是体现劳动法上“倾斜保护”原则的典型形式。〔1〕

由于劳动基准具有国家强制性，有观点认为劳动基准是以强制性规范为主要特点的规定，因此是一个只准提高不准随意降低的标准。〔2〕 劳动基准是关于劳动条件的最低标准，何为最低，如何确定最低，这与国家的经济发展相关。根据马克思主义理论，法律作为上层建筑由经济基础决定，要服务于经济基础，同时也反作用于经济基础。适应社会需要、经济基础水平的法律将对经济基础产生正面的影响；反之，超前或者滞后于社会现实的法律，有可能阻碍经济的发展，甚至起到反作用。劳动基准法作为上层建筑，对相关主体权利义务的配置也同样受经济基础的影响，符合上述定律。可以说，劳动基准法与经济发展的关系更密切，因为过高的劳动基准将大大提高用人单位成本，而用人单位随之所作出的反应，如裁员、企业关闭等，不仅影响劳动者本人，从长远来看，还会直接或间接地影响企业的发展，由此产生恶性循环。因此，劳动基准对劳动条件规范的高低应当与经济发展相适应，基准的提高或者降低也应当遵守这一规则，而且应当以一般用人单位的负担能力

〔1〕 参见董保华：《社会基准法与相对强制性规范——对第三法域的探索》，载《法学》2001 年第 4 期。

〔2〕 参见江琼：《两岸三地劳动基准法律制度比较研究》，福建师范大学 2008 年博士学位论文，第 12 页。

为极限。[1] 根据这一理论，劳动基准原则可以向上调整，也可以向下调整。遵循劳动基准应当与经济发展相适应这一原则，如果劳动基准确实过高，不能适应社会的需要，与其让它“虚高”被束之高阁，不如作出适当的调整。当然，由于劳动条件基准关乎劳动者及其家庭成员的基本生活需要，与生存权相关，因此对劳动基准作出调整尤其是向下调整时，理当慎之又慎，并且应当以科学的评价机制作为判断的基础。

（三）替代性与补充性

劳动基准法并非纯粹为当事人的行为提供基本原则，还由立法机关通过制定规范性文件为劳动条件划出一条底线，守住这个界线，在此之上劳动者和用人单位围绕劳动关系所产生的行为国家都不予干预。一旦当事人的约定，无论是个别劳动合同的约定，还是集体合同的约定，所确定的劳动条件低于国家规定的最低标准，则劳动合同和集体合同的约定无效，相关部分直接适用于国家规定的劳动基准，此即劳动基准的替代性。

此外，劳动合同和集体合同未就有关事项进行约定或约定不明时，并不意味着相关事项不受约束，此时也需由劳动基准法介入，其内容补充到劳动合同和集体合同的框架下，来约束劳动关系当事人，此即劳动基准的补充性。因此，劳动基准法的补充性，意味着劳动合同或集体合同约定的劳动条件低于劳动基准法或者是没有约定时，劳动基准法所规定的内容直接约束双方，成为履行的内容。这是劳动基准法作为相对强制性规范而非绝对强制性规范的效力体现。在劳动合同与集体合同没有规定的情形下，劳动基准法作为劳动条件的最低基准限制，可以直接适用。同时，它并不排除高于劳动基准法的条件约定。立法目的并非要求劳动关系主体尤其是用人单位一方仅依照最低基准向劳动者提供劳动条件，而是鼓励用人单位在此基准上提供更有利的劳动条件。

（四）实体法性

按照法规范内容的性质，法律可以分为实体法和程序法，实体法主要解决实体上的权利和义务的分配，程序法则是保障实体上的权利和义务能通过一定的程序实现和得到遵守的法律，二者相互关联，相互影响。劳动基准法是对劳动条件所作的规定，关乎用人单位和劳动者或其团体之间的权利义务，是实体法。这种实体法

---

〔1〕 超过雇主劳动基准立法应当在劳动保护的必要程度和一般用人单位的负担能力之间慎重衡量，才能达到真正的社会正义。参见陈继盛：《劳工法论文集》，台北，陈林法学文教基金会 1994 年版，第 47 页。

不同于民法,不是具体规定权利义务,而是仅以规定最低劳动条件作为原则,当事人之间可以通过协商的方式确定高于该最低标准的劳动条件,此时国家无介入的空间,只有突破底线时才会有适用的空间。

二、劳动基准法的调整方式

(一)劳动基准法的调整方式属于强制性调整

法律调整方式是指把法律规范作用于法律主体具体行为的方法、手段。法律调整方式直接取决于法律调整对象,对象不同,方法也有所不同,各个法律部门都有自己相应的调整方式。[1] 基于法律规则的分类方法,从法律规范与主体行为自由的关系角度,我们可以将法律调整的方式分为:(1)集中的方式,是指行为方式完全由法律规定,法律主体必须严格依照法律规范确定的行为模式而实施行为,排除了选择自由。(2)相对集中的方式,法律规范提供若干可供选择的行为模式,授权主体在活动中,根据实际情况要求选择其中之一,即主体在规范所列的范围内拥有一定的选择权。(3)非集中的方式,法律赋予法律主体在不违反禁止性规定的前提下拥有自行确定行为方式的自由,法定的行为模式仅适用于没有自行选择的情形。

强制性调整属于依照法律调整方式对法律调整进行分类的子类型之一,是指运用集中方式或相对集中方式的法律调整。强制性调整主要运用强制性规范,为法律关系主体确定了行为模式,行为主体没有自行决定权利义务关系的行为自由,在相对集中方式下也仅有法定范围限制的选择。从行为模式上看,主要以义务性规则和禁止性规则为主。与之相对的概念是任意性调整,属于运用非集中方式的法律调整类型,主要运用任意性规范,体现的是意志自由。

劳动基准法的法律调整方式属于强制性调整主要体现为:

1. 劳动基准法的法律规范属于强制性法律规范。

劳动基准法所规定的劳动条件属于强制规定,劳动关系双方不得另行约定低于法律规定的劳动条件。即便双方没有约定相关的劳动条件,这部分劳动法律关系的内容也可以基于法律规范的强制性适用,直接根据用工的事实转变为主观的权利义务。用人单位提供的劳动条件低于劳动基准法的,发生无效的法律后果,并将遭到劳动行政部门的法律制裁。《瑞士债法典》针对工资、工时等劳动基准条款,

---

〔1〕 参见曾庆敏主编:《法学大辞典》,上海辞书出版社 1998 年版,第 1115 页。

在第四章"劳务合同"的第四节"强制性条款"第382条中明确规定:"下列条款(主要是劳动基准条款)不得以约定或者标准劳务合同或者集体合同变更以损害雇员的利益……约定或者标准劳务合同或者集体合同变更上述条款而损害雇员利益的无效。"[1]

2. 劳动基准法主要体现国家强制对利益的衡平。

在这种法律调整模式下,国家利用公权力,强制干涉劳动关系有关劳动条件的内容,并通过劳动行政部门的执法监察保证用人单位对基准性义务的履行。劳动者除因具有从属性的经济弱势地位之外,最重要的是劳动者的劳动力与雇主资本不同,前者附属于身体随时间而消逝,后者可以存放生息。[2] 劳动者个别与用人单位订立劳动合同时,常出现因失去对等立场致所约定劳动条件损及自身利益的情形,故由国家直接介入劳动关系,强制干预并规定劳动基准,以强制性手段达成利益平衡要求,以保护劳工。国家的强制性干预,是对劳动关系交换双方的一种法定利益分配机制,这是劳动基准法的本质。

(二)劳动基准法的法律调整方式具有一定的公法性质

1. 劳动基准法的性质之争

劳动基准法的调整方式与传统劳动契约法大相径庭,国家权力在这一领域体现的地位尤为突出,已近乎行政法上行政主体运用职权处理与行政相对人关系的方式。理论上,学界普遍认为劳动法属于近现代公私法融合的新型法律部门,所采用的是公法、私法相结合的综合法律调整手段。劳动基准法是传统公法领域的国家权力介入劳动领域的产物,与行政法极为相似。学界对这种调整方式的定性,依然存在争论。

第一种观点认为,劳动基准法属于公法范畴。在法规范形态上,劳动基准法不是直接规范雇主与劳工之间权利义务关系的法律,而是以国家与雇主之间权利义务关系为规范对象。劳动基准法的调整对象是国家与雇主的公法关系,其保护的是"整体社会经济和国家公共利益"[3],因此采取行政法调整的方式,需要由公共利益的守护人——国家直接干预。劳动行政部门所为之行为属于行政行为,其救济也需依照诉愿、行政诉讼程序救济。

---

〔1〕《瑞士债法典》,吴兆祥等译,法律出版社2002年版,第113~115页。

〔2〕参见林丰宾:《劳动基准法》,台北,三民书局股份有限公司2004年版,第10页。

〔3〕同上书,第12页。

第二种观点认为,劳动保护的遵守也属于雇主基于劳动合同而对雇员负有的从属义务。例如,德国劳动法学界目前通说认为,德国《职业健康和安全法》即《德国民法典》第618条所规定的“保护雇员健康和安全义务”的具体细化体现,使雇主负有合同义务相关的法定附随义务。[1] 雇主违反劳动保护法规,会招致行政法上的措施,甚至刑罚处罚。同时,雇员也有权主张相应的请求权以及劳动给付的留置。

第三种观点认为,劳动基准法在义务主体和法律责任方面都不同于传统私法和公法。认定其性质应当跳出公法、私法的范畴而另辟蹊径,用社会法的理论来解释。劳动基准法中,国家权力对劳动关系的干预所最关注的并非劳动者的利益,而恰恰更强调用人单位的义务。其落脚点不是单纯的个人利益,而是对社会利益的保护。作为强势一方的用人单位所承担的“公法义务”,本质上是社会性义务;而劳动者作为劳动基准法的受益人,不能随意变更或者放弃这种法律利益。[2]

2. 劳动基准法的公法性质体现

笔者认为,劳动基准法的确具有公法性:

首先,强制性是公法的本质特征。如前所述,公法有别于私法的重要表现即以强制性调整为主。以行政法为例,德国学者认为行政行为是针对具体法律事实所做的直接对外产生法律效果的处理行为,它在形成行政法律关系时具有主权性和单方性,可以直接设定公民或者其他外部法人权利义务。[3] 劳动基准法以强制性规范为基本规范形式,禁止用人单位低于法定标准,并不以劳动关系主体的意志为转移。

其次,用人单位与劳动行政部门的公法关系是劳动基准法的重要调整对象。用人单位有遵守各项劳动基准的公法义务,依法接受劳动行政部门的劳动监察;劳动行政部门是劳动行政关系的权力主体,是国家意志的执行者,代表国家行使法定的各项劳动监察权力。依据我国《劳动法》第86条、《劳动保障监察条例》第15条等相关规定,劳动监察权力的内容包括场所检查、询问、调查、记录、违法行为纠正、行政处罚等。此外,在一些特殊基准制度上,劳动行政部门还享有行政许可权,如

---

〔1〕 参见[德]曼弗雷德·魏斯、[德]马琳·施米特:《德国劳动法和劳资关系法》,倪斐译,商务印书馆2012年版,第98页。

〔2〕 参见潘峰:《论劳动基准法义务对劳动合同的效力——以劳动基准法的混合性质为切入点》,中国法学会社会法学研究会2009年年会论文。

〔3〕 参见[德]哈特穆特·毛雷尔:《行政法学总论》,高家伟译,法律出版社2000年版。

《关于企业实行不定时工作制和综合计算工时工作制的审批办法》中规定的特殊工时许可批准。

最后，用人单位违反劳动基准法将承担公法责任，包括行政责任和刑事责任。这种公法责任主要表现为行政责任，各国劳动基准立法普遍规定了相应的行政处罚措施。我国《劳动法》第十二章“法律责任”以及《劳动保障监察条例》中涉及的行政责任形式主要有：警告，限期改正，罚款，吊销营业执照，责令支付赔偿金等。用人单位对行政处罚有异议的，可以依据《行政处罚法》《行政复议法》《行政诉讼法》的有关规定，提起行政复议、行政诉讼。刑事罚是一类较为特殊的责任形式，在不少国家和地区的劳动基准法罚则中均有出现。例如，日本《劳动基准法》第 118 条规定，违法雇用未成年劳工的，可以处 1 年以下的劳役及 50 万日元以下的罚款。这种对违反与劳动关系本身相关强行法基准行为科以刑事处罚的刑事实体法规，又被称为“劳动刑法”。[1] 行政处罚、刑罚的适用并不具有私法领域侵权法上损害填补的色彩，而具有国家意志的非难和惩罚性。

在劳动法的体系下，与劳动合同法、集体合同法相比，劳动基准法具有独特的公法性。这正是在公私法融合背景下劳动法法律调整多元化的表现。

三、劳动基准法的强制性调整与行政法之比较——基于德国行政法理论

虽然劳动基准法运用的强制性调整机制具有相当的“公法性”，但仍不宜将其单纯归入行政法领域来理解。对于劳动基准法与行政法的区别，我们可以借助德国法学界的行政法学理论进行分析比较。德国是大陆法系的典型代表，在近现代世界行政法发展中的影响深远。德国基于其法治国理念以及公民基本权利、议会民主等宪法基本原则构建的行政法理论，对世界行政法体系有着巨大的理论贡献。从以下三个角度，我们可以得出劳动基准法的法律调整方式与行政法有本质区别的结论。

（一）法律理念的比较

从宏观的公法角度看，“无论是古罗马首创公法概念，还是近代公法的诞生和现代公法的发展，都是为了配置、制约和规范公权力”[2]。公法特别是其中最为重要的国家法和行政法，是以主权者即国家为法律调整对象，目的在于明确国家权力

---

〔1〕 参见黄越钦：《劳动法新论》，中国政法大学出版社 2003 年版，第 9 页。

〔2〕 袁曙宏：《建立统一的公法学》，载《中国法学》2003 年第 5 期。

基础和公权力的界限。而现代公法的核心理念在于对公共权力的控制,避免政治社会对市民社会的过度干预,这也是现代法治理念的基本要求。早在19世纪德国进入“自由法治国”[1]时代时,德国学界就提出行政法以强调对行政权力的约束为核心理念。新兴资产阶级兴起了宪政分权运动,将人身自由和私有财产归入法律保留范围,防止行政权对公民的非法侵害。通过对侵害行政的限制,确保公民个人、社会团体的自主活动范围,正是行政法的原始功能。[2]

而劳动基准法的法律调整目的,并不是实现对劳动行政部门公权力的限制,而是维护劳动条件内容的“客观妥当性”,通过公权力的实施来保障劳动者的权益,以达到劳资关系的平衡,从而保障劳动者的体面劳动和尊严生存。这也是劳动法“倾斜保护”基本原则的一方面体现。“倾斜保护”在劳动法领域表现为国家通过法律制度的干预来调整劳动关系,实现劳动者与用人单位之间“弱势公平”的价值。[3] 而劳动基准法为劳动条件干预、介入之法,通过法律规范设定劳动者与用人单位的意思自治界限,实质上旨在防止用人单位利用强势地位肆意压低劳动条件。劳动行政部门的法律介入目的也在于保障劳动者的基准性权益。虽然《劳动法》《劳动保障监察条例》等法律法规也规定了行政程序、行政责任等内容(如《劳动保障监察条例》第16条、第17条、第19条、第31条[4]),《劳动保障监察条例》第1条宗旨性条款也将“规范劳动保障监察工作”作为立法目的,但这是由劳动监察的行政性质所必然要求的法律限制,正所谓权力必然伴随权力边界与正当程序而存在。但是,对行政权力的限制并非劳动基准法的法律调整本质所在,对劳动者的倾斜保护才是其根本宗旨。

(二)法律原则的比较

现代德国行政法的基本原则主要包括依法行政原则、比例原则和信赖保护原

---

[1] “自由法治国”脱胎于“夜警国家”。在夜警国家,国家的任务非常单一,即维护社会治安。与此同时,人民也信奉“管得最少的政府就是最好的政府”,要求严格限制政府的权力,为个人保留最大的自由空间。自由法治国时期,行政的主要任务就是进行各式各样的管制,行为方式也是单一的干涉行政。参见赵宏:《法治与行政——德国行政法在法治国背景下的展开》,载《行政法学研究》2007年第2期。

[2] 参见高家伟:《论德国行政法的基本观念》,载《比较法研究》1997年第3期。

[3] 参见林嘉:《劳动合同法:突出保护劳动者是对不平等的矫正》,载《工人日报》2007年5月21日,第7版。

[4] 《劳动保障监察条例》第16条规定了监察人数、执法证件、回避,第17条规定了监察的调查期限,第19条规定了用人单位的陈述、申辩权以及相关的救济程序,第31条规定了违法监察的行政责任。

则。[1] 在三种原则中,依法行政原则是法治的基本要素,是德国在"形式法治国时期"[2]就确认的原则。依法行政的含义是行政活动必须符合议会的法律要求,并且受到司法系统的控制;如果行政活动违法,行政机关需要承担法律责任。德国学者奥托·迈耶(Otto Mayer)在《德国行政法》(1895年出版)中提出,"法治国就是经过理性规范的行政法国家","以法律形式出现的国家意志依法优先于所有其他形式表达的国家意志;法律只能以法律的形式才能废止,而法律却能废止所有与之相冲突的意志表达,或使之根本不起作用"。[3] 立法权本质上属于对国家最高意志的表达,相对于行政权具有更为优势性的地位,因而法治国必须坚持"依法律行政"。[4] 依法行政具体包括两方面内容:(1)法律优先原则。这是消极意义上的依法行政,适用于所有的公共行政活动,是国家权力和法律制度统一性的要求。它源自《德国基本法》第20条第3款的规定,"行政权和司法权受法律和权利的限制"。法律对行政机关具有拘束力,禁止其作出违反法律的行政行为。行政机关制定的抽象行政规范与上位阶的法律规范相冲突时,原则上无效;其作成的具体国家行为(具体行政行为)与现行法律规范冲突的,构成违法而无效。[5] (2)法律保留原则。这是积极意义上的依法行政,即行政机关必须获得法律授权才能进行行政活动。这里的"法律"通常指议会颁布的正式法律。如行政机关出台的行政法令如果符合《德国基本法》第80条第1款的要求,也被包括在"法律"的范畴内。[6] 而只有法律有权规定对个人自由以及财产权利的行政干预。[7] 法律保留的范围早期限于对个人自由和财产权利的干预行政,现今基于"重要性"理论已经扩大至有关部分基本人权的"重要事项"。

随着德国从"自由法治国"(der liberale Rechtsstaat)到"社会法治国"(der

---

〔1〕 参见周佑勇:《论德国行政法的基本原则》,载《行政法学研究》2004年第2期。

〔2〕 在19世纪的法治国理念之下,人们为了反对人治而强烈要求法治,于是在社会中形成了一种"迷信法律"的极端想法:法律是完美的,国家统治人民只要有形式法律的依据足矣,至于法律的实质内容如何,在所不问,"恶法亦法"的思想即在这种背景之下产生。这种思维主导下的法治国,德国学者称为"形式法治国"。参见赵宏:《法治与行政——德国行政法在法治国背景下的展开》,载《行政法学研究》2007年第2期。

〔3〕 参见[德]奥托·迈耶:《德国行政法》,刘飞译,商务印书馆2002年版,第70页。

〔4〕 同上书,第60页。

〔5〕 参见[德]汉斯·J.沃尔夫、[德]奥托·巴霍夫、[德]罗尔夫·施托贝尔:《行政法》(第1卷),高家伟译,商务印书馆2002年版,第336页。

〔6〕 《德国基本法》第80条第1款规定,联邦政府,联邦部长或各州政府有权根据授权法律发布法令。授权法必须规定法令的内容、目的和范围。如果法律规定可以将某项授权继续委托他人,这种委托需要由法令加以规定。参见于安:《德国的依法行政原则及其宪法基础》,载《法学》1998年第11期。

〔7〕 参见于安:《德国的依法行政原则及其宪法基础》,载《法学》1998年第11期。

soziale Rechtsstaat)、从“形式法治国”(der formelle Rechtsstaat)到“实质法治国”(der materiale Rechtsstaat)的转变,[1]承载着更多经济、文化和社会职能的给付行政大量出现,行政行为方式发生巨大变化。同时,“实质法治”的法学思潮出现,要求国家权力的行为不仅要符合法律规定,还须不违背公平正义。这对行政法原则产生重要影响,依法行政已不再是支配行政的唯一价值。行政法原则被赋予更多的实质内涵,如维护法律在社会生活中的安定性、体现对公民基本权利的保障、行政行为的手段与目标之间符合比例性、维护公民对国家行为的合理信赖等。1976年德国颁布了具有里程碑意义的《联邦行政程序法》,将法的安定性、信赖保护、比例原则等也确立为行政法的基本原则。[2] 它使行政的目标突破了对合法性的单一化追求,发展为追求合法性与合目的性的两者兼顾,也使行政权的核心价值转变为最大限度地保障公民基本权利,形成了实质法治下的行政法原则体系。

反观劳动基准法,劳动行政部门行使监察权力实施行政处罚等行为,固然要遵守依法行政原则,但其绝非劳动基准法上“国家强制”的核心原则。虽然有关劳动法领域的原则问题仍然存在众多不同的表述,劳动基准法作为劳动法的“子域”,目前关于其核心原则并无通说观点,但考虑到劳动基准法的规范内容和立法理念,保障作为“行政相对人”的用人单位基本权益并不属于核心立法旨,而是体现劳动基本权益保障本位的倾斜保护原则贯穿整个立法体系。倾斜保护原则是为了解决劳动者在劳动关系中所处的相对弱势地位所造成的实质不平等而出现的,强调社会安全和社会正义。在劳动法领域,它并不具有固定内容,而具有多方面内涵,必须依据具体的社会关系来作出判断,并且内容随社会的变迁和需求而变化。[3] 它在劳动法的不同领域有具体的体现,而在劳动基准法中主要体现为:(1)它规定的基准性义务普遍具有单向性,仅由用人单位承担,另外构成劳动者的法定利益。(2)在出现违反基准规范情形时,劳动基准法基本实行单向处罚,劳动者由于弱势地位属于立法保护对象,一般被排除在罚则适用之外。

可见,劳动基准法的法律原则与行政法截然不同。德国理论中的行政法原则,关注的是行政主体行为的合理性、合法性以及作为行政相对人的基本权利保护。

---

[1] 参见郑永流:《德国“法治国”思想和制度的起源与变迁》,载夏勇主编:《公法》(第2卷),法律出版社2000年版,第38页。

[2] 参见赵宏:《法治与行政——德国行政法在法治国背景下的展开》,载《行政法学研究》2007年第2期。

[3] 参见黄程贯:《劳动法》(修订再版),台北,台湾空中大学出版社2001年版,第16页。

而这些在劳动基准法中都处于次要地位，作为劳动行政部门与用人单位之间劳动行政关系之外的劳动者，才是该法关注的核心。

（三）法律规范的比较

前文已经讲到，依照是否允许自主调整，即能否允许法律关系参加者在法律规范内自行设定行为内容和确定自身权利义务，实现个别性调整，可以把法律规则分为两种：强制性规则和任意性规则。行政法作为最为典型的公法部门，其强制性调整所运用的行政法律规范属于标准的强制性规范。而且，行政法调整所运用的法律规范以构成性规范为基础，其功能在于组织行政主体按照规则授予的权力去活动，基本不运用调整性规范方式。因此，行政法规范的行为模式普遍是绝对固定的，如行政机关的职权范围、行政处罚的类型及程序、行政相对人面临处罚时的救济途径等往往在规范中有详细的预设。行政机关的裁量自由也受到规范的严格限制。近年来，以行政合同为代表的灵活行政方式虽然扩大了行政自由度，存在意思表示的可能，但其仍属行政法的特别领域。

劳动基准法的强制性调整虽然同样建立在强制性规范的基础上，但存在很大不同。这种规范属于强制性规范的特殊类型，表面上看是义务性规范，实际上是禁止性规范，[1] 而且并非简单禁止用人单位为某项行为，而是禁止低于法定基准的劳动条件给付。这种强制性调整并非排除一切形式的私法合意，需要从衡量"是否对劳工有利"[2] 的角度决定合意的有效或无效，并且鼓励劳动合同、集体合同约定高于基准的内容。这种规范有别于绝对强制性规范，而被称为"相对强制性规范"[3]。例如，我国《劳动法》第 36 条规定，"国家实行劳动者每日工作时间不超过八小时、平均每周工作时间不超过四十四小时的工时制度"。企业约定劳动者每日工作 6 小时、每周 36 小时是完全有效的。日本《劳动基准法》第 1 条第 2 款做了十分经典的表述："本法规定的劳动条件属于最低标准，劳动关系当事人不应以最低标准为理由降低劳动条件，而且应力求高于本标准的劳动条件。"这种规范的性质又被归纳为劳动基准法的替代性或补充性，与行政法上强行法所形成的固定行为模式大为不同。

劳动基准法在法律调整方式上凸显出来的公法性，其实是现代法律发展过程

[1] 参见董保华：《社会法原论》，中国政法大学出版社 2001 年版，第 185 页。

[2] 黄越钦：《劳动法新论》，中国政法大学出版社 2003 年版，第 200 页。

[3] 董保华：《社会基准法与相对强制性规范——对第三法域的探索》，载《法学》2001 年第 4 期。

中公法与私法相互融合的典型产物。[1] 由于民法调整方法的局限性，劳动法领域基于倾斜保护的原则，借用了公法强制性调整的方式，只是借助公权力干预保护社会利益，实现实质平等。这种性质在诸如社会保险法、消费者权益保护法以及弱势群体权益保护法等社会立法中均有体现，而这些并不被学界认为属于行政法范畴。将劳动基准法定性为公法中的行政法，会使劳动者被排除在基准法主体之外，并不能直接基于基准法主张相应的私法权利。但在致力于劳动者保护的法律中，劳动者却不能主张相应的私法权利，这在理论上是解释不通的，也不合理。

第三节 劳动基准法的规范效力

对于劳动基准法规范效力的定性，学界对此仍有不同观点，争议问题即劳动基准法规范所产生的法律效力，是公法效力，还是私法效力。这是劳动基准法的基本问题，直接关系到劳动基准法的法律效力类型以及权利义务的设置方式。

一、关于劳动基准法规范效力性质的争论

概括而言，学界主要有三种效力理论，即反射效力说、双重效力说和第三法域效力说。

（一）公法效力——反射效力说

本质上，效力问题与其法律调整的性质是相关联的。反射效力说的逻辑基础是认定劳动基准法为公法性质，属于行政法的强制性调整在劳动领域的具体运用。该说认为劳动基准法的保护并非基于劳动契约，而是以整体社会经济和国家公共利益为出发点，所形成的是雇主与国家之间的公法关系。因而，劳动基准法属于公法，仅具有公法效力。劳动基准法的规范对象并非雇主与劳工之间的权利义务关系，而是国家与雇主之间的权利义务关系。雇主应履行之义务，乃是以国家为权利人，而劳工仅因为雇主义务履行之对象而受益。雇主若依法履行劳动基准法所规定的义务内容，则请求履行的权利人是国家而非劳工。[2]

---

〔1〕 有学者认为基准法是独立于公法、私法之外的"第三法域"范畴，是社会法的特有现象，不仅包括劳动基准法，还有教育法基准法、消费者保护基准法、弱势群体保护基准法等。参见董保华：《社会法原论》，中国政法大学出版社2001年版，第207~211页。

〔2〕 参见陈继盛：《劳动基准法的概念和几个值得商榷的问题》，载《劳工之友》1982年第381卷。

对于劳动者在劳动基准法上的地位,该说认为“劳动者非属劳动保护的权利人,自无权利可抛弃,也无权免除雇主的义务”[1]。至于劳动者在雇主违反公法性质保护规范时,因公法的“反射”可以主张一系列私法上的权利,包括:(1)劳工无提供劳务之义务与雇主之受领迟延,劳动契约因违反公法而无效,不会使劳工产生劳务义务,劳工可以主张抗辩;(2)工资请求权,劳工在违反公法情形下提供劳务,保有相应部分的劳动报酬请求权;(3)终止契约的权利;(4)因雇主侵权行为所产生的损害赔偿请求权,即雇主违反劳动保护的法令可以认定为民法侵权行为规定之保护他人之法律,且推定有过失,劳工可以主张侵权行为的损害赔偿请求权,但是无权直接请求雇主采取合乎劳动保护法的行为。[2]

(二)公、私法双重效力——双重效力说

双重效力说认为劳动保护法对雇主规定的命令与禁止义务,会内容一致地形成雇主对劳动者具有强行法性质的契约义务。德国学者认为,劳动保护的遵守属于雇主基于劳动合同联系《德国民法典》第242条针对雇员的从属义务。[3]《德国民法典》第242条有关债务履行的诚信原则规定:“债务人义务依诚实和信用,并参照交易习惯,履行给付。”因此,劳动保护义务被认为是诚信义务的延伸。依据该说,劳工在雇主违反基准法律时,可以主张契约义务的履行请求权,请求雇主做出合乎基准规范的行为。此外,“雇主没有遵守劳动保护法规,雇员有权按照《德国民法典》第273条留置其劳动给付”[4],停止提供劳务,也即雇员可以主张双务合同中的同时履行抗辩权。《德国民法典》第273条是关于债务履行中留置权的规定。此外,雇员还可以基于合同请求违约赔偿,也可以援引《德国民法典》第823条请求侵权损害赔偿。《德国民法典》第823条规定,违反以保护他人为目的的法律者,对他人因此而产生的损害负赔偿责任。[5]

与双重效力说类似的有直接私法转化效力说。直接私法转化效力说的核心观点在于:劳动保护法的基准规范本质上属于公法。根据民法中关于雇主对劳工所负之保护义务的概括条款或雇佣契约章节中之相关规定,劳工因系被纳入雇主之

---

〔1〕 林丰宾:《劳动基准法》,台北,三民书局股份有限公司2004年版,第13页。

〔2〕 参见黄程贯:《劳动基准法之公法性质与私法转化》,载周永坤主编:《东吴法学》(2006年秋季卷),法律出版社2007年版。

〔3〕 参见[德]W. 杜茨:《劳动法》(2003年第5版),张国文译,法律出版社2005年版,第173页。

〔4〕 同上书,第174页。

〔5〕 参见《德国民法典》,郑冲、贾红梅译,法律出版社2001年版,第196页。

指挥、管领范围提供劳务,故雇主对劳工所可能产生之各种危害负有一种强化的利益维护义务,此义务乃是由诚信原则所导出的,原则上系契约附随义务。基于这一附随义务,劳动保护法的内容涉及劳工重大利益时,正是以最低保护基准的形式将利益维护义务具体化,因此得以转化为雇主的主给付义务。基于雇主保护义务,公法义务得以转化为私法契约义务。[1] 从最终的法律效果上看,该说实质属于双重效力说的变通学说。

(三)第三法域效力说

第三法域效力说主要建立在独立的社会法法域基础上。该观点认为,在第三法域,社会法关注的不仅仅是权利人的利益,更强调义务人的义务,立法的利益本位不再是单纯的私人利益,而是社会利益。在义务主体、法律责任等方面,劳动基准法都不同于传统私法或公法,不应拘泥于传统的公法、私法理论来解释劳动基准法的效力。首先,劳动基准法的强制性规范所产生的义务,是国家基于社会利益而设定的,旨在避免处于弱势地位的劳动者被迫放弃自己的基本利益。劳动者是劳动基准法的受益人而非权利人,不能自由改变或放弃法定的利益;用人单位作为强势主体,承担的是对社会的义务,即所谓公法义务。[2] 其次,以社会客观标准为衡量视角,社会法的法律责任呈现社会化的特点,私法责任与公法责任相互融合,是新型法律责任。劳动基准法对部分违反义务的行为采取惩罚性赔偿,很有代表性,即通过对雇主施加惩罚性赔偿,让劳动者获得更多的利益,来控制雇主的违法行为。这一法律责任加强了补偿功能,同时又融入了惩罚功能。[3] 另外,用人单位违反劳动基准法义务时,劳动行政部门作为公权力主体有权通过监察程序介入,而劳动者作为受益者也可通过控告等方式引入国家公权力的监察保护。

二、劳动基准法规范具有双重法律效力——从调整对象的角度分析

对于学理上的争论,笔者认为双重效力说更具有合理性,劳动基准法具有双重法律效力,应当区分公法效力和私法效力。关于劳动基准法的效力争论,其实是在国家、劳动者和用人单位三者之间关系上的认识分歧,根本上是有关调整对象的

---

〔1〕 参见黄程贯:《劳动基准法之公法性质与私法转化》,载周永坤主编:《东吴法学》(2006 年秋季卷),法律出版社 2007 年版。

〔2〕 参见董保华:《社会法原论》,中国政法大学出版社 2001 年版,第 185 页。

〔3〕 同上书,第 370 页。

分歧。

劳动法的调整对象并不仅仅限于劳动关系。正如史尚宽教授所言："劳动法为关系劳动之法。详言之，劳动法为规范劳动关系及其附随一切关系之法律制度之全体。"[1]学界主流观点也认为，劳动法的调整对象包括劳动关系和与劳动关系密切联系的一切社会关系。[2] 笔者认为，劳动基准法上的劳动行政部门、劳动者和用人单位三方具有不同的性质，将三方归于同一层法律关系来界定劳动基准法的调整对象实无合理性，从现行理论中也难以找到对应的社会关系类型。我们认为，劳动基准法所调整的是两种性质不同的法律关系，即劳动行政关系与劳动关系。这两种法律关系相互联系，分别体现劳动基准法规范的效力，并且效力的性质不同。这构成劳动基准法强制性规范双重法律效力的法理基础。

（一）第一层社会关系：劳动行政关系

劳动行政关系是基准法规范最为直接体现的社会关系。其正是与劳动关系密切联系的"其他社会关系"中的一种，是政府履行劳动行政管理职责、规范劳动力市场及依法行使行政职权管理劳动事务所形成的。劳动行政管理属于行政管理的一种子类型，属于部门行政管理。我国于2001年批准加入的《劳动行政管理公约》第1条将劳动行政管理定义为"在国家劳动政策领域内的公共行政管理活动"。这种公共行政管理体现的是国家积极的社会干预职能，以行政权力的授予、使用、监督、救济等内容为表现形式。调整劳动行政关系的立法很多，所涉及的具体劳动领域也有综合性，在《劳动法》《工会法》《职业病防治法》《安全生产法》《劳动保障监察条例》《女职工劳动保护规定》《禁止使用童工规定》等劳动立法中均有关于劳动行政部门职权运用的规定。劳动基准法也涉及对劳动行政关系的调整，主要是劳动行政部门与用人单位之间关于劳动基准事项的监督与被监督关系，具体体现在行政部门的监察权力、用人单位的服从义务以及违规时的行政处罚，适用行政法的有关原则。在调整劳动行政关系时，这种强制性调整方式围绕公权力对行政相对人即用人单位的强制、对行政主体即劳动行政部门权力行使的规制以及行政法上的公力救济，应属公法效力的性质。

---

[1] 史尚宽：《劳动法原论》，台北，正大印书馆1978年版，第1页。

[2] 参见关怀：《劳动法学》，群众出版社1983年版，第1页；林嘉主编：《劳动法和社会保障法》（第2版），中国人民大学出版社2011年版，第12～15页；郭捷主编：《劳动法与社会保障法》（第2版），法律出版社2011年版，第13～14页。

（二）第二层社会关系：劳动关系

劳动行政关系作为与劳动关系联系密切的“其他社会关系”中的一种，为劳动关系的正常运行而存在。劳动基准法在通过劳动行政关系的公法调整形成对劳动者的“反射利益”的同时，也直接调整劳动关系。这表现在，劳动基准法的强制性规范直接形成了劳动合同项下的强制性义务。劳动者根据劳动基准法的强制性规范得以享有权利并在遭遇违约时有权提出相应主张。而在劳动关系层面，主体仅包括用人单位和劳动者，劳动行政部门并不直接参与合同层面的劳动关系。在劳动关系调整的层面，劳动基准法主要体现强制性规范对契约的限制效力，劳动者不再是反射利益的被动接受者，而是基于基准规范主动享有各项法定的劳动权利，它们构成劳动合同的内容并与用人单位的法定义务相对。这与我国民法中强制性规范的效力机制在本质上是一致的。

总言之，劳动基准法并不属于公法领域的行政法，而属于社会法范畴。劳动基准法体现出的双重效力，其实是社会法“公私融合”的结果。社会法领域融入了公法强制性调整的方式，只是借助公权力的手段保护社会利益，导致传统私法关系渗入了行政关系的色彩，具有了双重调整对象。这种方式在诸如社会保险法、消费者权益保护法以及弱势群体权益保护法等社会立法中均有所体现，而这些并不属于行政法范畴。

三、劳动基准法规范在劳动行政关系上的公法效力

（一）劳动行政部门的公法权力

劳动行政部门是劳动行政关系的权力主体，代表国家行使法定的劳动监察权。结合现行立法，我国劳动行政部门在劳动基准法上的职权主要包括：

1. 劳动检查权。依据《劳动法》第 85 条、第 86 条和《劳动保障监察条例》第 15 条的规定，劳动行政部门依法对用人单位的守法情况进行监督检查，并可以采取相应的检查措施，包括：进入劳动场所进行检查，询问有关人员，要求提供相关的文件资料或解释说明，采取记录、录音、录像、照相或者复制等方式收集资料，委托会计师事务所审计，等等。

2. 行政处罚权。劳动行政部门有权对违反劳动基准法强制性规范但未构成犯罪的用人单位实施行政处罚措施。这是劳动行政部门在劳动基准法中最为核心的权力。《劳动保障监察条例》第 18 条规定，劳动保障行政部门根据调查、检查结果，

对应受到行政处罚的用人单位,依法作出行政处罚决定;发现不属于劳动保障监察职权范围的,及时移送有关部门处理;用人单位行为涉嫌犯罪的,依法移送司法机关。根据《劳动法》的"法律责任"一章以及各具体基准事项的行政立法,行政处罚的措施类型主要包括警告(如《劳动法》第89条、第90条)、罚款(如《劳动法》第94条)、责令支付赔偿金(如《劳动法》第91条)、拘留(如《劳动法》第96条)、责令停业整顿(如《女职工劳动保护特别规定》第13条)、吊销营业执照(如《劳动法》第94条)。此外,劳动保障行政部门在作出行政处罚决定时,还有权责令用人单位改正。《劳动保障监察条例》第30条规定,用人单位应当改正而未实施改正行为的,劳动保障行政部门应责令改正或作出相应的行政处理决定。责令改正并非行政处罚,与其并用有利于正常劳动条件的恢复。这也是我国《行政处罚法》的立法要求。[1]

3. 行政许可权。在一些特殊基准事项上,劳动行政部门还享有行政许可权。一是《关于企业实行不定时工作制和综合计算工时工作制的审批办法》中规定的特殊工时许可。用人单位对某些岗位申请实行不定时工作制和综合计算工时工作制等其他工时制办法的,须由劳动行政部门许可批准。中央直属企业由国务院行业主管部门审核并报国务院劳动行政部门批准,地方企业由各省级劳动行政部门制定审批办法并报国务院劳动行政部门备案。二是《劳动法》第15条第2款规定的特殊行业未成年人就业许可,文艺、体育和特种工艺单位招录不满16周岁的未成年人,必须遵守国家有关规定。

4. 劳动基准领域的行政立法权和规范性文件制定权。依据《立法法》的规定,国务院劳动行政部门有权制定有关劳动基准的部门规章,各省市的劳动行政部门也有权在职权范围内制定本地适用的劳动基准规范性文件。

(二)劳动行政部门的公法义务

现代法治精神要求,权力必然伴随着界限和义务而存在。概括而言,劳动行政部门的公法义务主要有:

1. 依法监察的义务。这是依法行政的行政法原则在劳动监察权领域的具体体现。从前文有关德国法上经典的依法行政的论述,依法监察要求:首先,必须遵从法律优先的原则,不得采取违反基准法规范的监察行为,行政处罚的形式、自由裁

[1] 参见《行政处罚法》第28条第1款规定:"行政机关实施行政处罚时,应当责令当事人改正或者限期改正违法行为。"

量的幅度必须在法定范围之内。其次,监察职权由劳动基准立法所限,不得自行采取法律授权之外的监察行为。这是法律保留的义务体现。最后,劳动行政部门的公权行为必须遵从法定的行政程序,保障用人单位的程序权利。

2. 积极作为义务。这是劳动基准立法的性质所决定的。劳动基准作为劳动者的法定利益存在,赋予了劳动者受益的权利,是劳动者生存权的社会化体现。这种社会权不仅与用人单位的履行义务相对应,而且基于法律的社会化调整而与劳动行政部门积极干预的作为义务相对应。《劳动法》《劳动保障监察条例》均明文赋予了劳动者面临侵权时向劳动行政部门的投诉权利,需要其积极履行监察义务加以保障。《关于实施〈劳动保障监察条例〉若干规定》第 18 条规定,投诉符合受案条件的,劳动保障行政部门应在 5 个工作日内依法受理,并于受理之日立案查处。

3. 接受监督的义务。《劳动保障监察条例》第 8 条规定,劳动保障监察必须遵守公正、公开、高效、便民原则,应接受社会监督。我国劳动基准落实不力的局面,迫切需要更加强化劳动行政部门的受监督义务。

(三)用人单位的公法义务

用人单位就法定的劳动条件承担公法义务,是劳动基准法强制性调整的核心体现。社会法的调整模式是一种法定优先的模式,在法律关系中体现为"义务先定"。[1] 用人单位的公法义务主要包括:

1. 提供符合法律要求的劳动条件——劳动基准义务。劳动基准义务"系基于整体社会经济和国家公共利益为出发点"[2],在劳动行政关系中属于用人单位对国家承担的第一性义务,也是劳动行政部门在其违反时要求承担公法责任的法理基础。从内容上看,劳动基准法强制性规范实质上要求用人单位承担的是禁止性义务,即不得提供低于法定标准的劳动条件,如约定工资水平不得低于最低工资水平,或不得从事某类行为,如不得安排受孕 7 个月以上的女职工从事延长劳动时间劳动或夜班劳动。

2. 依法接受监察的义务。在劳动行政部门采取劳动监察行政行为时,作为行政相对方,应积极配合,按要求提供履行相关基准的资料信息、接受询问等。《劳动保障监察条例》第 6 条规定:"用人单位应当遵守劳动保障法律、法规和规章,接受并配合劳动保障监察。"

---

[1] 参见董保华:《社会法原论》,中国政法大学出版社 2001 年版,第 274 页。

[2] 林丰宾:《劳动基准法》,台北,三民书局股份有限公司 2004 年版,第 13 页。

（四）劳动者的公法权利

劳动者在劳动行政关系层面享有的公法权利是请求权，即请求劳动行政部门履行监察职权的权力，以恢复受损的劳动基准权益。在行政法基本理论体系中，公法权利是在行政行为之外的另一个重要研究范畴。尤其是扮演实体法上的基础权利与公力救济之间"连接枢纽"的公法请求权，属于公法权利体系的重要内容。[1]而随着社会法的发展，以国家承担积极义务为特征的给付行政行为成为重要的行政行为类型。公法请求权是给付行政行为的重要内容。请求权源于特定的法律状态或法律地位。劳动基准法中劳动者受倾斜保护的受益状态是公法请求权的权利基础，而劳动基准利益是劳动者生存权的具体化。劳动基准法中劳动者的"受益"并非消极状态，而是由国家承担积极保障义务并通过劳动行政部门积极行使监察职权而实现的。虽然社会权条款的可诉性整体还存疑，但劳动基准法中劳动者是可以向劳动行政部门主张请求的。劳动行政部门如经申诉而不履行职责，劳动者还可以行使诉权以获得救济。

（五）公法责任

1. 用人单位的公法责任

用人单位违反劳动基准法须承担公法责任，这是国家强制主义在第二性法律关系上的体现。从世界各国的立法上看，国家介入劳动领域的公权力包括行政权和刑罚权，而用人单位违反基准性义务须承担的公法责任也有两种类型：行政责任和刑事责任。行政责任多为各国的普遍性规定，而刑事责任仅在部分国家存在。行政处罚、刑罚的适用并不具有私法领域侵权法上损害填补的色彩，而是体现国家意志的非难和惩罚性。

2. 劳动行政部门的公法责任

劳动行政部门的公法责任不属于劳动基准法的主要内容，但行政权力的运行必然有职责要求和相应的法律责任。我国《劳动保障监察条例》第 31 条明确规定：在内部行政关系上，劳动保障监察员有滥用职权、玩忽职守、徇私舞弊、泄露劳动监察过程中获得的商业秘密情形的，依法给予行政处分，构成犯罪的依法追究刑事责任；在外部行政关系上，因违法行使监察职权，侵犯用人单位或者劳动者的合法权益的，依法承担赔偿责任。在劳动行政关系中，劳动行政部门的公法责任多是通过

[1] 参见徐以祥：《行政法上请求权的理论构造》，载《法学研究》2010 年第 6 期。

行政复议、行政诉讼程序得以实现的。

四、劳动基准法规范在劳动关系上的私法效力

我国立法对劳动基准法的私法效力规定几乎处于空白状态。这亟须学界积极构建基准强制性规范的私法效力理论，搭建劳动者在劳动基准法中的权利体系。

（一）劳动基准法规范构成劳动合同中的效力型强制性规范

1. 民法上关于强制性规范的效力理论

现代民法学者认为，基于契约自由与公共利益的保护衡平，违反强制性规范的交易行为不应全部解释为无效，应根据是否影响民事行为效力区分效力型强制性规范和管理型强制性规范（有学者称为取缔性规范）。[1] 在概念上，“前者着重违反行为之法律行为价值，以否认其法律效力为目的，后者着重违反行为之事实行为价值，以禁止其行为为目的”[2]。合同约定在违反效力型强制性规范时会发生无效的法律后果，交易行为绝对无效。违反管理性禁止性规范的民事行为，通常不造成无效后果，但行为人可能面临行政制裁。例如，某人从无照经营的商店购买货物。这种区分曾在我国的合同法适用中得到司法系统的认可，最高人民法院《关于适用〈中华人民共和国合同法〉若干问题的解释（二）》（已失效）第14条明确规定：《合同法》第52条第5项规定的“强制性规定”，是指效力性强制性规定。[3]

2. 劳动基准法强制性规范属于对劳动合同的效力型规范

强制性调整模式下的劳动基准规范在对私法关系的影响上，应视为民法理论中的效力型强制性规范。若将其作为管理型强制性规范，在发生基准违反行为时，仅可施加行政处罚而承认已发生的给付效力。既有劳动条件有效而无须变更，劳动者仅能获得未来劳动合同履行上的劳动条件保障，这对劳动者而言是极为不利的，难以实现劳动者生存利益保障的立法目的。

---

〔1〕 参见刘凯湘、夏小雄：《论违反强制性规范的合同效力——历史考察与原因分析》，载《中国法学》2011年第1期。

〔2〕 史尚宽：《民法总论》，中国政法大学出版社2000年版，第330页。

〔3〕 2020年5月28日《中华人民共和国民法典》（以下简称《民法典》）颁布后，为实施民法典，保证法律统一适用，最高人民法院于2020年12月23日颁布《关于废止部分司法解释及相关规范性文件的决定》，废除包括最高人民法院《关于适用〈中华人民共和国合同法〉若干问题的解释（二）》等在内的司法解释。但是，《民法典》第153条第1款规定，“违反法律、行政法规的强制性规定的民事法律行为无效。但是，该强制性规定不导致该民事法律行为无效的除外”。

(1)违反基准规范的无效解释

从劳动关系的法律调整模式上看,劳动基准法的私法效力体现了国家强制对团体自治和个人自治领域的制约,[1]是劳动关系双方利益交换的立法预设。这种强制性调整的背后是劳动者的个人利益,但这种个人利益经社会化而上升为社会利益。这种社会利益的保护价值要高于劳动合同自由。从民法的利益衡量角度出发,当相关合同约定、用人单位提供的劳动条件以及工作指示违反劳动基准法时,约定或指示应被认定为无效。作为具有强制性的规范,它对特定范围内的意思自治内容具有效力控制功能。

(2)应当采取部分无效的效力解释原则

对部分基准规范的违反并不导致劳动合同整体的无效,而应采取部分无效的解释原则,并由基准规范的内容直接替代相对应的合同条款。劳动合同具有人身性,且关系到劳动者的生存利益,如因约定违反劳动基准而否认整个劳动合同的效力,对劳动者来说是相当不利的。劳动合同法采取倾斜保护原则,采取劳动关系有效的解释有利于劳动者主张权利,并且如工伤、离职经济补偿等也能得到法律支持。我国《劳动合同法》对部分无效的制度也有规定。[2]

(3)规范的补充性与无效的相对性

劳动基准法规范与普通民法强制性规范有一点很大不同,就是劳动基准法规范具有补充性。补充性是劳动基准法作为相对强制性规范而非绝对强制性规范的效力特色。在劳动合同与集体合同没有规定的情形下,劳动基准法作为劳动条件的最低基准限制,可以直接适用。同时,它并不排除高于劳动基准法的条件约定。立法目的并非要求劳动关系主体尤其是用人单位一方仅依照最低基准向劳动者提供劳动条件,而是鼓励用人单位在此基准上提供更有利的劳动条件。为了保障社会中不断出现的弱势群体,民法学界提出了“保护性无效理论”,一定程度上修正了传统利益衡量方法,不直接以保障公共利益为宗旨,主张唯有有利于合同中弱势主体时才能够做合同无效的认定,目的在于运用合同无效的效果保障弱势合同主

---

[1] 有些学者将其总结为三个层次的调整机制:宏观层次的国家强制、中观层次的团体自治和微观层次的个人自治。参见董保华主编:《劳动关系调整的社会化与国际化》,上海交通大学出版社 2006 年版,第 40 页。

[2] 参见《劳动合同法》第 27 条规定:“劳动合同部分无效,不影响其他部分效力的,其他部分仍然有效。”

体的利益。[1] 在保护劳动者这一弱势群体的利益上，这种保护性无效理论也支持相对无效的解释方法。

(二)劳动基准法规范所形成的劳动合同权利与义务

1. 用人单位的法定义务

正如德国劳动法学界的观点，雇主依劳动基准法的规定负有不得提供低于法定标准劳动条件、不得实施法律禁止的行为的法定义务。这不仅是雇主对国家承担的公法义务，亦属于雇主在劳动合同层面对劳动者的法定义务。至于如何在理论上解释这种法定合同义务的产生，这与雇主在劳动关系中的诚信义务和保护照顾义务有关。劳动合同法上的保护义务属于独立的给付义务。日本劳动法学界认为，保护照顾义务是基于劳动契约上的本质义务，因为劳动者生命健康的价值处于优先地位，而劳动契约的特点决定了生命健康权应在劳动关系中受到优先保障。劳动基准法与劳动者生存利益密切相关，在法理上与用人单位的保护义务是一致的。劳动法领域基于倾斜保护之考虑，将用人单位的部分保护义务通过基准规范加以确认，使之构成了劳动合同的给付义务。[2]

需要注意的是，并非劳动基准法上所有强制性规范均形成劳动合同中的给付义务。双重法律效力也具有一定的内在限制，即"必须该公法义务之内容亦适于成为契约之义务内容始有可能"，也即"规范目的必须在于直接保护个别劳工"。[3] 例如，劳动安全卫生法中有关企业生产的监督管理性规定，属于纯行政法上的管理性规范，不属于用人单位对劳动者的私法义务，劳动者无权诉请向自己履行。

2. 劳动者的合同权利

依劳动者得以主张权利的阶段不同，笔者认为可以大致分为基准性权利和保护性权利。基准性权利是依劳动基准法规范所直接享有的与劳动条件相关的权利，与用人单位的基准性义务相对应，是基础权利；保护性权利是劳动者面临用人单位违法时得以主张对抗、实施违约救济手段的权利，具有"第二性"的特点。

(1)劳动者的基准性权利

基于合同相对性及双方合同的原理，劳动基准法形成用人单位的法定合同义

---

〔1〕 参见刘凯湘、夏小雄：《论违反强制性规范的合同效力——历史考察与原因分析》，载《中国法学》2011 年第 1 期。

〔2〕 参见刘士国：《安全关照义务论》，载《法学研究》1999 年第 5 期。

〔3〕 参见黄程贯：《劳动基准法之公法性质与私法转化》，载周永坤主编：《东吴法学》(2006 年秋季卷)，法律出版社 2007 年版。

务，赋予劳动者各方面的劳动基准权利。这些个体劳动权利具体包括：在最低工资标准法上，劳动者享有最低劳动报酬权；在工时、休息休假制度立法中，劳动者享有法定的休息权利及在延长工作时间、节假日工作的工资请求权；在劳动安全卫生法中，劳动者享有获得法定标准的工作场所职业安全和卫生保护的权利；在女职工保护法及未成年人保护法上，女职工、未成年工享有被提供特殊法定工作条件、特定时期享受特别待遇等法定权利。

劳动基准权利是宪法上劳动者基本权利的具体化。我国《宪法》在个体劳动权方面规定了自主择业权、平等就业权、劳动保护权三类基本权利范畴。其中劳动保护权是有关劳动者享有获得基本生存保障的权利，涉及最低工资、休息休假、工作环境等方面，是劳动基准权利最直接的宪法来源。例如，《宪法》第 42 条规定："国家通过各种途径，创造劳动就业条件，加强劳动保护，改善劳动条件，并在发展生产的基础上，提高劳动报酬和福利待遇。"第 43 条则直接规定了休息休假和工时："中华人民共和国劳动者有休息的权利。国家发展劳动者休息和休养的设施，规定职工的工作时间和休假制度。"

但是劳动者的基准性权利与传统的私法权利有一点很大不同，即它的权利利益并不以行为人的行为自由或选择自由为本质体现，而实质上是一种强制性的法定利益分配。这意味着基准性权利具有不可处分性，即规范赋予劳动者的基准性权利不可由劳动者自行放弃，这一层效力内容也可以基于违反强制性规范的无效解释原则衍生得出。劳动者自愿与用人单位约定低于法定基准的内容，法律仍然不认可其效力。因为劳动基准体现的是劳动者的生存利益，其本身已成为社会利益和社会秩序的一部分，如生存权一样是不可放弃的。例如，《德国联邦休假法》规定，法定休假最短为 24 个工作日，劳动者不能放弃此项债权。〔1〕

（2）劳动者的保护性权利

劳动基准义务既然经立法确认而成为劳动合同的内容，劳动者作为这一给付义务的相对人，在面对基准义务人违约时，应当享有追究相应违约责任的合同权利。我国合同法理论中，合同权利人对于义务人不当履行、不履行等情形，享有体系化的法定权利，包括请求履行、采取补救措施、核减合同对价、赔偿损失乃至解除合同。同时，双务合同的权利人，还享有体系化的抗辩权利，以预防对方不履行义

〔1〕 参见［德］古斯塔夫·拉德布鲁赫：《法学导论》，米健、朱林译，中国大百科全书出版社 1997 年版，第 62 页。

务的风险。劳动合同属于平等主体的自然人、法人、其他组织之间设立、变更、终止民事权利义务关系的协议,而且是典型的双务合同,理应赋予劳动者相应的保护性权利。

保护性权利作为违法情形下第二性法律关系的内容,主要对应的是用人单位的违约责任形式。正如我国民法中规定的违约责任也是通过合同债权人的各种违约责任请求权得以实现的。

①履行请求权

用人单位不履行法定基准义务,属于合同的违约行为。前文也分析了基准性义务属于独立的给付义务,可以独立被诉请履行。依合同的一般法理,除不可抗力、履行不能的特殊情形,合同债权人保有请求适法履行的违约请求权。适法履行能够保障债权人的履行利益,往往是其他违约责任方式所不能替代的。虽然劳动者享有向劳动行政部门控告的权利,但作为劳动合同债权人理应同时享有继续履行、适法履行的请求权利,而且此项请求权仅以用人单位未尽法定义务为条件,不以实际造成危害为前提。[1] 履行请求权是劳动者诉权的实体权利基础。

请求履行的内容因用人单位的法定义务内容不同而不同:若劳动基准法规定必须履行特定行为,如《职业病防治法》第 35 条要求用人单位为从事具有职业病危害性作业的劳动者组织职业健康检查,费用由用人单位承担,则可以请求为特定行为;若规定为不作为义务,如《女职工劳动保护特别规定》第 5 条规定“用人单位不得因女职工怀孕、生育、哺乳降低其工资”,则可以请求消除违反行为禁止的非法后果,恢复不作为状态;若条文仅规定一定的保护目的,并无具体行为内容,亦可以请求履行根据具体情况决定的适当措施。

②拒绝提供劳动的抗辩权

劳动合同是一种典型的双务合同,劳动者提供指定劳务,用人单位支付工资以及履行其他义务,双方在合同义务上是具有牵连性的。债法理论上,双务合同典型特点在于双方享有合同上的同时履行利益。因而,为了免去自己履行而得不到对待给付的履行风险,法律上产生了抗辩权制度。我国民法中规定了同时履行抗辩权、先履行抗辩权、不安抗辩权三种抗辩权制度。但是,劳动基准立法忽视了劳动者抗辩权保护的问题。劳动者一般只能向劳动行政部门检举控告基准违法行为,

---

〔1〕 参见黄程贯:《劳动基准法之公法性质与私法转化》,载周永坤主编:《东吴法学》(2006 年秋季卷),法律出版社 2007 年版。

立法并未赋予其拒绝用人单位劳动指示的抗辩权利。只有在严重违反劳动保护法律的情况下,立法才允许劳动者拒绝提供劳动。例如,《劳动法》第 56 条明确规定,用人单位的管理者违章指挥、强令劳动者进行冒险作业,劳动者有权拒绝。再如《中华人民共和国尘肺病防治条例》(以下简称《尘肺病防治条例》)第 14 条规定,作业场所的粉尘浓度超过国家卫生标准,用人单位未积极有效治理以致严重影响劳动者安全健康,劳动者有权拒绝进行作业操作。

拒绝提供劳动的抗辩权在德国劳动法中已属成熟制度。如杜茨所述,在雇主没有遵守劳动保护法规时,雇员有权按照《德国民法典》第 273 条留置其劳动给付。[1] 第 273 条的留置权其实相当于我国的同时履行抗辩权。该条规定:"如果债务人根据产生其债务的同一法律关系,对债权人享有已到期的请求权时,除债的关系另有其他规定外,债务人可以在获得其应得的给付前,拒绝履行给付。"劳动者还有权依据第 324 条第 1 款保有工资请求权,"一方当事人因可归责于另一方当事人的事由,致不能履行由双务合同产生的自己应履行的给付的,仍保留其对待给付请求权"。德国法中劳动者的"留置权"适用范围广泛,一些附随义务上仍可使用。我国虽然没必要在用人单位违反义务时设置过于宽泛的抗辩权,但在工资、工时、劳动保护等核心基准规范上,应当给予劳动者拒绝的权利,并且仍保有工资支付请求权。

③工资请求权

若劳动者在被提供违法劳动条件时,未拒绝工作(实际生活中大多如此),基于已发生的劳动事实在法律上如何认定?最典型的就是企业工作制度实行违法超时加班,劳动者被迫提供劳动情况下如何认定加班费。我们认为,因违反基准法律而导致合同条款部分无效时,劳工对提供的劳动仍保有工资请求权。例如,劳动者提供超时加班工作的,有权依照加班的法律规定请求支付超时部分的劳动报酬。此项权利与劳动合同特殊的无效制度相联系,目的在于避免造成劳工的不利益。普通民事合同无效一般导致双方返还给付,但劳动合同无效时,既有劳动无法返还。因此,《劳动合同法》第 28 条对劳动合同无效的情形作出特别规定:劳动合同无效的,对劳动者已付出的劳动,用人单位应比照相同、相近岗位的劳动报酬支付

---

[1] 参见[德]W. 杜茨:《劳动法》(2003 年第 5 版),张国文译,法律出版社 2005 年版,第 89 页。

相应的劳动报酬。[1] 如果因基准违法事实剥夺劳工的工资请求权，则无疑在法律上维护了用人单位既得的非法利益。

④赔偿请求权

赔偿损失也是合同违约理论中基本的责任方式之一。用人单位违反劳动基准法给劳动者造成物质损失的，应当承担赔偿责任。我国原劳动部曾专门出台了《违反〈劳动法〉有关劳动合同规定的赔偿办法》，其中也包含了违反基准保护性规定而造成损失的情形。在《劳动法》和《劳动合同法》中没有关于赔偿的原则性条款，但涉及劳动赔偿的24个条款，其中涉及违反劳动基准事项的仅有《劳动法》的第89条、第95条。我们可以借鉴俄罗斯的立法例，《俄罗斯联邦劳动法典》有专章规定雇主对员工的物质责任，即物质赔偿，劳动合同一方造成对方损失的应当予以赔偿。[2] 同时，该法还对赔偿的归责原则、一般条款和特殊情形都有详细的规定。

与赔偿相联系的还有一处争论点，即惩罚性损害赔偿权利的适用问题。惩罚性赔偿(punitive damages)，又被称为报复性赔偿，一般是指被判决的赔偿额超出实际损失，体现了对受害人的损失填补、遏制和惩罚不法行为等多重功能。[3] 它源于英美法系，有别于事后救济的传统思维，体现出更为积极的预防性，弥补了传统损害赔偿制度的不足，更加有利于受害人的利益保护。[4] 赋予受害人惩罚性赔偿权利在我国社会法领域已有先例，如《中华人民共和国消费者权益保护法》(以下简称《消费者权益保护法》)中经营者欺诈的双倍赔偿、《中华人民共和国食品安全法》(以下简称《食品安全法》)第148条的10倍价款以内赔偿金。我国的劳动法中惩罚性质的赔偿条款也有不少，如《劳动合同法》第82条的不签订书面劳动合同的双倍工资，该法第87条中双倍经济补偿标准的赔偿金。在劳动基准事项上，我国最早在与《劳动法》同步实施的《违反〈劳动法〉有关劳动合同规定的赔偿办法》、最高人民法院《关于审理劳动争议案件适用法律若干问题的解释》(已失效)中采取的是附加惩罚性赔偿的做法，但在《劳动合同法》出台后通过第85条将其划入劳动行政部门的职权范围，成为行政处罚措施。笔者认为，这是不合适的，剥夺了劳

〔1〕 参见《劳动合同法》第28条规定："劳动合同被确认无效，劳动者已付出劳动的，用人单位应当向劳动者支付劳动报酬。劳动报酬的数额，参照本单位相同或者相近岗位劳动者的劳动报酬确定。"

〔2〕 《俄罗斯联邦劳动法典》第232条第1款明确规定："劳动合同一方给另一方造成损失，依照本法典和其他联邦法予以赔偿。"参见《俄罗斯联邦劳动法典》，蒋璐宇译，北京大学出版社2009年版，第147页。

〔3〕 参见王利明：《违约责任论》，中国政法大学出版社2000年版，第516页。

〔4〕 参见张在范：《限额赔偿·加额赔偿·等额赔偿——论劳动合同法赔偿规则体系之构建》，载《江苏社会科学》2008年第3期。

动者直接的诉权。在劳动基准法中设置惩罚性赔偿权利的条款,不仅能够加大对用人单位违法的制约,而且能够提高劳动者维权的积极性,更能衡平劳雇双方的不平等地位。

⑤劳动合同解除权

我国《劳动合同法》第 38 条第 1 款第 1 项、第 4 项规定,用人单位未按照劳动合同约定提供劳动保护或者劳动条件的,规章制度违反法律规定、损害劳动者权益的,劳动者享有劳动合同解除权。用人单位违反劳动基准法强制性规范,劳动者当然可以解除合同。但值得探讨的是,此项解除权不能替代前述的抗辩权。在就业形势严峻的情况下,普通劳动者解除劳动合同是迫不得已的最后选择,大多数时候并不想援引解除权。而抗辩权的存在使劳动者能够在保持劳动关系的前提下达到暂时中止提供劳动的状态,抗辩事由消除后,劳动关系又可以自动恢复到正常状态。[1] 这对劳动者更有利。

总而言之,私法效力是劳动基准法在调整劳动者与用人单位之间的劳动关系时形成的。它意味着基准规范直接构成了劳动关系中的权利义务基础。反射效力说将劳动基准法定性为行政公法,会使劳动者被排除在基准法主体之外,并不能直接基于基准法主张相应的私法权利。但在致力于保护劳动者的法律中,劳动者反而不能主张相应权利,这是不利于劳动者保护的。

第四节　劳动基准法调整模式的弹性协调

一、劳动基准法的国家强制模式与团体自治、个体自治的弹性协调

(一)劳动基准法的国家强制模式在劳动关系法律调整模式中的定位

劳动法学界对现代意义上的劳动关系法律调整模式进行了理论归纳。黄越钦在对劳动关系进行历史考察时指出,现代劳动法更加注重劳动契约内容的客观妥当性,为此各国普遍规定了两大法律机制,即团体契约和劳动条件的基准法定化。[2] 我国学者也普遍从社会法的角度,认为劳动法具有公私融合性,决定了劳动关系调整的多重模式。这一多重模式被总结为:宏观层次的国家强制模式,客观

---

〔1〕 参见吴万群:《劳动抗辩权初论》,载《法学杂志》2012 年第 3 期。

〔2〕 参见黄越钦:《劳动法新论》,中国政法大学出版社 2003 年版,第 196 页。

形式体现为劳动基准法；中观层次的团体自治模式，客观形式体现为集体合同法；微观层次的个体自治模式，体现为个别劳动合同法。[1]

劳动基准法的国家强制模式，与个体自治、团体自治模式相互独立，分别有各自的子系统，却也紧密联系、互相渗透。至于相互关系的性质，有学者认为劳动基准的强制性规范与团体契约、劳动契约的私法自治存在多种关系：(1)补充关系，劳动基准法为劳动契约之最低限制；(2)基础关系，劳动基准法不排除更高的劳动条件，即成为劳动契约、团体协约的基础；(3)指导关系，团体契约影响劳动契约，对其内容有指导作用；(4)渗透关系，自治性规范在彼此之间也可能没有明确界限，如机器的安全守则也为国家法律所接受；(5)冲突关系，自治性规范有与强行法冲突的可能。[2] 笔者认为，劳动基准的国家强制模式与个体自治、团体自治的关系主要体现在以下三个方面：

第一，国家强制是对个体自治、团体自治的效力制约。劳动基准法强制性调整所运用的规范属于效力型的强制性规范，对意思自治部分的内容具有效力控制功能。前文已分析，当相关条款低于劳动基准法的规定时，则发生合同无效或者部分无效的法律后果。原劳动部于 1994 年出台的《集体合同规定》(已失效)第 24 条明确将"集体合同中的各项具体劳动标准是否符合法律、法规规定的最低标准"作为审查的主要内容之一。《劳动合同法》第 55 条也明确规定，集体合同有关劳动报酬和劳动条件的内容不得低于本地政府所规定的最低标准。

第二，劳动基准法具有补充性作用。在劳动合同与集体合同没有规定的情形下，劳动基准法作为劳动条件的最低基准限制，并不排除高于劳动基准法的条件约定，而且不鼓励用人单位仅以此条件为对劳动者的条件给付。实际生活中劳动者实际享受的劳动条件和待遇，多由劳动合同或相关团体契约的约定内容予以确定，劳动基准法仅在约定劳动条件低于最低标准时才通过国家强制手段取代约定内容。[3] 世界各国劳动者劳动条件的改善，更重要的推动力往往是集体协商、行业协商等团体行动方式。劳动法发展的重点在于参与协议、共同形成，立法则退居最低基准，是供双方形成法律关系内容的准据而已。

---

〔1〕 参见董保华主编：《劳动关系调整的社会化与国际化》，上海交通大学出版社 2006 年版，第 40 页；林嘉、范围：《劳动关系法律调整模式论——从〈劳动合同法〉的视角解读》，载《中国人民大学学报》2008 年第 6 期。

〔2〕 参见黄越钦：《劳动法新论》，中国政法大学出版社 2003 年版，第 20 页。

〔3〕 参见林丰宾：《劳动基准法》，台北，三民书局股份有限公司 2004 年版，第 12 ~13 页。

第三，在模式适用的比例上，国家强制与后两者，尤其是团体自治模式，具有此消彼长的关系。“法律强制规定之必要性及其适用范围，与集体谈判制度之功能，具有密切关系。假若集体谈判制度能够有效合理规律劳资问题，保护立法可相对减少。反之，假若集体谈判制度根本未能建立或名存实亡，则将多赖国家立法以维护劳工权益。”[1]集体协商也能弥补劳动者的谈判力欠缺，它与国家强制同属维护契约内容妥当性的基本模式，在某些领域具有一定的替代性和相互变更性。在存在强有力的工会时，可能以劳资对立抗衡为主轴，周期形成团体协约，从而压缩国家干预的适用空间，如法国、意大利等国家。工会不发达、集体协商制度不健全的地区，则可能主要依赖法律的强制性规定，国家强制模式更加突出。

（二）劳动基准法与团体自治、个体自治的弹性协调制度

随着市场经济的深入发展，劳动力市场多样化、劳动关系弹性化已经成为不可阻挡的历史潮流。非典型性用工方式不断涌现，新兴产业带来的新兴劳动岗位也层出不穷。“现代社会的发展，客观要求传统的标准职场秩序逐渐向多样化劳动转变，劳动条件面临更加的弹性化。”[2]国家强制模式面对多样化的劳动环境，越来越显现出力不从心。劳动关系调整不得不实行更加个别化、具体化的调整方式，这就需要协调运用在国家强制之外的个体自治、团体自治模式。

近些年，世界上许多国家出现了劳动去形式化、去管制化的放松管制现象，提高劳动者自治水平，减弱劳动基准法直接干预的情况。这也是经济全球化影响的直接结果之一。这种劳动立法弹性化的趋势，要求劳动基准法给予意思自治更多的协调空间，在劳动关系形成及内容上减少法律不必要的干预，增强市场机制的决定作用。[3] 这些弹性协调的立法方式，给我国未来劳动基准法的修缮提供了很好的借鉴思路。

二、劳动基准法调整模式的弹性协调之一：设定必要的排除性规定

许多国家在劳动基准普遍适用的原则外，设立了适当的排除性规定，以避免对特殊行业、岗位或特定人群的不必要干预，确保国家干预的“该当性”以及必要的行业空间。

---

〔1〕 王泽鉴：《民法学说与判例研究》，中国政法大学出版社 1998 年版，第 324 ~325 页。

〔2〕 黄越钦：《劳动法新论》，中国政法大学出版社 2003 年版，第 24 页。

〔3〕 参见黄程贯：《21 世纪劳动法制架构的转变》，韩国劳动法学会 2008 年会议论文。

(一)工时制度的排除性规定

例如,航空、交通服务、海关、气象等工作人员无法遵循每日8小时的规则工作,需要连续工作或轮班,尤其是新兴服务业的劳动者更无法固定劳动时间,劳动基准法的标准工时制反而形成一种僵化。为了使工时更符合时代性,工时的弹性化规定由此产生。[1]

1919年ILO通过的《(工业)工时公约》第6条第1款将工作性质具有间断无常的劳动岗位排除在政府为工业企业设定的工时限制之外。[2] 最低工时适用的法理在于,人非机器,身体精神不能长时间处于紧张状态,但断续性工作不至于使劳动者过度耗费精神,且实际工作时间低于一般持续性紧张工作的人,没有最低工时适用的必要。[3]

日本《劳动基准法》第41条第3款规定,有关工作时间、休息及例假等规定,也不适用于从事监视或断续性劳动者,但须经行政审批。劳工部门在审批时也采取严格限制解释的态度。此外,不适用的范围还包括:农业水产业者(林业除外),因该行业主要取决于自然天候,难以受制于工时;监督管理岗位的劳工,限于有自身工作时间的自由裁量权、不受上下班严格限制者;[4]处理机密事务的劳工,因与其他经营管理岗位密切联系。

在英国,《工作时间条例》等工时法规也有很多复杂的例外情形:一是涉及哪些劳动时间无法计算的劳动者,如主管、经理等自主决定权的劳动者以及家庭劳动者;二是五种特殊情形的劳动者,包括工作地点较远,从事监视、安保等持续注意的工作,工作量受不正常、不可预见的情况影响,需要持续服务或产出(如医院);三是轮班工作者;四是工作时间分散的劳动者。[5]

可见,工时限制的立法本意原在于保障劳动者必要休息,保护身体免受过度劳动之损害。但鉴于特殊工种工作内容的特殊性,其工作强度不高,并非持续性劳

---

〔1〕 参见黄越钦:《劳动法新论》,中国政法大学出版社2003年版,第229~230页。

〔2〕 See International Labour Organization, *Hours of Work (Industry) Convention*, ILO, http://www.ilo.org/dyn/normlex/en/f? p =NORMLEXPUB:12100:0::NO::P12100_ILO_CODE:C001.

〔3〕 参见刘志鹏:《劳动法理论与判决研究》,台北,元照出版有限2002年版,第225页。

〔4〕 第二次世界大战以后,ILO在1962年《缩短工作时间的建议书》中不再将具有管理监督权限的劳工排除在工时限制之外。部分日本学者也认为基于能力主义的人事管理制度的影响,具有管理监督权限的劳工往往也受企业工时制度约束,因而将其排除在适用范围之外已不符合时代发展。参见[日]石松亮二:《劳基法四一条》,综合劳动研究所1983年版,第194页。

〔5〕 参见[英]史蒂芬·哈迪:《英国劳动法与劳资关系》,陈融译,商务印书馆2012年版,第135页。

作,未必需要恪守一般的标准工时限制,如间断工作岗位、监视类岗位普遍被各国排除。我国在工时立法中应予以个别化的特殊考量。

(二)最低工资标准的排除性规定

英国1998年7月制定《全国最低工资法》,将几类人群排除在适用范围之外:自雇者、部分学徒(19岁以下,或者19岁以上25岁以下但处于前12个月训练期)、参与政府资助计划的学徒、[1]军队现役人员和分账渔民。其中,学徒被排除适用的原因在于,学徒工不具备熟练工的劳动生产率,对雇主而言可能需要付出更多培训成本,因而最低工资制度并不具备适用条件。[2] 同时,刚入职培训的劳动者往往更注重个人职业能力的培养,工资数额并不那么重要。[3] 另外,英国的最低工资按年龄分为三个适用等级:22岁以上成人的全额最低工资,18岁至21岁工人的最低工资,离校年龄至18岁的年轻人最低工资。其背后的原因也是较年轻的劳动者工作能力一般较弱,劳动生产率不高,需要雇主付出的用工成本相对较多。

美国《公平劳动基准法》也规定了最低工资标准的豁免情形,雇主可以低于标准雇佣五类人员:送信员和见习者;[4]实习生,即年满16周岁或在特殊危险性行业年满18周岁的学生,其适用最低工资标准的75%;学徒;全日制学生,适用最低工资标准的85%;残疾劳动者,经劳工部特别许可适用特别最低工资,与残疾者工作能力相称。雇用这五类雇员需要特别许可。这一豁免制度也有助于这五类劳动者的就业率提升。[5]

(三)女职工保护和未成年工保护制度的排除性规定

未成年工或童工的保护相对较为严格,各国涉及这类人群的排除性规定不多。有些国家在工种上有例外规定。例如,美国《公平劳动基准法》对禁止使用童工有豁免制度,适用情形包括:父母雇用子女,农业童工、演员或表演者、废纸包装和捆

---

〔1〕 部分计划为英格兰的入职计划(Entry to Employment)、苏格兰的准备就业计划(Get Ready to work)、北爱尔兰的通向就业计划(Access)、威尔士的技术训练计划(Skillbuild)。

〔2〕 参见侯玲玲、王全兴:《中国最低工资法律制度的政策性研究》,中国法学会社会法研究2006年年会论文。

〔3〕 参见喻术红、张蓉芳、黑婷婷:《关于中国最低工资制度存在的问题及其完善》,中国法学会社会法研究会2006年年会论文。

〔4〕 送信员指主要从事递送信件和消息等工作的人,但只有以提供信息服务为主要业务的商业机构才可以得到低于工资标准的许可。见习者是为某种职业而接受培训的人。但服装、某些家庭雇佣、制鞋、警卫、搬运工等行业不被允许低于工资标准而雇佣见习者。

〔5〕 参见林晓云:《美国劳动雇佣法》,法律出版社2007年版,第37~41页。

扎员、木工、公共道路的汽车或卡车司机。[1] 另外,家庭雇员、报纸投递员不仅豁免禁止使用童工,而且同时豁免最低工资标准和加班补偿。在发生紧急情况或面临不可抗力时,或有例外适用的可能。例如,德国《青少年劳动保护法》第 21 条规定,发生紧急情况且无成年雇员可以应对时,有关最长工作时间和周工作时间的规定不再适用。[2]

女职工保护方面,有关孕期、生育期、哺乳期的规定因关系人类繁衍、基本健康的利益,普遍较为刚性。例外性规定在夜间工作方面较多。例如,日本《劳动基准法》禁止女工在晚 10 时至凌晨 5 时工作,但如果从事无碍于女工健康及副职的业务,以及其他特定行业(如农林业、动物饲养、水产养殖等),不在限制之列。[3] 《俄罗斯联邦劳动法典》第 96 条也规定不允许为孕妇安排夜班工作,但参加艺术作品创作、演出的人除外。

三、劳动基准法调整模式的弹性协调之二:赋予集体合同对特定条款的变更权

集体合同的变更权是劳动基准中极具意义的弹性制度。就劳动基准法规范与集体协议的关系而言,法律设定的最低标准属于对集体协议的强制性限制,协议不得低于该标准。但立法往往设置许多例外性条款,允许某项集体协议可以低于特定标准。这样规定的法理基础是,集体协议或团体自治的各方比立法者更为清楚如何安排才对双方更合适。[4] 它使标准相对单一的法定基准具有适应各行业、各工作领域实际情况的可能,更有利于确定出最有利于劳动者利益以及企业生产的规则。德国社会自治思想者辛茨海默指出,传统的立法程序太过僵化与刻板,以至于法律经常在刚生效就过时。从法律需求到具体的法律规定是如此的遥远,因而法律与社会之间经常存在矛盾,仅仅通过立法根本不能满足社会的需求。他认为,由社会直接立法实现社会自治,是解决社会问题的最佳方式,最为典型的就是劳资团体签订的集体契约。[5] 在集体劳动关系相对发达的国家,这种变更权在劳动基

---

〔1〕 参见林晓云:《美国劳动雇佣法》,法律出版社 2007 年版,第 36 页。

〔2〕 参见[德]曼弗雷德・魏斯、[德]马琳・施米特:《德国劳动法与劳资关系法》,倪斐译,商务印书馆 2012 年版,第 104 页。

〔3〕 参见林丰宾:《劳动基准法》,台北,三民书局股份有限公司 2004 年版,第 219 页。

〔4〕 参见[德]曼弗雷德・魏斯、[德]马琳・施米特:《德国劳动法与劳资关系法》,倪斐译,商务印书馆 2012 年版,第 32 页。

〔5〕 参见吴文芳:《德国集体合同"法规性效力"与"债权性效力"之研究》,载《法商研究》2010 年第 2 期。

准法上是广泛存在的。

德国劳动法学者杜茨在论述劳动法上权利渊源的等级顺序时，[1]认为"可变更性"是一种特别等级规则，在判断效力顺序上有特别意义。他指出法律规则在集体合同和劳动合同中的可变更性不容忽视。这种可变更性包括集体合同规则在劳动合同中的可变更性、强制性的法律规则在集体合同中的可变更性。"如果法律规则有明文规定或解释中可引出，他们不涉及第三者利益或者公共利益，而仅仅涉及那些愿意做出不同于法律规定者的利益，那么这些法律规则就是合同中可变更的。""如果法律规则或司法判例所确定的原则，不能通过企业合同和单个劳动合同变更，而仅能以集体合同变更，在德国劳动法中被称为'集体合同可变更性'。"从法定规范与集体合同的关系角度，杜茨认为，强制性法律可以被分为双边强制性法律、单边强制性法律和集体合同处置法。集体合同处置法允许集体合同做有利于或不利于雇员的法律变更，变更可能附加条件。明确的集体合同如《德国民法典》第622条第4款。[2]

（一）工资制度的集体合同变更

德国的薪酬立法与集体合同的关系十分微妙。德国在最低工资上推行了集体合同优先的制度。虽然1952年德国出台了《最低劳动条件法》，但该法仅在集体合同无法提供最低劳动条件时才适用。各行业的集体合同是决定最低工资水平的主要手段。在集体劳动关系已经高度发达的德国，国家强制的模式已经没有适用的必要，劳动者依靠集体协商已能获得最低劳动条件的充足保护。

（二）工时制度的集体合同变更

日本《劳动基准法》第36条规定，雇主与本企业工会或者半数以上劳工的代表签订协定，并呈报行政官厅后，可以突破法定的每周48小时工作时限。[3] 变更工时制度典型的做法体现在工时制度的选择上。日本1987年修改《劳动基准法》时

---

〔1〕 杜茨将劳动法上的权利渊源按正常等级顺序区分为：(1)强制性法律规范（宪法、单行法律、法规）。(2)强制性的集体合同约定（集体合同、企业合同）。(3)单个劳动合同。(4)集体合同的任意性规定（企业合同、集体合同）。(5)任意性的法律规范。参见［德］W.杜茨：《劳动法》（2003年第5版），张国文译，法律出版社2005年版，第31页。

〔2〕 该条款规定：可以通过工资协定作出偏离本条第1款至第3款规定的约定。在此种工资协定的有效范围内，不受工资协定约束的雇主和雇员之间有关适用偏离工资协定规定的约定有效。第1款、第3款规定的内容是：对于工人或者职员（雇员）的劳动关系，可以遵守4个星期的期限于一个历定月的第10日或者月末发出预告解约通知；在约定的最长为6个月的试用期内，可以遵守2个月的期限对劳动关系发出预告解约通知。参见《德国民法典》，郑冲、贾红梅译，法律出版社1999年版，第147～148页。

〔3〕 参见［日］荒木尚志：《日本劳动法》，李坤刚、牛志奎译，北京大学出版社2010年版，第66页。

增加了几种灵活工时制:一个月期间内的平均工时、一年期间的平均工时、无规律的时间分配制度、可变工作时间制度。劳雇双方可以通过劳资协议自由约定选择适用何种工时,选择计算平均工时的期间单位,并允许个别时间段超过基本工时标准而不计为加班。[1]

《俄罗斯联邦劳动法典》第94条第3款规定,集体合同对适用于有害、危险劳动条件下的缩短工时有适当延长日工时的变更权,但不得超过法定最长工时。[2]同时,在灵活工时制(类似于我国的综合计算工时)上,劳资协议也有决定的权利。

英国的工作时间法中最重要的一类例外情形就是允许集体协议或全体职工协议[3]修改或排除适用有关夜间工作、日、周休息时间的规定,以及延长工时计算周期(从17周延长至52周)。这一协议只要以书面形式经职工代表或特定团体代表签署,并在5年内有效,即具有优先效力。协议如果排斥限制性规则,则雇主必须尽可能地确保劳动者享有等量的补偿休息或者其他适当保护。

意大利2003年第66号法令第4条也明确集体协议有权决定以下内容:雇员在连续几周的工作时间保持40小时,但每周工作时间可以超过法定标准的每周40小时并无须支付加班费。集体协议还被授予决定周最长工时的权力,但每周工时平均不超过48小时、计算周期不超过4个月,因法定客观原因可被集体协议延长至最长9个月。[4]

荷兰2007年公司法也规定了集体合同或经企业委员会认可的雇佣合同可以对最长工时[5]作变通规定。例如,约定雇员在4周内每天工作10小时,或者在13周内每周工作45小时。[6]

在国家法定的最低工时标准上,集体协商的变更是考虑到企业用工的复杂性,"一刀切"将不利于生产的开展而有损经济效率,同时也考虑到劳动者集中休息的

---

[1] 参见[日]荒木尚志:《日本劳动法》,李坤刚、牛志奎译,北京大学出版社2010年版,第68~70页。

[2] 参见《俄罗斯联邦劳动法典》,蒋璐宇译,北京大学出版社2009年版,第69页。

[3] 集体协议是同独立工会签订的协议,全体职工协议(Workforce agreements)是雇主与那些不受制于集体协议条款的劳动者签订的工作时间协议。参见[英]史蒂芬·哈迪:《英国劳动法与劳资关系》,陈融译,商务印书馆2012年版,第136页。

[4] 参见[意]T.特雷乌:《意大利劳动法与劳资关系》,刘艺工、刘吉明译,商务印书馆2012年版,第77页。

[5] 荷兰工时法规定,雇员每一班次最长工作时间不得超过12个小时,每周不超过60小时,在持续的16周期限内,每周最长工作时间不超过48小时。

[6] 参见[荷]费迪南德·B.J.格拉佩豪斯、[荷]莱昂哈德·G.费尔堡:《荷兰雇佣法与企业委员会制度》,蔡人俊译,商务印书馆2011年版,第22页。

合理需求。一般性的做法主要是预留一定额度的工时时长由劳资双方协商决定适用，或者立法尽可能地灵活规定不同种类工时制度，由集体协议从中具体选择。

四、劳动基准法调整模式的弹性协调之三：赋予劳动关系主体特定的选择权

特定选择权的适用，是指将特定劳动基准的事项决定权交由劳动者、用人单位自行决定行使，是个体自治与基准法定的协调体现。然而，基于劳动者与用人单位的不平衡地位，此等非由集体行使的个体选择权必然有严格的范围限制，主要涉及劳工基准权利的行使方式。这一选择权体现的是劳工对基准性权利有限的处分自由。

（一）休息休假相关的选择权

休息休假相关的选择权，体现为劳动者对是否休假及何时休假的选择自由。

日本《劳动基准法》在假日方面赋予劳动者指定休假日的权利。如果该要求的时间妨碍企业的正常经营，雇主可以变更，实行的是劳动者对休假期间有指定权和雇主有变更权相结合的权利行使模式，同时照顾了劳动者和雇主的利益和需要，值得参考和借鉴。

《德国联邦休假法》规定劳动者有指定休假时间的权利，只有当有紧急的企业经营上的利害关系或基于社会性而优先考虑其他劳动者的休假意愿时，才能改变劳动者指定的休假时间。德国还有一类十分有弹性的特殊假期——育儿假（或父母假）。2006 年德国《父母金及父母休假法》规定了父母休假的权利，并在该假期的使用上赋予父母双方相当的选择自由。该法第 15 条第 3 款规定，可以一次全部休完也可分数次休完，父母双方还可以同时请假。同时，为了避免家庭困境，该法第 15 条还允许父母选择一周工作 30 个小时的继续工作，或经原雇主同意在原雇主处或另一家公司工作。[1]

俄罗斯在年休假方面，虽然不允许员工单方面决定休假日期，但员工可以选择分期使用年休假及是否用金钱补偿替代年休假，但孕妇、未成年员工、危险有害劳动条件下的员工除外。[2]

荷兰的年休假也主要是由雇员选择，雇主应尊重其意愿。如果雇员提出请求

---

〔1〕 参见［德］曼弗雷德·魏斯、马琳·施米特：《德国劳动法与劳资关系》，倪斐译，商务印书馆 2012 年版，第 112 页。

〔2〕 参见《俄罗斯联邦劳动法典》，蒋璐宇译，北京大学出版社 2009 年版，第 82 页。

14 天内未能被告知正当拒绝理由的，休假时段依据申请而定。雇主得在有重大事项或紧急情况下，支付费用对休假时段作出调整。[1]

我国澳门特别行政区《劳动关系法》对休息休假日加班、加班补偿的规定也较为灵活。雇主要求休息休假日工作以劳动者同意为前提。劳动者也可以自愿选择在休息日工作，并在之后 30 日内享受雇主指定的一天作为补偿休息日，只是无权收取额外的加班报酬。为保护雇主经济利益，在特殊情形下雇主可强制加班，包括面临重大损失或不可抗力、无法预见的工作增加、雇员所提供的工作对确保企业的运营持续性不可缺少。[2] 对劳动者被要求假日加班后获取的补偿方面，该法也规定有一定的选择权利。劳动者可以收取一日工资后，在提供工作后的 30 日内享受雇主指定的一日补偿休息时间。或者，通过与雇主协商不安排补偿休息时间，劳动者可以以额外收取一天工资作为替代。[3] 可见，在假日加班的补偿上，澳门特别行政区是较为灵活的，劳动者根据是否需要休息的个人情况，可以选择补休或金钱补偿。

(二) 工时相关的选择权

从域外立法来看，与工时相关的选择权主要集中于有关接受延长工时工作的选择。这种选择权的实质在于劳动基准法并不赋予用人单位安排加班的单方决定权力，由劳动者自行决定其加班要求。

俄罗斯在安排特定劳动者夜班工作、超时加班、加班补偿等方面，采取了允许劳动者选择的立法方式。《俄罗斯联邦劳动法典》第 96 条规定，对于有不满 3 岁子女的妇女、残疾人、有残疾子女的员工、有需要照顾的生病家庭成员的员工等，如安排其夜班工作，必须经过书面同意。[4] 第 99 条规定，加班工作必须经员工书面同意。无须同意的法定例外情形仅限于防止灾难、事故发生或消除事故后果的工作，

---

〔1〕《荷兰民法典》第七编第 634 条。参见[荷]费迪南德·B. J. 格拉佩豪斯、[荷]莱昂哈德·G. 费尔堡：《荷兰雇佣法与企业委员会制度》，蔡人俊译，商务印书馆 2011 年版，第 23 页。

〔2〕参见澳门特别行政区《劳动关系法》第 43 条第 1 款规定："在下列情况下，雇主可无须征得雇员同意而安排雇员在休息日工作：(一)雇主正面临重大损失或发生不可抗力的情况；(二)雇主面对不可预料的工作增加的情形；(三)雇员提供工作对确保企业营运的持续性属不可缺少。"参见澳门劳工事务局研究及咨询厅：《澳门现行劳动法例汇编》(2011 年版)，第 100 页。

〔3〕参见澳门特别行政区《劳动关系法》第 43 条第 4 款规定："如雇员未能享受上款所指的补偿休息时间，则有权收取：(一)属收取月报酬的雇员，额外的一日基本报酬；(二)属按实际工作的时间或按实际生产结果确定报酬的雇员，所提供的工作的正常报酬另加一日基本报酬。"参见澳门劳工事务局研究及咨询厅：《澳门现行劳动法例汇编》(2011 年版)，第 101 页。

〔4〕参见《俄罗斯联邦劳动法典》，蒋璐宇译，北京大学出版社 2009 年版，第 70 页。

为消除突发情况进行的工作，紧急情况或战争状态下的必要工作。[1] 安排怀孕妇女、未成年劳工及法定种类员工加班的，也需书面同意。[2] 第152条还规定，员工可以根据意愿选择不少于加班时间的补充休息或者额外工资补偿。

意大利第66号法令规定，在没有集体协议规定的情况下，劳动者可以与雇主达成加班协议，但每年不得超过250小时。[3]

我国澳门特别行政区《劳动关系法》第36条对超时工作分为三类情况，一般要求“雇主预先要求并征得雇员同意”或“雇员主动提供并预先征得雇主的同意”。只有法定特殊情况下，这一选择权才被限制转由雇主径行安排，包括不可抗力、雇主正面临重大损失、无法预见的工作增加。[4] 并且在前两种情况下，雇员有权享受有薪的额外休息时间，并有选定补偿休息时间的权利。[5]

---

〔1〕 参见《俄罗斯联邦劳动法典》，蒋璐宇译，北京大学出版社2009年版，第71页。

〔2〕 同上书，第72页。

〔3〕 参见［意］T. 特雷乌：《意大利劳动法与劳资关系》，刘艺工、刘吉明译，商务印书馆2012年版，第80页。

〔4〕 参见澳门特别行政区《劳动关系法》第36条规定：“一、超时工作在下列情况下提供：（一）在下款规定的情况及限制内，由雇主预先决定，不论雇员同意与否；（二）由雇主预先要求并征得雇员的同意；（三）由雇员主动提供并预先征得雇主的同意。二、遇有下列情况时，雇主可无须征得雇员的同意而安排雇员提供超时工作：（一）发生不可抗力的情况，雇员的每日工作时间不可超过十六小时；（二）雇主面临重大的损失，雇员的每日工作时间不可超过十六小时；（三）雇主面对不可预料的工作增加的情形，雇员的每日工作时间不得超过十二小时。”参见澳门劳工事务局研究及咨询厅：《澳门现行劳动法例汇编》（2011年版），第97页。

〔5〕 参见澳门特别行政区《劳动关系法》第38条规定：“一、属第三十六条第二款（一）项及（二）项所指的情况，雇员有权享受按一般规定计算的有薪额外休息时间，且有关休息时间须按下列方式安排：（一）如工作时间每达至相关的每日上限，休息时间不少于二十四小时；（二）如工作时间未达至相关的每日上限，休息时间根据工作时间按比例计算。二、上款规定适用于雇员连续两日在第三十六条第二款（三）项规定的情况下提供的超时工作。三、补偿休息时间的权利须在紧接提供超时工作十五日内享受，日期由雇员选定，但须征得雇主的同意。四、如雇员与雇主之间没有就补偿休息时间的日期达成协议，则有关日期由雇主订定。”参见澳门劳工事务局研究及咨询厅：《澳门现行劳动法例汇编》（2011年版），第98页。

第四章　全球化与国际劳工标准对劳动基准法的影响

一国的劳动基准法主要调整国内的劳工问题，但在全球化背景下，各国包括我国的劳动基准立法的发展受众多因素的影响，其中劳动法领域的“放松管制”趋势、社会条款之争、企业社会责任运动尤为突出。此外，国际劳工标准与各国国内劳动基准法的发展也受之影响，呈现新的趋势。全球化浪潮以不可逆转的态势席卷整个世界，不仅深刻影响着世界经济，给各国经济、社会、政治、文化等发展带来机遇和挑战，而且为法律适应社会需要而作出适当的调整带来了契机，劳动基准法领域同样脱离不开全球化的影响。

在经济全球化背景下，一方面劳动关系正呈现放松管制的趋势，另一方面不断提高劳工保护标准是时代的需求，我国劳动基准法对此将如何回应？如何坚持保障劳动者的合法权益的法律宗旨？这一系列问题就像“多米诺骨牌”一样，牵一发而动全身，其解答不仅需要我们从劳动基准法自身进行研究，还要将劳动基准法放到全球化和国际劳工标准的背景下来加以考量。

第一节　全球化对劳动基准法的影响

谈全球化对劳动基准法的影响，准确来讲，更多是谈经济全球化对劳动基准法的影响。在众多领域的全球化中，经济全球化发挥着主导作用，是全球化的核心和主要表现，也是其他方面全球化的基础。经济全球化意味着全球科学技术的高度发展，资本、商品、劳动力、科技等要素在世界范围内自由流转、合理配置，从而呈现出世界各国经济相互依存、相互渗透的整体化趋势。新科技革命的蓬勃发展与国际分工的进一步加强，使世界各国的经济联系从商品交换扩大到生产合作、信息交流、技术转让、资本流通、劳务合作等领域,经济全球化使各国的相互依存度越来越紧密。经济全球化实现了经济活动在全球范围内的互通,同时也对各国的劳动立法产生影响。在经济全球化下,不仅国际之间的贸易竞争激烈,而且一国的国内市场也面向世界开放,这将使建立在国内基础上的各国劳资关系体制面临严重的挑战。经济全球化对劳工的负面影响不可低估,各国劳动法都面临着一个严峻的挑战,即如何在促进经济增长、繁荣和维护劳动者的基本人权、劳权之间寻求平衡。

我国的劳动基准法同样也面临着这一严峻挑战。我国是劳动力资源丰富的大国,过去长期依赖劳动力的比较优势。但是在贸易全球化中我国低廉劳动力所带来的低工资、低成本使中国出口产品遭受越来越多的阻力。但劳工标准的提高意味着企业用工成本的增加,资本的逐利性使企业愿意选择成本更低的地区,全球化为企业的转移提供了方便,而企业的转移在某种程度上对一国的经济发展产生影响。

在全球化的背景下,各国包括我国的劳动基准立法的发展受众多因素的影响,其中劳动法领域的放松管制趋势、社会条款之争、企业社会责任运动等更为突出。

一、全球化背景下劳动法领域的放松管制趋势对劳动基准法的影响

(一)全球化背景下劳动法领域的放松管制趋势

在经济全球化背景下,由于高科技的发展以及国际市场环境的变化,劳动关系弹性化(Labor Flexibility)的趋势越来越明显。它的发展源于立法应当在维护劳动者权益和发挥市场经济机制的功能之间寻得一个为大多数人所接受的平衡点,为劳资双方追求各自的需求提供平台。为适应劳动弹性化的发展,为用人单位人力资源管理提供充分的空间,许多国家相应修法,出现了劳动去形式化以及要求劳动保护去管制化或去规范化的“放松管制”趋势,“采取解除管制的途径,减低劳动保护法的规范水准,提高劳动市场当事人自治能力,促使劳动契约制度增加弹性符合多样的现实”[1]。

在劳动关系的形成和内容的确定上,劳动关系弹性化主张法律以及政府不应过多干预,而应听任市场的机制来决定,这种弹性化的对象包括劳动关系的形成、劳动力的支配过程以及劳动关系的消灭,如对部分工时契约进行松绑、在工时限制

〔1〕 黄越钦:《劳动法新论》(修订3版),台北,翰芦图书出版有限公司2006年版,第12页。

上有所松动、在劳动力方面随机调整供应、解雇自由等。[1] 对于企业而言，弹性化意味着法律上的约束相对宽松，企业享有更多经营上的自由，从而增加经营的灵活性。

劳动去形式化，是随着非全日制用工等非典型劳动关系的广泛运用而出现的，主张把劳动及劳动关系从现有国家法律、社会及经济中的具体模型中摆脱出来，这实际从根本上挑战了欧美国家统合主义时代所建立的典型劳动关系，以及以其为基础与中介的周边保护机制，包括劳动法、社会法或其他如家庭、社会生活领域中的既有模式，去除法律形式上对劳动的保护，劳资关系的形成不再视为国民国家内的阶级妥协，而是拉回至企业内的控制模式。[2]

劳动保护去管制化，就德国学者西米提斯(Spiros Simitis)先生的理解，主要是指所谓的“去国家化”，即国家逐步“退出”对劳动力市场的干预，使劳动力市场“再私有化”，委由当事人通过个别协商自主形成劳动关系；不再严守国家所赋予的强制性行为规范，无论是国家的法律，如劳动保护法，还是在国家法律建立的框架之下的社会自主规范，如集体性契约。[3]

(二)域外劳动法领域的放松管制趋势对劳动基准法的影响

在放松管制趋势下，企业人力资源管理因劳动关系弹性化的发展有了更多的空间，为应对这一趋势，各国立法也作出回应。

1. 英国[4]

英国是劳动基准法的发源地，也是经济全球化放松管制趋势中劳动法律制度改革的急先锋。英国调整劳动关系的基本体制是当事人自治和集体谈判机制，国家制定劳动基准立法则处于次要、从属、辅助性的地位。20 世纪 60 年代以来，英国面临通货膨胀和高失业率的双重压力，如何缓解双重压力是英国政经界所力图寻求对策解决的难题。1979 年保守党在选举中获胜，撒切尔政府认定是工会的“强制”造成了通货膨胀和失业，而工会的这种“强制性权力”又来自法律的授权，要解决这些问题只有恢复自由市场的作用。[5] 因此，为了削弱工会的权力，让劳动力

---

〔1〕 参见黄程贯:《21 世纪劳动法制架构的转变》，韩国劳动法学会 2008 年会议论文。

〔2〕 同上。

〔3〕 参见林佳和:《劳动关系去管制化的宪法界限——以德国法为中心之国家学尝试》，台湾大学法律学研究所 2005 年博士学位论文，第 32 页。

〔4〕 参见周永平:《当代劳动关系法律制度研究》，中国方正出版社 2010 年版，第 80 ~81 页。

〔5〕 同上书，第 80 页。

市场更多地受市场调控，英国在1980年至1990年的10年间5次修订了《就业法》，并将其与《工会法》《工会与劳动关系法》《就业保护法》中有关集体劳动关系的法律制度进行整合，颁布了《工会与劳动关系法》。在这一系列立法措施中，废除了许多保护工人权利的制度，尤其是削弱了工会的权力并限制其集体行动的范围，如通过施加压力迫使雇主只与工会会员谈判、与工会协商均为非法，而雇主设法不与工会谈判则并不违法，改变了集体谈判保护雇员权利的本来意义和作用。

此外，英国于1980年废除了公路运输业的最低工资制度，于1983年废除了自1891年以来一直实施的《公平工资决议》，于1986年将工资委员会的职能缩减至保护21岁以下的劳动者，对21岁以上的劳动者只能设立小时工资率和简单的加班工资率。英国为消除劳动法对经济影响的去管制化措施和行动在短期内取得了明显的效果：一方面失业率有所下降，经济增长率回升；另一方面工会会员数量剧减，工会力量被大幅削弱。上述放松管制措施因至少违反5项国际劳工公约而受到国际劳工组织的调查，〔1〕但英国决意要将变革进行下去。

2. 美国〔2〕

美国与英国同为英美法系国家，对劳动法律关系的调整实行成文法和判例法相结合的模式。美国制定《公平劳动基准法》《职业安全卫生法》等劳动法律保护劳动者权益，但1935年颁布的《国家劳资关系法》和1947年《劳动关系管理法》奉行的理念是通过劳资双方的谈判，可以实现适当的劳动保护措施和协调双方之间的利益，因此政府无须过多地干预劳动关系，在这种理念下的劳动法律制度本身具有柔性的特点，放松管制措施也就主要在有限的层面，针对法律的执行和实施而展开。1985年美国修改《公平劳动基准法》，允许公共部门可以用补休方式代替现金支付来补偿雇员的加班行为。联邦和各州有立法建议要求将这一修改扩大到所有部门所有企业，因雇员强烈反对而未能实现。美国《职业安全卫生法》由联邦主导和控制，作为强制性的劳动基准法对雇员提供实质性保护，由于它增加了企业的用工成本，在放松管制过程中首先受到抨击。该法连同实施主体职业健康局，自颁行以来就受到雇主团体和保守政治势力的强烈反对，20世纪90年代曾提出要废除该法。迫于压力，国会先后数次修改法律，缩减职业健康局的预算经费，限制其开展执法活动以及制定安全健康标准。为改善职业安全健康局执法严酷形象，克林顿

〔1〕 这五项国际公约涉及最低工资确立机制、工资保护规定、妇女夜间工作禁止等内容。

〔2〕 参见周永平：《当代劳动关系法律制度研究》，中国方正出版社2010年版，第85页。

政府还发动了“再造职业安全健康局形象”活动。

3. 德国

德国自进入20世纪70年代以来，出现了大量的失业现象。新自由主义派认为，只有充分开放市场，才能达到供求关系平衡、消灭失业，因此强烈主张要求减少被贬为“与市场格格不入的”劳动法保护规范。[1] 1985年德国通过了《就业促进法》，主要措施有：第一，创造更弹性化的机会，定期劳动合同由原来的6个月放宽至18个月，派遣劳动者的雇佣由原来的3个月延长至6个月。第二，工作时间安排上弹性化发展。1987年6月建立了一项弹性工时制度，规定雇主可以就工时做弹性安排，如果企业委员会不反对且事先通知劳工检查机构，有关弹性工时的方案就可以实施。[2] 第三，德国《解雇保护法》放宽小型企业和新成立的企业在雇用员工上的限制。德国放松管制措施最明显的是改变了对雇员患病时工资的给付，从原法规定的雇员患病离岗6个月内可获全部工资降低为仅能获全部在岗工资的80%。[3] 针对劳动者被雇主在各欧盟成员国之间的暂时派往而来源国的劳动法在此期间仍然有效、使其他国家的低廉薪酬也被带进德国这一现象，为防止大量廉价劳动力的提供危及改善劳动者生活和工作条件的目的，德国颁布了《雇员派遣法》，规定了一些适用于所有行业雇员的基本保护条款，包括最长工作时间、休息日、法定带薪休假、劳动保护权利、反就业歧视权利等。

随着企业用工弹性化的需求，非全日制劳动者的人数增多，他们较标准工时劳动者的弱势地位更明显，实际的劳动条件和社会保险方面的保障更低。为保护和改善这类劳工的权利，也为了兼顾雇主和劳动者的需要，德国于2000年2月通过了《部分工时工作及定期劳动契约法》，该法成为德国规范部分工时工作和定期劳动契约的主要法律依据。对部分工时劳工提供的保护措施主要有：一是部分工时劳工享有不受歧视的权利。部分工时劳工与标准工时劳工应享受均等待遇。均等待遇原则并非要求雇主对部分工时劳工的措施必须与对全部工时劳工的措施完全一致，而是要求雇主只有在具有正当事由的前提下才能实行差别待遇。二是部分

---

〔1〕 参见[德]沃尔夫冈·多依普勒：《德国雇员权益的维护》，唐伦亿、谢立斌译，中国工人出版社2009年版，第140页。

〔2〕 在德国，弹性工时的安排有三种形式：一是损失时间的补足，适用于紧急状况；二是工时相互抵冲；三是周期的工作弹性调整。

〔3〕 See Roger Blanpain ed., *Deregulation and Labour Law: In Search of A Labour Concept for the 21st Century*, Kluwer Law International, 2000, p. 63.

工时劳工享有填补职位空缺等权利。雇主对于空缺的工作岗位，如适合部分工时劳工，应当予以公告，并通知曾表示过有此意愿的劳工及工会；部分工时劳工有权要求雇主为其提供在职培训和职业教育，以促进劳工职业上的发展和适应力。三是部分工时劳工享有劳动条件保护的权利：(1)在劳动报酬方面，实行比例计算原则，根据与可比的标准工时劳工的工作时间的比例来确定。(2)关于加班问题，德国《工作时间法》规定法定的正常工作时间为每日 8 小时，最高不能超过 10 小时，这一规定也适用于部分工时劳工，每天工作不得超过 8 小时，如有延长，则延长部分应当在其他工作日缩短。德国通说认为只有在部分时间劳动者超过法律所定或企业所定之工作时间时，才有加班费。(3)在休假权方面，部分工时劳工享有同等的周休日休息权和法定休假日的权利，周休日工作一般无工资给付义务，其理由是周休日"无工作无报酬"原则，法定休假日工资应当支付；部分工时劳工有权享受带薪休假，劳动关系存在 6 个月以上即可取得法定的带薪休假的完全请求权，并不受工作时间长短的影响，因为带薪休假权的目的是保障劳工的体力和健康。(4)在劳动契约解雇保护方面，部分工时劳工与标准工时劳工在劳动契约的解雇保护上享有同等的权利，并无差别，部分工时劳工也享有解除权。(5)部分工时劳工享有社会保险权利。另外，第 22 条、第 23 条还针对该法的效力作了规定，即一般情况下当事人双方不能超出该法的规定而作出不利于劳工的约定，其他法律有关规定的效力不受该法的影响，可见该法具有基准性。

4. 瑞典

在瑞典，弹性劳动关系发展的时代，劳动力市场规制放松的现象比较明显：一是私人职业介绍所由禁止到允许发展。根据瑞典 1935 年的法律，劳动力外雇被认为构成雇用交易，为法律所禁止，1991 年修改法律时对使用"临时雇员"进行限制，仅允许公共职业介绍所的存在。[1] 随着社会现实的发展以及就业灵活性的需求，"劳动力提供是一种自由提供服务"的观念为法院所主张，也为世人所接受，因此 1993 年政府采取措施，废除了仅允许公共职业介绍所使用临时雇员的条款，结束了公共职业介绍所的垄断地位，具有营利性的私人职业介绍所得以建立和发展起来。二是在劳动合同期限方面，期限缩短明显，固定期限劳动合同适应劳动力市场灵活用工的需求，比例迅速增加。在瑞典以无固定期限劳动合同为主，固定期限合

〔1〕 参见[瑞典]Ronnie Eklund：《劳动法的解除规制——瑞典的例子》，载叶静漪译，《瑞典劳动法导读》，北京大学出版社 2008 年版，第 29 页。

同主要存在于如替代雇用、假期雇用、季节性工作、试用性工作、退休后的雇用等形式中。面对这一形势，瑞典立法并无太大的变化，1982 年瑞典《就业保护法》规定了固定期限劳动合同的类型，为方便小企业用人方便，引入了协商一致的固定期限劳动合同条款。依据该规定，只要双方协商一致，雇主有权在任何情况下雇用，限制条件是雇主只能同时使用 5 名该种形式的雇员，并且合同限制期相应缩短。与立法不同的是，瑞典劳动力市场上的集体合同已作出很大让步，使雇主可以更灵活地选择固定期限合同形式而不受法律的限制。

但劳动力市场上的放松管制并不意味着劳动法的放任。1995 年 1 月 1 日瑞典加入欧盟，为落实和回应欧盟的指令而对国内法律进行了修改，涉及同酬、集体解雇、非典型劳动关系雇员的健康与安全、工作时间等内容。此外，瑞典还修改了《性别歧视法》中关于性骚扰的规定，进行了三项反歧视立法，即关于性别定位的歧视、对残疾人的歧视以及种族歧视。从劳动立法的动向和社会实践来看，尽管瑞典的雇主联盟一次次发起对现存的劳动法律的攻击但均遭失败，还未发生对保护性立法的损害。[1]

5. 日本

日本《劳动基准法》的颁布和实施使日本很快走上经济复兴的道路，尤其是劳动关系上终身雇佣制的确立，在劳动者和雇主之间形成的和谐劳动关系，对经济的复苏和迅速发展发挥了重要的作用。日本的放松管制运动始于 20 世纪 90 年代初，其初期目标主要是针对经济、社会规制，劳动关系调整并不在此范围内。20 世纪 90 年代末期，劳动关系的法律制度也成为改革对象，[2] 改革措施主要包括改革劳动力市场规制制度，增加市场的自我调节力度；在劳动者个人权利保护方面有所放松，如改变了过去根据工作时间长短支付加班工资的规定，允许雇主在协商一致的情况下根据雇员的工作质量和成果支付工资。

为解决劳动力市场中部分工时劳工数量攀升带来的严重的社会问题，日本于 1994 年制定了《部分工时劳动法》，后历经数次修正，最新一次修正在 2019 年。立法的修正与部分工时劳动的发展相关。20 世纪 60 年代日本便开始出现部分工时

---

〔1〕 参见[瑞典]Ronnie Eklund：《劳动法的解除规制——瑞典的例子》，载叶静漪译，《瑞典劳动法导读》，北京大学出版社 2008 年版，第 47 页。

〔2〕 Roger Blanpain ed., *Deregulation and Labour Law: In Search of A Labour Concept for the 21st Century*, Kluwer Law International, 2000, p. 87.

的用工形式，且一直持续增长。部分工时用工之初，出现的主要问题是与标准工时劳工在工资上的差别待遇，但随着社会的发展尤其是经历了经济危机后，部分工时劳动所产生的影响不仅仅针对劳工本身，甚至影响到了整个劳动力市场。为此，日本修订了《部分工时劳动法》，修改的重点主要有：确保部分工时劳工取得均等待遇，免受差别对待。均等待遇的前提是该劳工属于“应与标准工时劳工同等对待的部分工时劳工”，通常依工作内容及负担的责任、劳动合同的期限、人事变动范围等来判断。符合相应条件的，雇主不能因其是部分工时劳工身份而在工资、提供职业训练、利用福利设施等待遇上差别对待。[1] 此外，该法第 12 条规定部分工时劳工在符合条件的情况下可以转为标准工时劳工。为保证部分工时劳工的该项权利，雇主应当采取下列措施之一：(1)招用标准工时劳工时，应当将工作岗位、工资、工时等信息一并通知到部分工时劳工；(2)设置新的工作岗位时应给予部分工时劳工申请该工作岗位的机会；(3)设立标准工时劳工转换制度。

从上述各国的立法变化来看，劳动弹性化和放松管制运动的实行给各国的劳动立法带来了重大影响，主要表现为：第一，不断呼吁“劳动法中应有更多的市场机制”，“少一点政治，多一点经济”，实行“去法规化”，废除劳动法令中对劳工的重重保护。[2] 对应这一口号的行动即有关劳动及就业市场法律规范的限制减少，对定期劳动合同期限的放松规范等。第二，减少团体契约的作用，鼓励通过契约方式增强劳动者的个人化趋势。第三，雇主企业运用劳动契约手段自由规避或削弱劳动保护且合乎企业经营需求的劳动关系形式，如非全日制用工、劳务派遣等灵活用工形式。

（三）我国劳动基准法对放松管制趋势的回应

我国劳动基准法应如何回应这一趋势？如何坚持保障劳动者的合法权益的立法宗旨？在全球化背景下，放松管制是一个趋势，这是劳动者的劳动权、企业的经营权和财产权以及经济发展三者之间的利益协调结果，但放松管制只是适应弹性劳动关系发展而出现的对劳动关系的一种松绑，并非以牺牲劳动者的利益为代价，在关乎劳动者生存权的劳动条件上，劳动法基准法仍然加以保护，放松管制“有所为有所不为”，这也给我们的劳动法，包括劳动基准法的发展提供了重要的参考。

---

〔1〕 参见周兆昱：《部分工时劳动相关法律问题之研究——以日本法制与实务之检讨为中心》，2008 年台湾劳动基准法工资与工时实务研讨会论文。

〔2〕 参见黄程贯：《劳动法》（修订再版），台北，台湾空中大学出版社 2001 年版，第 40 页。

从各国劳动立法发展动向中可以看出，放松管制的领域主要集中在劳动力市场方面，但在劳动条件基准方面仍有强化的趋势，如日本在立法中增加了带薪休假的期间、对加班时间予以限制等。因此，在劳动基准方面其立法趋势不应是放松而应加强，在给予当事人协商空间的基础上保有底线。劳动基准法的规定尽管可能给用人单位增加成本负担，但在更大的程度上，对劳动者基本人权的保护，是用人单位创新发展的前提，对生产力的维持和提高大有裨益。

二、社会条款之争、企业社会责任运动对劳动基准法的影响

（一）社会条款之争对劳动基准法的影响

社会条款，是指在国际贸易协议，特别是 WTO 贸易协议中写入有关规定，强制多边贸易协议中的所有签字国实施基本劳工权利，即国际劳工组织核心劳工标准，并与贸易协议中其他义务条款具有同样的法律约束力。[1] 社会条款自 1947 年 10 月关税及贸易总协定（General Agreement on Tariffs and Trade, GATT）签订以来就备受争议。在全球化背景下，社会条款问题，即劳工标准与国际贸易是否挂钩，已成为发达国家和发展中国家在新一轮多边贸易谈判中难以调和的分歧点之一。

发达国家主张将劳工标准纳入世界贸易体系。他们认为，许多发展中国家随意侵害劳工权利的现象严重，刻意压低工资，强迫延长工时，忽视对工作环境的职业安全和卫生保障等，劳动条件恶劣。在此种条件下生产出来的产品成本极为低廉，这种在低劳动保护下生产出来的低廉产品随着资本的流动进入发达国家，必将侵蚀发达国家的劳动标准，并导致本国劳动标准恶化。[2] 这使发展中国家在贸易自由化体制下获得不正当的比较优势，构成“劳动力倾销”[3]，降低了发达国家出口产品在国际市场上的竞争力，实际上是出口产品的变相补贴，违反国际贸易自由的精神。发展中国家廉价产品的大量引进，发达国家国内的相关领域无法与之竞

---

〔1〕 参见［德］克劳斯·皮佩尔：《贸易全球化与社会标准全球化》，载常凯等主编：《全球化下的劳资关系与劳工政策》，中国工人出版社 2003 年版，第 94 页。

〔2〕 See Deepak Lal, *Social Standards and Social Dumping*, in Herbert Giersch ed., The Merits of Markets: Critical Issues of the Open Society, Springer Science & Business Media, 1998.

〔3〕 该理论认为，一个高工资的工业化国家进口价格相对低廉的国外产品，这些产品的价格之所以低廉是因为劳工的工资、利益以及对劳工其他方面的保护在该出口产品的生产成本中所占的比例相对较低；或者，由于其他国家国内廉价的劳动力和劳工的低水平保护，吸引工业化国家内的跨国公司转移资金和生产工厂，导致本国国内劳工失业、工资下降以及劳工的低水平保护，而且还使本国国内生产的产品在贸易竞争中处于不利地位，由此造成的出口或者贸易竞争优势，就是劳动力的倾销。参见曾令良、余敏友主编：《全球化时代的国际法——基础、结构与挑战》，武汉大学出版社 2005 年版，第 442 页。

争，工人面临工资降低甚至失业的危险，国家经济也受影响。因此，应当采取反劳动力倾销的措施，一方面，保护"倾销"国国内的劳工在工资、福利待遇等工作条件方面获得权利保障；另一方面，也是保护受"倾销"损害的国家的劳工权益。将劳工标准与国际贸易挂钩，是提高一国尤其是发展中国家劳动标准水平的有效途径。此外，主张劳工标准与贸易挂钩的支持者认为，大多数发展中国家的劳动标准低，违反劳动者人权的现象相当严重，基于人道主义观点，应当提高人权的保障水平。

发展中国家反对将劳工标准与国际贸易挂钩，他们认为，劳动力低廉是发展中国家出口的唯一优势，发达国家企图将劳工标准与国际贸易挂钩，实施贸易制裁，实际上是变相的贸易保护主义行为，为正常的国际贸易交流活动设置了非关税性障碍，与国际贸易自由原则相冲突。从国际组织的职能来看，WTO 的宗旨是促进自由竞争和自由贸易，其主要职能是协调各国的商品和服务贸易关系，而《费城宣言》中明确表示"劳动不是商品"，因此执行核心劳动标准不属于 WTO 的任务，国际劳工标准的执行应由国际劳工组织来完成。

从发达国家与发展中国家在劳工标准与贸易问题上的分歧来看，争议焦点在于是否需要就国际劳工标准达成全球性协议并通过 WTO 或其他机制在国际层面上加以强化，[1]其实质问题是全球化背景下双方在价值观与经济利益方面的冲突。一方面，核心劳工标准不同于国际贸易，它所保障的对象是人的基本权利，属于人权范畴，由于历史文化、经济水平、社会制度等因素，各国对于人权有不同的理解。将劳工标准与贸易挂钩，实际上是试图通过贸易在他国推行本国人权。另一方面，发达国家提出将劳工标准与贸易挂钩，对违反社会条款者实施贸易制裁，在客观上确实能改善劳动条件，但是发达国家的主观目的是利益的驱动，通过劳工标准实行贸易保护主义，是继技术性贸易壁垒后的另一种非关税壁垒形式。

从 WTO 在职能和管辖范围有所扩大方面来看，劳工标准与贸易挂钩可能成为一种趋势。WTO 作为一个专门性国际组织，为协调成员国的多边贸易关系提供了一个重要的框架机制。WTO 的宗旨在《建立世界贸易组织的马拉喀什协定》序言中作了阐明，其中包括"提高生活水平""保证充分就业""大幅度稳定提高实际收入和有效需求"，这为将劳工标准纳入 WTO 框架提供了可能。WTO 名为世界贸易组织，但它所管辖的事务已从货物贸易进入服务贸易、投资、知识产权等领域，并

---

〔1〕 参见黄河涛、赵健杰主编：《经济全球化与中国劳动关系重建》，社会科学文献出版社 2007 年版，第 357 页。

有可能进一步纳入环境、劳工、全面的投资、竞争政策等,因而有可能改名为世界经济组织(World Economic Organization,WEO)。[1] 从西雅图会议到多哈会议,国际社会已经广泛地讨论了将环境与贸易、劳工标准、竞争法等新议题纳入 WTO 首轮多边贸易谈判的可能性。事实上,WTO 早已成立了直属总理事会领导的贸易与环境委员会、贸易与竞争行政工作组等机构,研究在 WTO 框架内协调这些问题的具体步骤。如果 WTO 多边贸易谈判最终取得成功,那么 WTO 肯定会演变成事实上的 WEO,将会渗透到经济生活的方方面面。[2] 事实上在一些双边贸易领域,劳工标准与国际贸易的挂钩有了实质性进展,如美国与约旦、新加坡、智利签署的自由贸易协定中,已经把劳工保护条款列入其中。1994 年美国、加拿大、墨西哥三国缔结北美自由贸易协定,成立北美自由贸易区,在附属协定"北美劳动合作协定"中规定了贸易与劳动基准的联系,会员国如违反相关义务,将处以罚款和贸易制裁。在非官方层面,跨国公司生产守则中也交织着贸易与劳工标准问题。

从全球范围看,已有相当数量的国家通过在自由贸易协定中纳入劳工条款对劳动者提供法律保护。《全面与进步跨太平洋伙伴关系协定》(Comprehensive and Progressive Agreement for Trans-Pacific Partnership,CPTPP),其前身是《跨太平洋伙伴关系协定》,(Trans-Pacific Partnership Agreement,TPP),内容除传统的贸易投资议题外,还包括劳工标准等新议题,被公认为 21 世纪全球贸易投资设定新标准。CPTPP 劳工标准可以从内容、保护水平、国内实施义务、合作行动和公众参与等四个方面加以概括:[3]

第一,关于劳工标准的内容,CPTPP 要求各缔约方重申遵守 ILO 1998 年《关于工作中基本原则和权利宣言及其后续措施》的承诺,在其领土内负有对劳工权利保护的义务。劳工权利是指两个方面:一是 1998 年国际劳工组织宣言所承认的核心劳工权利;二是规定与最低工资、工作时长、职业安全及健康相关的可接受的工作条件。第二,关于劳工标准的保护水平,CPTPP 规定,各缔约方不得为了促进贸易或投资而降低国内劳动法的保护水平,也不得为了各方之间的贸易或投资,放弃或减损劳动法律法规,即确立了 CPTPP 劳工条款的不减损规则。针对实践中在出口加工区等特别贸易或关税区内降低劳动法律适用或存在例外的情况,还明确规定,

---

〔1〕 参见林嘉、杨飞、林海权:《劳动就业法律问题研究》,中国劳动社会保障出版社 2005 年版,第 13 页。
〔2〕 同上。
〔3〕 参见李西霞:《自由贸易协定中的劳工标准》,社会科学文献出版社 2017 年版,第 141 ~162 页。

如果该种做法弱化或降低了上述劳工权利，将被视为违反不减损规则。CPTPP还强调，各缔约方应采取合理措施，阻止进口整个或部分包含强迫或强制劳动（包括强迫或强制童工）成分的产品。第三，关于劳工标准的实施义务，CPTPP要求缔约方确保提供公正透明的行政和司法途径，为违反劳动法行为的受害者提供有效救济。磋商未果时，最初提出磋商的一方可以按照CPTPP争端解决条款的要求成立专家组进行裁决，败诉一方可能面临暂停关税优惠等强制性贸易制裁措施，从而第一次将涵盖范围如此之广的劳工权利纳入强制性争端解决机制中，极大增强了CPTPP劳工条款的约束力。第四，关于劳工标准的合作行动和公众参与，CPTPP强调确保劳工合作机制，包括为利益相关方提供机会，帮助确定各方一致同意的合作及参与领域。由于CPTPP的成员大多为中国的传统贸易伙伴，CPTPP协定的生效和实施必将给中国带来一定的外在影响。2020年11月20日，习近平主席以视频方式出席亚洲太平洋经济合作组织（Asia-Pacific Economic Cooperation, APEC）领导人非正式会议并发表重要讲话，提出"中方将积极考虑加入全面与进步跨太平洋伙伴关系协定"[1]。为此研究CPTPP中的劳工标准与中国劳动法治环境的影响和对策是极为重要的。CPTPP劳工标准对中国劳动关系法治环境的影响是潜在、复杂而多元的，可能表现在劳动法和外贸规则修改和完善的紧迫性，企业的法定义务和社会责任可能会强化，劳动争议的性质和处理方式可能发生变化等方面。[2]

但是，笔者认为，在目前的经济发展体系下，不应将劳工标准与国际贸易挂钩，主要基于以下考虑：

首先，将劳工标准纳入贸易体系，对违反者实施贸易制裁，其基础至少是各国之间主体地位上的平等，但由于历史原因、经济基础和发展水平、社会制度等因素，各国经济发展不平衡，贫富分化。而经济全球化并未使所有国家和劳动者受益，反而加深了发达国家和发展中国家之间经济差距的鸿沟，"富者更富，贫者更贫"，一些发展中国家逐渐被边缘化，如果再采取贸易制裁的方式，将迫使他们退出国际统一市场。世界的发展应该是世界各国的共同发展，缺少任何一方的参与都是不完

[1] 《首次！习主席说中国将积极考虑加入这个协定》，载新华网，http://www.xinhuanet.com/politics/2020-11/22/c_1126772494.htm?baike。

[2] 参见林燕玲：《TPP中劳工标准对中国劳动关系的影响和对策研究》，载《中国人力资源开发》2016年第5期。

整的。

其次,各国的经济发展处于不同程度,所具有的优势也是有差别的,根据大卫·李嘉图的比较优势理论可知,国家间的贸易应建立在“比较优势”原则之上,如果各国专门生产和出口其生产成本相对较低的产品,就会从贸易中获利;反之,如果各国进口其生产成本相对较高的产品,也将从贸易中获利。通过比较优势,可以发挥各自的长处,共同发展。发达国家的优势是资金、技术,而对于发展中国家而言,劳动力低廉确实是其优势,这种优势不能被抹杀,如果抹杀发展中国家的比较优势,其结果是不公平的。

最后,WTO 与 ILO 有着不同的职能和分工,如果将劳工标准与贸易问题挂钩,产生的问题是谁有权执行和监督劳工标准,谁有权实施和如何进行贸易制裁,这种实施是否具有合理性,WTO 的大国原则是否会因此损害发展中国家的利益?发达国家和发展中国家作为世界的成员,都应充分享受经济全球化带来的利益,将劳工标准纳入贸易体系并非上策,建立公平合理的国际经济新秩序促进发展中国家和发达国家的共同发展才是真理。

当然,发展中国家也不能拒绝本国劳工标准的提高,经济发展与劳工标准有密切的关系,国家不可能通过降低劳工标准求得经济的高速发展,因此发展中国家也应根据自身情况主动与国际劳工标准衔接,逐步提高劳动基准水平。

(二)企业社会责任运动和 SA8000 条款对劳动基准法的影响

跨国公司作为全球化经济的载体,在追求企业利润的同时,也应当考虑其他相关人的利益,建立起一系列旨在履行维护劳工权益等方面社会责任的自律性“生产守则”。

SA8000,即社会责任国际标准体系,是社会责任国际组织(Social Accountability International, SAI)发起并联合欧美跨国公司和其他国际组织制定的社会责任国际标准。SA8000 的产生受企业社会责任运动的影响,是全球首个企业道德规范国际标准和可用于第三方认证的社会责任国际标准。SA8000 要求公司在其可以控制和影响的范围内管理有关社会责任的事宜;向利益相关方证明公司的政策、程序及举措符合 SA8000 的规定,通过这种达标认证的方式来推进劳工人权的发展,改善全球工人的工作条件。

目前,广泛使用的 SA8000 是经过修改的 2014 年版本,其内容包括 9 个方面:(1)童工;(2)强迫性劳动;(3)健康与安全;(4)结社自由和集体谈判权;(5)歧视;

(6)惩戒性措施;(7)工作时间;(8)工资报酬;(9)管理系统。SA8000 是由民间组织制定的自愿性标准,并非强制适用,但 SA8000 的内容包含了 ILO 制定的核心劳工标准,一些发达国家的企业出于商业利益和竞争力的考虑,愿意实施这一标准。

三、全球化背景下我国劳动基准法的发展趋势

在经济全球化背景下,如何继续改善工作条件,让全世界劳动者能在安全、有尊严和体面的条件下工作,仍然是国际劳动立法以及各国劳动立法所共同致力的方向。ILO 及其制定的国际劳工标准虽然也不可避免地受到经济全球化的挑战,但其发挥的作用越来越重要,尤其是国际劳工标准中保障劳动者基本人权的核心劳动标准,在社会条款之争、国际社会责任运动的发展中已对劳动基准立法产生了深远影响。近年来,除发达国家、WTO、国际经贸组织试图将国际所承认的劳动基准纳入规范以外,地区间的组织如欧洲联盟、北美自由贸易协定也曾先后将保护劳工权益的社会条款正式纳入,以规范其会员国以外的国家。经济合作与发展组织对于国际劳动基准的建立,虽然本身尚未公布此类基准,但也将 ILO 的 7 项核心公约作为会员国或非会员国是否遵守此类基准的标准。[1] 顺应国际劳动立法的发展趋势,各国应思考国内劳动立法与国际社会的基准或潮流趋势如何相互接轨。

我国受经济发展、历史传统、社会等因素的影响,批准的国际劳工公约数量相对有限,批准进度也相对缓慢,劳动基准法上所确定的劳动基准与国际劳工标准尚存在差距,如何加快公约的批准进度,借鉴国际劳工标准中劳动人权理念与制度设计的创意,提高劳动基准水平,逐步缩小与国际劳工标准之间的差距,应当是我国劳动基准法未来努力的方向。

在劳动关系放松管制趋势下,各国其实都面临共同的问题,即劳动法的发展趋势如何?现有方向是否会发生改变,重新走向私的路径?前面已经分析到,尽管各国劳动法在不同的程度上出现了放松管制的趋势,但这种放松管制并非涉及劳动法的方方面面,主要集中在对劳动力市场劳动关系的形成和确定上,运行劳动关系的多元化发展,但法律同时也加强了对禁止就业歧视的规定;而在以保障劳动者基

〔1〕 参见黄程贯:《我国劳动法发展趋势之观察与展望》,载《月旦法学杂志》2003 年第 100 卷。

本生存权为价值目标的劳动基准法方面，劳动法的保护功能并没有发生变化，各国总的趋势不是降低而是加强了。这些劳动法的保护性规定被看作社会稳定器，在充满危机的时代应当有助于克服社会震荡。[1] 事实上，去管制化本身并非解决劳动力市场问题的最佳措施，而是作为一种实现劳动法灵活化体系的方式，维持企业在市场竞争中的竞争力。去管制化与灵活性往往是有限和受控制的，在某一层面去管制化的同时面临着在另外层面加强管制，去管制化与再管制化是紧密相关、不可分割的。因此，面对劳动关系弹性化时代下的放松管制趋势，劳动法的回应不应当是降低或解除劳动保护的基准，而应是在统一基准外增加选择自由，满足劳动者重视劳动条件规范的自我决定以及多样化的选择自由的需求。[2]

劳动关系自身具有私的因素，由劳动者和用人单位之间通过平等协商的方式来建立劳动关系和确定劳动权利义务，可以说是应有之义，从这个层面来说，劳动合同法调整微观劳动关系，是劳动法上的核心内容。由于劳动关系中双方地位的实质不平等，为保障弱势一方劳动者的权益，各国通常都设置了两种模式作为劳动合同制度顺利实施的补充手段，一是通过集体谈判制度，由劳动者组成工会，代表单个劳动者与用人单位进行集体谈判，争取更好的劳动条件；二是从法律规范的功能出发，通过国家立法制定劳动基准，规定用人单位的劳动基准义务并通过制裁性手段来约束违法者，保护劳动者的基本生存权益。集体合同法和劳动基准法的发达与否，与各国的国情相关，二者之间可以说是相互制衡的关系，集体合同法的发达意味着在劳动基准法方面可以不作过多干预。反之，若集体合同法的功能不能有效发挥，则需要强化劳动基准立法。由于劳动基准法只是规定最低基准，而劳动者团体在与用人单位抗衡中可以为劳动者争取更优的劳动条件，因此依靠集体合同法来调整劳动关系应是理想状态，也是其他国家劳动立法的发展趋势。我国劳动法是在国家全面统一规范管理的基础上产生的，集体合同法的基础不发达，由于工会作为集体合同法的主体在实践中所处的地位，集体合同法更是难以担任如此重大的职能。是故，从长远发展来看，我国应当充分发挥集体合同法的功能。但就目前而言，加强劳动基准立法，守住劳动基准底线，以保障劳动者的基本生存权，仍

---

〔1〕 参见［德］Rüdiger Krause：《管制与放松管制——德国劳动法在全球化金融危机背景下的变革》，吴文芳译，载林嘉主编：《社会法评论》（第4卷），中国人民大学出版社2010年版，第337页。

〔2〕 参见黄程贯：《我国劳动法发展趋势之观察与展望》，载《月旦法学杂志》2003年第100卷。

然具有重要意义。

在学理上,法的价值目标往往涉及各种因素的考量,这种考量使在进行关系调整或行为安排的背后,“总有对各种互相冲突和互相重叠的利益进行评价的某种准则”[1]。劳动法领域涉及多种利益,其中既有劳动者的人身权和财产权,也有用人单位的财产权和管理权,既有社会利益,也有经济发展因素,如何在各种互为冲突的利益之间进行衡量和平衡,决定着劳动基准法的价值目标。劳动基准法从产生以来就以保障劳动者的生存权为价值理念,保障劳动者的生存权仍应当确定为劳动基准立法的首要理念和指导思想。在具体内涵上,早期的观念从产业立场出发,将劳动者的保护局限在“劳动力再生产”的保障上,但近世劳动法从人本立场出发,认为对劳动者人格的完成(完整保护)、社会地位的提高以及经济地位的改善,才是劳动法基本宗旨所在。[2] 劳动者的人格权保护规定,并非历来传统理解上的劳动基准法范畴,但由于近年来各种科技、信息技术的发达与普遍,劳动者的人格权受侵害的可能性大幅度提高,故劳动者的人格权、个人信息的保护等成为重要议题,国家亦多以公法性质的规定来保护劳动者。[3] 我国未来的劳动基准立法应当反映生存权发展的趋势,重视与人格尊严相关的权利保护。

第二节　国际劳工标准对劳动基准法的影响

第二次世界大战后,国际劳工标准在国际社会劳工保护方面发挥了越来越重要的作用。如今在国际社会上提及劳工标准,不可避免地会涉及国际劳工标准内容。研究劳动基准法的发展历程,不能不提及国际劳工标准。

一、国际劳工标准的概念与历史沿革

(一)国际劳工标准的概念

国际劳工标准是指由国际法主体基于若干基本的价值判断所达成的一系列国际公约,旨在保护劳工的基本劳动权利、促进工作安全以及在全球范围内改善工作

[1] [美]罗斯科·庞德:《通过法律的社会控制》,沈宗灵译,商务印书馆1984年版,第55页。
[2] 参见黄越钦:《劳动法新论》(修订3版),台北,翰芦图书出版有限公司2006年版,第25页。
[3] 参见黄程贯:《劳动基准法之公法性质与私法转化》,载周永坤主编:《东吴法学》(2006年秋季卷),法律出版社2007年版,第6页。

条件。其宗旨在于通过采取实施公约约定的措施,在全球范围内建立一个抵制非人道主义工作的最低保护水平。[1] 国际劳工标准的目的是保证劳工在工作中享有若干基本权利,实现工作平等和多样化。

国际劳工标准概念的出现实际上要比国际劳工组织的建立早得多。[2] ILO 自 1919 年建立以来,便承担了国际劳工标准的制定工作,其主要表现形式是国际劳工公约和建议书。公约与建议书的主要区别在于对会员国的法律约束力不同。公约具有国际条约的性质,经会员国批准后对其产生约束力。而建议书不需要成员批准,也不具有法律约束力,其主要功能是为各国的劳动立法提供参考和指导,是对公约的补充。

由于 ILO 在国际劳工标准领域的核心影响力,现在一般意义上理解的国际劳工标准普遍是指 ILO 通过国际劳工公约和建议书以及其他达成国际协议所形成的关于劳工权益保护及劳动关系处理原则、规则的规定。[3] 据官方统计,自 ILO 于 1919 年通过第一个国际劳工公约以来,到目前为止已通过 190 个国际劳工公约(Conventions)、6 项协议(Protocols)和 206 个国际劳工建议书(Recommendations)。[4] 其内容覆盖面十分广泛,涉及基本人权保障、就业、劳动条件、产业关系、社会安全、特殊群体的保护、劳动行政管理等诸多方面,有关劳动条件方面的劳动基准仅仅是国际劳工标准的一个组成部分。国际劳工标准为各国劳动立法提供了指导方针,不仅是国家间的共识,而且充分考量世界情况的多元性,具有世界共通基准的特征,可为不同法律背景的国家提供适当的立法原则和规则。[5]

---

〔1〕 See Drusilla K. Brown, Alan V. Deardorff & Robert M. Stern, *International Labor Standards and Trade: A Theoretical Analysis*, in Jagdish N. Bhagwati and Robert E. Hudec eds., Fair Trade and Harmonization: Prerequisites for Free Trade?, MIT Press, 1996, p. 227 -272.

〔2〕 国际劳工组织的前身是 1900 年在法国巴黎成立的国际劳工立法协会。国际劳工立法协会在 1906 年大会上通过了两项国际公约,一项是关于禁止使用白磷的协议,另一项是规范女工夜班的协议。这是世界上最早的国际劳工公约。参见刘旭:《国际劳工标准概述》,中国劳动社会保障出版社 2003 年版,第 6 ~8 页。

〔3〕 参见常凯主编:《劳动法》,高等教育出版社 2011 年版,第 166 页。

〔4〕 数据来源:国际劳工组织网,https://www.ilo.org/global/lang--en/index.htm,2021 年 12 月 1 日访问。

〔5〕 参见黄程贯:《我国劳动法发展趋势之观察与展望》,载《月旦法学杂志》2003 年第 100 卷。

(二)国际劳工标准的历史沿革

以ILO的发展为划分的参考依据,国际劳工标准的发展可分为三个阶段:[1]

1. 国际劳工标准发展的第一阶段:1919～1939年

1919年ILO成立后,依据《凡尔赛和约》中第13章"国际劳动宪章"的要求开展劳工公约的制定工作,这一阶段共制定了77个公约和66个建议书。经历了第一次世界大战的创伤,首要目标是要废除不合乎人道的劳动条件,改善劳工长期所遭遇的恶劣条件,国际劳工公约的制定围绕此目标而进行。概括这一时期国际劳工公约的内容,主要有以下几方面:

第一,改善劳动条件。在工作时间方面,通过了如1919年第1号《(工业)工时公约》、1935年第47号《40小时工作周公约》、1921年第14号《(工业)每周休息公约》、1936年第52号《带薪休假公约》等。在工资方面,通过了1928年第26号《确定最低工资办法公约》,但这一公约只适用于制造业和商业。在劳动安全保护方面的公约包括1921年第13号《(油漆)白铅公约》、1929年第28号《(码头工人)防止事故公约》、1937年第61号《(建筑业)安全规定公约》等。

第二,关注女工、未成年工等群体的特殊保护。这一时期针对童工、未成年工问题通过了10个公约,从最低就业年龄、身体检查、夜间工作方面作出了规定。对女工的关注主要是从生育保险、夜间工作、从事井下作业等方面进行保障和限制,通过了《生育保护公约》《(妇女)夜间工作公约》《(妇女)井下作业公约》。

第三,落实社会保护权,规定了一系列社会保障制度。为解决战后失业率快速上升的问题,保障劳工的基本生活需要,通过了涵盖生育保护、疾病保险、老年保险、残疾保险、遗嘱保险等多方面的21个公约,仅1933年在日内瓦举行的第17届会议中所通过的7个公约中就有6个有关社会保险问题。

---

〔1〕 王全兴教授总结了ILO的三个发展阶段,参见王全兴:《劳动法》(第3版),法律出版社2008年版,第18～19页。ILO自成立以来经历了三个发展阶段:一是1919年至1939年,作为国际联盟的一个带有自治性附设机构而存在;二是1940年至1945年,国际联盟因第二次世界大战爆发而解体,ILO便成为独立的国际组织;三是1946年至今,联合国成立后作为联合国负责劳工问题的国际专门机构而存在,总部设在瑞士日内瓦,从最初的42个会员国增加到现有的187个会员国。由于战争,ILO在第二阶段并没有制定国际劳工公约。焦兴铠教授对国际劳工标准发展阶段的划分是以ILO的发展期为依据,分为早期1919～1939年,中期1946～1976年,近期1977年至今。参见焦兴铠:《国际劳动基准之建构》,台北,新学林出版股份有限公司2006年版,第45页。

2. 国际劳工标准发展的第二阶段:1946 ~ 1997 年

面对第二次世界大战后的新形势和劳动领域对人权的关注,[1]1944 年《费城宣言》重申了 ILO 的原则并确立了 10 项目标,国际劳工标准的任务也由原来消除剥削劳工以维护社会正义的范围扩展到更积极地保障劳工个人的经济、社会、文化及政治权利。

这一阶段国际劳工标准最突出的特点是关于基本劳动人权的规定,主要有 1948 年第 87 号《结社自由和保障组织权利公约》、1949 年第 98 号《组织权与集体谈判权公约》、1951 年第 100 号《同酬公约》、1957 年第 105 号《废除强迫劳动公约》、1958 年第 111 号《(就业与职业)歧视公约》、1973 年第 138 号《最低就业年龄公约》等,这些公约涉及劳动者在自由结社和有效承认集体谈判权利、消除一切形式的强迫或强制劳动、有效废除童工、消除就业与职业歧视方面的基本权利。

在保障人权的同时,ILO 并没有忽视改善劳动条件的重要性。这一阶段关于劳动基准的重要公约主要有:在工资方面,通过了 1949 年第 95 号《工资保护公约》、1970 年第 131 号《确定最低工资公约》。在工时、休息休假方面,适应全球化背景下工作时间灵活性的趋势,通过了 1994 年第 175 号《非全日制工作公约》。在职业安全卫生方面通过了一系列公约,如 1971 年《苯公约》、1974 年《职业癌公约》、1979 年《(码头作业)职业安全和卫生公约》、1981 年《职业安全和卫生公约》等。为配合对职业安全卫生的检查工作,还通过了有关劳动监察的公约,如 1947 年第 81 号《(工商业)劳动监察公约》、1969 年第 129 号《(农业)劳动监察公约》,堪称为全球劳工安全卫生事项构建了一套相当完整的国际劳动基准。[2] 对未成年工的特殊保护仍然集中在对夜间工作的限制和身体检查方面。

此外,ILO 还围绕雇佣关系、社会政策、社会保障和促进就业等内容制定了相应的公约。

---

[1] 第二次世界大战以后,国际人权法得到了新的发展。随着《世界人权宣言》《公民权利和政治权利国际公约》《经济、社会及文化权利国际公约》的颁布,劳动权在国际人权法体系中获得了确认,尤其是《公民权利和政治权利国际公约》强调自由结社权和禁止强迫劳动,《经济、社会及文化权利国际公约》对劳动权内涵作出了具体阐释,这对国际劳动立法有着深远的影响,也是国际劳工标准制定的方向指标。此外,凯恩斯理论中"鼓励政府采取各种适当措施来扩充劳动市场,希冀能达成福利国家"的理念也影响了《费城宣言》目标的确定。参见焦兴铠:《国际劳动基准之建构》,台北,新学林出版股份有限公司 2006 年版,第 58 页。

[2] 也有评论者对这类公约数量的过于庞大而表达不满。参见焦兴铠:《国际劳动基准之建构》,台北,新学林出版股份有限公司 2006 年版,第 64 页。

3.国际劳工标准发展的第三阶段:1998年至今

这一阶段通过的公约并不多,仅通过了8个公约,主要内容涉及:第一,人权保障,如1999年第182号《消除最恶劣形式童工公约》对禁止和废除最恶劣形式的童工劳动作出规定,2019年第190号《关于消除劳动世界中的暴力和骚扰公约》对禁止劳动世界中的暴力和骚扰作出规定;第二,针对劳动条件,从劳动安全卫生方面进行保护,通过了第184号《农业安全卫生公约》、第187号《促进职业安全与健康框架公约》。此外,修正了1952年第103号公约,通过了第183号《生育保护公约》,将产假期间由原来的12周延长至14周,并将产后强制休假期间延长至6周。

受经济全球化的影响,这一时期劳动领域弹性劳动关系广泛应用,劳动保护有放松管制之趋势,劳工的基本生存权再次遭遇严重的挑战。为此ILO致力于核心劳动基准的建构,重点保障劳动者的基本人权,于1998年6月通过了《关于工作中基本原则与权利宣言及其后续措施》,将7项公约[1]所列举的权利概括为4项,即结社自由和有效承认集体谈判的权利、消除一切形式的强迫或强制劳动、有效废除童工、消除就业和职业歧视。并规定会员国,无论是否已批准上述公约,都应当尊重、推行并实现劳工的基本权利。为进一步保障人有尊严劳动,国际劳工局新任局长胡安·索马维亚在第87届国际劳工大会上提交的《体面地劳动》报告中指出:国际社会要求给经济以"人道的面孔",因此,"ILO当今的首要目标是促进男女在自由、公正、安全和具备人格尊严的条件下,获得体面的、生产性的工作机会"[2]。

二、国际劳工标准的内容与特点

(一)国际劳工标准的内容

国际劳工标准属于国际社会中约定俗成的特定概念,以对劳动者基本人权的保护为核心,已经发展为一个体系化的劳动者保护概念,在多方面为各国劳动立法提供了示范和参考。它部分涵盖了劳动基准的内容,但一国劳动基准的具体范围与各国的政治、经济、文化、社会等各方面因素相关,具有一定的不确定性。这与基于成文的国际劳工公约、协议和建议书而形成的国际劳工标准相比,是很不相

---

[1] 1930年第29号公约,1948年第87号公约,1949年第98号公约,1951年第100号公约,1957年第105号公约,1973年第138号公约,1958年第111号公约。

[2] International Labour Office, The ILO, What it is What it does, International Labour Organization (Jul. 22, 2004), http://www.ilo.ch/global/about-the-ilo/WCMS_082364/lang--en/index.htm.

同的。

总体而言，从国际劳工公约的发展过程可以看出，国际劳工标准从对关注劳动条件的改善深入对劳动者基本人权的重视，涉及的范围非常广泛，而其中对基本人权的关注处于核心地位，从保障劳动者的生命安全、身体健康权发展到保障劳动者的人格尊严权，使劳动者能体面地劳动。因而，以公约所规定的内容为依据，可将国际劳工标准分为两大类：

一类是保障基本人权的核心劳工标准。核心劳工标准的原则是尊重劳动者的基本人权，是为改善劳动条件而采取的一切措施的基础，希望能在全球化国际贸易活动日益频繁之际得以兼顾对劳动者基本人权之保障，尤其是能阻遏社会倾销对全球劳动者所产生之负面影响。[1]（见表5）

表5　关于核心劳工标准的国际劳工公约及其批准情况

公约类别	序号	公约号	公约名称	批准国数量
关于自由结社权和集体谈判权的公约	1	87	1948年《结社自由和保障组织权利公约》	157
	2	98	1949年《组织权与集体谈判权公约》	168
关于强迫劳动方面的公约	3	29	1930年《强迫劳动公约》	180
	4	105	1957年《废除强迫劳动公约》	178
关于禁止使用童工的公约	5	138	1973年《最低就业年龄公约》	175
	6	182	1999年《消除最恶劣形式童工公约》	187
关于平等权方面的公约	7	100	1951年《同酬公约》	174
	8	111	1958年《（就业与职业）歧视公约》	175
关于职业安全健康方面的公约	9	155	1981年职业安全和卫生公约	75
	10	187	2006年促进职业安全与卫生框架公约	58

数据来源：国际劳工组织官网，https://www.ilo.org/dyn/normlex/en/f?p=NORMLEXPUB:10011:::NO:10011:P10011_DISPLAY_BY,P10011_CONVENTION_TYPE_CODE:1,F，2023年4月30日访问。

另一类是技术性的劳工标准，主要包括促进就业、劳动条件、劳动行政管理与劳动监察、产业关系、社会政策等方面，并针对妇女、童工、老年工人、移民工人等特

[1] 参见焦兴铠：《国际劳动基准之建构》，台北，新学林出版股份有限公司2006年版，第4页。

殊人群和海员、渔民、家庭工等特殊部门制定相应的标准。其中关于劳动条件的国际劳工标准为各国劳动基准立法提供了重要的参考。(见表6)

表6　有关劳动条件的国际劳工公约

项目	公约号	公约名称
工资	26	1928年《确定最低工资办法公约》
	99	1951年《(农业)确定最低工资办法公约》
	131	1970年《确定最低工资办法公约》
	95	1949年《工资保护公约》
	100	1951年《同酬公约》
	173	1992年《(雇主破产)保护工人债权公约》
工时	1	1919年《(工业)工时公约》
	20	1925年《(面包房)夜间工作公约》
	171	1990年《夜间工作公约》
	47	1935年《40小时工作周公约》
	49	1935年《(玻璃瓶制造业)缩短工时公约》
	51	1936年《(公共工程)缩短工时公约》
	61	1937年《(纺织业)缩短工时公约》
	31	1931年《(煤矿)工时公约》
	46	1935年《(煤矿)工时公约》(修订)
	57	1936年《(海上)工时和人员配置公约》
	76	1946年《(海上)工资、工时和人员配置公约》
	93	1949年《(海上)工资、工时和人员配置公约》(修订)
	109	1958年《(海上)工资、工时和人员配置公约》(修订)
	175	1994年《非全日制工时公约》
	180	1996年《海员工时和船上人员配置公约》
	67	1939年《(公路运输)工时与间休公约》
	153	1979年《(公路运输)工时与间休公约》

续表

项目	公约号	公约名称
休息休假	14	1921 年《（工业）每周休息公约》
	52	1936 年《带薪休假公约》
	132	1970 年《带薪休假公约》（修订）
	101	1952 年《（农业）带薪休假公约》
	54	1936 年《（海上）带薪休假公约》
	72	1946 年《（海员）带薪休假公约》
	91	1949 年《（海员）带薪休假公约》（修订）
	146	1976 年《（海员）带薪年休假公约》
	106	1957 年《（商业和办公处所）每周休息公约》
劳动安全卫生	32	1932 年《（码头工人）防止事故公约》
	62	1937 年《（建筑业）安全规定公约》
	115	1960 年《辐射防护公约》
	120	1964 年《（商业和办公处所）卫生公约》
	136	1971 年《苯公约》
	139	1974 年《职业癌公约》
	148	1977 年《工作环境（空气污染、噪声和振动）公约》
	152	1979 年《（码头作业）职业安全和卫生公约》
	155	1981 年《职业安全和卫生公约》
	161	1985 年《职业卫生设施公约》
	167	1988 年《建筑业安全和卫生公约》
	170	1990 年《化学品公约》
	176	1995 年《矿山安全与卫生公约》
	184	2001 年《农业安全卫生公约》
	187	2006 年《促进职业安全与健康框架公约》
	190	2019 年《关于消除劳动世界中的暴力和骚扰公约》

续表

项目	公约号	公约名称
女职工劳动保护	3	1919 年《(妇女)生育公约》
	4	1919 年《(妇女)夜间工作公约》
	41	1934 年《(妇女)夜间工作公约》(修订)
	89	1948 年《(妇女)夜间工作公约》(修订)
	183	2000 年《生育保护公约》
未成年工特殊保护	6	1919 年《(工业)未成年人夜间工作公约》
	90	1948 年《(工业)未成年人夜间工作公约》(修订)
	79	1946 年《(非工业部门职业)未成年人夜间工作公约》
	77	1946 年《(工业)未成年人体格检查公约》
	78	1946 年《(非工业部门)未成年人体格检查公约》
	124	1965 年《未成年人(井下作业)体格检查公约》
	182	1999 年《消除最恶劣形式童工公约》

数据来源:国际劳工组织网,https://www.ilo.org/global/lang--en/index.htm,2021 年 12 月 1 日访问。

比较两表可知,各国批准有关劳工基本权利公约的数量远远高于有关劳动条件的公约的批准量。出现这种状况不难理解,人权作为宪法上的基本权利,在当代各国之间具有相似性,尽管各国社会制度不同,历史传统和文化背景也具有差异性,但在对人权内容的肯定上具有共通性,这也与恩格斯关于人权具有超越个别国界的性质的论断相符。[1] 因此相对而言,各国批准关于基本人权的国际劳工公约的数量更多。而有关工作条件的劳动标准,与一个国家的社会背景、历史、经济、政治、文化等因素密切相关,由于各国的国情不同,难以在这方面获得高度统一,尤其是对于发展不平衡的发展中国家而言,要在涉及工作条件的劳动标准方面趋同,难度更大。这也是有关工作条件的公约批准率不高的主要原因之一。

(二)国际劳工标准的特点

国际劳工标准的特点主要有两方面:

一是国际劳工标准具有三方性。ILO 作为国际劳工标准的制定主体,在组织

〔1〕 参见《马克思恩格斯选集》(第 3 卷),中共中央马克思恩格斯列宁斯大林著作编译局译,人民出版社 1972 年版,第 145 页。

结构上采取三方机制,这是与其他国际机构相比最独特的地方。ILO 的机构主要包括国际劳工大会、理事会、国际劳工局、地区会议和部门会议,这些机构都由政府、雇主和工人组织三方面的代表组成,有权独立发表各自的观点。在这一机制下所制定的国际劳工标准具有三方性,充分体现了 ILO 成立的宗旨,即促进政府、劳工、雇主三方合作,共同改善劳动状况,维护社会正义。[1]

二是国际劳工标准具有软法性,这是由国际劳工标准的效力和监督的非强制性所决定的。国际劳工公约和建议书对成员并非强制约束,成员是否愿意接受国际劳工标准的约束遵循自愿性原则,而且公约只有经成员批准才对其产生约束力,建议书则没有约束力,仅提供指导,成员可以根据自身需要决定是否采纳建议书的内容。

三、全球化背景下国际劳工标准对劳动基准法的影响

(一)国际劳工标准与法律全球化

对法律全球化的正确理解关乎在劳动基准法领域如何看待国际劳工标准的全球化以及如何确定我国劳动基准法的改革方向。法律全球化是不同国家的法律随着社会需要的发展,在国际交往日益发达的基础上逐渐相互吸收、相互渗透,从而趋于接近的现象。法律全球化并非指法律制度的世界大同,而是表现出法律的趋同化,在国内法律的创制和运作过程中,越来越多地涵纳国际社会的普遍实践与国际惯例,并积极参与国际法律统一的活动。[2] 经济全球化使国家和地区之间的联系日益紧密,在形成统一的社会整体中,人们面临着共同的社会问题,如交易规则的法律问题、全球和平共存的法律问题、全球环境的法律问题、全球人权保护的法律问题等,越来越多的法律现象突破了一国的限制,进入全球化视野,国际社会对国际行为进行规范的呼声也越来越高。由此,需要从全球的整体利益出发,创造公正合理的规范,共同约束全球化过程中主体的行为,使各国在交往中遵循共同的规则,实现社会正义和秩序。正是在这个意义上,经济的全球化带来了法律的全球化。

法律的全球化并不意味着世界各国都接受同一的法律模式。一方面,在全球

---

〔1〕 参见王全兴:《劳动法》(第3版),法律出版社2008年版,第20页。

〔2〕 参见李双元主编:《市场经济与当代国际私法趋同化问题研究》,武汉大学出版社1994年版,第3页。

化背景下，维护国家主权仍是国际关系最基本的准则。法律是各种利益和力量妥协、平衡的结果，属于上层建筑的范畴，在全球化背景下仍需要服务于一国的经济，维护本国的主权和利益。因此，法律不可能完全趋同，国家通过立法程序将国际公约和国际惯例转化为国内立法时必然会结合本国的具体情况做出变通。换言之，在法律全球化进程中，全球性的法律受制于不同国家、不同阶层的利益，同时也受到各种力量对比和平衡结果的制约。另一方面，法律的属性特点使不同领域的法律受全球化的影响以及融入全球化过程的程度呈现区别，也不可能完全采取同一的模式。以法律的创制主体和适用主体为标准，可以将一国的法律分为国际法和国内法，通常意义上，国际法受全球化的影响相对较大。在大陆法系国家，按照古罗马法学家的传统划分标准，国内法可分为私法和公法，二者受全球化的影响也有差别。私法主要涉及私人的利益，法律全球化趋势明显；公法与国家主权和国家利益相关，很难实现法律的全球化，当然随着社会的发展和国际交往的增多，公法领域也开始出现一定的全球化现象。全球化使世界各国所共同面临的全球性问题，无法依靠各国自身的力量解决，需要国家之间的通力合作，合作形式往往表现为国际公约的签订和遵守，这种通过国际公约来治理传统上属于一国内政的社会问题，其实可以看作若干公法领域的全球化现象。[1] 随着第三法域——社会法的兴起，法律全球化问题又呈现复杂的趋势，如社会法范畴的劳动基准法兼具有公法和私法的属性，劳动基准法的各项制度受全球化影响的程度也有所不同。

可见，法律全球化“并非要消灭各国法律的个性或民族性，全球化并不排斥多样性和多元化，不能简单地认为法律全球化就是各国法律要照搬一个模式。所以不妨将法律的全球化理解为人类不断地跨越空间障碍、社会制度和社会意识形态等方面的障碍，在全球范围内实现充分的交流、沟通，彼此互相借鉴和吸收优秀的法律成果，在法律理念、法律价值观、执行标准与原则乃至法律和法制方面达成更多的共识或向趋同的方向发展”[2]。

（二）全球化背景下国际劳工标准对劳动基准立法的影响

经济全球化意味着全球科学技术的高度发展，资本、商品、劳动力、科技等要素在世界范围内自由流转、合理配置，从而呈现世界各国经济相互依存、相互渗透的整体化趋势。在经济全球化下，不仅国际之间的贸易竞争激烈，而且一国的国内市

---

〔1〕 参见周长征：《全球化与中国劳动法制问题研究》，南京大学出版社 2003 年版，第 39 页。

〔2〕 郭玉军：《经济全球化与法律协调化、统一化》，载《武汉大学学报》2001 年第 2 期。

场也面向世界开放,这使建立在国内基础上的各国劳资关系体制将面临严重的挑战。劳动力作为生产要素在世界范围内自由流动,劳工标准跨越了国家的界限,已不再是一国的问题,而成为世界各国共同关注的问题。

正如《国际劳工组织章程》序言所述,劳动领域普遍存在的恶劣的劳动条件使各国的劳工面临苦难和贫困,社会歧视、生活无保障、失业、贫困等众多问题困扰着劳工,造成社会的不公,也影响到世界的和平与稳定。国家的发展不应仅是单纯的经济的发展,还需同时关注到劳工的自由、安全和尊严等基本的生存权。各国所面临的劳工问题是共同的,正是在这样的背景下,具有普遍适用性的国际劳工标准适应了全球化的进程而产生,对涉及保障劳动者权利的问题从多方面进行规定,肩负着维护社会正义、建立世界持久和平的重任。

国际劳工标准体系的建立和发展,应当能为劳工提供更好的机遇,使他们能在自由、平等、安全、有尊严的条件下体面地工作。在保障全球经济发展、使所有人获利的国际框架下,国际劳工标准作为其中的重要组成部分之一,已发展成为国际社会上一套相当完整齐备的国际公平劳动基准。[1] 对各国国内的劳动基准立法而言,国际劳工标准成为立法的指引和借鉴。同时,一旦成为公约的批准国,各国就承担了在国内法域通过劳动基准立法实施国际劳工标准的国际义务。对国际劳工标准的实施,ILO 也规定了相应的监督程序机制。迄今为止,中国先后批准 26 个国际劳工公约。

劳工标准的全球化并不意味着劳动基准法的完全同一化。一方面,劳动法兼具公法和私法的双重属性,在确定具体的最低劳动标准上必然与各国的经济发展状况相适应,不能脱离一国的国情任意拔高劳工标准,这说到底是一国主权的问题。另一方面,国际劳工标准所规范的范围更多调整成员国的内部劳动关系,具有国内性,由于历史、经济、政治、文化等因素,各国的发展不平衡,具体情况也有差异,但国际劳工标准的制定不可能考虑到每个国家的实际情况,因此,不可能强求所有国家适用完全同一的标准。国际劳工标准的制定者们也考虑到此种状况,赋予了国际劳工标准灵活性的特点。《国际劳工组织章程》第 19 条第 3 款规定:“大会在草拟普遍适用的公约或建议书时应适当考虑到,在某些国家,因气候条件、产业组织发展不完善或其他特殊情况而使产业条件有很大差异,应提出它认为需要

---

〔1〕 参见焦兴铠:《国际劳动基准之建构》,台北,新学林出版股份有限公司 2006 年版,第 47 页。

的变通办法，以适应此类国家情况。”此外，建议书不具有强行约束力，其目的是为各国劳动法的制定提供指导，也反映了国际劳工标准的灵活性。

在经济全球化进程中，国际劳工标准发挥影响各国劳动基准立法的作用，主要是自身的非强制性和世界贸易组织职能扩大的趋势对其地位的影响。首先，ILO建立的前提之一是“依靠合作而不是强制来致力于推动社会进步”〔1〕，它所特有的三方机制既有优势也有弊端，虽然注重了政府、雇主和雇员的地位平等和参与问题讨论和决策的权利，可以充分考量并寻求各方利益的平衡，但是在全球化加剧劳资矛盾尤其是加剧了发达国家和发展中国家劳动者之间的矛盾的情况下，三方在利益上存在较大冲突，很难达成一致，很多问题往往久悬不决。

其次，ILO 制定的国际劳工标准通常缺乏行之有效的实施机制，因为 ILO 主要是通过广泛的监督职能来督促成员执行，对成员只有监督权没有直接制裁权，从而只能是缺乏利牙的弱势政府间组织。〔2〕

最后，在贸易全球化造成发达国家工人失业、发达国家指责发展中国家依靠劳动力低廉优势向发达国家实行“社会倾销”的同时，国际劳工标准的非强制性引起了发达国家政府和工会组织的不满。加之国际劳工标准执行的实践存在诸多障碍，发达国家正在转向将劳工问题纳入 WTO，意图利用 WTO 的强制实施机制来改变国际劳工标准的软法性，社会条款问题即反映了发达国家的上述主张，这无疑会影响和削弱国际劳工标准的地位。

〔1〕 缪剑文：《世贸组织劳工标准之争及其法律评析》，载《国际贸易问题》1998 年第 12 期。

〔2〕 参见徐崇利：《经济全球化与国际法中“社会立法”的勃兴》，载《中国法学》2004 年第 1 期。

第五章　工作时间法律问题研究[1]

工作时间是指劳动者从事工作的时间。工作时间的法律规制，早期的理念在于限制最高工作时间以保障最低限度的生存权。20 世纪五六十年代以后，伴随经济的高速发展，其制度理念逐步转变为缩短工作时间以确保劳动者可以从事社会文化生活，实现自我发展。近年来，随着劳动形态的多样化、工作时间的弹性化，工作时间的法律规制进一步转向尊重劳动者的时间自主权、强调劳动者的自立，以实现人格自由发展与追求幸福权利的连接。[2]

我国现行工时制度主要为 20 世纪 90 年代初所规定，至今已运行二十多年，形成了以标准工时制为主，特殊工时制（包括不定时工作制和综合计算工时工作制）为辅的法律制度体系。“从工时制度演变来看，工时的不断缩短和工作班制逐渐走向灵活化、多样化是两大趋势。”[3] 据此，本章的研究就聚焦于我国标准工时制和特殊工时制的问题与完善。

第一节　标准工时制度研究

标准工时是我国工时体系中最为重要，在实践中应用也最为广泛的工作时间制度。学界通常认为标准工时是指由法律规定的，在正常情况下劳动者从事工作的时间。标准工作时间是工时制度的主要形式，也是计算其他工作时间种类的依据。例如，对实行计件工资的劳动者，用人单位应当根据标准工时制度合理确定其

---

〔1〕 本章部分内容由大成律师事务所韩家凤律师协助完成。

〔2〕 参见林嘉：《劳动法的原理、体系与问题》，法律出版社 2016 年版。

〔3〕 王全兴：《劳动法》（第 2 版），法律出版社 2004 年版。

劳动定额和计件报酬标准；实行综合计算工作时间的用人单位，其平均日工作时间和平均周工作时间应与法定标准工作时间基本相同。

目前，我国的标准工作时间为每日工作 8 小时，每周工作 40 小时，其主要依据就是 1995 年国务院《关于修改〈国务院关于职工工作时间的规定〉的决定》。我国现行工时基准运行至今已 20 多年，却缺乏系统修订完善。反观这 20 多年，中国经济社会正在经历巨大变革与转型，社会发展呈脱胎换骨之势，其中民商事各项基本法律制度已然经过数次立法和修法，体系结构日益丰盈。但在劳动基准法制建设上仍止步不前，尤其是没有充分梳理和反思涉及劳动者工作时间的制度构造，也导致无法有效解决全社会范围内大面积存在的长时间工作、无序加班等工时问题，[1] 并致使大量有关加班的劳动争议案件频发。[2]

一、标准工时制度的全球立法趋势

（一）全球工时缩短化趋势

工作时间立法产生于自由资本主义竞争时期，是劳动立法的开端。1802 年英国《学徒健康与道德法》规定纺织工厂童工的工作时间每天不得超过 12 小时，开创了世界劳动立法史上限制工作时间长度的先河。继英国之后，其他资本主义国家纷纷立法限制工作时间长度。在 1915 年之前，欧美国家的每周平均工时在 55 小时以上，至 2010 年则大多降至每周 40 小时以下。进一步观察各时期的工时变化，可发现西方国家平均工时的明显下降，主要是发生在 1915 年至 1930 年，此时期也是 ILO 成立，工时相关国际公约陆续颁布的时期。第二次世界大战（1939 ~ 1945 年）结束后至 1970 年左右，西方国家经济快速增长，平均工时在每周 40 ~ 50 小时，1990 年之后则大都下降至每周 40 小时以下。

逐步缩短工时，已成为世界工时立法发展的总趋势。究其原因主要有以下几方面：[3]（1）劳动者生产力的提高。这意味着完成同样的工作只需要更少的时间，

---

〔1〕 据国家统计局的数据显示，2021 年全国企业就业人员平均周工作 47.8 小时，人均年工作时间为 2485.6 小时。而根据经济合作与发展组织（OECD）最新统计数据显示，2021 年 OECD 成员中平均年工作时间最长的国家是墨西哥，为 2128 小时。See OECD (2023), Hours worked (indicator). doi: 10.1787/47be1c78 – en (Accessed on 5 May 2023).

〔2〕 由于超时加班极易引发劳动争议，2021 年 8 月，人力资源和社会保障部、最高人民法院联合向社会发布了超时加班劳动人事争议典型案例。

〔3〕 参见徐林清：《缩短工时与劳动力市场供求》，载《经济与管理研究》1995 年第 4 期。

而且工时的减少不会使产量降低,如在一个工作日内工人第1个小时的劳动效率和第8个小时的劳动效率肯定是不同的,但用人单位却要付出相同的工资,相比之下单位更乐于将效率较低的那几个小时的工作时间砍掉。(2)经济危机。如1929~1933年的西方经济危机对促成每周40小时工作制起到了重要的作用。在经济萧条时期,用人单位一般会减少劳动者的工作时间以节省开支。(3)劳动者收入水平的提高。劳动的供给曲线呈背弯形,当劳动者的收入提高后闲暇对劳动者来说则显得更为重要,此时劳动者不愿再投入更多的劳动来换取收入,而是自愿减少劳动力的供给时间。这也从侧面反映了劳动者提高个体的生活质量要求。(4)ILO的政策影响。缩短工时一直是ILO的纲领之一,在ILO的带领下,各国的工人运动给用人单位造成了不可忽视的影响,也在一定程度上促进了工作时间的缩短化。

(二)8小时标准工时的国际化

8小时工作制的确立是工作时间立法上的里程碑,1866年第一国际日内瓦代表大会首先提出了"8小时工作、8小时自己支配、8小时休息"的原则,将争取8小时工作制作为国际工人运动的口号。1886年5月1日,以芝加哥市为中心的美国各地举行大罢工,要求实行8小时工作制。为纪念这次罢工的胜利,1889年7月在巴黎召开的第二国际成立大会上决定将5月1日定为国际劳动节。新西兰于1908年规定了8小时工作制,是最早对8小时工作制进行立法的国家。工作时间立法也受到了ILO的重视。1919年《国际劳动宪章》规定,工厂的工作时间以每日8小时或每周48小时为标准,每周至少有一次连续24小时休息,并尽量以星期日为公休日。国际劳工大会通过的1919年《工业工作时间每日限为8小时及每周限为48小时公约》(第1号)、1921年《工业企业中实行每周休息公约》(第14号)、1935年《每周工作时间减至40小时公约》(第47号)都对工作时间作了规定,1962年《缩短工时建议书》(第116号)阐明每周40小时工作的标准是各国应逐步达到的社会标准。目前,世界各国普遍实行每日8小时的工时制度,美国、英国、德国、加拿大等工业发达国家实行每周工作40小时的工时制度,法国的每周工作时间已减至35小时。部分国家标准工时制度比较见表7。

表 7　部分国家标准工时制度比较

国家	法律（最新修订）	法定工时				平均工时上限	超时上限	超时工资	集体协商正常工时	违反工时罚则
		每周正常	每周最高	每日正常	每日最高					
日本	劳动基准法（2018 年）	40	变形工时另定	8	变形工时另定	无	月 45 小时，且年 360 小时（对象期间则为月 42 小时，且年 320 小时）	1.25 ~ 1.5 倍；月延长工作时间超过 60 小时的，超过部分不低于 1.5 倍	40 ~ 44	30 万日元；6 个月内监禁
美国	Fair Labor Standards Act（2011）	40	60	无	无	无	无	1.5 倍	35 ~ 40	1 万美元；6 个月内监禁
英国	Working Time Regulations（2009）	40	48	无	无	17 周 48 小时	无	无	34 ~ 40	
比利时	Labour Act（2018）	40	50	8	11	无	日 3 小时；周 12 小时	工作日 1.5 倍，假日 2 倍	38	
芬兰	WorkingTime Act（2019）	40	48	8	10	无	4 个月内每周平均工作时间不得超过 48 小时	每日加班，前 2 小时 1.5 倍，之后 2 倍；每周加班，1.5 倍	52 周内每周平均不超过 40 小时	罚款；6 个月内监禁
加拿大	Canada Labour Code（2022）	40	48	8	无	2 周或 2 周以上 40 小时	周 8 小时	1.5 倍	35 ~ 40	2.5 万加元

续表

国家	法律（最新修订）	法定工时				平均工时上限	超时上限	超时工资	集体协商正常工时	违反工时罚则
		每周正常	每周最高	每日正常	每日最高					
德国	Hours of Work Act（2020）	无	48	8	10	每日 10 小时	无	无	35～39	3 万欧元罚款；1 年内有期刑
法国	Labour Code（2023）	35	48	无	10	12 周 46 小时	年 220 小时	每周前 8 小时 1.25 倍，超过部分 1.5 倍	39	
荷兰	Working Time Act（2012）	无	60	无	12	4 周 55 小时；48 小时 16 周	无	无	36～38	
丹麦	Holiday Act（2004）	无	48	无	13	4 个月 48 小时	无	无	37～37.5	
挪威	Working Environment Act（2022）	40	48	9	13	每 24 小时不超过 13 小时，且（每 8 周内）每 7 天不超过 48 小时	7 天 10 小时；且 4 周 25 小时；且 52 周 200 小时（受集体工资协议约束的情况下，7 天 20 小时；且 4 周 50 小时；且 52 周 300 小时）	1.4 倍	8 周内每 7 天 48 小时	罚款；3 年内监禁
韩国	劳动基准法（2021 年）	40	52	8	12	每周 40 小时	周 12 小时	1.5 倍	40～52	3000 万韩元罚款；3 年内劳役监禁

数据来源：ILO Database of Condition of Working Conditions Laws Database，http://www.ilo.org/dyn/travail/travmain.home，2017 年 8 月访问。

注：本表由笔者自行整理。

二、我国标准工时的立法现状与问题

(一)我国标准工时的立法现状

1. 我国标准工时的相关法律规定

在立法确立标准工时之初,我国正处在改革开放的高速发展时期,这一时期世界工时发展呈现缩短化趋势。当时,国内一些企业率先开始了缩减工作时间的实践行动,随后,在政府的主导下,我国经历了几次全国性的工时调整。[1] 其中,1993～1995 年年初是"5 天工作制"的试行阶段。当时实行"隔周 5 天工作制"或者"5 天半工作制",即在原先每周休息一个星期天的基础上每两周再休息一个星期六俗称"大礼拜"(每周休息两天)和"小礼拜"(每周休息 1 天),也有部分单位采取每周工作 5 天半、休息 1 天半的方式。但该措施只是作为劳动法有关工时规定的试验和过渡。1995 年 3 月 25 日,国务院发布《关于修改〈国务院关于职工工作时间的规定〉的决定》,决定自 1995 年 5 月 1 日起,实行 5 天工作制,即职工每日工作 8 小时,每周工作 40 小时。

目前,我国标准工时的构成主要是由 1994 年全国人民代表大会常务委员会颁布的《劳动法》第 36 条;[2] 国务院于 1995 年 3 月 25 日发布的《关于职工工作时间的规定》第 3 条、[3] 第 5 条[4] 等相关法律法规构成。这些法律法规共同构成了我们目前的标准工时制度,即劳动者每天工作 8 小时,每周工作 40 小时,并保证劳动者每周能够休息 2 天。此外,对劳动者在标准工时下的加班规定主要是由《劳动法》第 41 条[5] 规定,如有特殊情况,劳动者每日可以加班 1 小时最多不得超过 3 小时,但每月累计不得超过 36 小时。

2. 我国标准工时的计算标准

原劳动和社会保障部于 2008 年 1 月 3 日通过的《关于职工全年月平均工作时

---

〔1〕 参见曾湘泉、卢亮:《标准化和灵活性的双重挑战——转型中的我国企业工作时间研究》,载《中国人民大学学报》2006 年第 1 期。

〔2〕《劳动法》第 36 条规定:"国家实行劳动者每日工作时间不超过八小时、平均每周工作时间不超过四十四小时的工时制度。"

〔3〕 国务院《关于职工工作时间的规定》第 3 条规定:"职工每日工作 8 小时、每周工作 40 小时。"

〔4〕 国务院《关于职工工作时间的规定》第 5 条规定:"因工作性质或者生产特点的限制,不能实行每日工作 8 小时、每周工作 40 小时标准工时制度的,按照国家有关规定,可以实行其他工作和休息办法。"

〔5〕《劳动法》第 41 条规定:"用人单位由于生产经营需要,经与工会和劳动者协商后可以延长工作时间,一般每日不得超过一小时;因特殊原因需要延长工作时间的,在保障劳动者身体健康的条件下延长工作时间每日不得超过三小时,但是每月不得超过三十六小时。"

间和工资折算问题的通知》规定，根据《全国年节及纪念日放假办法》的规定，全体公民的节日假期由原来的10天增设为11天。据此，职工全年月平均工时制度工作天数作相应调整，工作时间的计算方式如下：

(1)年工作日：365天－104天(休息日)－11天(法定节假日)＝250天。

(2)季工作日：250天÷4季＝62.5天/季。

(3)月工作日：250天÷12月＝20.83天/月。

(4)工作小时数的计算：以月、季、年的工作日乘以每日的8小时。

(二)我国标准工时制度存在的问题

1.工作时间的界定标准不清

近年来，我国劳动法的发展较为迅速。特别是在《劳动合同法》等相关法律的颁布施行后，有关劳动争议的案件迅速增加，呈井喷之势，在劳动争议案件中有相当大的部分涉及工作时间的认定。但由于我国现行法律在工作时间的认定上并无明确规定，这也使在司法实践中法院对工作时间缺乏统一的标准，使劳动者和用人单位对此产生困惑，不利于我国构建和谐稳定的劳动关系。

我国现行立法中并没有明确界定工作时间。从比较法的角度看，美国《公平劳动基准法》并未对工作时间下定义，不过在第203条(o)款中将雇员上下班前后的换衣服和盥洗时间排除。[1] 1947年的《美国带薪工作时间法》(Portal-to-Portal Act)进一步规定主要活动(principal activities)开始前的预备时间和结束后的整备时间(preliminary to or post liminary to)不是工作时间。[2] 司法实践中则通过对工作(work)或者受薪时间(Compensable time)的解释具体去判断。[3] 欧盟《工作时间指令》第2条第1款规定工作时间是指依据国内法和习惯劳动者在雇主支配下从事工作或履行职责的期限。[4] 英国《工作时间条例》借鉴了欧盟的规定，亦认为工作时间是在雇主指挥命令下从事工作或履行职责的期限。[5] 德国《工作时间法》第2条第1款第1句规定：本法所称工作时间是指除休息时间外从工作开始到工作结束的时间，该规定也没有进行实质性判断。日本《劳动基准法》没有对工作时间的概念进行定义，学说上有三种观点：第一，指挥命令下的基准说即劳动时间

---

[1] See 29U. S. C. §203(o).

[2] See 29U. S. C. §254.

[3] See MarionG. Crain, *Work Law: Cases And Materials(Second Edition)*, 2010, p. 803.

[4] See Directive, 2003/88/EC. art2. 1.

[5] See Stephen Taylor & Astra Emir, *Employment Law: An Introduction*, 2012, p.520.

是劳动者在雇主的指挥命令下被约束的时间。第二,限定的指挥命令下的基准说(部分两要件说)将业务性作为指挥命令下基准说的补充要件。第三,互补的两要件说将雇主的干预承担与职务性承担互相补充。司法实践中采指挥命令下的基准说,不过有学者分析发现不少判例采用两要件说。[1]

综上所述,从比较法上看,工作时间的界定主要是取决于雇主指挥命令的时间,同时考量劳动给付的时间,因此,工作时间是指在用人单位指挥下从事工作履行职责的时间。

2. 工作中的准备期间与待命期间的判断模糊

随着通信技术和交通技术的发展,用人单位的指挥命令的范围不断扩张,职业与生活领域日益交互渗透,导致二者的边界已非完全泾渭分明,其中间状态或过渡阶段渐行模糊,在实践中常引发争议。

(1)准备期间,即劳动者在工作开始前的准备和工作结束后的整理时间,如更换工作服时间、盥洗时间、早晚会时间等。判断准备时间是否为工作时间包括两个要素:在主观上应具有从事工作、履行职责的目的,在客观上准备工作是劳动给付的不可缺少的组成部分。因此,如更换统一的制服、穿戴劳动保护器械的时间等与业务具有高度的关联性应认定为工作时间。反之,如换上自己的衣服的时间不应认定为工作时间。

(2)待命时间,是指劳动者应用人单位要求处于随时能够工作的状态,一旦需要可以立即投入工作的时间。待命时间与正常工作时间的区别在于劳动者对此段时间内所从事的活动有一定自由支配的权利,可以兼顾工作与休息。因此,待命期间的判断需综合考虑“工作场所”“注意义务”“劳动给付内容”等因素。

首先,工作场所内的待命时间,即劳动者根据用人单位安排在工作场所内或用人单位指定的场所内待命。包括:其一,备勤时间,是指断续性、间歇性工作的劳动者没有实际从事工作,但随时处于准备工作状态的时间。如电话接线员、银行柜员、服务生的等待时间。在这段时间内,用人单位虽然没有得到劳动给付,但因工作的性质是以断续的方式履行应属于工作时间。其二,值勤时间,是指劳动者根据用人单位的安排,在工作地点或指定地点从事工作,此段时间内所从事的活动有一定自由支配的权利,可以兼顾工作与休息。

---

〔1〕 参见田思路、贾秀芬:《日本劳动法研究》,社会科学出版社2013年版。

在我国，值勤时间的争议主要围绕附随性值班展开，附随性值班是指用人单位基于安全、消防、节假日等需要，临时安排或根据制度安排劳工于非工作时间从事与本职无关联的工作。[1] 因其经常发生在夜间、休息日和法定节假日，与加班存在交叉，以致引发大量争议，司法实践中裁判标准各不相同。[2] 附随性值班为类间歇性工作，处于用人单位的指挥命令下当然是工作时间的一部分。从解释论角度看，我国《劳动法》第44条规定超出标准工作时间的一律给付加班费，并无例外规定，法院没有支付值班津贴的解释空间。从立法论的角度看，笔者赞同对值班给予特别规定。毕竟，该段时间所从事的是守卫巡查、电话接听、收发文件、事故报告等工作，难以(较少)增加利润，创造财富。增加此段时间的报酬，可能导致用人单位降低正常工作时间的工资，综合来看未必能使劳动者获益。当然，值班也不能超过必要的限度，无论工作强度多小，劳动者终归不能自主安排，因此，应设定其最高基准。

其次，工作场所外待命时间，亦称为呼叫待命、候传时间，即劳动者没有停留于特定地点的义务，可以自行选择停留处所，用人单位仅有联络的可能性，以随时展开工作。如我国保险公司理赔查勘员。由于工作场所外的待命时间劳动者自由支配的程度较高，注意义务较低，往往难以认定为工作时间。[3] 不过，如果呼叫频率较高，劳动者难以自由支配该段时间，仍然有可能认为工作时间之延长。

3. 加班制度规定不合理

根据本书第一章提及的2016年广东省实证调研数据显示，我国用工实践中加班现状较为严峻。其中，企业加班的比例占到62.3%，从不加班的企业占到13.6%，几乎不加班的企业占到24.1%，不经常加班(每周2次以下)的企业占到43.5%，经常加班(每周3次)的占到18.8%。同时，平均每周加班10小时以内的用人单位占到总数的81.4%，加班在10~20小时以内的占到13.9%，加班20~30小时以内的占到1.8%，加班30小时以上的占到2.9%。

实践中，不少用人单位故意不安排劳动者加班，但实际分配给劳动者根本无法

---

[1] 参见胡玉浪:《劳动法上值班问题的法学分析——基于中国台湾地区劳动立法与学说的考察》，载《上海政法学院学报(法治论丛)》2013年第2期。

[2] 实践中各地法院的裁判标准可参见孙国平:《劳动法上待命时间争议的认定》，载《法学》2012年第5期。

[3] 参见都邦财产保险股份有限公司青岛分公司与周某劳动合同纠纷上诉案，山东省青岛市中级人民法院(2014)青民一终字第1031号民事判决书。

在 8 小时内完成的工作量,以此规避支付高额加班工资,从而形成劳动者被迫“自愿加班”的现象。还有些用人单位通过设定严格的考核制度间接强迫劳动者自愿加班,在这种制度设计下,劳动者自然会无奈地“自愿”加班,因为只有加班的劳动者才有可能通过用人单位的制度考核获得晋升机会,甚至只有加班才能获得基本的物质保障。正如前几年的“富士康事件”,当劳动者大量加班而选择自杀后,用人单位严格限制加班,直接后果就是大量员工无法通过加班获得更高的劳动收入,也限制了劳动者收入水平的提高。

现阶段我国立法对加班的规定主要体现在《劳动法》仅要求加班应以“生产经营需要”为条件,但未明确规定“生产经营需要”的具体情况。现行加班规定过于僵化,没有区分具体的行业特点,也没有区分企业的现实生产需求,无法满足部分特殊行业的生产需要,如受季节影响比较大的旅游业和渔业,在特定的时间里劳动者往往需要大量的集中加班以满足生产需要。实际的生产经营中需要用人单位与工会协商或者有集体合同约定“生产经营需要”的具体范围。用人单位加班通常需要事先就加班加点的理由、工作量计算和所需职工人数,向工会说明,并征得工会同意。然而,这又依赖于工会发挥其积极作用,现实中如果工会不作为或企业未成立工会则难以贯彻落实。

三、完善我国标准工时制度的建议

虽然标准工时表面上看仅仅是工作时间的一种制度,但其背后所蕴藏的内涵却十分丰富。首先,只有在完成生产力进步和充分的物质准备前提下才能够逐步实现工时缩短化发展,如中华人民共和国成立初期《中国人民政治协商会议共同纲领》中就规定“公私企业目前一般应实行八小时至十小时的工作制”,此后我国也试图强制性推行 8 小时工作制,但由于实际生产力低下,大量用人单位无法执行 8 小时工作制,而使标准工时缺乏实际意义;其次,要根据我国具体现实情况的需要来制定相应的标准工时制度,不能盲目跟随或追赶发达国家的工时制度,过高或过低的标准工时都不利于我国市场经济的稳步前进;最后,标准工时制度的设计是一个系统化的工程,要综合考虑多方面因素,既要考虑经济因素又要考虑政治因素,还要平衡劳资双方的利益,维护劳动力市场的稳健发展。

我国已成为世界第二大经济体。然而,现有工时基准制度的实施效果却不尽如人意。当前我国经济发展取得了举世瞩目的成就,有能力更好地保障劳动者的基本权益并使之分享经济发展的成果。因此,应当从以下几方面完善我国标准工时制度。

(一)整合现有劳动基准的规范体系

现行劳动基准规范体系分散且逻辑关系不清,要完善劳动基准法规首先应梳理及整合现有的相关规范,并在此基础上逐步予以细化完善。目前,在我国的行政法规和劳动部门的规章中均存在关于标准工时制度的基本内容,但遗憾的是《劳动法》规定得过于简略笼统,因此可以考虑将国务院颁布的《关于职工工作时间的规定》及现行的劳动部门规章中关于工时调整的部分内容吸纳进《劳动法》,以便弥补现有的工时制度的范围、方式的法律规定的不足。并在此基础上,明确国务院《关于职工工作时间的规定》的定位是1994年《劳动法》调整范围以外其他劳动的工时制度依据。从而使以《劳动法》为文本的劳动基准具备了相对完整的标准工时制度架构,但这也只是工时基准法制的雏形,各部分具体规定应当逐一分解锻造,以实现彻底转变。笔者认为,在《劳动法》不作修改的情形下,还有一种方案是借助制定劳动基准法的机会,建立一个相对完善的工时制度体系,以劳动基准法核心,以国务院《关于职工工作时间的规定》为具体依据,从而使我国关于工时制度的相关规定更加系统化、更加科学化。

(二)明确工作时间的范围

目前,我国劳动法对工作时间的相关规定较少,且具体的法律条文中又欠缺对工作时间等相关概念的定义及区分,使劳动者的工作时间难以理解和认定,并形成了大量的模糊地带。就工作时间的范围而言,法律的具体规定少之又少,仅能从一些劳动行政部门的批复中找到部分规定,然而这些批复无论是从内容的完整性上还是从效力的等级上来看,都无法解决工作时间的范围和认定问题。因此,更应将其在正式的法律中加以明确规定。实践中,对工作时间以外其他时间范围进行归纳和分析时存在很大的困难,在此可以把劳动者的活动时间是否符合工作目的、是否与本职工作相关、是否受用人单位的支配作为判断争议时间是否属于工作时间的法律依据。另外,在劳动合同中关于工时部分无约定或约定明显不利于劳动者时,我国劳动行政部门、劳动仲裁部门和法院应当有权依据以上三个标准对劳资双方争议时间是否属于工作时间进行认定。笔者认为,我国劳动基准法应当规定:工作时间是指从工作开始到工作结束的时间,包括工作中的间歇时间、工作前后的准备与交接时间等为完成工作所必要的时间。劳动者在工作岗位等待工作任务指令的时间,可以折算为一定比例的工作时间,折算比例、方式等由用人单位与劳动者协商确定。

（三）完善加班制度体系

1. 构建弹性化的加班制度

20 世纪 80 年代以来,随着科技的发展和产业结构的变迁,特别是服务业的扩张,劳动形态日益多样化,传统僵硬的生产分工走向复杂的整合式工作方式,使严格的标准工作时间越发难以适应。而面对部分行业大量的工作时间需求,基于照顾家庭等个人化发展的愿望,劳动者亦产生了加班时间弹性化的需求。应当允许不同行业根据自身特点,在不影响劳动者基本健康的前提下,由用人单位与工会或劳动者个人约定具体加班时间。甚至在部分特殊情形下,由集体合同根据实际生产需求规定具体加班时间,并不局限于劳动法所限定的每日加班最高 3 小时,每月加班最高 36 小时。笔者认为,我国劳动基准法应当规定:用人单位延长工作时间,一般每日不得超过 1 小时;因特殊原因需要延长工作时间的,在保障劳动者身体健康的条件下延长工作时间每日不得超过 3 小时,但是每月不得超过 36 小时;经与工会协商订立集体合同的,或未建立工会的用人单位经全体劳动者半数以上同意的,延长工作时间每月可以超过 36 小时,但不得超过 48 小时。

加班时间的弹性化不能完全等同于劳动保护去管制化,从目标上看,加班时间弹性化的目标是使劳动与企业的生产组织方式相适应,尊重劳动者的“时间主权”,以提高生产效率。劳动保护去管制化则是恢复劳动关系的市场机制,强调市场机制在劳动关系调整的优先地位。因此,工作时间要平衡生产方式变革和劳动者权利保护,采取的手段既可能是去管制,也可能是再管制。

总体上看,目前我国集体协商制度还不健全,工会难以有效地与用人单位展开协商,因而有必要提高劳动者集体协商能力来更好地通过劳资平等协商方式解决加班问题。而近年来,经济下行压力较大、工作形态的多样化和复杂化使因加班问题引发的劳动争议大量增加。在此背景下,我国可考虑在以劳动关系为前提的基础上,通过对特殊的行业制定单独的加班时间基准制度,减少现实经济生活中的劳资矛盾,使加班制度既能够满足劳动者的生活需求,又能够满足新常态下用人单位的生产需要。

2. 多维度规范加班制度法制化

我国工时制度主要为 20 世纪 90 年代初所规定,至今已运行 20 多年,近年来,随着经济全球化加速、产业结构变迁与共享经济的发展，原有的加班制度已显得捉襟见肘。调研数据显示，目前我国加班现象普遍存在，要解决这一问题则须依赖完善的加班保障机制，立法上应明确加班制度的具体规定，构建完善的加班法律体系，平衡劳资双方的需求，使加班制度既能够满足用人单位的生产需求，也能够保障劳动者的基本权益。就政府而言，要加强劳动执法监督的力度，并切实解决有法难依、有令不行的执法问题。对企业来说，要加快技术进步的步伐，提升生产力水平，要靠效率而不是工作时间来提高经济效益。对劳动者本人来说，也必须增强法律意识，维护自身合法权益。只有经过各方共同努力，才能够改变当前不合理的“常态化加班”，让劳动者能够快乐并有尊严地劳动。

（四）注意应对互联网科技进步带来的标准工时制度新变化

未来标准工时立法尤应注意到在科技进步趋势下，所谓的工作场所与工作时间的概念已经逐渐消失的事实，以及工作责任或负担应如何以保障工作者健康为前提，作为衡量的标准，尤其对于休息时间的规范。在互联网科技革命所带来的巨大冲击下，未来的标准工时立法发展应该如何作出应对是摆在我们面前的现实问题。以德国劳动保护及联邦劳动安全卫生署（BAuA）所作的2021年德国劳工报告为例，德国劳工平均每周工时43小时，许多全日制劳动者都希望能减少工时。平均而言，劳动者希望每周工作34.4小时，大约一半的人希望每周工作少于5天。[1]对于常年处于工时缩短化的德国而言，在科技革命的新经济模式的推波助澜下，一定程度的工作时间延长，只是互联网科技的改变未来工作时间制度的冰山一角。我国也同样面临这个问题，互联网技术的发展，产生了很多新兴的行业如外卖员、快递员、专车司机等，实践中这类人群的实际工作时间远超于目前的标准工时，而且超出的工作时间几乎没有加班工资。

当今世界，科技进步已经深入人们日常生活的方方面面，互联网科技在紧密联结个人生活与工作的同时，也造成了工作领域与私人领域之间的紧张甚至冲突，如何能够妥善应对两者间联结所产生的问题，将是科技革命成功的关键所在。对于劳动者而言，该如何面对两个领域的紧密交错与重叠，其实与个人的抗拒意愿有直接关系，而个人又会受到诸如年龄、性别、婚姻状态、家庭人数、社会与专业位阶、使

---

〔1〕 BAuA, Arbeitszeitreport Deutschland: Ergebnisse der BAuA-Arbeitszeit-befragung 2021, https://www. baua. de/DE/Angebote/Publikationen/Berichte/F2507. html? pk _ campaign = PRESSE-NEWSLETTER.

用数位科技的习惯等因素的影响。因此，用人单位有责任确保受雇劳工的健康与安全，也必须确保劳工享有足够的休息时间。对于劳动基准的标准工时立法而言，在互联网科技革命的影响下，工作时间有着延长的趋势，而非传统的工时缩短化趋势。面对这种新变化，未来工时立法可以尝试根据不同行业的特点制定更加细化的标准工时来更好地满足未来劳动力市场的需求。

第二节　特殊工时制度研究

随着我国市场经济逐步完善，民营企业快速发展，就业方式和用工形式出现多样化，标准工时制已经不能满足我国某些特殊行业，诸如运输、旅游、勘探等行业的发展需求。这些特定行业工作时间的灵活化、多样化的现实需要，增强了企业对特殊工时制的需求。目前，我国的工时制度主要有两种，一种是普遍实行的标准工时制度，另一种是由不定时工作制和综合计算工时工作制构成的特殊工时制度，本节仅探讨特殊工时制。

当前，我国特殊工时制的法律依据主要有《劳动法》、《劳动合同法》、《关于职工工作时间的规定》、《关于企业实行不定时工作制和综合计算工时工作制的审批办法》(以下简称《工时工作制审批办法》)、《〈国务院关于职工工作时间的规定〉问题解答》(以下简称《工作时间解答》)和《关于职工工作时间有关问题的复函》(以下简称《工作时间复函》)以及各省市的具体规定，除了前两个外，其余的都是国务院部门规章或规范性文件，立法层次较低，没有形成一个专门性的高层次的法律规定。

《工时工作制审批办法》未对不定时工作制进行界定，一般认为是指没有固定工作时间限制的工时制度，主要适用于一些因工作性质，工作职责或工作条件不受标准工作时间限制的工作。例如，企业中的高级管理人员、外勤人员、推销人员、部分值班人员和其他因工作无法按标准工作时间衡量的职工；企业中的长途运输人员，出租汽车司机，铁路、港口、仓库的部分装卸人员及因工作性质特殊需机动作业的职工；其他因生产特点、工作特殊需要或职责范围的关系，适合实行不定时工作制的职工。

《工时工作制审批办法》规定"综合计算工时工作制，即分别以周、月、季、年等为周期，综合计算工作时间，但其平均日工作时间和平均周工作时间应与法定标准工作时间基本相同”[1]。由此可见，综合计算工时工作制是因企业的部分员工的工作性质特殊，受季节等自然因素限制或者需连续工作，无法局限于标准工时制，经劳动行政部门许可采用的综合计算周期的一种工时制度。综合计算工时工作制广泛适用于邮电、运输、旅游、建筑等行业的部分职工，其日平均工作时间和周平均工作时间都和标准工时工作时间基本一致。

近年来，和特殊工时制相关的劳动争议主要是关于加班费的争议。“根据北京市劳动保障部门的一项统计结果，2008 年宣武区因加班工资问题引发的劳动争议约占案件总量的 80%，裁决结果企业几乎都要支付给职工一定数额的加班费。”[2]

特殊工时制时常发生劳动争议，原因可以归纳为如下四点：一是企业实行特殊工时制并未得到劳动部门批准；二是劳动合同中并没加入特殊工时制的条款，或是劳动合同和经审批的工时制存在差异，这些差异会导致加班工资的计算发生争议；三是特殊工时制在劳动合同解除时产生争议；四是特殊工时制在审批时往往是走过场，缺乏有力的监管。针对这些问题，需要在未来的特殊工时立法中予以完善。

一、特殊工时制的实施机制

（一）惩罚机制

特殊工时制的惩罚机制是指对违反特殊工时制度的雇主实施特定的惩罚，从而保障特殊工时制度的正常运转。我国现行的对特殊工时制的管理主要限于审批前的条件审查，对经批准后的监管没有作出规定。《工时工作制审批办法》及各个省份的程序规定都仅规定了审批条件等，没有规定违反特殊工时制后的法律责任，使特殊工时制成为了没有法律约束力的制度。我国《劳动法》规定了警告、责令改正、可以罚款，[3]但没有规定应当罚款，更没有规定应当罚款的数额或行政许可撤销制度。笔者认为，可以将该条款的“可以”变更为“应当”，并明确罚款数额，同时设置新的撤销许可制度，取消对严重违反特殊工时制企业的行政许可，使该企业丧失对特殊工时制的申请权利。

（二）周期机制

特殊工时制的周期机制是指特殊工时的计算周期，即在多长时间内实行工时

---

[1] 《关于企业实行不定时工作制和综合计算工时工作制的审批办法》第 5 条。

[2] 张新民：《完善我国特殊工时制度的建议》，载《中国劳动》2012 年第 9 期。

[3] 参见《劳动法》第 90 条规定：“用人单位违反本法规定，延长劳动者工作时间的，由劳动行政部门给予警告，责令改正，并可以处以罚款。”

的综合计算,一般分为单一制和综合制两种。例如,美国实行单一的计算周期,计算周期时长为一周,只要职工在一周以内工作时间少于40小时就不视为加班,即使有某天工作时间超过了法定工作时间。而在我国,综合计算工时制的工资计算周期比较宽泛,有周、月、季度、年等四个时限,而对何种行业应该适用何种长度的工时制度,以及在每种制度下最长日工作时间、最长周工作时间以及如何休息等都没有明确规定。笔者认为,应当将不同行业类型的综合计算周期作出确定性的规定,只能是四种周期中的一种,而不能给企业太多的选择权,避免企业纷纷申请更长的计算周期,规避加班费的支付。

(三)集体谈判机制

在劳动关系中,职工与用人单位其实处于不平等的地位。劳动者要想获得相对平等的劳动条件和薪资待遇,必须紧密地团结起来,形成工会组织,代表整体劳动者与用人单位就劳动条件和工资进行协商和谈判,最后形成一个集体合同。在特殊工时的确定与实施中,集体谈判机制也发挥重要的功能。

日本《劳动基准法》第36条规定了企业与职工签订协议时延长劳动时间的办法,该协议可以在遵守劳动时间和休息时间法律规定之后,再协商延长劳动时间或休息日。[1] 通过该条规定可以看出,雇主可以通过协议让劳动者延长劳动时间。但这个协议必须满足两个前提:一是协议由工会代表职工签订或由过半数职工选定的代表签订;二是签订的协议必须在政府机构备案。延长劳动时间的具体情形、工作种类、能够延长的时间及加班中的休息日等都需要在协议中明确规定。对于超过法定时间的劳动报酬,双方可以自由协商。

在德国,职工通过工会和企业的有效谈判降低了工时标准,保障了自身的休息休假权利,德国《工作时间法》也多次出现集体协议的规定,从该法可以看出德国的劳动者休息休假权利得到最大限度的保障,这是因为德国的工会组织有着强大的谈判能力,通过集体谈判有效地降低工时,同时也保障了自身的健康权和休息权。除此以外,劳动者还通过集体协议解决农业生产部门和医疗护理机构的日工时和计算周期问题。

---

〔1〕 日本《劳动基准法》第36条规定:"如果雇主与大多数工人参加的工会(在工人组成了工会的情况下)或代表大多数工人的工人代表(在没有工会的情况下)达成了书面协议,并且向有关政府机构报告了该协议,那么,雇主可以不执行第32条至第32-5条或第40条关于工作时间的规定和上条关于休息日的规定。"

二、我国特殊工时制的现状

(一)我国关于特殊工时制的立法现状

1994年颁布的《劳动法》第39条规定,企业因生产特点不能实行本法第36条、[1]第38条[2]规定的,经劳动行政部门批准,可以实行其他工作和休息办法。

原劳动部根据《劳动法》第39条的规定制定了《工时工作制审批办法》,其中第4条对不定时工作制的适用范围作了规定、第5条对综合计算工时工作制的适用范围作了规定、第7条对中央直属企业和地方企业审批权限和程序都作出了规定。

国务院和劳动行政部门针对综合计算工时工作制实施中的问题和地方政府关于工作时间的请示,相继出台了《工作时间解答》和《工作时间复函》等文件。

各省市地区为了进一步规范和细化对特殊工时制的管理,在尊重《工时工作制审批办法》的基础上,对本地的审批监管也纷纷作出规定。2006年上海市下发了《本市企业实行不定时工作制和综合计算工时工作制的审批办法》,2008年四川省出台了《关于加强对用人单位实行特殊工时制度管理有关问题的通知》,2009年广东省颁布了《关于企业实行不定时工作制和综合计算工时工作制的审批管理办法》。

(二)我国特殊工时制立法存在的问题

1. 立法层次较低,影响法律权威

针对特殊工时制,我国《劳动法》没有明确规定,只是在《工时工作制审批办法》中进行了笼统性的规定。在规定不明确不具体的同时,《工时工作制审批办法》还只是一个部门规章,立法层次较低,操作比较粗放,合理性与合法性不好把握,影响执法效力。原劳动部的《工作时间复函》的效力还不及规章,因此特殊工时制在细化的基础上应该提高其立法层级,增强法律权威,提高执法效率。

2.《工时工作制审批办法》适用主体狭隘

《工时工作制审批办法》第2条规定其适用对象仅包括境内企业;[3]而《劳动

---

[1] 《劳动法》第36条规定:"国家实行劳动者每日工作时间不超过八小时、平均每周工作时间不超过四十四小时的工时制度。"

[2] 《劳动法》第38条规定:"用人单位应当保证劳动者每周至少休息一日。"

[3] 《工时工作制审批办法》第2条规定:"本办法适用于中华人民共和国境内的企业。"

法》第 2 条规定该法的适用对象包括境内的国家机关、企事业单位、社会团体和个体经济组织以及相应的劳动者。[1] 可见,作为实施特殊工时制主要依据的《工时工作制审批办法》的适用对象明显少于《劳动法》的适用对象。随着社会主义市场经济的逐步健全,国家经济日益融入一体化的全球经济,新兴行业工种层出不穷,民办非企业组织以及慈善机构、民间团体等非营利机构大量涌现。如果这些单位和普通劳动者个人签订了劳动合同,且适用的工时制符合特殊工时制的特点,也应该将其纳入综合计算工时工作制的范围中来,如社区治安员、经济民警等。

鉴于上述情况,各地政府在《工时工作制审批办法》的基础上普遍扩大了审批范围,这在有利于企业生产的同时,加大了行政审批任务,也对劳动者的休息休假权利及加班工资计发等产生不利影响。

3. 未明确界定工作时间和休息时间的概念

工作时间和休息时间的概念模糊容易使劳动者和用人单位产生理解偏差。部分企业要求劳动者提前到单位开早会,早会时间算不算工作时间?中午和周末的轮流"义务"值班时间算不算工作时间?用餐时间算不算工作时间?常见企业利用下班时间组织培训,培训时间算不算加班?这一系列的问题都没有明确界定。劳动者认为 8 小时以外都属于加班时间,应当支付加班费;而用人单位往往将其视为休息时间,规避加班费的支付。随着此类案件的增多,仲裁员和法官也面临棘手的问题:工作时间和休息时间如何认定?赖以支持裁决的"依据"和"准绳"模糊不定,甚至是缺失的,但他们却不能以此为借口拒绝裁决,于是只能在"酌情处理"的幅度内自由裁量,因此,同案不同判的现象时有发生。

4. 缺乏对劳动者的健康权和休息权的充分保障

《劳动法》第 39 条只笼统地规定企业经批准可以实施其他工作和休息办法,[2] 但没有明确提到不定时工作制和综合计算工时工作制。《工时工作制审批办法》概括地规定了特殊工时制的适用范围和审批机关。《工作时间复函》和《关于贯彻执行〈中华人民共和国劳动法〉若干问题的意见》(以下简称《劳动法意见》)也仅对综合计算工时工作制的工作时间进行了限制。

---

〔1〕《劳动法》第 2 条规定:"在中华人民共和国境内的企业、个体经济组织(以下统称用人单位)和与之形成劳动关系的劳动者,适用本法。国家机关、事业组织、社会团体和与之建立劳动合同关系的劳动者,依照本法执行。"

〔2〕《劳动法》第 39 条规定:"企业因生产特点不能实行本法第三十六条、第三十八条规定的,经劳动行政部门批准,可以实行其他工作和休息办法。"

上述笼统的规定对于保障劳动者的休息权利意义有限，对于劳动者的加班薪酬保护甚微。法律法规只限制了平均月工作时间和日工作时间，没有限定具体的日工作时间；只是原则性地要求用人单位采用集中工作、集中休息等弹性工作的方式，保障劳动者的健康权和休息权，但对于这种权利的保障途径和休息休假期间薪酬的计算和发放问题没有明确规定。另外，由于综合计算工时工作制的日工作时间没有上限规定，使得用人单位以时间紧、任务重为由肆意延长工作时间，强迫劳动者加班，致使其日工作时间可能长达十五六个小时。

5. 审批标准和流程界定不够明确

关于特殊工时制的审批标准和流程，《工时工作制审批办法》第 7 条笼统地规定了审批对象的范围和审批单位，[1] 但对审批的具体条件、操作流程和后期监督执行缺乏具体的规定，导致审批没有参考标准，使审批制度流于形式；劳动行政部门也可能因宽严不好把握，审批责任风险大，要求企业履行繁杂的程序，在增加企业负担的同时挫伤了其申请规范用工制度的积极性。

6. 监管制度缺失

我国对于特殊工时制度采用审批前置，但却没有规定相应的监管措施。因为缺乏制度约束，用人单位很容易滥用特殊工时制度做出诸如规避加班费等侵害职工权益的行为。同时，由于我国劳动监察人员编制不足和受政府干预等因素的影响，致使监察职能大大弱化，劳动法特别是劳动基准的监察素未到位，根本无法保证企业合法有序地实行综合计算工时工作制。

7. 违法责任不明

没有规定企业违反实行特殊工时制的法律责任，导致该项制度的可操作性和积极意义大大减弱。《工时工作制审批办法》及各个省份的程序规定都仅规定了审批的适用范围等，对于违法实行特殊工时制的企业，没有规定明确的处罚条款，对职工权益缺乏切实可行的救济方式，这些都使特殊工时制成为一种没有法律约束力的制度，影响了该项制度的真正落实。

---

〔1〕《工时工作制审批办法》第 7 条规定："中央直属企业实行不定时工作制和综合计算工时工作制等其他工作和休息办法的，经国务院行业主管部门审核，报国务院劳动行政部门批准。地方企业实行不定时工作制和综合计算工时工作制等其他工作和休息办法的审批办法，由各省、自治区、直辖市人民政府劳动行政部门制定，报国务院劳动行政部门备案。"

（三）我国特殊工时制实施中存在的问题

1. 对综合计算时工制的概念理解有偏差

《工时工作制审批办法》规定特殊工时制可以采用职工轮休的方式，[1]部分企业理解成了实行特殊工时制就是“有任务就上班，没任务就休息”，不但加班和休息时间没有像标准工时制下那样照常支付工资，而且职工的休息权没有得到保障。加之企业工会和职工对特殊工时制的法律特点理解不够和就业难等问题的存在，虽然对特殊工时制不太熟悉，但还是同意了该工作方案。

2. 实施范围没有得到有效控制

以综合计算工时工作制为例，对于不受季节和自然条件的限制，而单纯地采用8小时三班倒的企业，是否应当准予其实施综合计算工时工作制？在相同的劳动总量下，因实行综合计算工时工作制的企业不付或少付加班工资，劳动者所获报酬明显低于实施标准工时制的企业。由于综合计算工时工作制可以分成不同的计算周期，部分企业借机提出种种理由申请综合计算工时工作制，之后便延长计算周期。部分企业认为综合计算工时工作制就是不受法定工作和休息时间的限制，任意延长劳动时间，更甚者未经申请擅自实行综合计算工时工作制。该项制度本身是为了规范企业的用工制度、保障劳动者的合法权益，却被部分生产企业当成争取订单的工具。

3. 加班工资计算标准模糊、结算方式不一

不定时工作制被认为只要保证劳动者有必要的休息，就不存在是否延长工作时间的问题，也不需要支付加班费，目前法院对于不定时工作制加班费的请求一律予以否定，故而实践中出现了滥用不定时工作制的情形。

综合计算工时工作制下存在加班，但实践中存在下列问题：

第一，由于综合计算工时工作制未对日工作时间进行限制，部分企业在工作任务繁忙时延长职工工作时间，在集中休息时段与劳动者解除合同，从而合法规避加班费的支付。

第二，一些用人单位为了缩减成本，对实行综合计算工时工作制的员工采用计

---

〔1〕《工时工作制审批办法》第6条规定：“对于实行不定时工作制和综合计算工时工作制等其他工作和休息办法的职工，企业应根据《中华人民共和国劳动法》第一章、第四章有关规定，在保障职工身体健康并充分听取职工意见的基础上，采用集中工作、集中休息、轮休调休、弹性工作时间等适当方式，确保职工的休息休假权利和生产、工作任务的完成。”

件工资制，在供求不稳定、工作任务少的时候，职工的工资就不发或少发了，实际上工资标准降低了。

第三，一些实行综合计算工时工作制的企业，劳动者的实际工作时间多于标准工时制，而加班工资却没有标准工时制多。在标准工时制中，职工多工作1小时就能得到1.5倍的加班工资；但在综合计算工时工作制下，职工工作多于8小时的时间却得不到任何补偿，从整个计算周期来看，职工的工资少于标准工时制的工资。如果以季或年为一个周期，这种收入的差距就会越来越大。

第四，在加班工资的支付问题上，由于综合计算工时工作制没有统一的支付标准，导致企业的结算方式五花八门，按月度、季度和年度支付的都存在。按年结算的由于结算周期太长，劳动者很可能中途辞职，企业甚至无须再支付加班工资，无形中增加了企业的利润。这种经济诱导致使企业纷纷申请以年为结算周期的综合计算工时工作制。据北京劳动行政部门统计，近年来由季度变更为年度综合计算工时工作制或新申请以年为综合计算周期的企业越来越多。

我们认为，《工作时间复函》第5条规定，综合计算周期内的实际工作时间总量中超过法定标准工作时间的部分，视为延长工作时间，并按照劳动者日或小时工资标准的1.5倍支付报酬，法定休假日工作的按照日或小时工资标准的3倍支付报酬。[1]《劳动法意见》第62条规定，实行综合计算工时工作制的劳动者在双休日上班的，视为正常工作；法定节假日上班的，按照其日或者小时工资的3倍支付劳动报酬。[2]“设计综合计算工时制的本意，在于确保劳动者身心健康的前提下，给予用人单位一定的时间支配权，以适应相应的特殊工作性质或生产特点。”[3]综合计算工时工作制的目的是规范企业用工制度、保障劳动者身心健康，而非企业规避加班费的“保护伞”。从上述规定中可以看出，综合计算工时工作制对于超过法定标准的部分，都适用加班规定，需要支付加班工资。从上述《劳动法意见》第62条的规定可以看出，综合计算工时工作制在两种情况下需支付加班费：一是在一个计算周期内，实际工作时间比标准工作时间多；二是劳动者在法定休假日工作的，企

---

〔1〕《工作时间复函》第5条规定：“……综合计算周期内的总实际工作时间不应超过总法定标准工作时间，超过部分应视为延长工作时间并按《劳动法》第四十四条第一款的规定支付工资报酬，其中法定休假日安排劳动者工作的，按《劳动法》第四十四条第三款的规定支付工资报酬。而且，延长工作时间的小时数平均每月不得超过36小时。”

〔2〕《劳动法意见》第62条规定：“实行综合计算工时工作制的企业职工，工作日正好是周休息日的，属于正常工作；工作日正好是法定节假日时，要依照劳动法第四十四条第（三）项的规定支付职工的工资报酬。”

〔3〕李伟：《实行综合计算工时制的注意事项》，载《人力资源》2012年第3期。

业按照3倍的工资标准支付劳动报酬。在法定休息日也就是平时周末上班的，视为正常工作，无须支付加班费。

三、我国特殊工时制的完善

（一）完善特殊工时制的必要性

1. 适应企业用工自主权和灵活性的需求

完善特殊工时制可以帮助企业自主选择职工及灵活选择职工。在不违背《劳动法》的情况下，根据企业的工作性质，对职工的工作时间进行合理安排，不仅可以对本企业的人力资源进行合理充分的利用，还能优化企业的生产，同时，职工还可以将自己的薪酬和其他工时制度进行比较。采取特殊工时制的企业只要保障本企业职工的工作强度、工作报酬和标准工时制接近，甚至高于标准工时制，保障职工的休假时间也接近于标准工时制的休假时间，保障建立起科学规范的职工管理制度，职工会很快形成以市场需求为基础的就业理念，很快适应并接受特殊工时制的用工模式。

2. 保障劳动者休息权的基础上增加其收入

支付加班费同样适用于综合计算工时工作制，职工有权自由支配每天的工作时间。综合计算工时工作制的职工比标准工时制的职工多的工作时间，都应该支付加班费。实际中，有的实行综合计算工时工作制的企业不仅支付了职工的加班费，还支付了交通费、误餐费和工作补贴并保障了职工的休息时间。在这种情况下，职工的收入有了保障，工作积极性就会得到有效调动，企业也可以避免用工风险。

3. 提高劳动生产率

随着经济的迅猛发展，我国新兴的勘探业、制造业、金融业、旅游业、交通运输业、邮电业等行业都产生了新的劳动用工需求，传统的标准工时制度已经很难满足这些产业的发展需求。而允许特殊工时制在这些产业中实施，提高了企业的劳动生产率，加大了企业的盈利能力，使这些产业在激烈的市场竞争中保持了蓬勃发展的趋势，保障了我国经济的快速发展和整个国家的现代化建设。

4. 有利于建立和谐的劳动关系

首先，完善特殊工时制使企业劳动用工更加规范，让企业在申请时就对加班、休息休假和薪资标准作出具体规定，避免了劳动争议的产生，使劳资关系更加和谐。其次，完善特殊工时制从根本上维护劳动者的基本权利，进一步保障职工的休息休假权利。企业和职工建立良好的劳动关系，有利于促进企业的健康发展和职工个人价值的实现，从而达到整个社会的和谐。

（二）完善我国特殊工时制的基本思路

1. 把握好工时制的主次关系

标准工时制是工时标准的主旋律，更有利于职工的身心健康发展。非标准工时下的特殊工时制应该设置严格的标准，否则职工的合法权益很难得到维护。有的企业以经济不景气为由，肆意申请特殊工时制，这和法律上设置特殊工时制的目的是不一致的，这需要劳动部门切实加强审批，严格落实监管，使职工的权益真正得到保护。

2. 平衡个人利益和企业利益

特殊工时制是一种基本的工时制度，不是企业的一时之需，它关系到企业的发展和职工的切身利益。在特殊工时制度的完善与修订过程当中，要努力找寻和维系促进企业生产和维护职工权益的平衡点。能不实行特殊工时制的企业尽量不实行，确有必要实行综合计算工时工作制的企业要以月为周期，存在加班情况的足额支付加班费。维护好职工的个人利益，企业的利益才能得到最大的发挥，社会效益才能实现最大化。

3. 把握好审批与监管的关系

现行特殊工时制度存在重审批、轻监管的问题，对用人单位违反特殊工时制管理规定的没有规定相应的法律责任，影响了综合计算工时工作制的运行。监管力度的缺失客观上助长了企业实行特殊工时制的迫切心态，导致部分企业企图通过申请特殊工时制来达到不支付加班工资和规避因加班带来的行政处罚的目的。因此劳动部门在审批和监管之间要始终寻求一种平衡，使特殊工时制度的效能得到真正发挥。

（三）完善我国特殊工时制的具体措施

笔者认为，完善我国的特殊工时制需要从以下几个方面着手：

1. 综合计算工时工作制要明确特定行业的综合计算周期

针对目前同样的行业实行不同的综合计算周期，甚至同一行业的相同岗位，不同企业申请的综合计算周期也不一样。因为没有明确的周期规定，劳动行政部门不能有个统一的标准。导致部分企业为了控制成本，申请以年为计算周期的综合计算工时工作制来规避加班工资的支付。

《特殊工时管理规定(征求意见稿)》(以下简称《特殊工时意见稿》)第 8 条规定对于受自然环境、资源等限制要集中作业的岗位,可以申请以季度或者年度为计算周期的综合计算工时工作制,如地质勘探、资源开发、旅游渔业和运输等行业;对于中断作业可能会给社会公众利益带来不利影响的岗位,可以申请周、月或季度为计算周期的综合计算工时工作制,如铁路、内河航行、航空等交通类岗位和邮政、电信、金融类等岗位;对于符合国务院帮扶政策的企业的计算周期由人力资源和社会保障部门单独规定。〔1〕 针对第 7 条中性质特殊的行业和岗位实行不同的计算周期,但第 8 条中规定也只是说"可以",实施的计算周期也有"季度或者年""周、月或者季度"等多项选择,这种有选择性的规定还是容易让企业钻法律空隙,易于申请较长的周期,也容易使劳动行政部门有过多的裁量幅度,缺乏一个明确的标准。

我们认为,面对纷繁复杂的经济环境,各行各业不尽相同,法律因其局限性和滞后性很难面面俱到,因此,可以对某几类行业规定特定的计算周期,例如可以将《特殊工时意见稿》第 8 条中的"可以"改为"应当",将"季度或者年""周、月或者季度"等改成确定性的单个计算周期。

2. 明确延长工时的上限及惩罚措施

我国《劳动法》第 41 条规定,企业延长工作时间的上限为每日 1 小时,在保障劳动者休息权利的基础上,最长不得超过 3 小时,每月以 36 小时为限。〔2〕《劳动法》第 41 条工作时间上限的规定只局限在"每日"和"每月",没有涉及以周、季度和年等为周期的延长工作时间的上限,同时也缺乏对企业违反该条规定的惩罚措施。《特殊工时意见稿》第 9 条规定的综合计算工时工作制延长工作时间的上限为:以周为计算周期的,加班时限每周 15 小时以内且每月 36 小时以内;以月、季度、年为计算周期的,延长的工作时间最多为每月 36 小时、每季度 108 小时和每年

---

〔1〕《特殊工时意见稿》第 8 条规定:"符合前条第(一)项规定的岗位,企业可以申请以季度或者年为综合计算工时的周期。符合前条第(二)项规定的岗位,企业可以申请以周、月或者季度为综合计算工时的周期。符合前条第(三)项规定的岗位,综合计算工时的周期由人力资源和社会保障部规定。"

〔2〕《劳动法》第 41 条规定:"用人单位由于生产经营需要,经与工会和劳动者协商后可以延长工作时间,一般每日不得超过一小时;因特殊原因需要延长工作时间的,在保障劳动者身体健康的条件下延长工作时间每日不得超过三小时,但是每月不得超过三十六小时。"

360 小时。[1] 该条规定比《劳动法》更细了一步，明确规定了以周、季度和年为周期的延长工作时间的上限，但仍然缺少对企业违反该条规定的惩戒措施。

虽然《工时工作制审批办法》明确规定在保障职工休息休假权利的基础上，兼顾企业生产工作任务的完成，综合计算工时工作制可以采用集中工作、集中休息等弹性工作时间方式。但仍然会出现诸如《工作时间复函》第 6 条规定的前两个月集中工作、后一个月集中休息的极端情况，对此，《特殊工时意见稿》第 10 条就明确要求企业保证劳动者每两周应当连续休息 24 小时。[2] 该条规定避免企业过于集中安排工作，肆意加大劳动强度的情形，但对于违反该条规定的后果仍然没有作出规定。

笔者认为，针对上述情况应当在"法律责任"一章中明确企业违反综合计算工时工作制的加班限制和职工休息保障制度的责任，避免企业以综合计算工时工作制为幌子任意延长劳动者工作时间。

3. 进一步完善审批程序性规定

首先，劳动部门对特殊工时制的审批要有一套规范且严格的程序，该程序要和其他工时制度有所区分。

其次，企业申请报批的文件中要有工会和职工代表的意见，意见要具有代表性，报批文件必须是职工和工会真实的意思表示。

最后，劳动部门不仅要深入企业进行调查，听取工会和职工对特殊工时制的看法，而且要明确特殊工时制的适用范围，不在该适用范围内的不予批准。

4. 增加撤销特殊工时制许可的规定

由于目前没有规定特殊工时制许可的撤销，对已经批复实行特殊工时制却未认真执行的企业，劳动行政部门不能撤销行政许可，取消对违法企业特殊工时制的审批，这在一定程度上影响了该项制度的真正的贯彻落实，建议增加撤销特殊工时制许可的规定。

---

〔1〕《特殊工时意见稿》第 9 条规定："按照本规定实行综合计算工时工作制的，综合计算周期内的正常工作时间应当与法定标准工作时间相同，超出部分视为延长工作时间。综合计算周期内延长工作时间的最高限额分别为：以周为周期的，不得超过 15 小时，且每月不得超过 36 小时；以月为周期的，不得超过 36 小时，以季度为周期的，不得超过 108 小时；以年为周期的，不得超过 360 小时。"

〔2〕《特殊工时意见稿》第 10 条规定："企业应当保证在实行综合计算工时工作制岗位上工作的劳动者每两周至少有一个连续 24 小时的休息日。"

5. 健全特殊工时制实施的监督保障机制

（1）明确政府和企业的责任，利用好职工和社会的力量

首先，建立完善的非标准工时监督检查制度。加大监察力度，制定监察计划，定期对企业的特殊工时制进行监察，对于有违规行为的企业，首先要进行批评教育，批评教育后给出整改的期限，仍不改正的要取消实施特殊工时制的资格，并严格按照法律的明确规定予以处罚。

其次，明确企业工会的监督责任，认真听取职工对特殊工时制的意见和建议，提醒企业存在的违规之处，并指导企业进行改正，在每个计算周期内，工会要把自己调查的结果上报劳动监察部门。

再次，建立职工监督举报制度，形成有效的举报程序。当职工发现企业在实施特殊工时制的过程中存在违规行为时，可以通过该程序予以举报。举报的方式有电话、电子邮箱、邮寄等。面对职工的举报，劳动监察部门要认真对待，认真核实，对于确有违规的企业要严格整改。

最后，鼓励社会组织、社会团体或广大媒体积极参与，发动诸如中介机构和行业协会的力量。前者在劳动者和用人单位之间起到牵线搭桥的作用，自然对用人单位有监督职责；后者通过协会内的教育培训提高企业的集体意识与遵纪守法的意识，用行业氛围影响企业的文化和价值观，让企业在享受特殊工时制为其带来益处的同时自觉承担该制度为其设定的义务和责任。

（2）加强监管队伍建设

当劳动者权益受损，而工会和企业相比又处于相对弱势的地位，这时需要借助劳动保障监察这一行政力量来帮助劳动者维护权益。加强劳动保障监察，首先要加强劳动保障监察队伍建设，建立正规的劳动监察体系；其次要对劳动监察人员建立严格的培训和监督体系，使劳动监察人员都认真接受培训，认真接受监督机构的监管和社会的监督，有关劳动监察的程序必须规范，必须符合法律的规定；最后是要厘清劳动监察人员的责任，不按法定程序执法都将受到监管部门的追究。只有权责一致、有权必有责才能切实维护劳动者的合法权益。

6. 明确劳动监管部门和企业的普法宣传义务

虽然特殊工时制实行了近 20 年，但职工仍然对特殊工时制的法律特点把握不足，劳动部门和企业应负起责任。劳动部门和工会在普及《劳动法》和《劳动合同法》等法律知识的时候，忽略了对特殊工时制度法律特点的普及。因此，劳动部门

和工会应当加大对不定时工作制和综合计算工时工作制等特殊工时制度法律特点的宣传,拓展宣传的方式和方法,让职工了解综合计算工时工作制下如何支付加班费,劳动部门如何对特殊工时制进行审批和监察,让广大职工切实了解特殊工时制的法律特点,让广大职工知晓合法权益受到损害时可以采取的维权方式,让职工在了解特殊工时制的特点和自身特点后有一个理智的就业选择,这也是对职工知情权的保障。

第六章　休假法律问题研究

休假制度是指国家为了开展庆祝纪念活动、促进人格发展和保障家庭正常生活等特定正当目的的实现，规定在一定期间内全部公民或特定群体公民可以停止工作、学习的具有约束力的规则体系。休假制度不仅表现为满足人的生理身体休息、恢复需要的自然属性，更发展出一种社会属性，表现在用人单位和劳动者的劳动关系层面，劳动关系主体之间的主合同义务就是劳动者一方提供劳动，用人单位一方提供劳动报酬；休假的主要含义就在于“停止工作”，直接免除了休假期间劳动者本应履行的劳动给付的主合同义务，以实现劳动者的休息权或者保障劳动者家庭、社会义务的履行。职工休假制度在法律层面着眼于劳动者休息休假权利的保护，以人的生存、尊严和发展为基础，致力于追求自由、平等、正义、秩序的法律价值，通过法律强制性规定，给予劳动者倾斜保护，实现劳动者在劳动以外获得全面发展、修养身心以及自由支配闲暇时间的权利。《世界人权宣言》规定人人享有休息和休假的权利，包括合理限定的工作时间以及定期的带薪休假权利。《经济、社会及文化权利国际公约》规定休息、闲暇和工作时间的合理限制，定期给薪休假以及公共假日报酬。国际劳工组织在不同阶段不同时期对于劳动者工作时间、休息休假等问题制定国际劳工标准。随着工人运动的演进、劳资关系的发展、人权意识的兴起，休息休假制度的设立逐渐成为各个国家人权保护、劳动者休息权实现的重要内容。我国《宪法》在公民的基本权利和义务中明确规定公民享有劳动权和休息权，《劳动法》明确保障劳动者的休息休假的权利。而我国休假制度规定主要来自《劳动法》、《中华人民共和国人口与计划生育法》（以下简称《人口与计划生育法》）、《全国年节及纪念日放假办法》、《职工带薪年休假条例》等法律法规，主要包括法定节假日、带薪年休假、探亲假、婚丧假、产假、生育假、病假、事假等基本种类。

尽管随着我国法律意识的觉醒，法治进程的加速发展，我国休假制度逐步进入有法可依的阶段，在特定时期满足人民的休息休假需求，但目前在宏观体系构建与具体制度安排方面仍存在一些问题，针对这些现存问题，我们有必要从法律层面给予回应。

第一节 休假制度的基础理论与现状梳理

一、休假制度的基础理论

（一）休假的基本概念

在现代汉语词典中，放假或休假是指“在规定的日期停止工作或学习”。休假制度是指国家为了开展庆祝纪念活动、促进人格发展和保障家庭正常生活等特定正当目的的实现，规定在一定期间内全部公民或特定群体公民可以停止工作、学习的具有约束力的规则体系。休假制度规定了社会关系参加者的权利义务，其中最主要的是劳动关系双方当事人的权利义务，即人们在劳动过程中形成的社会关系中当事人的权利义务。劳动关系当事人之间的主合同义务就是劳动者一方提供劳动，用人单位一方提供劳动报酬。休假的主要内涵就在于“停止工作”，即直接免除了休假期间劳动者本应履行的主合同义务——劳动给付义务，因而休假制度对于劳动关系的影响最大。在通常情况下，每种休假的设立都是为了追求特定正当目的的实现，不同的休假种类因制度初衷的不同而导致其具体规则设计存在差异。一般而言，休假制度的确立主要是为了实现如下几个目的：

一是维系社会认同感和文化归属感。无论古今中外，法定节假日都是一种基本的休假形态，它在展现一个国家的基本价值取向和文明传统、凝聚民族精神与情感方面发挥不可替代的作用。

二是保障休息权的实现。从生理学角度来讲，人在经过一段持续的工作或学习之后，需要一定的闲暇时间以恢复消耗的精力和体力，保持健康的身心状态。因此，休息权的保障实际上是对作为基本权利的生命健康权的保护。就经济学角度而言，劳动者获得适当的休息能够保证用人单位的人力资源的可持续发展，进而为经济增长、社会进步提供源源动力。

三是实现人格全面发展和照顾家庭生活。随着社会观念的进步，休假的功能也逐渐丰富，不再局限于庆祝纪念活动与个人身心健康的恢复，开始致力于满足个人实现全面发展和照顾家庭生活的需要，提高生活品质，尊重人的基本尊严。

（二）休假的理论分类

结合其他国家和我国地区的休假制度构建经验以及宪法、劳动法、社会保障法等相关法律的基本理论，笔者认为休假种类可以从理论上作出如下类型化区分（见图 20）。

- 休假种类
  - 强制性假期
    - 劳动基准型假期
      - 法定节假日
      - 带薪年休假
    - 社会保障型假期
      - 产假/陪产假
      - 育儿假
      - 家庭护理假
      - 医疗期
    - 临时设假
  - 任意性假期
    - 政策倡导型假期
    - 自由协商型假期

图 20　休假的理论分类

第一，根据法律所规定的权利义务的刚性程度不同，可以将休假规定区分为强制性规定和任意性规定，因此休假也可以对应区分为强制性休假与任意性休假。强制性休假，是指不能以主体个人意志予以变更和排除适用的休假；任意性休假，是指允许主体任意选择、变更和排除适用的休假。二者的主要差别在于主体能够排除该休假的适用，具体体现在法律是否明确规定了违反特定休假规定的约定无效或应承担公法上的法律责任。在通常情况下，任意性休假依据来源的不同，主要可以分为政策倡导型休假——国家通过政策性文件鼓励或者倡导的休假，以及自由协商型休假——企业通过劳动合同协议或者集体协商的方式确立的休假。其中，只有劳动合同或集体合同中约定的休假对于用人单位和劳动者之间具有法律约束力，违反相关约定需要承担相应的违约责任。

第二，在国家通过强制性规范予以保障的休假中，根据制度目的的不同又可以区分为劳动基准型休假、社会保障型休假和临时休假。

劳动基准型休假，是指以保障劳动者的休息权为目的，在劳动法律法规中规定的，与劳动关系直接相关的最低标准的休假。根据其他国家的立法经验，法定节假日和带薪年休假是两种最基本的工时劳动基准。依据劳动法法理，劳动基准是指国家强制力保障的劳动条件的最低标准。劳动条件是指与劳动关系中权利义务实现直接相关的工资、工时、劳动保护等内容。因此,除国家强制力保障外,劳动基准还须同时满足如下两层含义:一是劳动基准属于劳动关系实现直接相关的劳动条件;二是劳动基准是最低标准的劳动条件,其中“最低标准”以能够保障劳动者的正常生活为限。但是“正常生活”本身也是一个相对主观的概念,不同国家或地区对其有不同的理解。

社会保障型休假,主要是指以实现公民的社会保障权为目的,主要在社会保障法律法规中规定的,直接涉及国家、用人单位和个人三方主体的具体权利义务关系的休假。就公法效力而言,公民在宪法上的对国家所享有的抽象权利直接转化为在社会保险制度中对国家社会保险经办机构所享有的具体的待遇给付请求权;就私法效力而言,主要是单位在劳动者休假期间免除劳动者劳务给付的义务并且不得因劳动者享有休假而对其有不利益的对待。根据比较法上的经验,社会保障型休假通常包括产假、育儿假、家庭护理假等内容。事实上,社会保障型休假与劳动基准型休假之间存在紧密的联系,社会保障型休假中关于休假天数的规定也属于广义上的劳动基准的内容,直接规定了劳动关系双方当事人之间的权利和义务:(1)劳动者在符合法定条件和履行法定程序的情况下,有权向用人单位申请免除特定期间的劳动给付义务,且用人单位无法定理由不得拒绝;(2)在休假期间的劳动者受到特殊的解雇保护。二者的紧密联系性导致在个别情况下性质区分困难。但是,两种休假之间存在如下明显差别:(1)在制度目的上,劳动基准型休假以保障劳动者的休息权为目的,劳动者的休息权也是劳动权的当然内容;社会保障型休假以分担社会风险,实现公民的社会保障权为目的。(2)在适用法律上,劳动基准型休假主要由劳动法律法规规定,社会保障型休假主要由社会保险相关法律法规规定。(3)在待遇支付上,劳动基准型休假的待遇支付主体为用人单位,而社会保障型休假的待遇支付主体为国家。(4)在休假天数上,劳动基准型休假的天数一般较短,不会给用人单位的人力资源调度造成实质性影响,而社会保障型的休假天数一般较长,在此期间允许用人单位通过劳务派遣或者签订固定期限劳动合同的方式临时安排其他劳动者替代空缺岗位。

临时设假,是指政府机关基于特定公共政策目的,如为防止突发性天气灾害对公民身体、健康等造成损害或者短期内特别地域为特定大型公共活动的顺利举行而需要停产停工的期间。临时设假是非常态休假,不属于强制性休假的主要内容。从性质上讲,临时设假是行政机关的抽象行政行为,必须遵守比例原则。

（三）休假制度的比较法规定

1. 德国休假制度的主要内容[1]

（1）法定节假日

在德国，只有每年 10 月 3 日的德国统一日才是全国性的法定节假日，其他的节假日均由各州自行决定。但是，德国《工作时间法》中明确规定，节假日禁止上班。依据德国《工资继续支付法》第 2 条的规定，雇主仍有工资支付义务。

（2）带薪年休假

德国《联邦年休假法》第 3 条第 1 款规定，从 1995 年 1 月 1 日起，雇员享有的年休假不得低于 24 个工作日，工作日所指的是不包括星期天和法定节假日的日历日，所以实际上雇员每年享有的年休假天数最低限是 4 个星期。通常集体合同中约定的年休假天数远超过这一平均水平。除年休假以外，很多联邦州都赋予雇员每年一个星期的带薪“继续培训休假”，但实践中很少有雇员主张这一权利。

（3）其他由于个人原因暂时不能工作的期间

《德国民法典》第 616 条规定，“如果雇员由于个人的原因在相对较短的时间内不能提供劳动，而且他对此并无过错”，那么雇主仍然有义务向他支付期间的工资。该规定优于债法的一般规定，即雇员有义务在约定的工作时间内提供劳动给付。一般情况下，为他人出庭作证、照看突然生病的孩子、筹办自己的婚礼或者参加亲属的葬礼等都足以构成正当的“个人原因”。在实践中，集体合同往往会明确约定在什么障碍事项出现的情况下雇员具体可以请几天假。

（4）病假

德国《工资继续支付法》规定，病假工资支付的前提有如下两点：一是生病及医生证明。雇员因为生病而暂时无法工作，应该及时将自己生病的情况告知雇主。雇员生病超过 3 天的，应该最晚在第 4 天向雇主提交医生开具的病假证明。雇主不得通过劳动合同或集体合同的约定限制雇员选择医生的权利。二是雇员无过错。实践中，只要雇员不是故意造成伤害，且做了必要的安全防范措施，就不认为雇员对自己的生病或受伤有过错。

（5）产假

德国《母亲保护法》规定，女员工应该在生产前 6 个星期和生产后 8 个星期

[1] 参见[德]沃尔夫冈·多伊普勒：《德国劳动法》（第 11 版），王倩译，上海人民出版社 2016 年版。

休长假,完全不得工作。在该保护期内,女员工可以获得法定医疗保险制度的津贴。

(6)育儿假

德国《联邦父母津贴与育儿假法》规定,雇员可以申请育儿假,最长可以申请3年。立法者设置育儿假的目的在于保障雇员在享受育儿休假间的劳动关系得以存续。此外,新生儿父母可以在孩子出生以后的第一年内获得父母津贴,用于补偿因照顾孩子而丧失或减少的劳动报酬收入。父母津贴等于享受育儿假的父母在孩子出生以前12个月的平均收入的67%。

(7)护理假

德国《护理假法》规定,就每个需要护理的近亲属,雇员最多可以请6个月的护理假,该规定只适用于雇用员工总数在15人以上的雇主。"近亲属"包括父母、配偶、子女,也包括祖父母、孙子女、未结婚的生活伴侣等人。在护理休假间,雇员享受特殊的解雇保护,雇主可以在此期间与替代人员签订固定期限劳动合同。可能是基于财政的原因,在护理休假间,雇员不能获得工资,护理保险也不会向雇员提供补助。但在没有别的保障的情况下,护理保险将为雇员继续缴纳失业保险费、医疗保险费和护理保险费。2012年生效的德国《家庭护理假法》将护理假延展到了24个月,在此期间内雇员可以部分免除劳动义务,雇员每星期的工作时间不得少于15小时,该规定只适用于雇用人数超过25人的雇主。

2. 美国休假制度的主要内容

(1)法定节假日

在美国,联邦节假日是经联邦政府确认的法定休假。每年的联邦节假日,所有非基础性的联邦政府机构均停止办公,联邦雇员也可以享受到带薪的休假。私人企业的雇员在法定节假日工作的,可以获得高于其正常工资的额外报酬。联邦节假日规定在《美国法典》标题五之下。[1] 事实上,美国国会设立的休假只用于联邦机构(包括联邦所有的实业)和其雇员,以及哥伦比亚特区(美国联邦直辖区)。但是,其他机构如银行、邮局、学校等以及美国的大部分州都还是会将联邦节假日作为惯例遵守。

---

[1] See 5 U. S. Code §6103.

(2)年休假、病假、事假等

美国是世界唯一没有通过法律形式赋予职工任何有薪休假的发达国家。美国奉行雇用自由的劳动政策,美国《公平劳动基准法》仅规定了最低工资、最高工时、劳动安全保护等内容,而对于非工作时间的劳动报酬不予保障。在美国,私人企业员工的年休假、病假、事假等的天数和待遇以及联邦节假日、其他法定节假日的待遇均由用人单位与雇员(或雇员代表)协商决定。

(3)产假、病假、家庭护理假及育儿假

1993 年美国制定《家庭和医疗休假法》,规定如果出现法定的家庭或医疗上的事由,符合条件的雇员最长可以获得 12 周的休假,雇主不得因此而解雇雇员,并且仍应为雇员缴纳相关保险费用,但可以暂停支付工资。首先,符合法定条件的雇员是指雇员已经为当前的雇主工作至少 12 个月并且 12 个月内工作不少于 1250 小时,[1]其次,符合法定条件的雇主是指联邦政府机构、州政府机构、小学和初中以及雇佣超过 50 人的私有雇主。如果是私有雇主,该雇主在雇员所工作的工作地点方圆 75 英里内必须有超过 50 名的雇员。所以即使雇主雇用了超过 50 名雇员,而这些雇员分散在同一工作地点外,该雇主仍然不是符合资格的雇主。最后,如果雇员和雇主都满足了法律要求的资格,基于以下三类事由,雇员可以申请休假:严重的身体疾病、照顾现役或退役军事人员、新增家庭成员(包括家庭有子女出生或新近收养子女)。

3. 日本休假制度的主要内容

(1)法定节假日

日本法定节假日的法律依据是 1948 年 7 月 20 日颁布实施的《关于国民节日的法律》,截至 2018 年已经历 11 次修改。日本《关于国民节日的法律》共 3 条,第 1 条强调了国民节日的概念及其纪念意义,第 2 条对现有 16 个国民节日进行了列举,第 3 条对国民节日如何休假作出规定。该法第 3 条第 1 款规定,国民的节日是休假日;第 2 款规定,如果国民节日当天为星期日,那么将离该节日最近的非国民节日作为休假日;第 3 款规定,如果某日的前一天以及后一天均为节日,而该当日不是节日,那么该日也作为休假日。如果在上述国家法定假日的期间,公司要求员工加班,那么应当给员工补休,补休不成应向员工支付加班费。

---

[1] See 9 U. S. Code § 2611.

(2)带薪年休假

日本《劳动基准法》第39条规定,为使劳动者从身心疲劳中恢复精力,维持劳动力的持续培养,同时也为实现有质量的生活,每年给予劳动者一定的休息时间。但是,劳动者必须连续受雇达6个月以上,并且出勤率需达到80%以上,才能连续或分别享有共10日的带薪年休假。劳动者工作满6个月后,满1年增加1日带薪年休假,满2年增加2日休假,满3年增加4日休假,满4年增加6日休假,满5年增加8日休假,满6年及以上,增加10日休假。

(3)产假、生理假

关于产假,日本《劳动基准法》第65条规定,女性有权在产前的6周和产后的8周内(经女性请求且医生证明不影响身体的可以缩短为6周)停止工作,在休假期间不要求雇主支付工资,但政府经办机构的健康保险应发放生育福利。关于生理假,日本《劳动基准法》第68条规定,如果女性员工在生理日期间无法正常工作而请求休假的,雇主应当允许。但是,1997年修订的《雇佣机会平等保护法》除了维持并增加对怀孕女性的保护措施外,还废除了日本《劳动基准法》中所有其他对女性的保护。[1]

(4)育儿假与家庭照顾假

1991年5月15日,日本颁布《育儿与照护休假法》,对劳动者享有育儿假、家庭护理假以及子女看护休假等关乎劳动者福利的内容作出了规定。截至2021年,该法已经历经4次修正。第一,育儿假。根据该法第二章的规定,满足特定条件的劳动者(在该单位内连续工作满1年且子女满1岁6个月前劳动合同期限不届满)原则上可以请求照顾其未满1周岁的子女,直至子女满1周岁或至育儿休假预定期满日。第二,家庭照顾假。在家庭照顾假体系中,该法又规定了长期护理假(介護休業)、短期护理假(介護休暇)以及子女看护假(子の看護休暇)三种类型的休假。该法第三章对长期护理假作出规定,满足特定条件的劳动者(在该单位内连续工作满1年且护理期间结束后半年内劳动合同期限不届满)可以申请不超过93日的长期护理假。该法第五章对短期护理假作出规定,劳动者每年可以申请5个工作日的短期家庭护理假以照顾家庭成员。该法第四章对子女看护假作出规定,抚养学

---

[1] 1997年修订的日本《雇佣机会平等法》改变了立法的基础观念——1985年的《雇佣机会平等法》有促进男女平等和改善劳动女性福利的双重目的,但是1997年的立法删除了后一个目的。参见[日]荒木尚志:《日本劳动法》(增补版),李坤刚、牛志奎译,北京大学出版社2010年版,第84页。

龄前子女的劳动者每年可以申请5个工作日的假期用来照顾生病子女或预防疾病，每多一个子女增加5个工作日的休假。前述休假原则上都是无薪休假，但是，劳动者在休育儿假和长期护理假期间，可以从雇佣保险中获得育儿假给付和护理假给付，给付金额大致为劳动者原收入的40%～67%。

二、我国休假制度的现状梳理

（一）我国休假制度的主要法律渊源

表8　我国休假的主要法律渊源

法律层级	具体法律法规
宪法	《宪法》
法律	《劳动法》《人口与计划生育法》《关于职工探亲待遇的规定》[1]等
行政法规	《全国年节及纪念日放假办法》《职工带薪年休假条例》《女职工劳动保护特别规定》等
部门规章与规范性文件	劳动部《对企业单位工人、职员加班加点、事假、病假和停工期间工资待遇的意见》，国家劳动总局、财政部《关于国营企业职工请婚丧假和路程假问题的通知》，财政部《关于职工探亲路费的规定》等
地方性法规	《河南省人口与计划生育条例》等
地方政府规章与规范性文件	《河北省职工带薪年休假实施细则》《新疆维吾尔自治区少数民族习惯节日放假办法》等

（二）我国休假制度的基本内容

目前，我国休假规定主要来自《劳动法》《人口与计划生育法》《全国年节及纪念日放假办法》《职工带薪年休假条例》等法律法规，主要包括法定节假日、带薪年休假、探亲假、婚丧假、产假、生育假、病假、事假等基本种类。（见表9）

〔1〕 1981年3月6日，国务院《关于职工探亲待遇的规定》由第五届全国人民代表大会常务委员会第十七次会议批准，因此该规定在效力层级上属于国家法律。

表9　中国休假分类表(统一实施、公布)

序号	名称	主要规范性文件及执行时间	内容简介
1	法定节假日	国务院《全国年节及纪念日放假办法》,1949 年 12 月 23 日政务院公布,2007 年第二次修订,2013 年三次修订,2014 年 1 月 1 日起施行	全体公民放假:新年、劳动节、清明节、端午节、中秋节均 1 天假,春节和国庆节 3 天假。部分公民放假:妇女节、青年节、儿童节、中国人民解放军建军纪念日、少数民族节假日(如藏族自治州藏历新年 3 天、雪顿节 3 天等)
2	带薪年休假	国务院《职工带薪年休假条例》,自 2008 年 1 月 1 日起施行;人力资源和社会保障部《企业带薪年休假实施办法》2008 年 9 月 18 日起施行	职工累计工作已满 1 年不满 10 年的,年休假 5 天;已满 10 年不满 20 年的,年休假 10 天;已满 20 年的,年休假 15 天。国家法定休假日、休息日不计入年休假的假期
3	探亲假	国务院《关于职工探亲待遇的规定》,1981 年 3 月 14 日起施行	职工探望配偶的,每年给予一方探亲假一次,休假为 30 天。未婚职工探望父母,原则上每年给假一次,休假为 20 天,如果因为工作需要,本单位当年不能给予休假,或者职工自愿两年探亲一次,可以两年给假一次,休假为 45 天。已婚职工探望父母的,每 4 年给假一次 20 天。包括公休假日和法定节日在内
4	婚丧假	原国家劳动总局、财政部《关于国营企业职工请婚丧假和路程假问题的通知》,1980 年 2 月 20 日起施行	职工本人结婚或职工的直系亲属(父母、配偶和子女)死亡时,可以根据具体情况,由本单位行政领导批准,酌情给予 1 ~ 3 天的婚丧假。不在一地工作的,可以根据路程远近,另给予路程假,休假工资照发
5	产假	国务院《女职工劳动保护特别规定》,2012 年 4 月 28 日起施行	女职工生育享受 98 天产假,其中产前可以休假 15 天;难产的,增加产假 15 天;生育多胞胎的,每多生育 1 个婴儿,增加产假 15 天。怀孕未满 4 个月流产的,享受 15 天产假;怀孕满 4 个月流产的,享受 42 天产假

续表

序号	名称	主要规范性文件及执行时间	内容简介
6	生育假	全国人大常委会《人口与计划生育法》,2002 年 9 月 1 日起施行,2021 年最新修订	符合法律、法规规定的生育子女的夫妻,可以获得延长生育假的奖励或者其他福利待遇。 国家支持有条件的地方设立父母育儿假
7	病假	原劳动部《企业职工患病或非因工负伤医疗期规定》,1995 年 1 月 1 日起施行	企业职工在医疗期内,其病假工资、疾病救济费和医疗待遇按照有关规定执行
8	事假	原劳动部《对企业单位工人、职员加班加点、事假、病假和停工期间工资待遇的意见》,1959 年 6 月 1 日起施行	对企业事假间的待遇作了规定

(三)我国休假的主要分类

我国当前的休假制度体系较为混乱,没有统一的分类标准。根据分类标准的不同,可以将我国当前休假作如下分类:

按休假制度的立法层级可以分为国家制定的休假与地方制定的休假。国家制定的休假主要是指全国人大及其常委会、国务院和各部委办制定的休假,主要包括法定节假日、带薪年休假、基础生育假、婚丧假、探亲假等。地方制定的休假是指各个地方根据自身情况,由国家法律法规明确授权地方制定的休假,如少数民族自治地区的民族性假日(藏族自治州藏历新年、雪顿节,宁夏回族自治区开斋节、宰牲节,新疆维吾尔族肉孜节、古尔邦节),香港特别行政区、澳门特别行政区以及台湾地区自己设定的休假,各地区授权制定的 98 天以外的福利生育假,以及新设的子女护理假、育儿假等。

按照前文的休假理论分类,我国当前休假种类大致可以作出如下类型化区分(见表 10)。

表 10　我国休假制度的理论分类

休假种类		具体假期
强制性休假	劳动基准型休假	法定节假日、带薪年休假、婚丧假等
	社会保障型休假	产假、陪产假、护理假、育儿假等
	临时设假	如杭州市 G20 峰会放假、北京 APEC 峰会放假等
任意性休假	政策倡导型休假	鼓励"2.5"天休假等
	自由协商型休假	事假、疗养假等

第二节　我国休假制度立法权限研究

我国当前的休假制度规定分散、政出多门,国家立法层面没有对休假制度进行较好的体系整合和类型化区分,而地方性规定又多在国家规定的休假种类之外新增设假种,导致当前各种休假之间没有形成一个逻辑自洽、衔接顺畅的制度体系。出现上述问题的症结在于我国当前关于休假立法权限的划分不清,立法权高度分散且无明确的界限,造成多头立法主体立法无序、立法膨胀,各规定之间交叉重叠冲突多有存在,影响休假立法的体系统一以及实施与监管,并最终导致休假立法的功能与价值无法得到充分实现。本节将着重分析我国休假制度顶层设计方面存在的问题,并尝试提出相应的完善建议。

一、我国休假事项立法权限行使中存在的问题

根据我国立法体制,中国目前的立法主体是全国人民代表大会及其常委会,国务院及所属各部委,省、自治区、直辖市和省、自治区人民政府所在地的市以及经国务院批准的较大的市的人民代表大会及其常委会;省、自治区、直辖市和省、自治区人民政府所在地的市以及经国务院批准的较大的市的人民政府;民族自治地方的人民代表大会及其常委会;特别行政区政权机关等。就休假立法权限的配置而言,多头立法主体之间的权限分配含混不清,加之不同立法主体背后的工作重心和利益偏向的不同,自然就导致休假立法数量激增而法治效果不佳。我国休假立法权运行中的权限冲突体现在立法结构的各个环节中。在中央层面,全国人大及其常委会与国务院之间的立法权界限模糊现象一直存在,国务院各部委之间的立法权限之间交叉冲突也较为显著;在地方层面,地方立法与中央立法的权限冲突现象也

存在。下面就上述三个面向的休假立法权限冲突问题进行分析。

（一）全国人大及其常委会与国务院及其所属各部委之间的立法权限不清晰

目前，我国由全国人大及其常委会颁布的涉及职工休假的立法主要有《劳动法》、《公务员法》、《关于职工探亲待遇的规定》[1]以及2021年修正的《人口与计划生育法》；由国务院颁布的行政法规主要有《全国年节及纪念日放假办法》《女职工劳动保护特别规定》《职工带薪年休假条例》等。此外，还有原劳动部公布的《对企业单位工人、职员加班加点、事假、病假和停工期间工资待遇的意见》、原国家劳动总局、财政部公布的《关于国营企业职工请婚丧假和路程假问题的通知》以及原人事部公布的《机关事业单位工作人员带薪年休假实施办法》、人力资源和社会保障部公布的《企业职工带薪年休假实施办法》等现行有效的部门规章与规范性文件。

根据我国宪法和立法法的规定，国务院制定行政法规的立法权限仅为如下三种情况：第一，依法律。为实施全国人大及其常委会制定的法律而制定实施细则，这类立法是在全国人大及其常委会已经制定法律的情况下对法律的具体化，需要遵循原法律的基本含义和精神，不能超出原法律规定设立新的权利和义务。第二，依职权。根据《宪法》第89条的规定，纯属国务院职权范围内的具体行政管理性事务和技术管理性事务，国务院可自主立法，不以全国人大及其常委会的法律为依据。第三，授权立法。根据全国人大及其常委会的综合授权或专门授权取得。[2]国务院各部委可以根据法律和国务院的行政法规、决定、命令，在本部门的权限范围内，制定规章。部门规章规定的事项应当属于执行法律或者国务院的行政法规、决定、命令的事项。没有法律或者国务院的行政法规、决定、命令的依据，部门规章不得设定减损公民、法人和其他组织权利或者增加其义务的规范，不得增加本部门的权力或者减少本部门的法定职责。但当前我国中央层面的休假立法权运行中，全国人大及其常委会所享有的国家法律立法权与国务院及其部委享有的行政法规立法权与部门规章立法权之间的冲突主要表现为“行政立法权侵越国家立法权”和“授权立法的脱缰”。[3] 具体体现在如下几个方面：

1. 按照《立法法》的相关规定和规范性法律文件效力位阶的基本原理，关于职

---

〔1〕 国务院《关于职工探亲待遇的规定》在层级上原属于国务院颁布的行政规章，但是1981年3月6日经第五届全国人民代表大会常务委员会第十七次会议批准通过，因此该通过决议在效力层级上应属于法律。

〔2〕 参见蔡定剑：《立法权与立法权限》，载《法学研究》1993年第5期。

〔3〕 参见张中秋、张明新：《对我国立法权限划分和立法权运行状况的观察与思考》，载《政法论坛》2000年第6期。

工休假制度的立法应当以法律为起点作统一的规定，再以国务院的行政法规为承接，最后由部门行政规章细则作出细化这一自上而下的“金字塔”结构。[1] 但是，遍观当前关于休假制度的行政法规和部门规章可以看出，只有带薪年休假制度严格遵循了此结构——《劳动法》第45条对带薪年休假制度作了原则性规定，并于第2款明确授权国务院制定具体办法；国务院发布的《职工带薪年休假条例》第1条明示“根据劳动法和公务员法，制定本条例”；[2] 随后人力资源和社会保障部与原人事部又分别针对该条例制定了具体的实施办法。而其他行政法规和部门规章，并无明确的宪法和法律依据。

2. 行政法规的适用范围大于法律的适用范围，行政法规的调整对象覆盖了《劳动法》《公务员法》的调整对象。例如，《全国年节及纪念日放假办法》的调整对象是公民，《职工带薪年休假条例》与《女职工劳动保护特别规定》等的调整对象是职工。公民的范畴自不用赘言，同时职工在我国法律体系中也是一个外延宽泛的概念，一般从广义上指代全社会范围内各种类型的劳动者，可概括为“以劳动所得为生者”，具体包括劳动法所调整的劳动者、公务员法所调整的公务员以及事业编制人员。此外，部分在计划经济时代制定颁布的行政法规、规章的调整对象仅针对国家机关、事业单位和国营企业的职工。从调整范围上可以看出，在我国当前职工休假制度的实际运行中，层级较低的行政法规和部门规章反倒成为法律的上位规范。

出现行政法规、部门规章内容超出国家立法权范畴立法的现象，与我国特有的法治发展背景有关：一是现行法律关于休假的规定过于简单，大量内容空白，缺乏可操作性，难以满足实际需要；二是从计划经济到社会主义市场经济转型的过程中，国家立法工作在与时俱进的同时，部分陈旧的行政法规和部门规章未得到及时清理与更新。不可否认，在法律空白的特定时期，国务院行政法规与各部门规章关于休假制度的规定对于调整我国职工休假起到了至关重要的作用。但随着我国法治进程的发展，我国目前行政法规、部门规章与国家立法之间的现实关系有悖《立法法》规定和基本法理的问题日益凸显，造成休假制度在实施与监管中的诸多问题，并损害了法律的权威性，亟待完善。

（二）国务院各部门之间的立法权限与职能界限不清晰

当前我国的休假有一个突出现象是法出多门，休假规定散见于不同部门主导

[1] 参见王天玉：《工作时间基准的体系构造及立法完善》，载《法律科学》2016年第1期。

[2] 从严格意义上讲，国务院《职工带薪年休假条例》的适用范围也超出了《劳动法》的适用范围，且《公务员法》中并无明确授权。由此可见，我国国家层面的职工休假制度立法仍有待进一步规范化、严谨化。

制定的法律、行政法规或规章之中。既有规定在劳动法中以及由劳动行政部门负责制定和实施的休假,也有由计生部门、旅游部门牵头的立法、行政法规或规章中的休假。例如,2015 年修正的《人口与计划生育法》第 25 条规定的“生育奖励假”[1],2021 年新修正的《人口与计划生育法》在第 25 条新设第 2 款增加“国家支持有条件的地方设立父母育儿假”的规定,国务院办公厅《关于进一步促进旅游投资和消费的若干意见》提出的夏季周五下午与周末相结合的“2.5 天假”[2]等。而不同部门之间没有明确的事权划分,劳动行政部门以外的其他部门在增设休假之后,并没有规定相应的实施与保障措施,没有明确的待遇标准和救济途径,不明确本部门所应承担的责任和义务,导致休假制度之间缺乏整合与协调,并且休假的设立目的难以实现。具体而言,休假立法权在多部门之间的交叉存在如下弊端:

1. 不同休假立法相互冲突,体系化程度低。不同部门受本行业业务经验和部门知识的局限,虽精通于本部门的业务管理,但缺乏法律的体系观、整体观与大局观,导致立法片面且难成体系,[3]法律条文之间的相互冲突与矛盾时常出现,使得调整对象无所适从。例如,我国《人口与计划生育法》中所规定的“生育假”与《劳动法》和《女职工劳动保护特别规定》中的“产假”之间的关系为何?二者是等同关系、并列关系还是包含关系?二者之间关系的不明确直接导致我国职工休假体系的混乱。通过法律法规检索可发现,“生育假”这一概念的使用最早出现于 1995 年原文化部颁布的《文化部机关国家公务员考勤办法》(已失效),其第 11 条对“生育假”的外延作出了明确的列举,其中包括婚前检查假、产前检查假、产假、晚育奖励假、抚育独生子女假、怀孕流产假、哺乳假等。但是需注意的是,上述对于“生育假”外延的界定存在诸多问题:一是该办法当时仅是原文化部的内部管理性规章,不具有普遍性效力,且已于 2006 年被废止;二是该办法中对于“生育假”的列举也不够严谨,如根据《女职工劳动保护特别规定》,女职工怀孕流产和生产均为产假的适用条件,但该办法第 11 条中将二者列为并列关系。此后,在 2001 年颁布的《人口

---

〔1〕《人口与计划生育法》第 25 条规定:“符合法律、法规规定生育子女的夫妻,可以获得延长生育假的奖励或者其他福利待遇。”

〔2〕国务院办公厅《关于进一步促进旅游投资和消费的若干意见》规定:“鼓励弹性作息。有条件的地方和单位可根据实际情况,依法优化调整夏季作息安排,为职工周五下午与周末结合外出休闲度假创造条件。”需要注意的是,虽然该条规定被简称为“2.5 天假”,但其实只有周五下午的 0.5 天时间具备假期的性质,周末的 2 天时间是休息时间。

〔3〕参见姜杰、刘凡:《“部门主导现象”:表现、经济危害及整治对策》,载《济南大学学报》2001 年第 2 期。

与计划生育法》中也使用了“生育假”的概念，并在计生部门牵头制定的法律法规和规章中沿用至今，但计生部门一直未对“生育假”的概念作任何界定。

2. 休假立法质量不高，给法律实施造成负面影响。在立法过程中，行政主管部门把关注的重点放在涉及本部门主要权力、利益的“核心”条款、“干货”条款上，面对制度设计的必要性、可行性、可操作性等的总体研究没有给予足够重视，其结果是不仅解决不了立法原本想解决的问题，而且会造成负面的规范引导，影响社会的公平正义。[1] 例如，《人口与计划生育法》中虽然规定了“生育假”，但是没有对生育假的概念界定、具体实施和保障措施作任何规定。中央立法的规定空白、可操作性差进而导致地方立法大量出台，不同地方的同类休假的适用条件、待遇水平和待遇保障差别过大，影响制度公平性，有损法律权威。[2] 又如，国务院办公厅《关于进一步促进旅游投资和消费的若干意见》为促进旅游经济的发展而提出了“2.5天假”模式，其必要性、可行性和可操作性也受到了较大质疑。首先，“2.5天假”的政策推出旨在扩大旅游消费规模，但对于实施该政策的企业而言，则意味着每年减少26天的生产时间，并且仍然要正常向劳动者支付薪酬，这就意味着企业成为国家促进旅游经济的成本承担主体，出现“政府请客，企业买单”的情况，导致权利与义务显著失衡。其次，该意见中虽规定“有条件的地方和单位可根据实际情况，依法优化调整夏季作息安排，为职工周五下午与周末结合外出休闲度假创造条件”，但对于哪些属于“有条件的企业”“实际情况”等均未作出说明，在我国目前短期内“带薪年休假”尚难以落实的现状下，“2.5天假”可能也会处于“落实难”的尴尬境地，政策目标难以实现。

（三）中央与地方之间的立法权限不清晰

由于中央层面的休假立法体系混乱、内容陈旧，实践中存在大量的地方休假立法，构成我国职工休假制度的重要内容。当前地方休假立法从内容上可以分为三类：一是在现有中央立法之外新增假种，如个别地方规定的“陪产假”“独生子女护理假”等。二是对中央立法中规定过于原则的休假作细化规定，如由于《人口与计划生育法》中对“生育假”“育儿假”作了原则性规定，多个地方在本地方的人口与计划生育条例中对“生育假”“育儿假”的具体天数、待遇标准和责任承担作了细化

[1] 参见朱虹：《关于克服行政立法部门化倾向的思考》，载《行政管理改革》2011年第10期。

[2] 部门之间关于休假立法的权限划分不清晰是地方立法乱象的主要原因之一，地方休假立法中存在的问题将在后文中做具体介绍。

规定。三是对中央立法中现有休假的期限、适用条件、待遇标准等作出调整。例如,针对当前我国婚假时间过短的问题,多省份均作出延长规定,最高可以到30天;[1]有地方在《职工带薪年休假条例》之外增加了新的限制条件。[2]

必须承认,地方休假立法是在中央休假立法难以满足现实需要的背景下,对我国休假制度的运行发挥了至关重要的作用,但由于个别地方立法机关对立法权限的认识不清晰,对于休假的性质和特点的理解不透彻,导致地方休假立法随意性大,形成"攀比"心态,一味追求休假的多种类、多天数。首先,休假在赋予职工更多休息时间的同时,直接造成对企业经营权的限制和财产权的减损。因此,在设置休假时应当谨慎对待,遵循比例原则和必要性原则,在休假所追求的正当目的与企业的财产权、经营权之间寻求平衡。以近期河南、福建等省份计生条例中所规定的独生子女护理假为例,该休假的设置的根本目的在于解决国家计生政策所带来的独生子女父母的陪护问题,但其制度成本由用人单位来承担,政府与企业的权责不清晰,在微观上直接造成企业负担过重,在宏观上则影响了法律的公平性和社会经济秩序的正常运行。其次,在劳动关系领域,休假属于劳动基准,应当根据社会经济情况确定,不宜盲目追求高标准,[3]否则单纯追求过高的、不符合现实的劳动基准最终只能被虚置,难以真正落实,那么休假所追求的制度目的也就无法实现。

二、完善我国休假事项立法权限配置的建议

(一)确立休假制度立法的基本原则

第一,法制统一原则。法制统一原则是指立法上一切法律、法规都必须以宪法为依据,这是保证法制统一的前提和基础,同时避免法律之间,行政法规、地方性法规和法律之间互相抵触,而应使之相互一致和协调。法制统一是我国宪法的一项基本原则,《宪法》第5条明确规定:"中华人民共和国实行依法治国,建设社会主义法治国家。国家维护社会主义法制的统一和尊严。"法制统一不仅是建设社会主义法治国家的目标之一,具有目的性,同时具有手段性,即国家在进行立法工作时,应当以法制统一原则为指导,一切法律、行政法规、地方性法规不能同宪法相冲突,

---

〔1〕 例如,《山西省人口和计划生育条例》第25条规定:依法办理结婚登记的夫妻可以享受婚假30日。婚假、产假、护理假期间,享受与在岗人员同等的待遇。

〔2〕 《职工带薪年休假条例》第4条规定了五种不适用年休假的情形,并无兜底性规定。但《关于德州市机关事业单位工作人员带薪年休假实施意见》在上述五种情况之外规定了其他情况。

〔3〕 参见林嘉、陈文涛:《论劳动基准法的法律效力》,载《清华法学》2014年第4期。

各级法律法规也应当遵循内部的效力层级规范，行政法规、部门规章、地方性法规不能同法律冲突。

法制统一原则在立法工作中体现为立法权限明确，各层级法律、行政法规、地方性法规在各自的立法权限内进行规定，互相配合和协调，避免法律体系内部之间的冲突。具体而言，职工休假制度作为保障公民社会权的一项重要措施，其职工休假制度的基本内容应当由国家统一立法。立法的形式既可以是单行立法，也可以是在各部门法中规定有关职工休假制度的法律规范。在有关职工休假制度的基本立法出台后，为执行法律的规定，国务院可以制定行政法规，或经法律授权，就授权事项制定行政法规。地方性法规可以就执行法律、行政法规的规定，需要根据本行政区域的实际情况作具体规定的事项或属于地方性事务需要制定地方性法规的事项进行规定。法律、行政法规和地方性法规在各自的立法权限内进行立法，特别是行政法规、地方性法规不能超越立法权限，作出与上位法律相抵触的规定，各层级法律、法规应当各司其职，互相配合，共同构建协调统一的职工休假制度法律体系。

第二，公平原则。立法中的公平原则是指社会对所有成员一视同仁，它要求平等地分配基本的权利和义务，每一个社会成员都能从社会那里获得同等的与之付出相对应的待遇。这种公平可称为分配的公平。职工休假制度作为公民社会权保障的重要组成部分，代表了公民普遍的、基本的需求。同时，职工休假制度是为了保证国家人力资源能够得到必要的休息，使社会生产力能够不断再生产而设立的制度，是我国《宪法》规定的劳动者休息权这一基本权利的落实和保障，具有强烈的人权属性，人权作为反映人类最基本需要的权利，具有天然的平等性，人与人之间需求基本相同，不宜差距过大，否则就不能称其为人权。职工休假制度的人权属性和基准性体现在职工休假立法上，就是要求立法者在进行顶层制度设计时，能够立足全国，通盘考虑，制定能够基本反映全国职工需求的休假基准，没有足够充分且正当的理由，各地之间不应在休假基准上存在实质性的差异，否则就违反了职工休假制度立法的公平原则。

第三，比例原则。比例原则是指在立法过程中，为追求一定目的而采取的限制手段的强度，不得与达成目的的需要程度不成比例。比例原则是解决权利冲突尤其是基本权利冲突最常用的方案之一。由于有关职工休假制度的立法，涉及两项存在一定冲突的基本权利——劳动者的休息权与公民的财产权。因此，在立法工作中，要注意对两项基本权利的权衡，特别是对两项基本权利进行限制的比例问题，不能为保护一项权利，过分限制甚至牺牲另外一项权利。具体来说，在进行职工休假立法时，应当认识到这是对企业财产权以及经营自主权进行法律上的限制，因此在程序上，应当保证程序的正当性，只有经过听取各方代表尤其是企业方代表的意见和建议后，才能通过立法的形式对休假进行规定，行政法规和地方性法规除有法律的明确授权外，不能越权对职工休假制度进行规定。在实体方面，对于休假的设立，法律应当保持适当的谦抑，不能随意增设休假，只有确实符合职工的基本需要，能够解决职工的实际问题的休假种类，才能确定为基准性的休假。另外在进行制度设计时，应当通过适当的激励措施和补偿措施，减少休假制度对企业财产权和自主经营权造成的影响。

第四，与经济、社会发展水平相适应原则。法律不能在真空之中运行。法律作为上层建筑，是一定社会、经济情况的反映。相应地，我国的职工休假制度不能超越经济、社会发展的实际情况，规定脱离实际的休假种类和休假待遇，否则将会给企业和国家造成沉重的负担，影响经济、社会的发展，最终对职工休假权益的享受产生消极影响。在休假立法工作中坚持与经济、社会发展相适应原则，具体体现在两个方面：一方面，对于休假种类的设立和休假待遇的规定，应当将社会、经济等因素考量在内，进行综合衡量，合理确立休假种类及休假待遇，既不能使休假制度落后于经济、社会的发展现状，也不能不顾经济社会发展的现实，规定不符合实际的休假制度；另一方面，休假制度的立法应当及时反映社会发展的最新动态，随着经济社会的发展，当新的休假需求出现时，立法上应当及时作出相应的安排，对休假制度进行相应的修改或补充，使职工的休假制度能够与时俱进，具有科学性和时代性。

（二）明确国家、社会、企业在休假制度中的权限

休假制度中劳动基准型休假与社会保障型休假虽然属于强制性休假，由国家强制力保障实施，但其运行并不是简单的“国家指令—执行”的单向模式，而是由国家（政府）、社会和企业共同参与构建的模式，其中国家主要通过立法的形式，规定休假制度的最低基准，具有一定的强制性，同时，企业和职工通过集体协商的方式，可以在集体协议中约定高于休假基准的休假待遇，使职工在享有国家法律规定的休假基准之上，享受更高的休假福利。

第一，强制性休假的设置由法律、行政法规统一规定。

首先，按照休假的性质，强制性休假可以分为劳动基准型休假和社会保障型休

假。目前,我国的休假制度以劳动基准型休假为主,应当是劳动基准法以及劳动法的主要组成部分。从语义上来看,所谓的劳动基准,本身就含有公平性和统一性的含义:“基”代表基准程度应当制定得合理,不宜规定过高的标准;“准”有统筹考虑,一体适用的含义,即劳动基准的制定不应只是针对一时一地,而是应当对全体劳动者一体适用。从劳动基准法规定的内容来看,劳动基准法规制的内容在性质上都属于劳动者的最低工作条件,用人单位在劳动合同中与劳动者约定的劳动条件只能高于法律规定的最低条件,低于法律规定最低条件的约定无效。这些工作条件与劳动者的身体健康、劳动安全卫生息息相关,具有强烈的人权属性,因此也应当具有人权平等性的特质,休假制度也不例外,应当像其他劳动基准制度一样在法律层面上进行统一规定。从劳动基准法的地位来看,休假制度和其他劳动基准制度如最低工时、女职工保护等制度一样,都属于劳动法的重要内容,应当同样由国家规定统一的劳动基准。具体来说,周休、法定节假日休假、带薪年休假等劳动基准型休假应当规定在劳动基准法制中。至于病假、产假、护理假、育儿假等休假,由于兼具劳动基准与社会保障性质,属于社会保险待遇的重要内容,宜在社会保障法制中也作出相应规定。在有关劳动基准法律和社会保险法律中对休假作出规定后,可以根据法律中的授权性规定,由行政法规对执行法律规定的有关事项进行规定。

其次,休假制度涉及劳动者的休息权和企业财产权两项基本权利的冲突,需要在法律中统一予以解决。我国《宪法》第 43 条规定:“中华人民共和国劳动者有休息的权利。国家发展劳动者休息和休养的设施,规定职工的工作时间和休假制度。”第 13 条规定:“公民的合法的私有财产不受侵犯。国家依照法律规定保护公民的私有财产权和继承权。国家为了公共利益的需要,可以依照法律规定对公民的私有财产实行征收或者征用并给予补偿。”可见,在我国宪法文本之中,明确规定了两项基本权利,即劳动者的休息权以及公民的财产权。在职工的休假问题上,这两项基本权利可能存在冲突:在职工休息休假时,将免除劳动给付义务,这样必然会使企业实际可支配的劳动力量减少,尽管这种量的减少可以在未来带来劳动力质的恢复和提高,但在一定时期内,必然会导致企业的营业收入下降以及人工成本支出增加,从而导致企业的财产权益受到减损。这两项基本权利由于其内在性质的关系,必然存在一定的冲突,而《宪法》中“国家发展劳动者休息和休养的设施,规定职工的工作时间和休假制度”的规定,不仅对国家提出了职工休假制度的立法义务，也必然包含了要求国家在立法工作中解决其与其他相关基本权利的冲突问题的义务。作为两项相互冲突的基本权利，影响的必然是全国人民的基本权利，其重要性相当于对基本权利进行立法落实，只有全国人大及其常委会通过的法律可以解决基本权利冲突这样重大的问题，其他任何规范性文件都不可能做到这一点。因此，解决基本权利冲突的重要意义，决定了对全国性休假的规定只能由法律来完成。

最后，从我国的立法过程来看，职工的休假制度也更适宜由法律进行规定。根据我国的立法体制，国家立法机关是一个天然的利益协调部门，可以考虑到更为广阔的社会现实。一方面，由国家进行统一立法可以突破地方立法的局限性和地域性，立足于全国层面，对立法中需要进行的利益考量进行全国统筹，使休假立法的成果能够反映经济、社会发展的成果，符合全国人民的利益；另一方面，法律的立法过程可以吸纳全国人民及其代表的意见，能够真正做到集思广益，立法的过程也更加严谨和庄重，一般需要颁布多次征求意见稿，人民参与立法的机会比较多，法律制定过程的科学性和民主性可以保证法律颁布实施后迅速为民众所接受，尤其是休假制度这样涉及民生的立法，更加需要科学的立法程序保证民众参与立法，使休假立法能够满足社会心理，能够顺利施行，这些都是地方立法过程难以保证的。

第二，强制性休假的执行性规章的制定和执法工作应当由人力资源和社会保障部门负责，其他相关部门配合执行。

当前我国的职工休假制度政出多门现象同样突出。带薪年休假由人力资源和社会保障部以及国务院其他部门的部门规章规定，产假由行政法规、部门行政规章规定，探亲假和婚丧假是由原劳动部通过其他规范性文件的形式规定的。总体来看，除了规定职工休假制度的规范性文件效力层级较低外，还存在政出多门现象，休假制度由不同部门以各种形式作出规定并由不同部门分别进行监督执法，这样难以形成集中的规定休假制度的规范性文件，各种休假规定零散、破碎，很多规定休假的法律文件制定年代久远，制定部门也发生了重组，规范效力模糊不清，难以发挥法律法规的指引人们行为规范的作用，用人单位和职工很难迅速、明了地全面了解我国的休假制度，给企业安排生产经营和劳动者安排休息休假都造成了很大障碍。同时，休假制定部门间缺乏沟通和协作，导致在对休假制度执行状况进行监督时，各部门存在职能交叉或互相推诿的现象。以产假的执行为例，由于产假执行并未明确纳入劳动监察事项，实践中存在劳动监察部门借此不进行监督执法的情况，认为应当由计生部门负责查处，而计生部门又囿于执法力量不足无法有效进行监督执法，导致女职工的产假执行情况很不理想，女职工的权益在遭受侵犯时难以及时、有效地通过劳动监察部门予以保护。从世界范围来看，多数国家的休假制度都是统一由劳动行政部门制定，鉴于此，建议改变目前休假制度尤其是实施规范的法律法规制定政出多门的现象，不宜多个政府部门出台各自有关休息休假的行政法规，而应归口于人力资源和社会保障部门。休假制度作为一项重要的劳动基准，其制定和执行都属于人力资源和社会保障部门的专项职责，其他政府部门并无此项职责，只能提供辅助性支持。建议未来在进行职工休假制度统一立法时，应当在国家立法机关制定的法律框架下，由人力资源和社会保障部门牵头，其他职能部门、行业主管部门乃至行业协会提出建议，最后由人力资源和社会保障部门统筹协调，出台国家层面的休假制度规定。强制性休假之外的地方性临时设假，由于其系地方性事务，可以由地方性法规进行规定。

第三，地方性法规应严格按照《立法法》规定的立法权限进行休假立法，只能规定为执行有关休假的法律、行政法规从而需要在本行政区域内作出具体规定的事项和属于地方性事务的休假。

我国《立法法》第 8 条规定，“下列事项只能制定法律：……（八）民事基本制度”，休假制度作为劳动法的重要组成部分，应当认为是基本民事制度中的一环，具有相当的重要性，只能制定法律；另外，给职工进行放假意味着企业需要停产，减少企业的收益，一定程度上相当于对企业财产的征收，由此也应当比照适用《立法法》第 8 条第 7 项对非国有财产的征收、征用应当制定法律的规定，由此可见，根据《立法法》的精神，全国性休假制度只能由法律进行规定。对于地方性法规有关休假制度的立法权限，必须按照《立法法》关于地方性法规立法权限的明确规定。《立法法》第 73 条规定：“地方性法规可以就下列事项作出规定：（一）为执行法律、行政法规的规定，需要根据本行政区域的实际情况作具体规定的事项；（二）属于地方性事务需要制定地方性法规的事项。”因此，除法律有明确授权外，地方性法规只能就执行有关休假法律的事项进行立法或对属于地方性事务的休假进行立法。具体来说，在进行地方性立法工作时，应当特别注意以下几点：

1. 地方性法规不能突破法律的规定，规定法律中不存在的休假种类。对于休假种类的规定，立法权在国家，除有法律的明确授权或应予规定的休假确属地方性事务以外，地方性法规不能额外创设法律没有规定的休假种类。

2. 地方性法规不能延长或缩短休假的天数。当国家以强制性的形式在法律中对休假制度作出统一规定后,除有法律的明确授权外,地方性法规只能制定相应的实施规范,而不能变更法律对有关休假天数的规定。为了保障职工可以享受更多的休假福利,地方性法规可以完善集体协商制度,通过集体协商使职工争取到更多的休假福利。

3. 地方性法规可以在《立法法》规定的权限范围内,对具有地方性事务特点的事项规定休假。如果个别地方情况十分特殊,确实需要地方立法机关立法规定有关休假,则此时休假制度具有地方性事务的特点,如我国部分地区冬季雾霾现象严重,规定在雾霾天气严重时对职工放假不仅是执行休假劳动基准的问题,还可能涉及地方对于当地环境治理等地方性事务的考量,因此具备了地方性事务的特点,可以根据《立法法》第 73 条的规定,由地方性法规规定相应的休假。

此外,在对职工休假制度在法律中作出劳动基准性的规定后,并不意味着劳动关系的双方当事人只能僵硬地按照劳动基准中规定的标准执行休假制度,赋予劳动者和用人单位必要的自治空间是劳动基准法的题中之义。但由于休假劳动基准的法律属性,在国家对劳动基准作出基本立法后,行政法规和地方性法规只能就属于执行法律的事项或属于地方性事务的事项进行立法,不能与上位法律相抵触,也不能任意增减休假种类和休假天数。对于劳动者能够享受到超过劳动基准规定的休假待遇,应当通过集体协议来实现。个体劳动者相对于用人单位,各方面条件都处于劣势,基本上只能附和用人单位提出的劳动条件缔约,劳动者只有通过团结权的行使结成工会,才能使自身力量强大,有条件与用人单位对劳动条件包括休假制度进行实质性的磋商。然而,目前除国家法律法规规定的职工休假外,职工休假虽然是集体协议的常备事项,但基本都是照抄有关法律法规的规定,仍然属于对已有劳动基准的重复,并没有在劳动基准之外实质性地提升职工的休假待遇。当前职工的休假制度集体协商遭遇的困境也是集体协商制度整体所遭遇的困境,集体协商制度的充分落实,将是职工休假待遇提升的关键。目前,我国集体协商制度的主要困境是集体协商缺乏足够的法律保障。企业工会的独立性和代表性不足,难以独立代表众多劳动者与企业进行实质性的集体协商,并且工会在集体协商过程中缺乏相关的权利保障,使集体协商的过程流于形式,难以对劳动条件和待遇进行实质性的磋商和提升。为改善这一现状,应当在立法中明确劳动者在集体协商中享有停止工作的权利,并且规定相应的停工条件和程序,以此来敦促企业诚实信用地履行协商义务。另外,还应当规定集体协商或停工过程中工会和劳动者的豁免权,企业不得以此解雇员工(但可以适当停发工资)以及向工会提起侵权之诉。当劳动者和工会集体协商谈判的权利得到法律保障后,集体协议的意义才能够彰显,而不再是对劳动基准的简单重复。相应地,只有集体协商制度发挥应有的作用后,作为集体协商的重要内容,职工休假待遇才能在劳动基准法中规定的较低水平的基础上得到较大提升,使劳动者真正享受到生产力提高和社会发展的红利。在集体协商工作过程中,各地政府应当加强指导,将职工休假明确列入集体协商事项,宣讲有关休假的法律法规,保证劳资双方履行实质性磋商的义务,对协商的结果进行监督,防止协商的结果低于法律规定的最低基准,同时,考虑到目前法律上对于集体协商保障的缺失,可以通过税收优惠或财政奖励鼓励企业延长休假、提高休假待遇。

第三节 我国休假制度具体问题研究

伴随国家法治进程的发展,我国的休假制度经历了从无法可依到有法可依的阶段,在特定时期满足了人民的现实休假需求。但是,补丁式的立法模式导致各项具体制度中仍然或多或少存在一些问题。例如,我国休假立法中的部分制度在计划经济时代建立后长时间内未进行更新,内容陈旧,不适于当前社会现实,但未能得到及时的修正;部分制度在法律上的规定过于原则,缺乏可操作性,导致实践中仍然存在诸多问题;还有部分新确立的制度,其具体实施达不到预想效果。此外,还有一些新形势下应当考虑增设的休假目前尚未纳入立法讨论的范畴。本节将对我国带薪年休假、病假、探亲假、婚丧假、事假、育儿假、子女护理假等[1]具体休假制度存在的问题进行分析并提供相应的完善建议。

一、我国休假制度中的具体问题

(一)我国带薪年休假制度中存在的问题

2008 年,国务院颁布的《职工带薪年休假条例》开始实施,建立了普遍的带薪年休假制度。但是,带薪年休假制度的落实情况仍然不佳,远没有发挥出应有的制

---

〔1〕 关于产假制度的相关问题及完善建议将在第九章“女职工和未成年工特殊保护法律问题研究”中进行详细阐述,本章节不再讨论。

度作用。2013 年的一项随机调研显示，在 3353 名参与调研的从业者中，有 40.1% 的受访者没有带薪年休假，18.8% 的受访者虽可以休带薪年休假，但是不能自己安排，仅 31.3% 的受访者有带薪年休假且可以自行安排。[1] 我国带薪年休假制度不能普遍实施的根本原因在于法律制度的设计不足和监督执行不力。[2]

第一，带薪年休假时间相对较短。我国目前规定的带薪年休假休假期间是 5～15 天，从国际劳工标准来看，其规定的带薪年休假最低天数是每年 15 天，从比较法的角度看，在工业化国家，年休假日期最少的是日本为 10 天，最长为丹麦、芬兰、法国为 30 天，其中 1/3 的国家为 28～30 天，一半的国家为 24～25 天，美国没有全国通行的最低休假期间基准。中东欧国家除马其顿（18 天）、保加利亚和罗马尼亚（20 天）外，皆为 24 天。在非洲，最少为尼日利亚的 6 天，最多为阿尔及利亚、马达加斯加、多哥为 30 天，其中超过 40% 国家在 24～26 天，1/3 的国家在 18～22 天。在拉丁美洲，最少为玻利维亚 6 天，最长为巴拿马 30 天，其中超过一半的国家休假 10～15 天。在亚洲国家，最低的年休假天数通常为 15 天。因此，单纯从年休假日期长度比较，我国年休假期间的基准并不高。

第二，带薪年休假制度的构成要件、日期认定等方面的规定过于原则、复杂，难以为职工和用人单位提供稳定预期，在实践中导致大量纠纷。首先，在构成要件方面，《职工带薪年休假条例》第 2 条规定带薪年休假的构成要件包括用人单位的职工和连续工作满 1 年，但是该规定未明确“职工”和“连续工作”的含义，在实践中引发大量争议。例如，非全日制职工、不定时工作制职工是否享受带薪年休假，连续工作满 1 年的认定是采取实际工作连续、社会保险缴费连续还是只要间断是合理期限即可，等等。其次，在日期确定方面，我国休假日期是通过“累计工作”的认定予以计算。从立法论上来讲，累计工作年限存在如下问题：（1）不利公平。从用人单位的角度而言，带薪年休假的实现需要用人单位免除劳动者休假期间的劳动义务并同时继续履行工资支付义务，即由用人单位完全负担休假成本，而我国的累计工作年限测算允许不同用人单位合并计算，显然对最后免除劳动义务的用人单位有失公平。从职工角度出发，职工工作 1 年后其身心疲惫并不会因为工作年限不同而有差别。（2）难以计算。用人单位不同职工入职日期不同导致其累计年限

〔1〕 参见宋瑞：《带薪假期的国际经验与中国现实——基于全国调查的研究》，载《中国社会科学院研究生院学报》2015 年第 4 期。

〔2〕 参见郑爱青：《法国带薪年休假制度及启示》，载《比较法研究》2014 年第 6 期。

不同，进而休假日期不同，在管理上造成诸多不便，更为重要的是导致证明困难，在司法实务中引发诸多纠纷。

第三，年休假权的权利定性和部分法律规范缺乏刚性。根据现行规定，我国的年休假权是一项可以放弃、可以交换的权利。《职工带薪年休假条例》第5条规定，用人单位确因工作需要不能休年假的，经职工同意可改为发3倍工资。这一规定将职工的年休假权直接演变为一种成本与收益的衡量，不少职工乐于配合用人单位多收2倍工资，使年休假的实际效果变为加薪。首先，该条文与年休假的制度目的相悖，年休假的制度目的在于给予劳动者一定的休息时间以恢复身心健康，但改发金钱不仅无法休息，反而激励职工不休年假。其次，这一规定违反了ILO《带薪休假公约》中规定的"禁止赎买原则"，即任何关于放弃公约第3条第3款的最低期限的带薪年休假权或者关于用津贴或用其他任何方式补偿而放弃这种休假权的协议，根据各国的情况应是完全无效或禁止的。

（二）我国病假制度中存在的问题

病假是休假的一种，指职工在患病后所需要的包括治疗、休养在内的休息时间，病假的时间长短与其病情严重程度直接相关。职工的生命健康权是基本人权，因此职工享有在伤病期间获得休息和就医的权利，不能被任何人剥夺。但是，为了维护用人单位生产经营的正常秩序，需要尊重用人单位依据法律和单位规章制度所享有的经营管理权。实践中，劳动者不通知单位而擅自休病假、休病假期间从事兼职工作、大病小养或没病装病拒不上班等现象，确实给用人单位的生产秩序造成了一定的混乱。因此，1992年原劳动部、国务院原经济贸易办公室、原卫生部、原国家工商行政管理总局、中华全国总工会发布的《关于加强企业伤病长休职工管理工作的通知》规定，职工因伤病需要休假的，应凭企业医疗机构或指定医院开具的疾病诊断证明，并由企业审核批准。用人单位的病假管理权的行使，必须有一个合理的范围，过严侵害职工的病休权，不利于保障其身体健康；过宽则不利于维护用人单位正常的生产秩序。对此，我国的相关法律规定尚处于缺失状态。在实践中，用人单位大多通过制定内部规章制度予以明确，但不同单位对病假的管理权限大小差别较大，因此不同单位职工的病休权的实现程度也不相同。[1]

（三）我国探亲假制度中存在的问题

第一，探亲假不再具有普遍适用的必要性。（1）探亲假是计划经济时代工作分

---

〔1〕 参见刘焱白：《如何处理劳动者病休权与单位病假管理权的冲突》，载《中国劳动》2011年第11期。

配制度的产物，当时的特殊情况现在已经不存在。在计划经济时期，劳动者并无选择职业的自由，许多劳动者在毕业离开学校后或达到劳动年龄后被国家统一分配到自己居住地以外的地方工作，离开了自己的父母或配偶。国家出于对服从国家安排的这部分职工的照顾，允许其在满足一定条件后，享有相应的探亲假。但时过境迁，如今我国已经确立了社会主义市场经济体制，取而代之的是符合市场规律的自主择业、自主就业、自主创业政策。因此，过去计划经济体制下为了服从国家计划而被迫异地就业的情形已不存在，劳动者即便是异地就业，也是自主选择的结果，国家进行照顾的基础已不复存在，因此，探亲假存在的正当性值得反思。(2)交通便利，探亲在途时间大大减少。目前我国探亲假的组成部分中，路程假占很大一部分，目的是解决路途遥远，交通不便的问题。而经过近 30 年的道路交通建设，我国的交通状况大大改善，国内各地基本上可以在当天到达，过去需要花费五六天在途的情形基本已经解决，因此，探亲假存在的必要性也大打折扣。(3)探亲假与带薪年休假、事假制度存在功能上的重叠，探亲假和事假完全可以替代带薪年休假的作用。与计划经济时代的就业、交通情况类似，在这 30 年间我国的休假制度也发生了很大变化，许多休假种类的增加，已经在制度设计之初将探亲假的功能考量在内，或者在制度运行的过程当中潜移默化地承担了带薪年休假的作用。在作出探亲假规定的时期，我国尚未形成统一的带薪年休假制度，1994 年颁布的《劳动法》已经明确规定了带薪年休假制度，带薪年休假制度是为了让劳动者可以通过带薪年休假进行休息休养，完成生理上的恢复，同时，可以利用这部分假期走亲访友，完成作为一个社会人的部分职能。这一部分职能包括探视自己的亲属，因此可以说，带薪年休假与探亲假在制度功能上存在一定的重合，而带薪年休假相对于探亲假，其制度设计更为灵活，覆盖面也更加广泛，不但适用于父母、配偶居住在同地区的职工，而且适用于父母、配偶居住在不同地区的职工，更加具有基准性。

第二，探亲假的适用范围限于国家机关、人民团体、全民所有制企业和事业单位的职工，而非公有制企业职工没有享受探亲假的法律依据，导致制度上的不公平。当然，这与“探亲假”的产生的特定历史时期有关，在 1981 年国务院出台《关于职工探亲待遇的规定》时，我国还没有民营企业，外资企业也屈指可数，《关于职工探亲待遇的规定》当时的适用范围几乎已经囊括了所有的非农劳动者，是一种普惠的国家福利。但随着改革开放的推进，民营、外资企业异军突起，国企也经过多轮改革,原来意义上的“全民所有制企业”少之又少,而这些新兴单位的劳动者均没有被纳入“探亲假”的适用范围中来。社会经济的迅速发展和法律规范的滞后使得“探亲假”成为国家机关、事业单位和少数国企职工享有的特权,明显有违社会公平。[1]

第三,对于确实需要探亲假的特殊行业或职业,探亲假中关于适用条件和待遇标准的规定过于陈旧,已经不符合社会发展的现实。例如,财务部于 1981 年颁布的《关于职工探亲路费的规定》第 2 条规定,关于职工探亲往返车船费按如下标准报销:(1)火车硬座,年满 50 周岁以上并连续乘火车 48 小时以上的可报硬卧费;(2)乘轮船的,报四等舱位费;(3)乘长途公共汽车及其他民用交通工具的,凭据按实支报销;(4)探亲途中的市内交通费,可按起止站的直线公共电车、汽车、轮渡费凭据报销,出租车费自理;(5)不得报销飞机票。但随着交通日渐畅通,高速大巴、动车、高铁、飞机等交通工具迅速普及,职工探亲的路程时间大幅缩短。陈旧的交通费用报销标准已经不适应当前的现实情况。

(四)我国婚丧假制度中存在的问题

婚丧假在中央层面立法缺失,虽在《劳动法》中规定婚丧假期间,用人单位应当依法支付工资,但是并无法律或行政法规对全体职工的婚丧假天数、范围等作出明确规定,仅有原国家劳动总局、财政部公布的《关于国营企业职工请婚丧假和路程假问题的通知》以部门规范性文件的形式对国营企业职工请婚丧假和路程假的相关问题作出了简单规定,而该规定也因内容陈旧不再适应当前的社会现实。

第一,婚假天数相对较短,与婚姻对于劳动者的重要意义以及其在中华文明传统中所象征的重要意义不相称。《关于国营企业职工请婚丧假和路程假问题的通知》中规定婚丧假由本单位行政领导酌情给予 1～3 天,该期间不符合婚姻的重要性和我国的具体国情。随着生活水平的提高,人民对结婚等较高层次的精神追求越来越注重。除婚礼所需的时间外,婚礼的前期筹备和后期收尾工作均需要相应的时间,1～3 天不能满足职工的实际需求。在实践中,大多地方立法对婚假的天数作了一定程度的延长,如山西省、甘肃省直接将婚假延长至 30 天,也有一些地方并未作出调整,地区之间差异较大。

---

[1] 参见沈彬:《落实探亲假须打破“双轨制”》,载《深圳特区报》2015 年 6 月 23 日,第 2 版。

第二,丧假中的亲属范围过窄。中国传统上认为兄弟姐妹、祖父母、外祖父母等旁系亲属同样属于"至亲",中国深厚的家缘和地缘文化也使与这些旁系亲属的关系十分亲密,感情也比较深厚,当其中有人去世同样会承受巨大的精神痛苦。在我国其他部门法中的制度也同样依据近亲属的概念来调整有关的家庭关系,如法定代理制度、监护制度、遗产继承制度等。以"直系亲属"作为丧假的适用范围,不符合我国传统,也不符合人之常情。

(五)我国事假制度中存在的问题

职工在进行生产生活的过程中,难免会因为各种事由,"身不由己",无法正常提供劳动,因此事假具有很强的覆盖性和代表性,几乎人人都需要。同时,事假制度自身具有高度的灵活性和包容性,可以灵活应对现实生活中立法者未能预料到的突发状况,及时满足职工的休假需求。另外,事假制度也可以和其他种类的假期形成良性的互动,为其他假期提供有益的补充。目前在我国尚没有统一的法律法规对事假制度进行规定,只是以部门通知、批复等方式零散地进行了规定,未能明确其性质,对于事假的具体制度也缺乏详细设计。

(六)我国生育假、育儿假、子女护理假等休假制度中存在的问题

休假制度的设立与一个国家特定的文化传统、社会背景、经济发展水平紧密相关,应当及时因应新的社会形势适时调整,以适应现实需要,在职工休假权、用人单位经营权和国家政策目标实现之间寻求动态平衡。当前,我国正面临着老龄化和少子化的双重挑战,将给我国的经济社会发展带来深远的影响。为减缓老龄化进程,保持人力资源禀赋优势,2021 年 6 月 26 日中共中央、国务院发布《关于优化生育政策促进人口长期均衡发展的决定》,宣布"实施一对夫妻可以生育三个子女政策"。2021 年 8 月 20 日,《人口与计划生育法》作出修改,其中将第 18 条第 1 款修改为"国家提倡适龄婚育、优生优育。一对夫妻可以生育三个子女",并在第 25 条增加一款作为第 2 款,规定"国家支持有条件的地方设立父母育儿假"。面对我国的人口基本国情以及国家生育政策调整的背景,当前国家层面仍然存在一些立法空白,无法充分因应新情势新需求。并且,虽然地方立法为应对现实需求作出先行规定,但立法质量良莠不齐,大多无法发挥真正的制度效果。

首先,近年来,各地方纷纷在地方性法规或条例中设立了"独生子女护理假"或"子女护理假",虽然释放出了足够的制度善意,但缺乏充分的法理论证与有效的规则设计,导致相关规定的正当性、必要性依据不足,具体条文缺乏可行性与可

操作性。[1]

其次,随着《人口与计划生育法》的修改,各地方又相继修改本地的计生法规,进一步增加女性享有的生育假天数并设置了父母育儿假。[2] 但是,其中仍然存在诸多问题。例如,在女性生产后所需身体恢复必要时间之外,一味地单方面增加女性生育假天数,并不利于推动男女双方在有偿工作中的机会平等和无偿家务劳动中的责任分担,反而可能导致抑制生育意愿的负面制度效果。又如,从国际育儿假立法趋势来看,其主要制度目的在于当社会托育服务供应不足时为父母提供直接承担婴幼儿照看责任的机会,并且不至于丧失工作岗位,因此其休假期间通常以月或年为单位。另外,鼓励或推动男性育儿假的落实,对于实现男女平等就业进而提升社会生育水平具有重要的作用。然而,目前各地方立法中的育儿假规定显然与上述制度功能相去甚远。

(七)其他临时设假中存在的问题

在实践中,各地方政府出于应对突发恶劣天气(如雾霾、台风)或顺利开展特定国际性会议或其他活动(如 APEC、G20)等特定目的,也会设置临时性假期。然而,目前对于此类政府临时设假的行政行为如何规范,尚有讨论的必要性。例如,决定、发布临时假期的职能机关与决定程序如何设置,临时设假的种类、范围与假期天数应如何确定,以及假期期间的停工成本应当如何分担等问题均有待进一步解决。

二、各具体休假制度的完善建议

(一)对我国带薪年休假制度的完善建议

我国带薪年休假制度的设计以国家福利作为主要指导思想,其中在构成要件、日期确定、休假期间等方面的规定过于原则、复杂,不仅难以为职工和用人单位提供稳定预期,而且导致大量纠纷,增加当事人和裁判机关诉累,[3] 未来可考虑从以下几个方面予以完善:

[1] 参见林嘉、陈靖远:《家庭护理假的法理分析与制度构建》,载《华东政法大学学报》2019 年第 4 期。

[2] 如上海市人民代表大会常务委员会于 2021 年 11 月 25 日发布《关于修改〈上海市人口与计划生育条例〉的决定》,将女性除产假外享受的生育假由原来的 30 天增加至 60 天,并规定符合法律法规规定生育的夫妻,在其子女年满 3 周岁之前,双方每年可以享受育儿假各 5 天。

[3] 参见曹克奇:《年休假权的解释论——以 2008—2016 年再审裁判文书为中心》,载《中国人力资源开发》2016 年第 14 期。

1. 适当增加部分带薪年休假期间。我国目前规定的带薪年休假休假期间是5~15天。从国际劳工标准来看，其规定的带薪年休假最低天数是每年15天。从比较法的角度看，从年休假日期长度比较，我国年休假期间的基准并不高。不仅低于国际劳工组织所确定的最低基准，而且与周边发展中国家相比较，仍显得过低。无论是天数还是增长幅度，与我国的经济发展水平未尽相符，因此建议在科学计算职工年休假天数与企业生产以及国内生产总值的影响关系基础上，酌情增加带薪年休假的休假期间，短期内可考虑将休假期间统一增至15日(3周)。

2. 简化年休假权的构成要件。将时间要件与试用期接轨，即试用期内不享有年休假权，超过试用期的当年根据其工作日期按比例享有当年年休假，此后每年享有年休假权而不设构成要件。

3. 明确休假日期排定规则和证明规则。我国现行法律并没有规定用人单位休假日期的排定规则，实践中用人单位基于生产成本和用工秩序的考虑，有意(或无意)不安排职工休假，而职工又不敢行使休假日期选择权，是造成带薪年休假落实难的主因。司法裁判中，职工起诉用人单位要求制定休假规则，但法院认为："《职工带薪年休假条例》是为了维护职工休息休假权利，调动职工工作积极性制定的。单位应当保证职工享受年休假，但该条例并未规定单位必须制定关于年休假的规章制度。"因此，未来立法应考虑明确用人单位休假日期安排催告义务，当职工没有行使休假日期选择权时，用人单位有义务催告职工行使，未履行催告义务职工有未休年假赔偿请求权。职工有休假日期选择权，用人单位享有例外的给付拒绝权，即休假日期应根据职工意愿确定，而非由用人单位安排。用人单位应通过书面形式确定休假日期，并作为证明职工享有年休假权的唯一证据，否则视为用人单位导致职工未休年假。

4. 确立禁止假期赎买规则。《职工带薪年休假条例》第5条规定，用人单位确因工作需要不能休年假的经职工同意可以改发3倍工资。从实务来看，"确因工作需要"难以界定，而不少职工亦乐于配合用人单位工作需要多收2倍工资，使年休假制度的实际效果从休假变成加薪。这样的现状与国家规定带薪年休假制度的目的相悖，也不符合职工休假制度劳动基准法的性质，与国际上的通行做法也有出入。[1] 在解释论上，为符合职工休假制度的立法目的，可以对《职工带薪年休假条

〔1〕 参见1936年ILO《带薪休假公约》(第52号)第4条，1970年修订《带薪休假公约》第12条；欧盟《工作时间指令》第7条。

例》第5条第3款“确因工作需要”采用限缩解释：首先，与第1款“根据生产、工作的具体情况”一样通过类型化的方式限制其适用范围。其次，在第2款适用之后，才有第3款适用的可能，即对第2款“因生产、工作特点”进行扩张解释，使当年无法安排休假的职工，迟延到下一年，通过迟延给假的方式对劳动者进行补偿。下一年仍无法给假再给予3倍工资的补偿。于立法论上，则建议在未来立法中删去第5条第3款用人单位可以用3倍工资赎买职工带薪年休假的规定。

（二）对我国病假制度的完善建议

1. 完善职工病假的实体性条件。职工病假的实体性条件是指当职工出现疾病状况，确实无法正常提供劳动，需要请假就医或休养。由于用人单位并不具备独立判断职工是否达到请病假的实体性条件，需要依赖具有相应资质的医疗部门出具的医疗证明，因此关于职工病假的实体性条件的核心是对于职工疾病状况的证明以及用单位的必要核实权限。

（1）职工有义务提供有相应资质的医疗机构出具的符合法定形式的医疗证明。由于职工履行病休请假手续的核心功能在于提供证据证明自己患病需停工治疗休养的事实，而疾病诊断书等医学证明文件是证明职工患病需停工治疗休养的最基本的合法有效证据，所以职工请病假时除向用人单位口头或书面表达病休要求外，更主要的是应当向用人单位提供医疗机构开具的疾病诊断书等医学证明文件。[1]另外，在职工突发疾病需要紧急就医的情况下，应当保障职工的优先就医，待职工病情稳定或其他条件成熟下，由职工补齐有关的医疗证明。

（2）用人单位的核实权。在收到职工的医疗证明后，用人单位有进行核实的权利。由于用人单位往往不具备诊断能力，同时复杂的核实手续往往会耽误职工治疗，因此应当适度限制用人单位的核实权，即只对劳动者提供的医疗证明进行形式性审查，如果出具证明的医疗机构具有相应资质，用人单位即应批准给假。当医疗证明不符合形式要求或者用人单位确有证据证明职工没有生病或不需要休假时，由用人单位承担举证责任，可以对职工进行复查，但复查的费用应由用人单位承担，核实后确实不符合请病假条件的，有关费用可以向职工追偿。

（3）用人单位的监督权和职工的报告义务。为了解决长期存在的“泡病号”现象，用人单位在不影响职工正常就医或休养的情况下，有权通过探望、走访或从其

---

〔1〕 参见尹明生：《职工休病假的条件与程序研究》，载《中国劳动关系学院学报》2015年第4期。

他渠道了解的方式，关注职工的病情和身体情况。相应地，在不影响就医和休养的情况下，职工有义务及时报告自身的康复情况，当身体状况恢复到可以上班的程度时，应主动报告销假，回到工作岗位；用人单位也有权要求已经实际康复的职工回到工作岗位正常工作。

2. 完善职工请病假的程序性条件。

（1）职工应当履行请假手续。当职工患病需要请病假时，应当履行法律规定的和用人单位规章制度中规定的请假手续。职工提供疾病诊断证明履行请假手续（以便用人单位审查批准）是用人单位行使劳动用工管理权的必然要求。只有要求职工履行病假请假手续，才能保证用人单位及时了解职工患病的情况，及早协调安排工作，维持好用工管理秩序，保证将职工休病假的相关情况置于用人单位监督管束之下，避免滋养懒汉职工。[1] 在一般情况下，职工应当在提出请假申请的同时提交医疗证明以证明确实需要休病假，确有困难的可以允许在合理期限内补齐证明手续；在职工突发疾病的情况下，可以豁免有关的请假手续，由职工亲属代办或事后补办请假手续。

（2）用人单位的及时审批义务。职工请病假往往意味着需要接受治疗，因此用人单位负有及时审批义务，不得拖延审批程序损害职工的身体健康。在一般情况下，用人单位应当在进行形式审查所有材料齐备后即时准假，材料不齐备但不影响对职工休假需求判断的也应即时准假；职工病情复杂、请假期限较长的，为不耽误职工治疗，可以先行中止职工的劳动给付义务，待情况核实后正式给予假期，已经先行休息的时间可以从正式假期中予以抵扣。

（3）规定职工的销假手续。职工休病假的时间直接关系到工时的统计以及劳动报酬的计算，因此当职工停止休假返岗工作时，双方都应及时销假，职工有义务将相关的诊断证明等销假材料提交给用人单位，用人单位应当正式记录职工返岗并书面通知职工销假。另外值得注意的是，为保障职工及时回岗工作的权利，应取消现行规定的复工鉴定制度，对职工的销假手续，同样只作形式审查，即职工提交符合规定的销假材料后，应立即允许职工回到岗位，正常提供劳动。

（三）对我国探亲假制度的完善建议

1. 除个别特殊行业确有普遍的探亲需求外，取消对探亲假的规定。如前所述，

---

〔1〕 参见尹明生：《职工休病假的条件与程序研究》，载《中国劳动关系学院学报》2015 年第 4 期。

职工的休假制度作为国家劳动基准的一部分,只宜规定最基本、最具有常规性的休假种类,对于只存在于特殊行业或只有小部分人群所具有的休假需求,由于不具有进入劳动基准法的基本性和普遍性,因此不宜由劳动基准规定,而应当交给劳动合同或集体协议进行调整,探亲假即属此例。因此,探亲假不具有国家统一进行规定的基准性,不宜纳入基准性的休假制度。笔者建议在完善和落实带薪年休假制度,并且适当考虑延长带薪年休假天数的基础上,取消探亲假的规定,由带薪年休假制度统一调整职工的探亲需求。

2. 对于个别特殊行业,确有固定探亲需要的,可以由单行法规定探亲假制度。目前我国还存在一些行业,由于其特殊性,或者还在执行国家计划,如援疆、援藏、支援西部的工作人员,或者由于其行业特点,如铁道、海员等工作人员,长期在异地工作,不能与家人团聚的,可以授权有关部门,结合其行业的特殊性,通过单行法的形式对这些行业的工作人员的探亲假进行规定,不再由假期的基准法进行统一规定。

(四)对我国婚丧假制度的完善建议

1. 适当增加婚假的天数。婚姻在中华文明的历史中一直占据重要地位,其不但具有重要的法律意义,而且承载着一定的文化职能,具有很强的本土性和地域性。目前我国对于婚假没有统一规定,各地一般按照3天的标准执行,天数相对较短,与婚姻对于劳动者的重要意义以及其在中华文明传统中所象征的重要意义不相称。因此,考虑到婚姻的重要性和我国的具体国情,应当将结婚的准备、婚礼花费时间以及适当的收尾工作都纳入婚假天数的考量因素中,将婚假的天数适当延长,满足职工的需求。

2. 适当扩大丧假所包括的近亲属范围,并依照亲属关系的远近规定假期的长短。目前我国的丧假制度并未区分亲属关系的远近,而是规定了一个统一的天数,欠缺灵活性。事实上,根据亲属关系的远近而区别给予一定的假期在我国古已有之,最早可以追溯到规定子女服丧时礼仪的"五服"制度和官员因亲属去世而暂时离人回乡守孝的"丁忧"制度。[1] 我国其他部门法中的制度也同样依据亲属关系的远近来调整家庭关系,如法定代理制度、监护制度、遗产继承制度等。另外,目前我国的丧假制度并没有明确可以享受丧假的近亲属范围,一般只限于直系亲属,这

---

〔1〕 参见曾宪义、赵晓耕主编:《中国法制史》,中国人民大学出版社2013年版,第189页。

不符合我国的传统,也难谓符合人之常情,中国传统上认为兄弟姐妹、祖父母、外祖父母等旁系亲属同样属于“至亲”,中国深厚的家缘和地缘文化也使与这些旁系亲属的关系十分亲密,感情也比较深厚,其中有人去世同样会承受巨大的精神痛苦。因此建议未来立法时,可以适当地将允许请丧假的事由扩大到近亲属去世,并且根据亲属关系的远近,规定不同的丧假天数。

（五）对我国事假制度的完善建议

事假具有较强的基准性,应当由国家进行统一的基准立法,同时,由于其灵活性和包容性的特点,国家不宜进行面面俱到的规定,而是可以适当将制度设计的任务交给企业的自主经营权以及集体协商制度。具体来说,对于事假制度有以下建议:

1. 将特定类型的事由规定为基准性事由,由法律进行规定,其他事由宜交由职工和企业自主协商。事假作为一种基准性假期,其制度设计之初就是为了解决一些临时性、突发性但又有很大概率发生的事件,因此,由于法律调整的滞后性和迟缓性,不可能通过立法对可以请事假的事由预先进行面面俱到的规定,而最佳的调整模式是法律保持适当的谦抑性,只对一些概率极大、休假需求极高的事件作出基准性的规定。目前世界上通行的做法是根据社会的通行观念,将需要职工亲自进行处理或者近亲属以及其他家庭成员生病需要照顾的事由规定为雇主必须给予事假的事由,但这些事由的范围相对较小,仅限于与职工本人联系紧密且需要其离开工作岗位、亲自处理的事项。未来我国在立法时,可以适当对世界其他国家的做法进行借鉴,将可以请事假的法定事由限定于医疗方面和家庭关系方面,并将具体审批的权限交由用人单位结合具体情况进行判断。

2. 对事假的天数作出上限性规定。由于事假具有很强的灵活性和突发性,且具有随用随请,“需要几天请几天”的特点,相较于其他固定、具有长期性的休假种类,事假不宜规定一个最低天数。但是,为了保证用人单位的正常用人秩序以及劳动者的工作积极性,对于事假天数的上限,应当作出规定。

3. 对请事假期间职工的待遇作出规定:无工资,但应当照常发放其他待遇。职工在请事假期间不能正常提供劳动,而且是为处理自己的私事而无法上班,因此作为劳动给付的对价——工资,用人单位可以停止发放,但除了工资之外,具有社会保障性质的社会保险费用以及其他社会福利,用人单位不得以职工请事假为由拒绝缴纳或发放。

4. 对事假期间职工的保障作出规定：不得解雇规则、岗位保留规则、休假结束后不受不利对待规则。所谓不得解雇规则，是指职工在请事假期间，由于长时间离开劳动岗位，企业出于自身的经营考虑，可能需要对请假职工的岗位在其请假期间作出安排。许多企业为了节约人力成本，往往会终止与职工的劳动关系，这种做法显然是违反《劳动法》和《劳动合同法》的有关规定的。所谓岗位保留规则，是指有的企业会在职工请假期间对岗位作出调整，职工返岗后发现岗位已被调整或取消，企业以正常的经营调整为由，拒绝职工返岗，使劳动关系名存实亡，对于这种出于用人单位自己的原因拒绝接受劳动给付而使劳动者不能恢复劳动的，应当视为劳动者已经正常提供劳动给付，有权要求用人单位照常支付工资。所谓不受不利对待规则，是指有的企业虽然允许劳动者在事假结束后恢复岗位，但会减少其正常的报酬，或者会变更其职责，或者在劳动者恢复劳动一段时间后再将劳动者调职、降职等，这些都属于对劳动者的不利对待（unfair treatment），对于这些不利对待，有些属于用人单位正常的人事调整，有些则属于对休假劳动者的"报复"，对此应当进行综合判断，结合具体情形，如果用人单位仅仅因为劳动者长期请假而对劳动者作出不利安排，应当认为是违反劳动合同的行为。未来在立法中应当明确规定，劳动者不因请事假而受到不利待遇，从而保证劳动者可以安心利用事假制度。

5. 规定事假与带薪年休假的转换关系。由于带薪年休假与事假在一定程度上存在功能重叠，当劳动者有事需要请事假时，如果尚未享受该年度的带薪年休假时，用人单位是否有权要求劳动者优先使用带薪年休假？不同的立法例有不同安排，以德国为代表的欧洲国家以及世界劳工组织都认为带薪年休假属于劳动者的权利，用人单位不得强迫其行使，而美国规定在特定情况下，雇主可以要求请事假的雇员优先使用带薪年休假。笔者认为，请事假对于用人单位的生产经营活动影响较大，且带薪年休假制度的功能中本身就包含事假属性，要求职工优先使用带薪年休假处理个人事务对劳动者来说并无明显不公，因此，建议未来在立法中对事假作出规定的同时，规定用人单位可以要求劳动者在请事假时优先使用带薪年休假处理个人事务。

（六）对我国生育假、育儿假、家庭护理假制度的完善建议

1. 在国家层面立法中增加家庭护理假的规定。我国一直以来具有"家文化"的传统，家庭成员长期以来都以"家"为单位进行生活，家或者户长期以来也是社会管理和社会生活的基本单元。职工和家庭的密切联系决定了当家庭成员出现疾病

或其他需要护理的情况时，应当允许职工暂时离开劳动岗位，给予其一定假期对家庭成员进行护理。护理的对象包括产妇和新生儿以及老年人。可以预见的是，未来我国将会进入一个护理需求高发的时期：一方面，国家放开了“三孩”政策，新生儿出生以后需要职工进行照顾和陪伴，孕产妇在生产之后也需要照顾和陪护。另一方面，我国已经步入老年社会，而且执行计划生育政策的那一代人也正在渐渐步入老年，老年人体弱易病，生病后需要人陪护，另外老年人随着年龄增长，生活自理能力会渐渐变差，身边也需要人照顾和护理。我国传统文化上一直以来尊崇“孝道”“百善孝为先”，法律上也规定了子女对父母的赡养义务，“常回家看看”也早已入法，因此对生病父母的照顾和护理，不仅是道德上的要求，而且是法律上的义务。当这些现实的护理需求出现时，法律上却未规定相应的假期，职工难以分身，难免会制造家庭矛盾，甚至可能使职工承担法律责任。因此，为了保障劳动关系和家庭关系的稳定，宜回应时代的要求，应当在国家层面对家庭护理假进行统一规定。只有通过国家立法程序，进行公布法律草案、听证、公开征求意见等一系列民主程序，提高假期立法质量，制定科学、可执行的假期制度，才能在劳动者与用人单位之间的权利冲突中形成相应的共识与协调，实现国家、单位、个人之间权利义务的一致性。[1]

2. 完善育儿假的规定。从个体家庭角度来看，婴儿自出生起，除在生理方面需要护理外，父母的照顾、陪伴与教育，能够使其与婴幼儿建立情感上的认同与依附，同样是婴幼儿人格养成的重要一环。我国现代的家庭模式大多属于双职工家庭，父母双方均有工作，难有专门性、集中性的假期对初生子女进行照顾与教育，这不但与现代儿童教育理念不符，也不利于初生儿童的健康成长以及家庭观念的培养。尤其在社会托育机构与服务供应不足时，育儿假制度的存在对于缓解家庭育儿压力，提高生育水平也具有重要意义。从社会整体来看，育儿工作质量的提升可以提高人口质量，保证社会生产力的永续发展，是一项社会共同责任。鉴于此，未来应当适时探索在国家层面构建真正能够发挥育儿功能的育儿假期，在休假期间、申请程序与职位保留具体规则等方面进行细致规制，并将待遇给付纳入社会保险基准范围，健全成本分担机制。并且，尤其应当将鼓励、促进男性育儿假的落实纳入制度考量。

---

〔1〕 参见林嘉、陈靖远：《家庭护理假的法理分析与制度构建》，载《华东政法大学学报》2019 年第 4 期。

（七）结合现实需要将地方临时设假纳入法治轨道

结合部分地方实际，可以由地方性法规规定属于地方性事务的假期，如雾霾假和台风假等。一方面，休假制度体现国家对职工劳动条件的调控，具有基准性和公平性的特征。另一方面，对于一些情况特殊的地区，休假制度又可能和地方特点相结合，成为《立法法》第73条所规定的可以由地方性法规规定的"地方性事务"。最典型的就是"天气假"，如我国北方地区冬季可能有十分严重的雾霾，南方沿海夏季频发台风，当这些天气因素出现后，仍然要求职工上班会严重威胁到他们的身体健康，但由于这些天气因素只存在于部分地方，而且只在一定季度出现，难以在全国性的法律中统一作出规定。此时，允许地方立法机关针对这些天气因素规定假期，不仅是对劳动基准的执行，而且是地方立法机关以及地方政府处理地方事务的手段之一，应当认为并没有违反地方性法规的立法权限。但应注意的是，可以由地方性法规规定的休假种类仍然属于休假制度的例外情况，不宜盲目扩张其范围，只有当该事项具有强烈的地方性以及放假确有必要时，才可以在地方性法规中对决定权限、决定程序以及权利义务内容作出规定。

第七章　工资法律问题研究

工资是劳动关系的核心问题,[1]各国劳动立法皆对工资进行了重点规范、调整。中华人民共和国成立后,我国颁行了一系列规范性文件,在全国范围内统一了职工的工资标准,理顺了工资关系,建立了基本上符合我国当时的实际情况、适应社会主义建设的工资制度。党的十一届三中全会之后,经济建设成为党和国家的工作重心,国家着力改革旧工资体制,并根据经济发展的需求对工资进行法律调整。改革开放和经济体制改革呼唤与之相适应的工资立法,克服工资分配平均主义,贯彻按劳分配原则,建立新的工资制度与工资增长机制。1985 年,国务院颁布了《关于国营企业工资改革问题的通知》,开始在国营大中型企业工资分配中贯彻按劳分配的原则,实行职工工资总额同企业经济效益按比例浮动的办法。1993 年,原劳动部发布了《全民所有制企业工资总额管理暂行规定》《企业最低工资规定》,对原有的制度进行了改革。1994 年 7 月 5 日第八届全国人民代表大会常务委员会通过的《劳动法》专设第五章"工资",对工资分配原则、工资的确定、工资的支付等作出了规定,从法律层面上确定了我国工资制度的基本框架。为配合《劳动法》的贯彻实施,原劳动部随后发布了《关于实施最低工资保障制度的通知》《工资支付暂行规定》《对〈工资支付暂行规定〉有关问题的补充规定》《劳动法意见》等一系列文件,对工资进行界定,并规定了最低工资、加班工资、工资支付政策等内容。2000 年,原劳动和社会保障部颁布了《工资集体协商试行办法》,为工资集体协商和工资集体协议的签订提供了依据。2004 年,原劳动和社会保障部公布了《最低工资规定》,完善了我国的最低工资制度。2019 年,国务院第 73 次常务会议通过了《保

---

〔1〕 参见黄越钦:《劳动法新论》,台北,翰芦图书出版有限公司 2012 年版。

障农民工工资支付条例》,力图根治农民工工资拖欠问题。这些规范性文件构成了我国工资法律制度体系。

虽然我国工资法律制度日臻完善,但是实践中仍存在劳动者工资权益无法有效保障的现象,欠薪问题仍然普遍存在。在全面推进依法治国、构建和谐劳动关系的背景下,理性反思现行工资法律制度具有重要意义。对现行工资制度和实践进行全面梳理与检视基础上,本章将深入探讨工资定义、最低工资保障制度、工资优先权制度以及欠薪支付保障制度等问题。

第一节 我国劳动立法中工资定义

社会通念认为工资乃劳动关系的核心要素,理论研究亦认为工资是劳动法中的基础性概念。对"工资"的科学界定是规范劳动关系的,也是规范劳动立法的。在立法上,我国《劳动法》并未对工资进行界定,劳动行政部门发布的一些规范性文件对工资作出了定义,这些定义本身不甚统一。在学术研究上,学者分别从不同维度阐释工资的内涵,尚未就工资定义达成共识。这一现状非但不利于劳动法治的进步,亦不利于劳动法学的理论研究。针对这一问题,本节拟总结立法对工资定义的缺陷,评析相关学术观点,立足我国实际情况,总结国外立法经验,力图对未来劳动立法中工资进行科学的界定。

一、我国劳动立法中工资定义的局限

梳理我国现行立法,可以发现两个重要事实:首先,并非只有劳动立法中才有与工资相关的法律规范,我国《中华人民共和国社会保险法》《中华人民共和国个人所得税法》《中华人民共和国企业破产法》《中华人民共和国刑法》等都存在与工资相关的法律规范。[1] 其次,并非只有劳动立法中才存在工资定义,我国《中华人民共和国个人所得税法实施条例》《中华人民共和国企业所得税法实施条例》也对

---

〔1〕 参见例如,《中华人民共和国社会保险法》第12条第1款规定"用人单位应当按照国家规定的本单位职工工资总额的比例缴纳基本养老保险费,记入基本养老保险统筹基金";《中华人民共和国个人所得税法》规定"工资、薪金所得"应纳个人所得税;《中华人民共和国企业破产法》规定了企业破产时职工工资的优先受偿顺位;《中华人民共和国刑法修正案(八)》规定了拒不支付劳动报酬罪。

工资的内涵或外延进行了界定。[1] 由此可见，工资并非劳动法的专属概念，亦非普适性法律概念，不同法律部门中的工资定义具有不同的解释架构和界定思路。本章对现行立法中工资定义的分析仅限于劳动法领域，不涉及民商法、社会保障法等其他法律领域。

1994 年《劳动法》"工资"一章对工资的分配原则、支付方式、最低工资保障等方面进行了规定，但是未对工资进行定义。《工资支付暂行规定》第 3 条规定"本规定所称工资是指用人单位依据劳动合同的规定，以各种形式支付给劳动者的工资报酬"。《劳动法意见》的通知第 53 条规定：劳动法中的"工资"是指用人单位依据国家有关规定或劳动合同的约定，以货币形式直接支付给本单位劳动者的劳动报酬，一般包括计时工资、计件工资、奖金、津贴和补贴、延长工作时间的工资报酬以及特殊情况下支付的工资等。"工资"是劳动者劳动收入的主要组成部分。劳动者的以下劳动收入不属于工资范围：单位支付给劳动者个人的社会保险福利费用，如丧葬抚恤救济费、生活困难补助费、计划生育补贴等；劳动保护方面的费用，如用人单位支付给劳动者的工作服、解毒剂、清凉饮料费用等；按规定未列入工资总额的各种劳动报酬及其他劳动收入，如根据国家规定发放的创造发明奖、国家星火奖、自然科学奖、科学技术进步奖、合理化建议和技术改进奖、中华技能大奖等，以及稿费、讲课费、翻译费等。这是现行劳动立法中工资的两个定义，二者所处的语境是不一样的，其表述也有差异，从形式上看，《劳动法意见》中的工资定义要比《工资支付暂行规定》中的工资定义更具体、完备。在具体分析前述两个工资定义之前，有待明确的问题是：劳动法律体系中的工资定义是否应该统一？

我国的劳动法律制度体系包括劳动就业法律制度、劳动合同法律制度、劳动条件（基准）法律制度、集体劳动法律制度以及劳动争议处理法律制度等。因为各个体系分支在理念与技术方面存在一定的差异，对工资的关注视角也不尽相同，如劳动就业法重点关注工资平等分配（同工同酬），劳动合同法重点关注工资水平的意思自治，劳动条件（基准）法重点关注最低工资保障，集体劳动法重点关注工资的

---

〔1〕 参见例如，《中华人民共和国个人所得税法实施条例》第 6 条第 1 款第 1 项规定："工资、薪金所得，是指个人因任职或者受雇取得的工资、薪金、奖金、年终加薪、劳动分红、津贴、补贴以及与任职或者受雇有关的其他所得。"《中华人民共和国企业所得税法实施条例》第 34 条规定："企业发生的合理的工资薪金支出，准予扣除。前款所称工资薪金，是指企业每一纳税年度支付给在本企业任职或者受雇的员工的所有现金形式或者非现金形式的劳动报酬，包括基本工资、奖金、津贴、补贴、年终加薪、加班工资，以及与员工任职或者受雇有关的其他支出。"

集体协商等,因此在各自法律制度体系中工资面向也各不相同。这很容易让我们产生一种误解,即劳动法律体系中工资不应统一定义,而该区分不同的分支领域进行界定。从理论层面看,制度的协调统一源自规则的协调统一,规则的协调统一又取决于概念的统一,劳动立法作为一个整体,其内部的各项制度必须协调统一,只有在统一的工资定义基础上才能建构起内部协调的劳动法律制度体系。因此,我国未来的劳动立法中应该统一工资的定义。

那么,是否可以从现行劳动立法中已有的两个工资定义中选取一个作为未来劳动立法中的工资定义呢?答案是否定的。上述两个工资定义都存在一定缺陷。首先,《工资支付暂行规定》中将"工资"定义为用人单位依据劳动合同的规定以各种形式支付给劳动者的工资报酬。这一定义过于概括,从实践层面看其缺乏可操作性,从理论层面看未能揭示出工资的核心内涵且存在同语反复的问题。其次,《劳动法意见》将劳动法中的"工资"定义为用人单位依据国家有关规定或劳动合同的约定,以货币形式直接支付给本单位劳动者的劳动报酬,一般包括计时工资、计件工资、奖金、津贴和补贴、延长工作时间的工资报酬以及特殊情况下支付的工资等。这一定义采用"抽象概括+具体列举"的方式,在一定程度上更加完备、更加具有实践可操作性。也许正是因为这一定义在实践中占据着主导地位,几乎所有的劳动法教科书都直接使用了这一工资定义。但是该定义停留在描述层面,缺乏理论抽象,未能揭示工资的本质属性。实际上,这一定义受到了国家统计局《关于工资总额组成的规定》的直接影响,而国家统计局对工资总额组成的进行规定是为了统一工资总额的计算范围,保证国家对工资进行统一的统计核算和会计核算,有利于编制、检查计划和进行工资管理以及正确地反映职工的工资收入,因此重视工资核算的功能,而忽视工资的本质属性。

综上,虽然我国已经初步建立起了较为完善的工资制度,但由于缺乏对工资的科学界定,工资制度缺乏最重要的概念基础。其原因在于当时相关的理论研究不足,立法过程缺乏理论支持。

二、国内工资定义主要理论观点评析

随着劳动法制及其实践的快速发展,劳动法学理论研究也更加全面、深入、系统,劳动法基础理论也越来越受到学者关注。基础理论方面的研究成果不断涌现,学者们对工资定义提出了不同的观点。

有学者认为，劳动法中的工资概念因对价理论的缺陷而丧失其体系化功能，在马克思主义立场上反思，工资的法律概念可以被解释为能够被劳动法正当化的、社会主体同意的、可由劳动者支配的、劳动所创造的价值。[1] 笔者对这一观点存在两点疑惑：第一，该观点认为劳动法中工资概念因对价理论的缺陷而丧失其体系化功能，理由是从个别劳动关系的角度考察，工资固然可以作为债之标的，但在工资集体争议中，劳动者的集体行动权很难解释为债权，工资的法律概念与法律规制之间的意义脉络将因之断裂而失去其体系化功能。然而，工资对价理论并非简单地指"劳动的对价"，而是随着劳动法治实践以及理论研究的发展不断更新，呈现"劳动力对价"—"劳动力支配对价"—"劳动关系对价"的演进脉络。[2] 工资对价理论依然具有相当的解释力。第二，该观点中的工资定义力图揭示工资的抽象本质，对工资抽象本质的概括还是极具启发意义，但其抽象的层次过高，将工资抽象成了一个哲学概念。

有学者认为，工资定义不应该拘泥于机械的对价标准，而应该在认可对价性的基础上有条件地确立新的形式标准，如合同约定、企业规章制度规定、习惯给付等。这既是工资范围上的观念转换，又是工资内部结构的重构。因此，工资是指用人单位支付给劳动者的报酬，包括劳动者依据合同约定而得的固定性收入、用人单位根据劳动管理而给付的对价性报酬以及基于特别事由的制度性或惯常性给付。[3] 该观点提出"对价标准＋形式标准"的工资定义架构，尤其是结合工资概念的发展脉络并结合实践经验对工资定义的"形式标准"作出了深入的讨论，极具启发意义。但该观念仍存在以下问题：首先，工资对价理论是对工资抽象本质的概括表达，而且该理论在实践中不断更新、演进，对工资的抽象本质依然具有解释力；其次，从定义的表达可以明显地看出"形式标准"占据主导，这似乎不太符合法律概念定义的一般原理。法律概念是从法律现象中抽象概括出来的权威性范畴，应该具有一定的理论抽象，即对抽象本质的表达才应该是法律概念定义的核心内容。因此，该观点对工资定义架构的安排仍然有值得进一步商榷之处。

有学者认为，我国劳动法上工资定义应该有所区分，总则部分的工资定义应该

---

〔1〕 参见曹燕：《劳动法中工资概念的反思与重构》，载《法学家》2011 年第 4 期。

〔2〕 参见王天玉：《工资的对价学说及其法律解释力》，载《社会科学》2015 年第 8 期。

〔3〕 参见李海明：《从工资构成到工资定义：观念转换与定义重构》，载《法律科学(西北政法大学学报)》2013 年第 5 期。

规定本质，并尽可能维持定义的抽象性和广泛性，确保其涵盖范围能扩及整个工资法律规范体系。个别的工资法律规范中的工资定义则应依据其立法目的、规定性质差异对总则中的工资定义的内涵和外延进行合理限缩，以实现该法律规范之工具性。[1] 该观点在劳动法体系内部提出了一个多层次的工资解释架构，对于深入理解工资的本质具有理论参考意义。但如前文所述，工资是劳动法体系中的基础概念，缺乏统一的定义将导致劳动法体系内部冲突。此外，劳动法具体制度对工资的规范调整的不同理念与技术并非意味着每项具体制度中工资应当有不同的定义，工资定义是对劳动关系中工资本质属性的抽象概括，应该具有一般性和相应的体系功能。

马克思主义理论研究和建设工程重点教材《劳动与社会保障法学》中的工资定义为，工资是劳动给付的对价，是用人单位依据劳动合同约定或者法律规定标准及形式向劳动者支付的劳动报酬。该教材中工资概念的主要内涵包括以下几个方面：(1)工资是劳动给付的主要对价，也是劳动合同中用人单位向劳动者承担的基本给付义务；(2)工资依法定或者约定的标准计算和支付；(3)工资须以货币形式和法定方式支付。[2] 该定义很显然是在吸收、总结我国相关劳动立法的基础上形成的，但是该定义直接将工资定义为劳动给付的对价，简化了工资对价理论，也存在一定的局限性。

学者从不同的视角提出工资定义，为深入研讨工资定义提供了理论素材和方法参照，在研究、反思各种理论观点的基础上可以提炼出共识。首先，“抽象本质+(具体)形式标准”的架构是工资定义的主流架构；其次，虽然学者们对对价理论本身有不同的理解，但关于工资的抽象本质依然是对价理论占据主流。

三、未来我国劳动立法中的工资定义

新科技带来了就业形态的巨大变革，也将劳动法推上了“风口浪尖”，关于劳动法的讨论越来越多，修改《劳动法》《劳动合同法》，制定劳动基准法的声音也越发强烈，也为重新对工资进行定义提供了契机。为科学界定工资，有必要去梳理、观察域外立法的工资定义，发现值得借鉴、吸收的立法经验。

ILO《工资保护公约》第1条将工资定义为，无论名称或计算方式如何，由雇主

---

[1] 参见侯玲玲：《劳动法上工资之界定》，载《人民司法》2013年第11期。

[2] 参见《劳动与社会保障法学》编写组：《劳动与社会保障法学》，高等教育出版社2017版，第164页。

对受雇者,因其已完成和将完成的工作或已提供或将要提供的服务,能够以货币结算,由协议或国家法律确定,依据雇用合同支付的报酬或收入。美国《公平劳动基准法》第203条规定的工资,内容包括雇主支付给雇员的,包括劳工部长规定的膳食、住宿或者其他设施的合理费用,但是,劳动双方可以通过劳资协议约定将膳食、住宿和其他设备费用排除在工资的范围之外。加拿大《劳动法典》第三部分"标准工时、工资和假期"第166条将工资定义为,除小费和其他赏赠物品外的所有形式的工作报酬。英国《就业权利法》第二部分"工资保护"中的第27条将工资定义为,雇主应支付给他的所有与雇用有关的金额,工资应该包括酬金、奖金、佣金、各种法定津贴以及其他与雇用有关的报酬。日本《劳动基准法》第11条将工资定义为,工资系指无论其称为工资、薪金、补贴、奖金还是其他名称,作为劳动的对价,雇主向劳动者支付的劳动报酬。韩国《劳动基准法》将工资定义为,雇主以现金或者有价物向劳动者支付的劳动对价。新加坡《就业法》序言第2条将工资定义为,"薪金"是指根据服务合同完成工作后支付给雇员包括津贴在内的所有报酬,但是不包括房屋居住、供电、供水、医疗护理、养老金、抚恤基金、旅行补贴、雇佣中的特殊费用、裁员补贴等。

从前面的梳理可以发现,不同国家或者地区立法中工资定义也不尽相同,甚至在架构和表述上存在明显差异。通过研读、分析、对比上述工资定义,可以得出以下结论:

首先,不同国家和地区立法中工资定义的差异性根植于不同国家和地区的法律文化、法律传统、法律体系以及社会经济状况。工资定义的不同语境决定了工资定义没有"标准答案"。我国劳动法中的工资定义要充分立足我国的法律文化、法律传统、劳动法律体系与社会经济状况,不能照搬域外立法中的工资定义。

其次,从总体上看,"抽象本质+(具体)形式标准"的工资定义方式是各国普遍采用的工资定义架构。我国未来劳动立法中工资定义的架构应当采用这种国际通行的形式。

再次,不同国家和地区立法中的工资定义的相同性在于将"对价"属性作为工资的本质属性。我国工资定义应该遵循这一"共识",在工资对价理论的基础上,立足我国政治、经济、社会以及文化状况,科学概括工资的抽象本质,合理确定工资的形式标准。

最后,在工资定义中,给付的名义并不重要,给付的原因(理由)才是关键。因此,在设定工资定义中的形式标准的时候不应该只考虑给付的名义,而应该侧重考虑给付的原因(理由)。

在未来劳动立法中,在工资定义的法律层级方面应该在法律层面,且优先在作为劳动基本法的《劳动法》中来界定工资。在工资定义的方式上,应该采用"抽象本质+具体标准"的形式界定工资。抽象本质应该继续沿用"对价理论";具体标准的设定应该充分考虑我国劳动立法传统与社会实践状况,借鉴国际通行的制度和实践经验。在工资定义的层次上,抽象本质作为认定某项给付是否属于工资范畴的规范性依据,是定义的核心,具体标准是对抽象本质的延伸、扩展,而非具体化,更非限制,这既是工资定义的基本要求,也是工资法律法规理解与适用的指导原则。

综上所述,在我国劳动立法中工资定义可以表述为:工资是用人单位按照法律法规的规定或劳动合同、集体合同的约定等,以货币形式向劳动者支付的劳动对价,包括计时工资、计件工资、奖金、津贴以及补贴等。

第二节　最低工资保障制度研究

最低工资保障制度的首要目的是通过避免雇主支付过低的工资,消除雇主之间在工资方面的不当竞争,维护社会公正。[1] 除此之外,最低工资保障制度还发挥着缩小工资不平等(尤其是男女之间的工资不平等)、促进就业(为青年人设立较低水平的最低工资)等功能。经过20多年的发展,我国形成了初具体系,较为先进的最低工资保障制度,在保护工薪劳动者权益、促进社会经济发展等方面都起到了重要的作用。本节旨在介绍最低工资保障制度的发展历程、基本内容的基础上,总结未来我国最低工资保障制度的发展趋势。

一、最低工资保障制度正当性的论争

最低工资保障制度始于新西兰,1894年新西兰颁行的《劳资调解与仲裁法》(Industrial Conciliation and Arbitration Act)最先创立了最低工资制度,随后,澳大利亚、英国等国家也开始了最低工资立法,最低工资制度逐渐拓展至全世界。当前最

---

〔1〕 See ILC, *Minimum Wage Fixing Machinery*, *Discussion of Methods of Minimum Wage Fixing* (*Third Item on the Agenda*, *Report and Draft Questionnaire*), Tenth Session(Geneva, 1927), p. 11 -15.

低工资已经成为重要的国际劳工标准与全球性的政策工具。国际劳工组织数据库信息显示，国际劳工组织90%的成员建立了最低工资保障制度。[1] 即便如此，最低工资保障制度仍然是充满争议的话题。

最低工资制度的反对者以新古典主义经济学为代表。新古典主义经济学者认为确定工资是市场的职能，任何形式对市场正常运行的干预都只会适得其反。最低工资将人为地使得一些工人的工资水平高于他们的市场价值，这样就会在总体上导致劳动力利用的低效率，[2] 且最低工资提高了用人单位的用工成本，会导致用人单位减少雇工，导致失业人口增加。但是姑且不论其理论假设的科学性，现实中市场自由调整的神话早已湮灭，通过国家调控弥补市场自身的缺点成为必然选择，而最低工资与失业率正相关的理论仍停留在假说阶段，尚未获得证成。1992年，美国学者卡德(Card)和克鲁格(Krueger)对美国新泽西州和宾夕法尼亚州的快餐店的最低工资变化与就业率关系的实证研究结果显示，新泽西州快餐店最低工资从每小时4.25美元提高到5.05美元后，就业率不降反升，而宾夕法尼亚州最低工资水平没有变化的情况下，就业率则出现下降。[3] 仅从数据上看，最低工资的增加并不会必然增加失业。但是，1996年，另外两位学者诺伊马克(Neumark)和瓦舍尔(Wascher)针对快餐业中最低工资与就业关系的研究结果却显示最低工资的提高会明显增加失业。[4]

最低工资制度的支持者以新制度经济学派为代表。新制度经济学者认为在全球化的时代，防止企业以低工资为标准"逐底竞争"至关重要，企业应该以产品质量和生产率为基础竞争，需通过使劳动者明白其自身价值激发其劳动工作激情。[5] 基于上述观点，新制度经济学者提出了"冲击"理论(shock theory)[6] 和"效

---

[1] International Labor Organization, *Global Wage Report: Minimum Wages and Collective Bargaining: Towards Policy Coherence*, Geneva: ILO, 2008.

[2] See A. C. L. Davies, *Perspective on Labour (second edition)*, Cambridge University Press, 2009, p.139.

[3] See David Card, Alan B. Krueger, *Minimum Wages and Employment: A Case Study of the Fast Food Industry in New Jersey and Pennsylvania*, American Economic Review, p.772-793(1994).

[4] Neumark David, William Wascher, *Minimum Wages and Employment: A Case Study of the Fast-Food Industry in New Jersey and Pennsylvania: Comment*, American Economic Review, p.1397-1420(2000).

[5] See A. C. L. Davies, *Perspective on Labour (second edition)*, Cambridge University Press, 2009, p.140.

[6] "冲击"理论认为雇主由于受到最低工资的"冲击"，将通过努力提高业务的其他方面(如更新设备、采用新技术等)来回应这种冲击，因此，最低工资没有破坏性的影响。See A. Rees, *The Economics of Work and Pay*, New York: Harper & Row, 1973, p.80-83.

率工资”理论(efficiency wage theory)[1]阐明最低工资制度在激发劳动者的工作热情,提高企业劳动生产率与产品质量,进而提高企业的竞争力方面的积极意义。此外,也有理论认为最低工资制度能够平衡劳资双方的利益,保障劳动者的收入水平,使劳动者摆脱贫困,维护劳动者的尊严。但是仍有研究结果显示,“冲击”理论只能对竞争不充分的市场中的企业发挥作用,其结果可能导致雇主因不愿接纳过多雇员而进行裁员。[2] 而“效率工资”理论只有在其他激励措施无法奏效时才能发挥作用,且最低工资可能不当地增加提高生产效率的成本。[3] 也有研究成果认为,最低工资标准无法使劳动者真正摆脱贫困,难以促进社会公平。[4]

可见,最低工资的法律调整正当性的争议依然存在。但客观现实上,最低工资已经成为全球性、普遍性的政策工具,为大多数国家所利用。从制度适用的外部环境的视角观察,任何一项社会政策都有正负双重效应,最低工资制度亦如此,如何使其正效应大于负效应,产生良好的经济和社会效果,需要适时对其进行调整。[5] 因此,应该将关注的重点从“要不要”转移到“怎么调”上,通过科学、妥当的制度设计,构建良好的最低工资保障制度,充分发挥最低工资的正效应,尽可能限制其负效应。

二、最低工资保障制度的基本内容

在最低工资保障制度的发展过程中,ILO 发挥了重要的作用。ILO 成立之前,只有新西兰、法国、澳大利亚、挪威和英国建立了最低工资保障制度,且只覆盖特定种类的工人。[6] ILO 成立后,积极推动最低工资保障制度的普及。因为各国的政治、经济和社会条件存在差异,无法建立统一的最低工资保障制度,所以 ILO 将最

---

〔1〕“效率工资理论”的基本假设是劳动者的生产效率是各不相同的且较高的工资能够激发工人更加高效,效率工资会使工人更加珍惜他们的工作,可以防止工人们“偷懒”(shirking)。See C. Shapiro, T. Stiglitz, *Equilibrium Unemployment as a Worker Discipline Device*, American Economic Review, p. 433 – 444 (1984).

〔2〕See West E. G., Mckee M., *Monopsony and "Shock" Arguments for Minimum Wages*, Southern Economic Journal, p. 883 – 891 (1980).

〔3〕See A. C. L. Davies, *Perspective on Labour (second edition)*, Cambridge University Press, 2009, p. 143

〔4〕See Rogers B., *Justice at Work: Minimum Wage Laws and Social Equality*, Texas Law Review, p. 1543 – 1597 (2014).

〔5〕参见邓春玲:《关于最低工资法的经济学反思》,载《深圳大学学报(人文社会科学版)》2011 年第 4 期。

〔6〕See Marinakis A., Ilo S., *The Role of ILO in the Development of Minimum Wages*, 2009.

低工资确定为国际劳工标准,对最低工资的目标,专门制定了一系列公约和建议书。1928 年第 11 次国际劳工大会颁布了《确定最低工资办法公约》(第 26 号)及《确定最低工资办法公约建议书》(第 30 号)。1951 年第 34 次国际劳工大会颁布了《农业中最低工资确定机构公约》(第 99 号)及《农业中最低工资确定机构公约建议书》(第 87 号)。1970 年第 54 次国际劳工大会制定了《最低工资确定公约》(第 131 号)及《最低工资确定公约建议书》(第 135 号)。此外,还有一些 ILO 制定的公约也涉及最低工资,如 1960 年第 46 次国际劳工大会颁布的《社会政策(基本目标和标准)公约》(第 117 号)。过去 20 年来,最低工资保障制度在全球范围内有进一步扩展的趋势。2009 年 ILO 通过了《全球就业契约》,鼓励各国政府采取措施,如最低工资,以削减贫困和不平等,提高消费需求,实现经济稳定,同时强调最低工资应当定期进行评估和调整。中欧、东欧的一些国家的三方机构意识到工资机制的发展尚不完善,一致认为有必要设定最低工资作为保护最弱势就业群体的底线。[1] 高加索和中亚地区的三方机构也作出了同样的决定。[2] 依赖集体谈判与集体合同调整工资的西欧国家,越来越多地公开探讨实施法定最低工资的可能性。[3]

最低工资保障制度主要包括以下几个方面的内容。

(一)最低工资保障制度的适用主体

从国际条约和各国立法来看,最低工资保障制度的覆盖范围不断扩张。从国际劳工公约及建议书来看,最低工资保障制度从主要适用于"无法从用集体协议或其他方法有效规定工资且工资特别低廉的若干种行业或其他部分行业(特别在家中工作的行业)中工作的工人"拓展至"未被最低工资保障制度覆盖的工薪劳动者"。从各国的最低工资立法来看,目前被排除在最低工资保障制度适用范围的人群主要有以下几类[4]:农业工人、公共部门、年轻工人和学徒、家族企业的雇员、小型企业的雇员、家政工人。此外,还有一些国家规定短期工人(如比利时)或精神病

---

[1] 参见《金融和经济危机的影响工资的决定和与政策的回应　分区高层会议总结》,载国际劳工组织网 2009 年 11 月 5 日,http://www.ilo.org/public/english/region/eurpro/geneva/download/events/sarajevo09_conclusions.pdf。

[2] 参见《经济危机的评估和应对政策　高加索和中亚地区工资政策三方高层研讨会总结》,载国际劳工组织网 2009 年 11 月 2 日,http://www.ilo.org/public/english/region/eurpro/geneva/download/events/cyprus2009/cyprus09_conclusions.pdf。

[3] See ILO: *Global Wage Report: Wage Policies in Times of Crisis*, Geneva: ILO, 2010.

[4] See ILO, *Minimum Wage Systems*, *International Labour Conference*, 103rd Session, 2014.

人(如智利)等特殊群体。最低工资保障制度的覆盖范围扩张的过程中社会伙伴的参与起到了重要作用,许多国家逐渐将一些原本排除最低工资保障制度适用的群体纳入覆盖范围,如家政工人等。

(二)最低工资标准的确定与调整

在最低工资标准的确定机制上,《最低工资确定公约》及其建议书要求成员设立并维持符合国情需要的机制,以便适时调整最低工资水平,最低工资标准可以采用法律明文规定、主管机关确定、工资理事会或工资委员会决定、劳动法庭或者法院确定等形式。在最低工资标准的确定上,社会伙伴扮演着重要角色,依据其参与程度,最低工资标准的确定机制可分为四类[1]:第一,由政府单方面确定,采用这种机制的国家较少,主要有吉尔吉斯斯坦、乌兹别克斯坦等。第二,由主管机关与社会伙伴协商确定。这是一种被广泛采用的机制,澳大利亚、英国、法国、日本等皆采用该机制。第三,由三方机制确定,如韩国由雇主代表、职工代表和公共利益代表共同组成的最低工资委员会确定最低工资标准,采用这种机制的还有墨西哥、菲律宾等。第四,由集体谈判确定,主要代表国家有德国、芬兰、丹麦、瑞士、瑞典等。

在最低工资标准确定及调整参考因素上,《最低工资确定公约》规定成员确定最低工资水平时应该考虑的因素包括劳动者及其家庭的需要与经济因素两类。劳动者及其家庭的需要是大多数国家确定和调整最低工资标准的首要因素。其中,巴西、印度、土耳其、墨西哥等国将工人及其家庭的需要具体化,如巴西规定最低工资必须能够满足职工在住房、食品、教育、卫生、休闲、服装、卫生、交通和社会保障方面的基本生活需要;阿尔巴尼亚等国吸收了国际劳工公约的规定确定职工及其家庭的需要时需要考虑的因素;也有国家列举了劳动者及其家庭的需要应当参考的因素,如生活费用、消费者物价指数、通货膨胀率、一般工资水平、平均工资等。影响最低工资标准确定的"经济因素"大致包括整体经济形势、经济发展需求、劳动生产率、就业状况、经济竞争力、企业财政承受能力等。

在最低工资标准的模式上,《最低工资确定公约建议书》规定成员可以采取单一模式,即在全国范围内针对所有群体采取统一的最低工资标准;也可以采取复合模式,即针对不同的行业、人群、地域等采取不同的最低工资标准。采用单一模式

---

[1] See ILO, *Minimum Wage Systems*, International Labour Conference, 103rd Session, 2014, Chapter Ⅲ.

的国家主要有埃及、土耳其、泰国等。在采用复合模式的国家中,有的国家按地域确定最低工资标准,如日本、印度尼西亚;有的国家按行业或职业类别确定最低工资标准,如澳大利亚、日本、西班牙。甚至还有极少数国家根据性别、年龄、国籍或残疾情况等对不同人群规定了不同的最低工资标准,如毛里求斯、英国、荷兰、阿根廷、约旦等。依据性别、年龄、国籍或者残疾来确定不同的最低工资标准是一种歧视现象,不符合国际劳工公约的要求与最低工资保障制度的目的。

在最低工资标准调整的周期上,《最低工资确定公约建议书》倡导成员在生活费用及其他经济因素发生变化时对最低工资标准适时作出调整,以便对劳动者提供充分的保护,但未明确调整的具体时限。大多数国家的立法都规定最低工资标准必须定期调整,如荷兰、黑山、澳大利亚、韩国;一些国家规定在某个期限内必须至少调整一次,如乌克兰、印度等;一些国家的最低工资标准时限在社会伙伴要求时就可以做出调整,如阿根廷;还有一些国家的最低工资标准的调整时限完全由主管机关的意志决定,如日本的地区最低工资标准在主管机关认为必要时就可以调整。

(三)最低工资保障制度的实施保障措施

第一,明确最低工资标准的强制性。最低工资标准具有强制性,雇主支付的工资数额不得低于最低工资标准,雇主与雇员不得通过合意降低最低工资标准。国际劳工公约及建议书规定各成员应当明确最低工资标准强制性的约束力。许多国家明文规定了最低工资标准的强制性,如澳大利亚、巴西、俄罗斯、英国、美国等;一些国家的立法从法律责任方面着手,规定了违反最低工资标准的处罚措施;一些国家在明确最低工资标准强制性的同时,也规定了最低工资标准的例外情形,但这些例外都有严格的程序限制。

第二,建立最低工资标准公示制度。《最低工资确定公约》及其建议书要求成员采用劳动者能够理解的语言公示最低工资规定,并在必要时根据不识字的劳动者的需要调整公示方式。许多国家都要求通过官方公报发布最低工资标准,如智利、墨西哥、葡萄牙、南非等国;一些国家通过多种渠道公告最低工资标准以及其他有关最低工资的信息,如菲律宾规定工资令必须在生效前 15 日通过地区报刊予以公布,澳大利亚、法国等国规定在政府官方网站上公布最低工资的有关信息;一些国家的立法规定用人单位负责向职工通报现行的劳动条件,尤其是最低工资标准,如日本、美国等;一些国家还专门设立了为利害关系人提供最低工资信息的服务项目,如在澳大利亚,雇员和雇主可以从公平工作监察员(Fair Work Ombudsman)办公室获取信息和帮助。

第三,设置最低工资标准的监督检查机关。《最低工资确定公约》明确指出应当采取劳动监察等措施来保证最低工资相关规定的有效实施。大多数国家建立了劳动监察制度,都赋予了劳动监察机构及其工作人员广泛的职权,如进入工作场所进行检查、查阅相关的资料、对违法行为作出处罚等,在保障最低工资保障制度实施方面发挥了重要作用。此外,许多国家的立法也充分利用职工组织来保障最低工资保障制度的实施。一些国家允许职工组织提出追偿工资的诉讼,如印度、以色列等;一些国家赋予工会监督检查权,如俄罗斯、印度尼西亚等。

第四,规定违反最低工资标准的法律责任。《最低工资确定公约》及其建议书都明确指出违反最低工资保障制度必须受到法律制裁,承担相应的责任。综合来看,各国对违反最低工资保障制度的处罚主要是经济处罚,即处以罚金。此外,还有停业整顿、吊销执照等行政处罚和罚金、监禁等刑事处罚。违反最低工资标准的法律责任通常会区分个人雇主和单位雇主、初次违法和多次违法等不同的情形,单位雇主的法律责任较个人雇主的法律责任重;多次违法的法律责任较初次违法的法律责任重。比如,在法国,对多次违法的个人雇主可以处以双倍的罚金,对多次违法的单位雇主可以处以 10 倍的罚金;在美国,对于违反最低工资保障制度的雇主一般都是处以罚金,但是对于多次违法的雇主可以处以监禁等刑事处罚。

第五,赋予劳动者工资追偿权。大部分国家都赋予了雇主违反最低工资标准的情况下劳动者工资追偿权,以保障劳动者权益,实现最低工资保障制度的各国立法中,劳动者工资追偿权的实现方式各不相同。一些国家规定对雇主的处罚中包括应当向职工支付的工资差额,如加拿大、泰国等;一些国家允许职工通过向法院或者法庭提起诉讼来追偿应得的工资,如荷兰、美国、以色列等;一些国家则要求职工向行政主管机关提出追偿请求,如印度、菲律宾等;还有一些国家则是在劳动监察中设立特殊的申诉程序来实现职工的追偿权,如斯洛伐克、比利时等。

三、未来我国最低工资保障制度的发展趋势

经过 20 多年的发展,我国形成了初具体系,较为先进的最低工资保障制度,在保护工薪劳动者权益、促进社会经济发展等方面都起到了重要的作用。但是,从实施效果来看,我国的最低工资保障制度还存在一些不足。为更好地发挥最低工资

保障制度的正面效应,立足当前我国的最低工资保障制度及其实施状况,结合相关经验,可以从以下几个方面改进、完善我国的最低工资保障制度。

(一)统一最低工资保障制度的立法目的

我国中央立法中最低工资保障制度的目标是“维护劳动者取得劳动报酬的合法权益,保障劳动者个人及其家庭成员的基本生活”。而地方立法中最低工资保障制度的立法目的并未与中央立法完全保持一致,一些地方规定了“优化劳动力资源配置”“促进社会公平”“促进经济发展”等目的。这样的表述一方面破坏了最低工资保障制度的统一性;另一方面容易造成将最低工资保障制度作为经济政策工具,将追求经济效益作为首要目的。最低工资保障制度的首要目标是保护工薪劳动者的权益与基本生活。地方立法作为下位立法必须严格遵循中央立法所确定的立法目的,将“维护劳动者取得劳动报酬的合法权益,保障劳动者个人及其家庭成员的基本生活”确定为最低工资保障制度的首要目标。

(二)坚持以满足劳动者及其家庭需要为导向

最低工资保障制度的首要政策目标是保障工薪劳动者的收入水平,满足其个人及家庭的基本需要。在我国,最低工资保障制度立法中明确规定最低工资标准的目标是“保障劳动者个人及其家庭成员的基本生活”。劳动者的基本生活应该包括衣食住行、教育、医疗等基本生活需要。诚然,经济发展水平对最低工资标准具有决定性的作用,最低工资标准的确定也不可能不考虑经济因素。但是,最低工资是在一定社会经济条件下最低限度的工资,是维持劳动者个人及其家庭成员基本生活的费用,不可能超越特定阶段的经济发展水平。因此,仅以经济因素作为参考,难以制定出合理的最低工资标准,应坚持将劳动者个人及其家庭成员的“需要”作为确定最低工资标准的主要依据,推动最低工资标准合理化。

(三)适当扩展最低工资保障制度的适用范围

适当扩大最低工资保障制度覆盖的人群范围。我国经济水平整体上偏低,低收入劳动人群数量庞大,诸如家政工人等群体尚未被最低工资保障制度覆盖,不利于其权利的保障与生活水平的提高。随着我国社会经济的发展,适当扩展最低工资保障制度覆盖人群的范围,将家政工人、平台用工等人群纳入保护范围,既为这部分群体提供了社会保护,也有利于促进我国社会经济的发展。此外,《最低工资规定》虽统一规定了最低工资标准的适用范围,但实践中各省最低工资适用范围各不相同,使最低工资保障制度的公平性受到质疑。因此,应当在拓展最低工资标准覆盖人群的同时逐渐统一各省最低工资标准的适用范围。

（四）统一最低工资标准的计算口径

我国最低工资标准细化至省一级，以便充分考虑各地区实际情况。但地方立法之间所确定的最低工资标准计算口径存在差异，如上海的月最低工资标准不包括“个人依法缴纳的社会保险费和住房公积金、伙食补贴（饭贴）、上下班交通费补贴、住房补贴”，小时最低工资标准不包括“个人和单位依法缴纳的社会保险费”，而河南的月最低工资不包括“用人单位依法为劳动者缴纳的各项社会保险费和住房公积金”。这就造成不同地方的最低工资标准表面上看是相同的，但实际上却各不相同，使最低工资标准没有可比性。因此，必须统一最低工资标准的计算口径，以便国家对其进行宏观调控。

（五）改进最低工资标准确定和调整机制

现行最低工资标准的决策机制是一种由行政主导的决策机制。在我国，信息支持等配套机制极不健全，劳动行政部门难以获得全面、及时、准确的相关信息，虽然工会能够参与最低工资标准方案的拟定，但是难以真正地代表职工表达利益诉求，反映职工意见。一些地方政府出于保护地方经济利益的目的会故意压低最低工资标准。因此，应当改进行政主导的最低工资标准决策机制，将其转换为政府与社会伙伴协商确定的机制。一方面，赋予企业代表组织和职工代表组织等参与决策的权利，政府充分尊重劳资双方意见；另一方面，完善职工意见表达机制，大力推进工会组织建设，增强工会维护职工权益的能力，确保职工利益诉求能够反映在最低工资标准制定的决策中。

在现行立法中，中央立法的规定是适时调整，但每两年至少调整一次。而地方立法的规定各不相同，一些地方立法的规定跟中央立法的规定相同，一些地方立法则规定适时调整、每年最多调整一次，另外一些地方未明确调整时限，但规定必须每年公布一次。世界多数国家规定一年调整一次，以保证最低工资标准与经济发展水平相适应。从我国各地的实践来看，绝大部分省份每年都对最低工资进行调整。因此，考虑到经济快速发展的国情，应当将最低工资标准的调整改为每年调整一次。

此外，现行立法规定的最低工资标准确定和调整的参考因素包括当地就业者及其赡养人口的最低生活费用、城镇居民消费价格指数、职工个人缴纳的社会保险费和住房公积金、职工平均工资、经济发展水平、就业状况等。上述考量范围全都是经济因素,忽视了职工及其家庭的实际需要,不符合最低工资保障制度的目标追求。

(六)强化最低工资保障制度的实施保障

我国最低工资保障制度也设置了劳动监察、工会监督、法律责任等实施保障,但是在现实中违反最低工资保障制度的情况层出不穷。究其原因,除我国最低工资立法的层次较低,不足以引起用人单位的重视外,违法成本偏低,法律责任较轻也是重要原因。在国外的最低工资立法中,对违反最低工资标准行为的处罚较重,如罚款的数额可达所欠工资的10倍,屡次违反的人员可被处以监禁。为强化最低工资保障制度的实施,我国在立法上可以加重相关人员的法律责任,提高用人单位的违法成本,督促用人单位遵守最低工资保障制度。此外,还应加强劳动监察部门、工会等对最低工资保障制度监督检查,促进最低工资保障制度的执行,切实维护劳动者的权益。

第三节 工资优先权制度研究

工资是劳动者的劳动报酬,是维持劳动者及家庭成员基本生活的物质基础。劳动者通常不参与企业利润分配,也不应承担企业的经营损失。如果工资债权无法清偿,劳动者及其家庭成员的基本生活将得不到保障,不利于实现社会公正。因此,各国立法普遍确认了工资优先权。工资优先权为各国立法与国际劳工公约普遍确认,成为保护劳动者的工资权益的重要手段。

一、工资优先权的性质

优先权,又称优先受偿权,是指依照法律规定,特种债的债权人在债务人全部财产或者特定财产上享有的优先受偿权利。[1] 通说认为优先权制度起源于罗马法。优先权意在打破债权平等性,给予特定债权以优先保护。在决定赋予某种债权以优先权时,首先需要考虑的是债权自身属性,其次是社会政策、公共利益等因素。工资优先权是工资债权人依据法律规定对债务人的全部财产或者特定财产享有的优先受偿权利。关于工资优先权的讨论主要是围绕以下学术观点来展开的:

---

〔1〕 参见陈本寒:《优先权的立法定位》,载《中国法学》2005年第4期。

担保物权说认为工资优先权是法律为了担保工资债权的实现，债务人到期不能清偿其所欠的工资债权时，工资债权人可以对债务人的一般财产优先受偿的担保物权；特殊效力说认为工资优先权是法律为了保护工资债权人利益而赋予工资债权的一种特殊效力，使其优先于其他债权受偿；清偿顺位说认为工资优先权是程序法上规定的债权人基于债务人的财产优先获得清偿的顺序，表明在债务人的财产不足以清偿所有债权人的债权时，工资债权在与其他债权冲突时的受偿顺位问题。

明确工资优先权的性质必须全面掌握工资优先权的发展脉络。《法国民法典》最早规定了工资优先权，最初只是为了保护家庭佣人的工资权益。随着工资优先权的适用范围逐步扩大，商事立法和劳动立法也对工资优先权加以确认，《法国劳动法典》吸纳了工资优先权的规定，工资优先权的主体拓展至雇用劳动者和学徒工人。如今几乎所有领取工资的人都享有工资优先权，至于其从事何种工作、雇员抑或学徒，均在所不问。[1] 继法国之后，各国立法普遍确认了工资优先权。ILO《工资保护公约》也对工资优先权进行了规定。工资优先权立法已经成为世界各国劳动者工资权益的重要手段。

工资优先权有两种立法例：一是以法国、日本等为代表，在民法中以法定担保的方式确立工资优先权；二是以德国、瑞士等为代表，在破产法等特别法中规定工资债权优先权。上述两种立法例中，工资优先权的法律属性存在明显的差异。法国、日本的立法虽然未明确工资优先权的担保物权性质，但是在其法律体系中工资优先权与担保物权并列，工资优先权规范也具有明显的担保物权属性。德国、瑞士的立法中，工资优先权是特别法上规定的优先受偿权，是一种程序性的权利，不具备物权属性。可见，工资优先权的性质是由其所处的法律体系决定的，它可能具有担保物权的性质，也可能仅起到优先受偿顺位之功能。在不同国家的法律体系中，工资优先权地位不同，性质也存在相应差异。我国采用了德国法的立法体例，未在法律中明确设立工资优先权，而是在破产法、公司法等法律中规定工资债权的优先

---

〔1〕 参见于海涌：《法国工资优先权制度研究——兼论我国工资保护制度的完善》，载《中山大学学报（社会科学版）》2006 年第 1 期。

受偿顺位。[1]

虽然不同国家工资优先权的性质各异，但仍能从各国工资优先权立法中概括出工资优先权的一些特点：首先，工资优先权具有法定性。工资优先权的产生必须具有明确的法律依据，其效力也是由法律规定的。其次，工资优先权无须公示公告。各国立法都未要求对其进行公示公告，工资债权人依据法律的规定就可以直接享有工资优先权。最后，工资优先权属于一般优先权。工资债权人以债务人的一般财产优先受偿。

二、工资优先权制度的基本内容

（一）工资优先权的主体

工资优先权首要目的是保护与企业间存在劳动关系的劳动者的工资债权，因此劳动者是工资优先权的当然主体。对于与企业间不存在劳动关系的家政工人、学徒等群体，各国立法与实践都不尽相同。此外，各国国家立法普遍排除工资优先权对公务员与受雇于公共单位的群体的适用。而对于企业经营管理人员，有些国家的立法规定工资优先权的适用不考虑雇佣关系的性质、效力和形式如何，只要是工资债权皆可优先清偿，如阿尔及利亚赋予了所有的工资债权以第一顺位的优先权；有些国家的立法考虑到企业经营管理人员对企业资不抵债承担责任，因此企业的管理人员及其他对企业经营具有影响力的雇员不享有优先权，如挪威的立法就

---

〔1〕　参见如，《中华人民共和国破产法》第113条第1款规定："破产财产在优先清偿破产费用和共益债务后，依照下列顺序清偿：（一）破产人所欠职工的工资和医疗、伤残补助、抚恤费用，所欠的应当划入职工个人账户的基本养老保险、基本医疗保险费用，以及法律、行政法规规定应当支付给职工的补偿金；（二）破产人欠缴的除前项规定以外的社会保险费用和破产人所欠税款；（三）普通破产债权。"《中华人民共和国公司法》第186条第2款规定："公司财产在分别支付清算费用、职工的工资、社会保险费用和法定补偿金，缴纳所欠税款，清偿公司债务后的剩余财产，有限责任公司按照股东的出资比例分配，股份有限公司按照股东持有的股份比例分配。"《中华人民共和国合伙企业法》第89条规定："合伙企业财产在支付清算费用和职工工资、社会保险费用、法定补偿金以及缴纳所欠税款、清偿债务后的剩余财产，依照本法第三十三条第一款的规定进行分配。"《中华人民共和国保险法》第91条第1款规定："破产财产在优先清偿破产费用和共益债务后，按照下列顺序清偿：（一）所欠职工工资和医疗、伤残补助、抚恤费用，所欠应当划入职工个人账户的基本养老保险、基本医疗保险费用，以及法律、行政法规规定应当支付给职工的补偿金；（二）赔偿或者给付保险金；（三）保险公司欠缴的除第（一）项规定以外的社会保险费用和所欠税款；（四）普通破产债权。"《中华人民共和国商业银行法》第71条第2款规定："商业银行破产清算时，在支付清算费用、所欠职工工资和劳动保险费用后，应当优先支付个人储蓄存款的本金和利息。"此外，根据《中华人民共和国海商法》第22条第1款第1项规定，"……船长、船员和在船上工作的其他在编人员根据劳动法律、行政法规或者劳动合同所产生的工资、其他劳动报酬、船员遣返费用和社会保险费用的给付请求"具有船舶优先权。总之，在我国现行法律体系中，工资优先权的性质显然应该是优先受偿顺位。

将管理人员和持有20%以上股份的人员排除在工资优先权的适用人群之外；有些国家的立法虽然规定管理人员等应该为企业经营状况承担责任的人员享有工资优先权，但是对其优先受偿顺位或金额进行了限制，如新西兰、澳大利亚。

（二）工资优先权的范围

虽然《工资保护公约》第11条规定，工资优先权的清偿范围必须由国家法律法规规定，《保护工人债权（雇主破产）公约》（第173号）第6条也明确工资优先权的清偿范围至少应该包括规定期间的工资、假期工资、其他形式的有酬缺勤报酬及离职金，但是由于各国立法中"工资"的内涵不同，工资优先权的清偿范围也存在较大差异。工资优先权设立的最初目的在于保护劳动者提供劳动或者服务之后所得的劳动报酬，随着时代的发展，工资优先权的保护范围逐渐超越劳动报酬的范畴，拓展至假期报酬债权、离职金债权等广义的工资债权。例如，在巴西，可以优先受偿的"工资"包括基本工资、工资补贴、假期津贴、奖金、补偿金及各种福利；在新西兰，所有的工资、假期报酬及其他缺勤期间的报酬都可以优先受偿；在泰国、新加坡等，工资优先权的范围除工资之外，还包括离职金、辞退补偿。

（三）工资债权的优先顺位

《保护工人债权（雇主破产）公约》要求国家法律或条例给予工人债权的优先权的等级应高于其他绝大部分优先债权。从各国的立法来看，工资优先权的优先顺位分为绝对优先与相对优先两种模式。绝对优先是指工资债权可以优先于其他任何债权受偿，是当今世界上许多国家的立法采用的模式。在绝对优先的立法模式中，法国、墨西哥等国在劳动立法中确立了"超级优先权"（super-privilege）。基于超级优先权，工资债权优先于有担保的债权，可以在破产程序之外得到清偿。但是超级优先权的清偿范围一般仅限于劳动者生活所必需的工资。此外，一些国家将劳动者的工资债权与税务机关、社会保障制度拥有的债权规定为同一优先顺位，这种情形之下工资债权的受偿顺位并不劣后于其他债权，也属于绝对优先模式，如捷克法律规定劳动者的工资债权与税收、社会保险费及财产管理费都属于第一顺位受偿。相对优先是指工资债权优先受偿顺位至少劣后于某种债权的情形，如国家财政、社会保障、破产管理费用等优先于工资债权受偿，如新加坡法律规定工资债权劣后于破产财产管理的相关费用受偿。

关于工资优先权优先顺位还有一个重要问题是工资优先权与抵押权、质权和留置权之间的清偿顺位。从各国的立法来看，它们之间的清偿顺位因所处的法律体系不同而不同。概括来讲，在法国等不区分物权与债权的法律体系中，工资优先权作为一种法定保障方式优先于抵押权、质权、留置权；而在德国等明确区分物权与债权的法律体系中，工资优先权的清偿顺位劣后于抵押权、质权、留置权。

（四）工资优先权的限制

工资优先权打破了债权平等性，且无须公示，直接影响到其他债权人的权益，影响交易安全。因此，《工资保护公约》和《保护工人债权（雇主破产）公约》都要求对工资优先权作出适当的限制。绝大多数国家的立法都对通过工资优先权保护工资债权的程度做出了限制。工资优先权的限制包括时间限制与金额限制。

时间限制是将优先受偿的工人债权限定企业破产或者注销之前一定时期（保护期）内发生的工资债权，保护期从3个月到3年不等。有些国家立法统一规定了保护期的期限，如吉尔吉斯斯坦、保加利亚、捷克、斯洛伐克等。有些国家，保护期的长短因职业的类别、债务人的性质或者工资支付周期的不同而不同，例如，土耳其的立法对家庭佣人规定的保护期为12个月，而对其他劳动者的保护期最长为6个月；在乌拉圭，对体力劳动者的保护期为6个月，对律师、医生、家庭佣人的保护期为1年。金额限制，是指将优先受偿的工资债权限定在一定数额之内。一种是有些国家在立法中规定一个最高金额以限制工资优先权；另一种是在立法中规定一个计算可以优先受偿工资债权数额的基数，如以月平均工资、行业平均工资等，作为计算基数计算最高限额。例如，西班牙法律规定，按照日最低工资标准的三倍乘以未支付工资的天数来确定优先受偿的工资债权的最高限额。

三、我国工资优先权的规范构造与完善方案

（一）我国工资优先权的规范构造

1. 工资优先权的主体

在我国，工资优先权适用于与破产企业存在劳动关系的所有劳动者。但《中华人民共和国破产法》（以下简称《破产法》）对董事、监事和高级管理人员的工资优先受偿的金额作出了限制。《破产法》第113条第3款规定："破产企业的董事、监事和高级管理人员的工资按照该企业职工的平均工资计算。"这是由于企业的董事、监事和高级管理人员作为企业的管理人员，对于企业破产承担一定程度的责任，因此这种限制有其合理性。

2. 工资优先权的清偿范围

根据《破产法》等法律的规定，工资优先权的清偿范围包括“职工的工资和医疗、伤残补助、抚恤费用，所欠的应当划入职工个人账户的基本养老保险、基本医疗保险费用，以及法律、行政法规规定应当支付给职工的补偿金”。可见，我国工资优先权的清偿范围较大，不仅包括工资，还涵盖医疗、伤残补助、抚恤费用、应当划入职工个人账户的基本养老保险与基本医疗保险费用以及法律、行政法规规定应当支付给职工的补偿金，能够比较充分地保护劳动者的权益。

3. 工资优先权的优先顺位

我国工资优先权立法采用了相对优先的模式。根据我国法律规定，工资和医疗、伤残补助、抚恤费用，所欠的应当划入职工个人账户的基本养老保险、基本医疗保险费用，以及法律、行政法规规定应当支付给职工的补偿金处于第一清偿顺位，优先于破产人欠缴的除前述各项以外的社会保险费用和破产人所欠税款，但劣后于破产费用和共益债务。破产费用和共益债务是基于所有债权人的利益产生的理应由全体债权人分担，就破产财产优先清偿，工资债权受偿顺位劣后于破产费用和共益债务合理的。此外，因为工资优先权是一般优先权，工资债权受偿顺位也劣后于担保物权。

(二)我国工资优先权的完善方案

观察我国工资优先权的规范构造，不难发现，我国工资优先权制度存在权利缺乏法律限制，顺位较低，社会化程度较低等问题，不利于其他债权人权益的保护，影响交易安全，还造成了工资优先权本身实现困难，劳动者工资债权易受损害的问题，因此，应当从以下几个方面完善我国工资优先权制度：

第一，从时间与数额两方面对工资优先权进行限制。我国现行立法对工资优先权既没有期限上的限制，也没有金额上的限制，故不利于保护其他债权人的利益，也不利于维护交易安全，应该予以改进。基于既有的立法规定，应当从时间和金额两个方面对工资优先权进行限制。一方面，通过立法明确保护期间，如破产之前6个月，在保护期间之外的工资债权转为普通债权，不受优先权保护；另一方面，通过立法规定相应的限额，这主要是限制对那些工资过高的人的保护，虽然《破产法》规定破产企业的董事、监事和高级管理人员的工资按照该企业职工的平均工资计算，但实践中有些董事、监事和高级管理人员的工资较高，是职工平均工资的好几倍。因此，应当确定一个基数来计算工资优先权的保护限额，如超过职工平均工资 3 倍的工资债权不受优先权保护。总之,工资优先权作为债权平等性的例外,应该受到相应的限制。

第二,提高工资优先权的顺位,大力保障劳动者工资债权的实现。工资优先权的实现依赖于破产企业有足够的财产,是一种事后的补救措施。如果企业破产后没有足够的财产用于清偿债权,即使给予工资债权以优先受偿的特殊保护,劳动者依然可能无法获得工资,工资优先权制度也丧失实际意义,无法起到保护劳动者权益的作用。工资优先权劣后于担保物权,在这种情况下,企业一旦破产,基本上所有的财产都将优先用来清偿有担保的债权,工资债权不能得到清偿。因此应当重新考量工资债权与有担保的债权之间的顺位,提高工资优先权顺位。

第三,设立工资保障基金,推动工资优先权制度社会化。虽然工资优先权是各国保障劳动者工资债权的通行做法,但是工资优先权是一种在劳资双方关系内部通过破除债权平等原则来保护工资债权的方式,是一种"内化"的保护,其本身存在局限性。为了更好地保障劳动者的工资债权,在进一步完善工资优先权制度的同时,尽快建立社会化的工资保障基金制度,为劳动者的工资债权提供更加充分的保护,促进劳资关系和谐与社会稳定。

第四节　欠薪支付保障制度研究

保障工资及时、足额支付是劳动立法的重要任务。各国劳动立法主要从两方面确保工资及时、足额支付:一是完善工资支付规则,明确规定工资支付媒介,劳动者对工资的自主支配权,工资的扣减,工资支付的周期、时间和地点,工资信息的告知及制度实施保障等;二是建立欠薪支付保障制度,保障劳动者工资债权有效实现。我国立法中工资支付规则较为完善,但欠薪支付保障制度的功能尚未发挥应有之效用,拖欠工资事件仍然频发。本节介绍了欠薪制度保障的主要制度载体——工资保障基金制度,总结了我国现行欠薪支付保障制度的经验与不足,力图提出我国欠薪支付保障基金的建构路径。

一、工资保障基金制度的基本内容

工资保障基金制度已是欠薪支付保障主要的制度载体。1967 年,比利时是率先设立工资保障基金的国家。随后,荷兰(1968 年)、瑞典(1970 年)、丹麦(1972

年)、法国、芬兰和挪威(1973 年)等国也都建立了工资保障基金制度。目前,除前述国家外,奥地利、捷克、卢森堡、波兰、立陶宛、斯洛伐克、西班牙、意大利、澳大利亚、韩国、日本等国家也建立了工资保障基金制度。工资保障基金制度主要包括以下几个方面。

1. 工资保障基金的保障范围

工资保障基金的保障范围包括保障的人群和保障的工资债权两个方面。工资保障基金保障的人群一般覆盖所有的雇佣劳动者。但是,一些国家明确将高级管理人员及其他与雇主关系密切的人员排除在保障的人群之外。例如,在奥地利、瑞士、澳大利亚等。各国工资保障基金所保障的工资债权存在一些差异,但是大都包括基本工资、津贴、奖金、假日工资、病假工资以及离职金等。一些国家的工资保障基金所保障的债权还包括主张前述债权所产生的必要费用,如奥地利、挪威等。此外,一些国家的立法明确将离职金排除在工资保障基金支付范围外,如芬兰、瑞士等。

2. 对工资债权的限制

从各国立法来看,对工资保障基金所保障的工资债权都有特定的限制。限制的方式与对工资优先权的限制类似,包括时间限制、金额限制。在时间方面,部分国家的立法限定为 3 个月,如芬兰、意大利、波兰;部分国家则限定为 6 个月,如卢森堡、挪威、瑞士;还有的国家对不同的类别的报酬规定了不同的期间,如澳大利亚。除了时间上的限制,一些国家的立法还规定了工资保障基金能够保障支付的最高限额,如西班牙、奥地利。部分国家则同时从时间和金额两个方面对工资保障作出了限制,如挪威、捷克。

3. 工资保障基金的运作

从各国立法中关于工资保障基金的规定来看,工资保障基金的具体存在形式各不相同,有的国家设立了全国统一的工资保障基金,有的国家则设立了行业性、区域性的工资保障基金,还有的国家要求用人单位在其内部建立工资保障基金。虽然形式上存在较大差异,但是工资保障基金基本遵循相似的运行原则、组织管理方式、筹资机制。从各国的立法来看,工资保障基金的运行原则与社会保障制度的运行原则类似,包括强制参加、独立管理、雇主缴费等。凡是符合法定条件的雇主和雇员都必须加入工资保障基金,否则会承担相应的法律责任。工资保障基金的组织管理机构大多是设立于行政机关之下的独立主体,如在奥地利,工资保障基金的组织管理机构是设立于联邦劳动和社会事务部管理之下的破产补偿基金

(Insolvency Compensation Fund);在西班牙,工资保障基金是附属于劳动和社会保障部的一个自治机构。关于基金的筹集,大部分国家都规定由雇主缴费,但是部分国家除了规定雇主必须缴费,还规定国家财政予以补助,如斯洛伐克、奥地利、澳大利亚。此外,雇主违反工资支付制度、违反欠薪支付保障制度时所缴纳的罚款一般也会算入基金。缴费的标准一般是以工资额为基数进行计算,一般是按照用人单位工资总额的一定比例缴纳,缴费标准一般都会根据社会经济状况的变化做出调整,如在经济危机时期可能提高缴费标准。

二、我国现行欠薪支付保障制度观察

我国欠薪支付保障措施日臻完善,形成了以工资优先权制度与拒不支付劳动报酬罪为主体的制度体系。其中,拒不支付劳动报酬罪的设立,显示出了保障劳动者工资权益的决心和力度。然而,实践中欠薪现象依旧频繁发生,在经济下行的背景下,劳动者工资权益更加容易受到侵害,暴露出我国欠薪保障制度中有待完善之处。

从宏观上看,我国欠薪支付保障制度主要着眼于劳动关系内部,采取"内化"型的事后措施,无法充分、有效地保障劳动者工资权益。劳动者的工资报酬不仅具有财产属性,还具有强烈的社会属性,工资债权不仅会影响劳资双方,而且对劳动者的家庭与社会和谐稳定都有重要影响,欠薪保障制度不应仅着眼于劳动关系内部,坚持"自己责任"的思路,也不应过分倚重事后补救措施,应当构建体系完整、功能协调的欠薪支付保障制度。从微观来看,我国欠薪支付保障制度过分依赖工资优先权制度,但工资优先权制度本身的局限性难堪欠薪保障的重任。正如上节(工资优先权制度研究)所述,我国的工资优先权制度设计采用了相对优先的模式,工资债权的清偿顺位劣后于破产费用和共益债务,且工资债权的清偿顺位劣后于抵押权、质权、留置权,无法充分、有效地保护工资债权。

为应对欠薪支付保障制度的弊端,一些区域性、行业性的欠薪支付保障措施应运而生,如欠薪保障基金制度,欠薪应急保障制度,农民工工资专用账户与工资保证金等,为构建更加科学合理的欠薪支付保障制度提供了思路和方法。1996 年 10 月,深圳市人大常委会制定了《深圳经济特区企业欠薪保障条例》规定设立欠薪保障基金,开创了我国欠薪社会化保障模式的先河。2007 年 6 月,上海颁布的《上海市企业欠薪保障金筹集和垫付的若干规定》规定了企业缴纳欠薪保障费,设立欠薪保障基金。欠薪保障基金通过采用社会化的方式保障劳动者工资债权，与工资债权的社会性高度契合，保障效果良好，为我们更加深刻地理解欠薪支付保障制度提供了参照。此外，北京建立企业欠薪应急保障制度，在重点行业的企业中试行设立工资预留账户制度，企业预留部分资金专项用于发生欠薪时支付劳动者工资的应急保障。

三、我国欠薪支付保障基金的建构路径

从我国欠薪支付保障制度本身的理性反思，不难发现我国现行欠薪支付保障制度在结构设计与具体制度方面存在一定的局限。破解我国欠薪支付保障制度的困局，应当尽快建立欠薪支付保障制度，并将欠薪保障基金作为我国欠薪支付保障的主要形式。深圳、上海等地建设的欠薪保障基金经验为我国建立欠薪保障基金制度提供了更具有参考价值的经验素材。结合相关经验，我国欠薪保障基金制度的建立需要尽快处理好以下几个问题。

1. 明确欠薪保障基金制度的规范依据

我国《立法法》规定，国家对非国有财产征收必须遵循法律，因此，强制性向企业征收欠薪保障金必须有法律依据。深圳市行使特区立法权制定的《深圳经济特区企业欠薪保障条例》等同于全国人大常委会制定的法律，可以成为欠薪支付保障制度的依据，但《上海市企业欠薪保障金筹集和垫付的若干规定》由市政府颁布，显然不符合《立法法》的相关要求。因此，应当修订现行立法或者制定新的法律，使欠薪保障基金地方性法规符合法律规定，为建立欠薪支付保障基金制度创设前提条件。

2. 确立统一的欠薪保障基金制度框架

统一欠薪保障基金制度的顶层设计。我国现行欠薪支付保障制度的改革探索主要是各地方在进行，各地基于不同的考虑采用不同的模式。众多的“地方经验”不仅不利于制度的整合，甚至会成为建立统一欠薪保障基金制度的障碍。应当对强制参加、雇主缴费等基本原则进行明确，对欠薪保障基金的筹集、覆盖人群范围、保障的债权范围、保障待遇的支付等方面作统一的规定，避免欠薪支付保障基金制度陷入碎片化的困局。

3. 因地制宜，渐进式推行欠薪保障基金建立

我国的幅员辽阔，各地的社会经济发展差异明显，参考我国的社会保障制度的

建设经验,欠薪保障基金制度的建立应在中央统一指导的基础上,采用渐进的方式,在具备条件的地区或者行业建立起来,再逐步扩展,建立全国一体的欠薪保障基金制度。

第八章　职业安全卫生法律问题研究

职业安全卫生(劳动保护)法作为现代劳动法的开端,是国家基于倾斜保护弱势劳动者目的,以国家力量介入劳动关系,平衡劳资关系的立法,因此,其性质更偏向于公法,具有更高的强制性。

从宪法角度看,国家应该保障公民的权利,并对公民负有保护照顾义务,因此,国家不仅需要消极地尊重公民的职业安全卫生权利,当公民职业安全卫生权利受到用人单位的侵害时,还需要积极地通过国家公权力对用人单位的经营自由权予以适当的限制,积极地推动相关政策的落实和支持技术研发,以促进职业安全卫生权利的实现。《宪法》第42条第1款、第2款规定:“中华人民共和国公民有劳动的权利和义务。国家通过各种途径,创造劳动就业条件,加强劳动保护,改善劳动条件,并在发展生产的基础上,提高劳动报酬和福利待遇。”

从经济效益的角度来看,职业安全危害导致的经济损失巨大,甚至难以弥补。由于职业安全卫生危害既侵害劳动者的生命健康,又影响企业正常的生产经营,甚至对自然环境造成永久的破坏,因此,国家和企业对职业安全卫生立法及其制度实践的强化,须符合经济效益原则。

从历史的角度来看,最初将职业安全卫生限定在劳动关系领域,称为劳动保护或者劳动安全卫生,但随着公民的就业形态越来越多元化、职业安全危害的普遍性,以及基于国家对公民基本权利的保护,职业安全卫生的范围逐渐扩张,超过了传统从属性劳动关系的范围,逐渐由劳动安全卫生演变为职业安全卫生,我国的立法也印证了此种趋势,1994年《劳动法》规定的是劳动安全卫生,但2002年制定的《安全生产法》却超越了劳动关系的范围,其规定的适用对象是生产经营单位,而非用人单位,因此,本章在此也采用了职业安全卫生的表述,而非劳动安全卫生。

虽然中华人民共和国成立以来,我国高度重视职业安全卫生立法及其执法工作,但20世纪90年代以前,我国的职业安全卫生立法存在以下问题:一是立法理念上,以技术性规程为主,忽视了职业安全卫生法制的人本理念;二是立法的层级相对较低,主要以部门规章为主;三是立法性质方面,主要以行政监察执法为主,忽视职业安全卫生的权利属性。20世纪90年代初,国家强化了职业安全卫生立法,提升了立法层级,先后制定了《矿山安全法》《劳动法》,并且逐渐确立"企业负责、行业管理、国家监察、群众监督"的综合治理模式。21世纪以来,国家制定了《安全生产法》《职业病防治法》等,使职业安全卫生法律体系更加完备,并且单独组建了国家安全生产监督管理总局,又在其基础上组建中华人民共和国应急管理部,强化了安全生产的监察执法工作。2018年与2021年,我国颁行《职业病防治法》与《安全生产法》,我国职业安全卫生立法水平进一步提升。

然而,我国的职业安全卫生立法及其执法仍然存在一些不足,安全生产事故尽管得到抑制,事故发生数量和死亡率整体上呈现下降趋势,但与先进国家和地区相比,仍有较大的提升空间。因此,本章将根据目前职业安全卫生立法和执法中重点、热点和难点问题展开,主要围绕职业安全卫生法的基本原则、职业病诊断和鉴定、职业安全卫生监察体制进行研究,以期更加清晰地梳理现行制度、找准问题,并提出对策。

第一节　职业安全卫生法的概念、适用范围与体系

一、职业安全卫生的概念

(一)法规范概念的分析

1.劳动安全卫生——《劳动法》的规定

《劳动法》第3条明确规定劳动者享有获得劳动安全卫生保护的权利,在第六章对"劳动安全卫生"进行了专门规定。尽管《劳动法》未明确规定何为劳动安全卫生,但从其规范内容来看,劳动安全卫生是指用人单位"提供符合国家规定的劳动安全卫生条件和必要的劳动防护用品"(第54条),"防止劳动过程中的事故,减少职业危害"(第52条),以保护劳动者的安全、健康。

2. 安全生产、职业病防治——《安全生产法》《矿山安全法》《职业病防治法》的规定

《安全生产法》《矿山安全法》《职业病防治法》是我国现行职业安全卫生法律体系的核心，因此，相关的法律规范概念具有重要的借鉴意义。然而，上述三部法律均未对“安全生产”或“生产安全”以及“职业病防治”予以明确的概念界定，仅仅在《职业病防治法》中对何为“职业病”进行了界定，即“职业病，是指企业、事业单位和个体经济组织等用人单位的劳动者在职业活动中，因接触粉尘、放射性物质和其他有毒、有害因素而引起的疾病”。

3. 职业安全卫生、工作环境——《职业安全卫生术语》(GB/T 15236—94)国家标准中相关概念的界定

2009 年实施的中华人民共和国国家标准《职业安全卫生术语》(GB/T 15236—94)规定，“职业安全卫生”，是指以保障职工在职业活动过程中的安全与健康为目的的工作领域及在法律、技术、设备、组织制度和教育等方面所采取的相应措施。“工作环境”，是指在工作空间中，人周围的物理的、化学的、生物学的、社会的和文化的因素。

(二)学者关于职业安全卫生权及相关概念的界定

1. “职业安全权”。“职业安全权，是劳动者依法所享有的在劳动的过程中不受职场危险因素侵害的权利。”[1]

2. “劳动保护”。“劳动保护，其广义是指对劳动者各个方面合法权益的保护，即通常所称的劳动者保护；其狭义仅指对劳动者在劳动过程中的安全和健康的保护，又称劳动安全卫生或职业安全卫生。”[2]

3. “劳动安全卫生”。“劳动安全卫生是指国家为了保护劳动者在劳动过程中的安全和健康而制定各种法律规范的总称。劳动者获得劳动安全卫生保护是劳动者的一项基本权利。”[3]

4. “工作环境权”。“工作环境权，一般是指劳动者应当在能够保障其生命安

---

〔1〕 郭捷：《论劳动者职业安全权及其法律保护》，载《法学家》2007 年第 2 期；孙冰心：《职业安全权的价值透视》，载《当代法学》2007 年第 5 期。

〔2〕 王全兴：《劳动法》(第 2 版)，法律出版社 2004 年版，第 262 页。

〔3〕 关怀主编：《劳动法》(第 2 版)，中国人民大学出版 2005 年版，第 187 页；常凯主编：《劳动关系·劳动者·劳权——当代中国的劳动问题》，中国劳动出版社 1995 年版，第 281 页。

全、身心健康和人格尊严的环境中进行工作的权利。”[1]

学界通说则是对上述概念不予区分，劳动安全卫生又称为职业安全卫生，在我国曾称为“劳动保护”，是对劳动者在劳动场所中的生命安全和身体健康的法律保护。劳动安全，是指劳动场所中无急性伤害事故发生，即无急性中毒、触电、机械外伤、车祸、坠落、塌陷、爆炸、火灾等危及劳动者生命安全的事故发生。劳动卫生，是指在劳动场所中无慢性职业危害发生，即无不良劳动条件、有毒有害物质危害劳动者身体健康的职业中毒、职业病发生。[2] “职业安全卫生，国外常称为职业安全健康，我国习惯上称为劳动保护、劳动安全卫生，或简称职业安全。其含义从广义上来讲，是指从业人员在生产、工作、学习、生活等各个方面的合法权益的保护；从狭义上讲，是指对从业人员在劳动过程中合法权益的保护。”[3]

（三）小结

从上述文本资源的分析来看，职业安全卫生具有以下特征：（1）受保护者是劳动者，保护者是用人单位。《劳动法》明确规定劳动者享有劳动安全卫生权。（2）保护对象是劳动者的安全和健康。（3）保护的范围只限于劳动过程。[4]

二、职业安全卫生法的适用范围

职业安全卫生法以维护职业安全健康为目的，其适用范围的中心点为“职业”，包括以下几个方面：（1）职场，即以工作场所的安全卫生为重点，以确保工作场所不发生职业危害或事故；（2）职业的人，即从主体构成来看，在进出职场的人以职业的人为主，所谓职业的人，则主要是指与该工作场所经营的用人单位建立劳动关系的劳动者，此外，还包括进出该工作场所的其他人员，如客户等。因此，从适用范围来看，职业安全卫生法以工作场所为中心确立其适用范围，将工作整个过程包括进来，工作者、工作方式以及工作场所，甚至与工作相关的工作场所以外的环境

〔1〕 黄鸿福、胡玉浪：《试论我国工作环境权的理论基础与立法建设》，载《龙岩学院学报》2008年第5期。

〔2〕 参见王昌硕主编：《劳动和社会保障法学》，中国劳动社会保障出版社2005年版，第159页。

〔3〕 孟燕化主编：《职业安全卫生法律基础与实践》，中国劳动社会保障出版社2007年版，第15～16页。

〔4〕 参见王全兴：《劳动法》（第2版），法律出版社2004年版，第262页。有学者的表述不完全一致，“职业安全卫生的含义有以下三点：（1）其保护对象是从业人员；（2）只保护从业人员在安全和健康方面的合法权益；（3）仅限于在劳动过程中对从业人员的安全健康保护，而对于劳动过程意外的活动不负这项义务。因此职业安全卫生是基于职业，即在劳动过程中产生，由劳动关系而发生的”。参见孟燕化主编：《职业安全卫生法律基础与实践》，中国劳动社会保障出版社2007年版，第15～16页。

(人和物)都包括进来。

职业安全卫生法的适用范围主要从义务主体和权利主体两个角度来确立,一方面,为了落实职业安全卫生的义务,所以需要明确职业安全卫生法的义务主体,如美国《职业安全卫生法》规定适用于内私领域(private sector)的雇主,但雇主属于劳动关系领域的概念,并且在该关系的限定下,其相对方为雇员,而工作场所具有开放性和流动性的特点,因此,我国《安全生产法》规定的适用义务主体则没有"用人单位"而是"生产经营单位",从而突破了劳动关系的限制,拓宽了职业安全卫生义务主体的范围,强化了监察执法及其责任追究。另一方面,从权利主体的角度来看,仍然以雇员为主,但是根据工作场所的特点,通过相应条款进行扩张,将非雇员纳入保护。部分国家扩张了职业安全卫生权的适用范围,如瑞典《工作环境法》规定,下列人员等同于雇员:(1)正在接受教育的人,但接受学前教育的儿童以及正在休闲中心的学生除外;(2)履行指派工作的囚犯;(3)根据安全防卫法规定,服兵役的人,以及其他在安全防卫机构中提供服务和自愿参与培训的人。[1] 雇员和非雇员职业安全卫生保障的制度设置存在差别:(1)保护的权利基础不同,前者是基于劳动关系中,雇主对雇员的保护照顾义务,而后者则是基于其他法律关系中,雇主负有的安全保障义务;(2)享有的权利及其保障不同,尽管二者享有的权利部分重合,但是前者在职业安全卫生危害发生后,主要享有工伤保障的权利,而后者则主要享有民事损害赔偿的权利,并且前者也负有相应的职业安全卫生义务,后者则由于不直接参与生产活动,其原则上不负有直接的职业安全卫生义务。

由于职业安全卫生危害的扩散性,尤其是随着工业化的发展,职业安全卫生事故的影响范围不仅仅局限在工作场所,因此,职业安全卫生法的适用范围不断扩张,不仅强化工作场所的保护,而且扩张至工作场所外。并且,由于职场压力增加,使职业安全卫生危害不仅影响劳动者的生理健康,还影响劳动者的心理健康,因此,职业安全卫生法的保护范围也扩张到劳动者的心理健康。

三、我国职业安全卫生法的体系

1949年《中国人民政治协商会议共同纲领》以及1954年《宪法》都明确规定了政府的职业安全保护义务,为落实上述义务规定,国家先后制定了《全国公私营厂

---

[1] Working Environment Act 2011 (SW), Chapter 1, Section 3.

矿职工伤亡报告办法》《工厂安全卫生暂行条例》《限制工厂矿场加班加点实行办法》《保护女工暂行条例》等。1952 年第二次全国劳动保护工作会议还拟定了《加强劳动保护工作的决定》《工厂安全卫生条例》《保护女工暂行条例》《工时休假条例》等文件草案。1949 年至 1965 年,国家制定、颁发的有关安全生产和劳动保护的标准、条例、规定等多达 33 项,我国的职业安全卫生法律体系初步形成。1966 年至 1978 年,虽然我国安全生产与劳动保护立法工作受到"文化大革命"的影响,但相关机关依然在努力完善职业安全卫生的法律制度,提高劳动者的职业安全卫生保障水平,国家发布了《关于加强基本建设施工安全的规定试行》《关于加强安全生产的规定》《关于防止矽尘危害和有毒物质危害工作的通知》《关于加强职工伤亡事故统计报告工作的通知》等政策法规。1978 年十一届三中全会以后,我国的劳动保护立法和安全生产工作迎来了新的发展,先后颁布《中共中央关于认真做好劳动保护工作的通知》(中发〔1978〕67 号)、《关于加强厂矿企业防尘防毒工作的报告的通知》(国发〔1979〕100 号)。1979 年 4 月,国务院又重申要认真贯彻执行《工厂安全卫生规程》《建筑安装工程技术规程》《工人职员伤亡事故报告规程》《关于加强企业生产中安全工作的几项规定》。1979 年《刑法》对于重大责任事故罪进行了明确规定。1980 年 2 月 25 日,煤炭部颁布《煤矿安全规程》。1982 年 2 月,国务院颁布了《矿山安全条例》《矿山安全监察条例》《锅炉压力容器安全监察条例》等规范性文件。1994 年 7 月,《劳动法》颁布,在第六章专门规定"劳动安全卫生",标志着我国劳动保护法制建设进入了一个新的发展时期。

2001 年我国通过《职业病防治法》,次年我国通过《安全生产法》。二者分别作为"职业安全"与"职业卫生"的基本法律,对于我国职业安全卫生法律体制的建立起到了基础性作用。此后随着社会经济的发展以及国务院结构的改革,《安全生产法》和《职业病防治法》先后被多次修改完善。国务院及其相关部门根据《安全生产法》《职业病防治法》的规定制定了大量的行政法规和部门规章,如《使用有毒物品作业场所劳动保护条例》《建设工程安全生产管理条例》《劳动保障监察条例》等。此外,国家质量技术监督局加快了安全生产方面的国家标准的制定进程,先后制定、颁布了一系列劳动安全卫生的国家标准,成为我国职业安全卫生立法体系的重要组成部分。

我国职业安全卫生相关法制逐步形成了以下体系。

(一)法律

与职业卫生相关的法律主要包括两个部分:一是关于职业安全卫生的一般法,

如《劳动法》《安全生产法》《职业病防治法》;二是关于特定行业或者特殊领域的职业安全卫生的特别法,如《中华人民共和国铁路法》《中华人民共和国公路法》《中华人民共和国煤炭法》《中华人民共和国电力法》《中华人民共和国消防法》等。

(二)法规

(1)行政法规,具体包括《〈矿山安全法〉实施条例》《中华人民共和国尘肺病防治条例》《劳动保障监察条例》等;(2)地方性法规,如《吉林省安全生产条例》《甘肃省安全生产条例》等。

(三)规章

(1)部门规章,如《重大事故隐患管理规定》等;(2)地方政府规章,如《云南省人民政府关于进一步加强安全生产工作的决定》《云南省煤矿安全事故伤亡赔偿暂行规定》等。

(四)安全生产标准

根据《标准化法》的规定,我国的标准主要可以分为国家标准、行业标准、地方标准和企业标准。本书所指的与职业安全卫生相关的标准主要是指国家标准和行业标准,其中国家标准由国务院标准化行政主管部门制定。而行业标准则是当没有国家标准但是又需要在全国某个行业内统一技术要求的情形,可以由国务院有关行政主管部门制定,并报国务院标准化行政主管部门备案,在公布国家标准之后,该项行业标准即废止。

(1)国家标准,包括《生产过程安全卫生要求总则》(GB/T 12801—2008)、《食品机械安全卫生》(GB 16798—1997)、《头部防护—安全帽》(GB 2811—2019)等。

(2)行业标准,包括《煤矿建设项目安全核准基本要求》(AQ1049—2008)、《保护层开采技术规范》(AQ1050—2008)、《煤矿职业安全卫生个体防护用品配备标准》(AQ1051—2008)等。

根据《标准化法》的规定,保障人身健康、生命财产安全的标准和法律、行政法规规定强制执行的标准是强制性标准,其他标准是推荐性标准。对于与职业安全卫生相关的国家标准和行业标准原则上都是强制性标准,不符合该标准的产品,禁止生产、销售和进口。

第二节　职业安全卫生法的“预防为主原则”研究

“安全第一、预防为主是党和国家的一贯方针。”[1]《安全生产法》第 3 条规定：“安全生产工作应当以人为本，坚持人民至上、生命至上，把保护人民生命安全摆在首位，树牢安全发展理念，坚持安全第一、预防为主、综合治理的方针，从源头上防范化解重大安全风险。”《安全生产法》《职业病防治法》等明确规定生产经营单位的安全生产保障责任、从业人员的权利和义务等，并且就整体而言，我国近年的职业安全卫生立法以及从业人员的权利保障水平得到了稳步提升。然而，“目前安全生产工作的薄弱环节之一，仍然是没有做到预防为主”。“现在一些安全生产监督管理部分的工作重点和主要精力都放在事后监管上，即通过调查处理安全生产事故，吸取教训、追究责任和监督整改，这种‘亡羊补牢’式的监管是一种被动监管，虽然必要但是不能从根本上解决安全生产的事前防范，不能防患于未然。”[2]如何通过规范的设置落实该原则，并且督促生产经营单位及其从业人员梳理预防为主的理念、落实预防机制仍然值得探讨。

一、预防为主的概念、必要性及其功能

（一）预防为主的概念

职业安全卫生的预防为主是指在工作场所，为了构建安全健康舒适的工作环境，通过评估、检测、监控、警示、防护、培训等措施，以避免、消除可能发生的职业安全危害。从预防的对象——职业安全健康危害来看，预防为主原则包括以下三个方面的内容：

一是对于确定性的职业健康卫生危害，采取防护措施，避免或者减轻该危害对从业人员身体健康以及公共环境的危害。由于生产使用的材料或者生产方式自身就对从业人员身体健康或环境有危害性，如化学物质、放射性物质或需要经常蹲起负重的工作方式等，对于此种危害，没有办法从根源上将其消除，只能通过使用防护器具、缩短工作时间等方式来避免或减轻危害的影响。

---

〔1〕 石少华：《安全生产必须坚持预防为主——论安全生产的基本方针》，载《现代职业安全》2002 年第 10 期。

〔2〕 同上。

二是对于不确定性的职业健康卫生危害，采取监控、培训等措施，尽量从源头上避免危害的发生。如由于操作不当导致的安全生产事故，应该通过培训措施，提升从业人员的安全生产意识和生产技术水平，杜绝发生不安全的生产行为。

三是对于未知的职业健康卫生危害，通过评估、检测等措施，预测该危害的程度及其发生概率的大小，如某项新材料或新生产工艺，基于科学的不确定性，在现有的科学技术水平下，无法确定其职业安全健康方面的危害，即对该新材料、新工艺可能带来的尚未明确或者无法具体确定的职业安全健康危害进行事前预测、分析和评价，帮助避免这种可能造成的危害及其事故的出现。

（二）预防为主原则确立的原因

一是职业安全卫生事故对人民的生命财产安全和公共环境安全具有极大的危害，并且具有不可逆转性。安全生产事关人民群众生命财产安全，事关改革开放、经济发展和社会稳定的大局。首先，职业安全卫生事故将极大地危害人民的生命财产安全。由于安全生产的预防工作不到位，使爆炸、建筑物坍塌等安全生产事故导致的群死群伤事件不在少数。2020 年全年各类生产安全事故共死亡 27,412 人。工矿商贸企业就业人员 10 万人生产安全事故死亡人数 1.301 人；煤矿百万吨死亡人数 0.059 人。道路交通事故万车死亡人数 1.66 人。[1] 其次，安全生产事故影响公共环境安全，并且部分事故对公共环境造成的损害是不可逆的，难以修复，如天津港爆炸事故中，瑞海公司储存的 111 种危险货物的化学组分，确定至少有 129 种化学物质发生爆炸燃烧或泄漏扩散，事故残留的化学品与产生的二次污染物逾百种，对局部区域的大气环境、水环境和土壤环境造成了不同程度的污染。[2] 最后，安全生产事故可能影响社会公共秩序，破坏社会稳定。安全生产事故发生之后，由于危害物质的扩散，其影响的范围将远远超出工作场所的范围，将可能影响社会公共秩序，如 2005 年中石油吉林石化分公司双苯厂“11·13”爆炸事故及松花江水事件。由于外操人员违反操作规程，中国石油天然气股份有限公司吉林石化分公司双苯厂硝基苯精馏塔发生爆炸，苯类污染物流入第二松花江，造成水质污染。11 月 18 日，吉林省政府通知直接从松花江取水的企事业单位和居民停止生活取水，

〔1〕 参见《中华人民共和国 2020 年国民经济和社会发展统计公报》，载国家统计局网，http://www.stats.gov.cn/tjsj/zxfb/202102/t20210227_1814154.html.

〔2〕 参见《天津港“8·12”瑞海公司危险品仓库特别重大火灾爆炸事故调查报告》，载国家安监总局网，http://www.chinasafety.gov.cn/newpage/newfiles/201600812baogao.pdf.

并对工业用水采取预防措施。直到 11 月 27 日下午，污染带移出哈尔滨饮用水源取水口后，哈尔滨市才开始恢复供水。[1]

二是从业人员的生命健康具有优先性，现行所有补偿不足以弥补对从业人员生命健康的侵害。康德提出："人是最高目的"，因此，应该尊重从业人员的生命健康。然而，在实践中，有部分地方政府和生产经营单位，盲目地追求经济效益，漠视从业人员的生命健康，导致发生重大的安全生产事故或者大规模的职业病。因此，《安全生产法》第 3 条第 2 款规定："安全生产工作应当以人为本……"以人为本意味着首先是将从业人员的生命健康摆在首位，而生产经营则位于次要的位置，不得为了经济效益忽视安全健康，进而牺牲从业人员的生命健康。尽管国家建立了较为完善的保障和救济体系，能够为遭受安全生产事故的从业人员或者罹患职业病的职工及其近亲属提供相应的补偿和救助，然而，这些补偿和救助都是辅助性的，难以弥补事故或者职业病对从业人员及其近亲属所造成的伤害，并且事故或者职业病对从业人员生命健康造成的侵害，可能是永远无法恢复的，如尘肺病。

（三）预防为主原则的功能

"预防为主"作为我国职业安全卫生立法的基本原则，其较为抽象，似乎并不具体对职业安全卫生的实践具有较强的规范效力，甚至人们将其视为口号——"安全第一、预防为主"，但预防为主的原则对立法、执法以及职业安全卫生的管理实践都具有重要作用。

第一，确定了立法的基本要求。预防为主的原则实际上是设定了立法的预设目标，即通过规范的设置和制度安排，实现预防安全生产事故和职业病的目标。立法的主要制度安排都是实现事故和职业病预防的手段，而制度安排的效果也应以目标的实现程度作为检验标准，因此，职业安全卫生立法的主要内容应是如何实现安全生产事故以及职业病的预防，包括工作场所以及生产设备等物质资料的安全、卫生标准、从业人员安全生产理念以及操作规程的标准等。

第二，确立了生产经营单位管理的基本要求。预防为主的原则为生产经营单

---

〔1〕 参见《国务院对吉林石化爆炸及松花江污染事故作处理》，载中国政府网，http://www.gov.cn/ztzl/2006－11/24/content_453127.htm；参见《国务院对中石油吉林石化分公司双苯厂"11·13"爆炸事故及松花江水污染事件作出处理》，载国家安全生产监督管理总局网，http://www.chinasafety.gov.cn/newpage/Contents/Channel_5498/2006/1124/6670/content_6670.htm。

位的管理设定了基本的目标,一是生产经营单位必须高度重视职业安全卫生工作,将事故和职业病的预防、保障从业人员的生命健康放在首位,因此,不得为了经济效益而忽视职业安全卫生;二是生产经营单位的管理措施应该充分贯彻预防为主的原则,遵守相关法律法规,充分发挥从业人员的作用,要求他们遵守安全操作规程。

第三,确立了职业安全卫生监察执法的基本要求。一是职业安全卫生的监察执法方式在选择方面应该多采取事前监察,而少采取事后监察,因为,前者更符合预防为主的原则;二是职业安全卫生监察执法应该要注意在违法惩戒和安全生产预防为主理念和技术的推广之间进行平衡,而不能只管违法惩戒,不管预防理念和技术的推广;三是职业安全卫生监察执法工作应该与生产经营的单位遵守职业安全卫生法的情况挂钩,对于守法企业,应该采取鼓励措施,而对于违法企业,应该加强执法、强化惩戒。

二、预防为主原则的规范基础及其存在的问题

《安全生产法》《职业病防治法》都规定了预防为主的原则,并且设置了诸多制度来贯彻落实该原则,但从规范层面来看,上述立法在贯彻落实预防为主原则方面仍存在诸多不足。

(一)预防为主原则的规范基础

学者指出,预防为主的原则需要做到"六个在先"——"安全意识在先、安全投入在先、安全责任在先、建章立制在先、隐患预防在先、监督执法在先"。[1] 根据《安全生产法》《职业病防治法》的规定,为了贯彻预防为主原则,避免和减少安全生产事故和职业病的发生,上述立法设置了诸多的制度,包括:

一是物(生产资料、工具和工作场所)的安全。(1)安全生产条件的法定标准以及工作场所符合国家职业卫生标准;(2)采用新工艺、新技术、新材料或者使用新设备,采取有效的安全防护措施;(3)建设项目的安全设施的"三同时";(4)劳动防护用品。

二是人(管理者、从业人员)的安全。(1)主要负责人和安全生产管理人员须具备相应的知识和能力;(2)从业人员须进行培训,掌握相关的知识,熟悉有关的安

[1] 参见石少华:《安全生产必须坚持预防为主——论安全生产的基本方针》,载《现代职业安全》2002年第10期。

全生产规章制度和安全操作规程，掌握本岗位的安全操作技能，了解事故应急处理措施；(3)特种作业人员必须按照国家有关规定经专门的安全作业培训，取得相应资格。

三是管理(劳动过程)的安全。(1)安全生产责任制；(2)安全生产规章制度等；(3)安全生产事故隐患排查治理制度；(4)职业病危害项目申报制度；(5)职业病防治管理措施；(6)职业安全卫生的职工参与制度。

从生产的构成以及过程来看，预防为主原则的实现可以分为以下几个阶段：(1)通过遵守法定职业安全卫生标准等，避免工作场所、生产材料有职业安全卫生危害；(2)对于无法避免的职业安全卫生危害，则通过防护措施，避免或减少对从业人员的生命健康的损害；(3)对于突发的职业安全卫生危害，在造成事故前，通过排查制度，能够尽快发现隐患，并采取措施予以完善，因此，就规范意义而言，预防为主原则的贯彻实施体现在诸多的具体制度安排中，而该原则的实现则需要通过诸多制度的落实以及管理者和从业人员的共同合力，并且如果在职业安全卫生事故发生之前予以避免的，都可视为预防原则的实现。

(二)《安全生产法》《职业病防治法》落实预防为主原则的不足

《安全生产法》《职业病防治法》尽管规定了诸多的制度来实现职业安全卫生的预防，但整体而言，上述立法在该原则的落实方面仍然存在以下不足：

第一，以职业安全卫生的监察权的强制性为中心，而对其他职业安全卫生预防的力量和机制未予重视。

由于我国的立法多是由主管的行政机关起草、制定，通过国务院审议后再提交全国人大常委会表决，因此，主管部门的角色定位直接影响了立法目的的确定。1981 年，原国家劳动总局就提出制定“劳动保护条例”(后改为“劳动保护法”)。此后，原劳动部又将该法名称改为“职业安全卫生法”，继续组织起草工作。1998 年，国家将原劳动部负责的“安全生产综合管理”职能划归国家经济贸易委员会，将原劳动部的“职业卫生监察”职能划归卫生部。随后，职业安全与职业卫生由于分属不同机关，导致立法分离。国家经贸委经过调研论证，将法律名称改为“职业安全法”，并于 1999 年将该法草案正式报国务院审议。2001 年年初国务院对国家安全生产管理体制进行重大改革，决定设立国家安全生产监督管理局，负责全国安全生产的综合监督管理。国家安全生产监督管理局组建伊始，局党组就把尽快制定《安全生产法》作为重点工作。与此同时，卫生行政部门负责起草制定《职业病防治法》。因此,在立法中,更多的是体现了职业安全卫生监察部门的视角和意志,忽视了员工参与和社会伙伴参与。

《安全生产法》虽规定了工会组织相关的权利,并且《职业病防治法》也明确规定了劳动者享有"参与用人单位职业卫生工作的民主管理,对职业病防治工作提出意见和建议"的权利,但由于我国工会组织的覆盖率相对有限,而且基层工会组织独立性不够,上述权利在实践中几乎很难落实。《安全生产法》第 60 条虽然对于工会的权利进行了明确的规定,具体包括:(1)监督权;(2)建议权;(3)对生产经营单位违反安全生产法律、法规,侵犯从业人员合法权益的行为,要求纠正的权利;(4)发现危及从业人员生命安全的情况时,有权向生产经营单位建议组织从业人员撤离危险场所,生产经营单位必须立即作出处理;(5)依法参加事故调查的权利,向有关部门提出处理意见,并要求追究有关人员的责任。但是,对于工会上述权利的实现,没有任何强制性的保障机制。

《职业病防治法》第 3 条规定:"职业病防治工作坚持预防为主、防治结合的方针,建立用人单位负责、行政机关监管、行业自律、职工参与和社会监督的机制,实行分类管理、综合治理。"该条明确将"职工参与和社会监督"作为职业病防治综合治理的一个组成部分,且为落实"职工参与和社会监督"之防治方针。《职业病防治法》第 4 条第 3 款规定:"工会组织依法对职业病防治工作进行监督,维护劳动者的合法权益。用人单位制定或者修改有关职业病防治的规章制度,应当听取工会组织的意见。"《安全生产法》第 3 条也明确"职工参与和社会监督"之方针,因此,其第 7 条规定:"工会依法对安全生产工作进行监督。生产经营单位的工会依法组织职工参加本单位安全生产工作的民主管理和民主监督,维护职工在安全生产方面的合法权益。生产经营单位制定或者修改有关安全生产的规章制度,应当听取工会的意见。"

上述规定明确了职业安全卫生之职工参与,但是仍然存在以下几点不足:一是与职工参与相比,职工监督之含义相对狭窄,并且,将职工置于监督者之地位实际上是将职工作为用人单位职业病防治工作之外部人,而非将其视为职业病防治之有机组成部分,他们不仅是职业病防治法之保护对象,而且是职业病防治工作的重要参与者。二是以工会之监督完全代替职工参与缺乏合理性。因为,我国并非所有的用人单位都建立了工会组织,或者所有的劳动者均为工会会员,如果完全以工会监督取代职工参与,其结果是导致未建立工会的用人单位中的员工参与职业安全卫生的愿望落空,而对于已建立有工会的用人单位,对非工会会员而言,其参与职业安全卫生防治之权利亦不可忽视。三是工会(职工)参与缺乏配套制度安排,空有形式。两法之修订意图强化工会(职工)参与,但是,法律文本却对相关配套制度却几乎没有涉及,如参与之方式、代表之产生、参与机构及其构成、代表之权利等,其结果是工会(职工)徒有依法监督之名,却难以行使依法监督之实。

因此,我国现行的《安全生产法》和《职业病防治法》等内容主要是以行政管制为主,强调用人单位和劳动者的相关的义务以及违反义务的法律责任。而此种行政主导的职业安全卫生的监督模式,可能存在以下问题:

一是劳动者作为职业安全卫生权的主体,完全被置于被动地位,其权利主体的积极性没有得到有效发挥。

二是企业内缺乏相应的制衡,使企业的安全卫生状况缺少必要的内部监督,而当企业管理人目光短视、存在侥幸心理时,则可能使工作场所存在安全卫生事故的隐患。

三是职业安全卫生权的保障监察完全依靠相关执法机构的执法行动,则国家或者地方的机构设置、财政开支以及监察员的个人执法水平等都极大地影响职业安全卫生权保障的水平。

四是面临职业安全卫生监察执法的地方化的挑战。由于服务地方经济社会建设的整体需求,地方职业安全卫生监察机构(安全生产监督管理机构以及劳动监察机构等)在进行监察执法时,通常会考虑其执法行为对当地产生的社会、经济影响,而且监察执法机构以及相关的执法人员服从地方政府的领导。职业安全卫生的监督执法关系到地方的经济发展、社会声誉,乃至地方领导人个人的政治前途,这些因素造成了目前职业安全卫生监察执法的地方化现象,而缺乏劳动者参与和监督,将使职业安全卫生的预防以及监察执法缺乏有效的督促和内部制衡。

第二,生产经营单位内部的预防机制缺乏有效的督促机制。

职业安全卫生预防为主的原则必须通过生产经营单位内部机制予以落实,《安全生产法》《职业病防治法》对此都作出了明确的规定,然而,相关制度也缺乏督促机制,包括以下几个方面:

一是安全生产监察员的任职资格缺失。安全生产监督管理部门负责《安全生产法》的监督执行,但是,《安全生产法》对于安全生产监察员的任职资格没有任何规定,目前国家安全生产监督管理部门也没有对此予以规定,仅仅在《安全生产培训管理办法》(国家安全监管总局令第 80 号)中提及安全生产监察员需要经过考核合格后,才能发给安全生产监管执法证。目前,部分地方颁布地方性法规,对安全生产监察员的任职资格和监督予以规定,如《广东省安全生产监察员管理办法》等。

二是企业安全生产管理人员的任职资格、选任程序以及履行职责的保障缺失。《安全生产法》第 24 条规定,“矿山、金属冶炼、建筑施工、运输单位和危险物品的生产、经营、储存、装卸单位,应当设置安全生产管理机构或者配备专职安全生产管理人员。前款规定以外的其他生产经营单位,从业人员超过一百人的,应当设置安全生产管理机构或者配备专职安全生产管理人员;从业人员在一百人以下的,应当配备专职或者兼职的安全生产管理人员”。《安全生产法》仅规定“具备与本单位所从事的生产经营活动相应的安全生产知识和管理能力”(第 27 条第 1 款),以及“应根据本单位的生产经营特点,对安全生产状况进行经常性检查;对检查中发现的安全问题,应当立即处理;不能处理的,应当及时报告本单位有关负责人”(第 46 条第 1 款),而对安全生产管理人员的任职资格、选任程序、职责以及职责行使所享有的保障等都未有明确规定,使企业设置安全生产管理机构或者配备专职安全生产管理人员缺乏可操作性。

第三,职业安全卫生监察执法程序缺失。

《安全生产法》以及《职业病防治法》对于安全生产监察部门的监察执法程序则完全没有规定,使安全生产监督检查缺乏必要的强制约束力,因此,目前安全生产监督检查执法仍以被动执法、事后执法为主,而缺乏必要的事前或者事中的监察。此外,根据《劳动保障监察条例》的规定,当劳动保障监察部门接到举报或投诉后,劳动保障行政部门认为用人单位有违反劳动保障法律、法规或者规章的行为,需要进行调查处理的,应当及时立案。而该条例中对于立案的条件未作出任何明确规定。笔者认为,对于生产经营单位的违法行为的确认基础并非当事人的举报或者投诉,而必须通过实施劳动监察。因此,原则上劳动监察部门的立案仅作形式上的审查,而不作实质审查。举报和投诉制度只具有扩大劳动保障监察部门的信息来源,强化社会监督的作用,而用人单位是否存在违法行为,必须由劳动监察机关现场实施劳动监察进行确认。

实践中,执法机关通常事先通知企业,组织检查团,由企业领导等陪同视察,检查活动与法律程序关系不大，使检查执法很难发现用人单位的违法行为，[1]并且执法结果不透明、不公开。

三、职业安全卫生制度预防为主原则的完善

（一）强化职业安全卫生的职工参与，充分发挥职工的积极性和主动性，预防职业安全卫生事故

1. 强化以职工参与为基础的综合治理模式

职业安全卫生的综合治理涉及政府、生产经营单位、职工以及社会等多元主体的参与以及他们相互之间的协调和协作。笔者以为，应该构建以政府为主导、以单位和职工为主体、以社会为辅助的综合治理模式，其原因有以下几个方面：

一是政府并非生产活动的参与者，受制于专业能力的不足和公共行政资源的短缺，"迫使监察人员'跟着事件（事故）跑'，而不可能从预测和预防事故的角度来组织他们的工作"[2]。因此，基于预防为主的方针，政府应为职业安全卫生治理的主导者和保障者，其负责规范的制定和完善以及监察执法，从立法和执行两个层面确保职场的安全与卫生。

二是以媒体等为主的社会主体并非生产活动的参与者，受制于信息不对称，无法准确、及时掌握工作场所的职业安全卫生状况，因此，只能作为职业安全卫生治理的辅助者。

三是单位和职工作为生产活动的参与者，是工作场所职业安全卫生状况的直接利益相关者，相关职业安全卫生的治理措施的执行和落实都依赖他们。"监察的目的在于务必使与保护工人相关的绝大多数问题在工作场所得到解决，而这种解决应主要是直接在有关双方（雇主和工人）之间，根据劳动监察人员的建议，进行对话和协商。"[3]因此，单位和职工是职业安全卫生治理的主体，其中，职工参与是基础，因为，一方面，职工作为直接的利益相关者，有着内在的动力和积极性，并且能适时掌握工作场所的职业安全卫生情况，有助于更加准确、及时地确定危害、评估风险，强化与单位之间的交流、沟通，增强彼此的合作与互信，就职业安全卫生事

---

〔1〕 程映雪、向衍荪等：《社会主义市场经济条件下我国劳动安全卫生策略研究（6）——我国劳动安全卫生监察体制的设想》，载《劳动保护科学技术》1995 年第 6 期。

〔2〕 [德]沃尔夫根·冯·李希霍芬：《劳动监察职业指南》，劳动和社会保障部国际劳工与信息研究所译，劳动社会保障出版社 2004 年版，第 82 页。

〔3〕 同上书，第 9 页。

务做出更佳决策,以采取有效措施控制或消除危害,并予以更加坚定的执行;另一方面,职工参与能有效地弥补职业安全卫生监察行政资源的不足,提高监察的效率,[1]并且强化工作场所职业安全信息的公开,弥补社会监督所面临的信息不对称的缺陷。

2. 明确职工参与的权利主体及其参与形式

职工是职业安全卫生职工参与的权利主体,而职工代表或其他组织仅为职工的代表人,代表职工间接行使参与权。对于职工参与形式的完善应该注意以下几点:

一是根据单位的规模确立直接参与和间接参与。对职工人数较少(20 人以下)的单位,可由全体职工直接参与职业安全卫生事务,也可经全体职工投票选举 1~2 名职业安全卫生代表间接参与职业安全卫生事务。对职工人数较多的单位,根据职工规模选取一定比例的职工代表与用人单位代表组成职业安全卫生委员会,代表职工参与职业安全卫生治理工作。

二是建立和完善职业安全卫生治理的职工参与的程序规则。(1)定期会议规则,即生产经营单位管理层(主要是专职安全生产管理人员)应与职工职业安全卫生代表举行定期会议,如 3 个月举行一次,就职业安全卫生事务进行信息共享、咨询、协商。(2)投票表决规则。对工作场所安全卫生有重大影响的事务,如剧毒生产原料的使用等,可以由管理层和职工代表共同投票表决,且采取多数决策的规则。表决的目的是增强决策的科学性和完整性,其重心并非简单否定决策,而强调在决策的同时,更好地做好职业安全卫生的保障预案。(3)参与监察规则。职业安全卫生代表不仅将提高生产经营单位决策的科学性,而且将提升行政监察的效率和准确性,因此,职业安全卫生监察机关在工作场所履行监察职责时,应该有职工代表参与,听取职工代表的意见和建议。(4)定期报告规则。即职工职业安全卫生代表应在检查和定期会议的基础上,就工作场所的职业安全卫生问题及其完善定期编制报告,且报告应提交职工大会或职工代表大会、工会组织、生产经营单位和职业安全卫生行政监察机关。(5)质询、罢免规则。即职工可以对职业安全卫生代表提出书面或者口头质询,职业安全卫生代表应该予以答复,对于怠于行使职责或者滥用代表地位的职业安全卫生代表,职工大会或者职工代表大会可以予

[1] 参见[德]沃尔夫根·冯·李希霍芬:《劳动监察职业指南》,劳动和社会保障部国际劳工与信息研究所译,中国劳动社会保障出版社 2004 年版,第 9 页。

以罢免。

3. 完善职工参与的权利内容及其保障措施

根据我国社会经济发展水平以及治理之实践，我国职业安全卫生职工参与权的以下几方面内容亟待立法予以明确和完善：(1)知情权，即生产经营单位应该将职业安全卫生的相关信息告知职工及其代表；(2)咨询、协商权，即生产经营单位在职业安全卫生的相关事务方面应该听取职工及其代表的意见和建议；(3)检查、处置权，即职工及其代表有权对工作场所的职业安全卫生状况予以检查，当发现危险时，可予以处置，尤其是当发现严重危害职工生命安全和身体健康的危险时，可要求职工停工。然而，共决权因其对单位之经营自主权之限制，暂不宜明确职业安全卫生治理中职工享有共决权，今后可根据社会经济之发展和实践之需求予以调整。

为了切实保障职业安全卫生职工参与的实现，我国应该明确生产经营单位相关的保障义务，包括以下几个方面：(1)物质保障，如办公场所和设施的保障；(2)时间保障，即职工代表依法履行相关职责时，不算旷工，雇主亦须支付劳动报酬；(3)经费保障，如职工代表履行职责的相关费用，应由雇主承担；(4)技术保障，如雇主应该为职工代表提供履行职责所需的技术培训，或者允许其聘请外部的专家提供技术咨询；(5)报复性降职和解雇的保护，即雇主不得以职工代表履行职业安全卫生的参与职责，而对其实施报复性降职和解雇。

(二)完善监察执法程序，强化监察执法的预防功能

一是采取日常和专项内容的主动型劳动监察。主动型劳动监察有助于雇主时时保持不敢侵害劳动者职业健康权违法行为的警惕状态，有助于预防和减少违法行为的发生；采取日常巡查的劳动监察方式有助于震慑雇主，形成雇主遵守劳动法律的氛围；采取专项内容的劳动监察方式有助于对危险性高、风险大的行业重点进行劳动监察，避免劳动执法资源短缺带来的弊端。

二是建立更加完善、便捷的安全生产监察执法的信息搜集系统，充分发挥工会等职工团体的内部监督的作用，强化内部人员保护，鼓励内部人员举报用人单位违反安全生产的违法行为，能够第一时间发现单位的违法行为，进而避免事故的发生；此外，监察机关利用互联网信息系统，通过网络搜集公众的举报、投诉信息，对于举报和投诉信息，应该及时进行现场的检查，并根据检查结果作出相应的处理决定。

三是完善监察执法程序。(1)要增加监察执法程序的公开性和透明度,在工作场所现场检查之时,应该邀请职工代表参加,一方面,向职工代表了解生产经营单位遵守职业安全卫生法的情况,收集违法线索,使监察执法行为能够有的放矢;另一方面,则是主动邀请职工代表参与检查执法工作,也是接受职工的监督,确保监察执法的公开性和有效性。(2)增加随机检查的比例,监察执法机关在执法之前,不得事先通知生产经营单位,而提高检查的突击性,避免生产经营单位弄虚作假;(3)根据生产经营单位的守法情况,适当地增加软性执法。即经过多年的检查,对于严格遵守职业安全卫生立法的生产经营单位,可以适当地给予鼓励,采取软性执法,减少现场检查的次数,由单位自主地组织检查,并提交检查报告供监察执法机关审查,如果后续的检查执法中,发现生产经营单位存在违法或者自检报告存在不实之处,则可加重处罚。

(三)强化生产经营单位的内部预防机制的落实

一是细化生产经营单位内部安全生产管理机制。如明确安全生产管理人员以及监察人员的任职资格和选任条件,设定明确的岗位职责,切实督促他们承担相应的职责,依法保障他们的职责履行,督促生产经营管理者遵守安全生产的法律、法规。

二是依托职工参与机制,与生产经营管理者实现信息共享,甚至是职业安全卫生事项的共决,切实保障从业人员职业安全卫生权利的实现。通过职工参与机制,提前介入生产经营过程中,使从业人员能够事先了解生产经营单位在职业安全卫生方面的投入、管理规章等,明确自身的职责和定位,督促从业人员遵守操作规程和管理规范,并且发现可能存在的缺陷,督促生产经营单位采取补救措施。

三是强化法律责任。通过法律责任的强化,来督促生产经营单位落实相关的安全生产管理制度。目前,《安全生产法》《职业病防治法》关于生产经营单位违反职业安全卫生相关规定,未造成事故或者职业病的法律责任多以责令限期改正为主,由此可能导致生产经营单位存在侥幸心理,因为,违反职业安全卫生法律法规可能导致职业安全卫生的隐患存在,应该要将“责任关口”前移,对违法行为直接给予处罚,而非限期改正。

第三节　职业病诊断和鉴定制度研究

一、职业病诊断和鉴定制度概述

职业病，是指企业、事业单位和个体经济组织等用人单位的劳动者在职业活动中，因接触粉尘、放射性物质和其他有毒、有害因素而引起的疾病。职业病诊断，是指劳动者依法向具有职业病诊断资格的医疗机构申请，由该机构根据法定资料，对劳动者所患疾病是否为职业病作出结论的活动；而职业病鉴定则是当事人对职业病诊断结论有异议的，依法向职业病诊断机构所在地设区的市级卫生行政部门申请，并由区的市级职业病诊断鉴定委员会对诊断结论进行鉴定的活动。

2002 年，《职业病防治法》和《安全生产法》先后正式实施，这对我国职业安全卫生法制的完善，加强劳动者职业安全卫生权利的保障都起到了重要作用，但是，由于职业病诊断和鉴定制度存在诸多问题，导致罹患职业病的劳动者无法获得诊断证明，进而无法获得工伤待遇的保障，引发了诸如“张某某开胸验肺”的恶性案件，因此，在以下几方面因素的影响下，2011 年专门对《职业病防治法》中职业病的诊断和鉴定进行了修正，2016 年、2017 年、2018 年又分别进行了三次修改。

1. 社会、经济发展转型以及中央关于职业安全卫生的理念的转变

自 2002 年《职业病防治法》实施以来，我国社会、经济发生了巨大的改变，职业安全卫生法制所调整之现实也发生了重大改变，尤其是党的十八大报告明确提出了转变经济发展方式，要“在发展平衡性、协调性、可持续性明显增强的基础上，实现国内生产总值和城乡居民人均收入比二〇一〇年翻一番”。因此，为了跟上社会、经济发展转型的步伐，为实现社会、经济发展的宏伟目标提供更加完善的职业安全卫生法制环境，《职业病防治法》之修订势在必行。

党中央、国务院关于职业安全卫生的理念也发生重大的变化，对于职业安全卫生有助构建和谐社会、促进社会经济的科学发展、保障民生之重要性有了更为明确的认识。党的十六届五中全会把安全发展写入了“十一五”规划纲要；党的十六届六中全会把坚持和推动安全发展纳入构建社会主义和谐社会的总体布局。十七大进一步强调坚持安全发展，强化安全生产管理和监督。党的十七届三中全会强调，能不能实现安全发展，是对我们党执政能力的一个重大考验。党的十八大报告将安全生产作为社会管理创新之重要内容，报告指出要“强化公共安全体系和企业安

全生产基础建设,遏制重特大安全事故"。党的十九大报告指出,"树立安全发展理念,弘扬生命至上、安全第一的思想,健全公共安全体系,完善安全生产责任制,坚决遏制重特大安全事故,提升防灾减灾救灾能力"。因此,《职业病防治法》和《安全生产法》之修订实际上是为了党中央、国务院对职业安全卫生的新理念、新认识、新要求的法制化。

2. 进一步改善职业安全卫生现状的需要

《职业病防治法》和《安全生产法》的实施,对遏制职业病的高发,降低安全生产事故的发生率以及伤亡率起到了积极作用,我国的职业安全卫生状况整体上有了一定的改善,但是,职业病防治和安全生产工作的总体形势仍然较为严峻。

一是我国仍处于生产安全事故易发多发的特殊时期,事故总量仍然较大,2010年发生各类事故36.3万起、死亡7.9万人。重特大事故尚未得到有效遏制,"十一五"期间年均发生重特大事故86起,且呈波动起伏态势。非法违法生产经营建设行为仍然屡禁不止。[1]

二是职业病病人数量大、一些职业病发病率居高不下、危害范围广,对劳动者健康损害严重,由此导致的群体性职业病事件时有发生。据报道,截至2018年年底,我国累计报告职业病97.5万例,[2]由于职业病具有迟发性和隐匿性的特点,专家估计我国每年实际发生的职业病要大于报告数量。

3. 职业安全卫生行政体制的变革

自2002年《职业病防治法》和《安全生产法》先后实施以来,我国的职业安全卫生的行政管理体制发生了一些变化,导致上述法律规定的内容与现行行政管理体制的实际不符。2000年12月31日发布了《国务院办公厅关于印发国家安全生产监督管理局(国家煤矿安全监察局)职能配置内设机构和人员编制规定的通知》(国办发〔2001〕1号),决定设立国家安全生产监督管理局,国家煤矿安全监察局与其一个机构、两块牌子,负责综合管理全国安全生产工作、履行国家安全生产监督管理和煤矿安全监察职能。2002年实施的《职业病防治法》第8条规定:"国家实行职业卫生监督制度。国务院卫生行政部门统一负责全国职业病防治的监督管理

---

〔1〕 参见国务院:《安全生产十二五规划》,载中华人民共和国中央人民政府网,http://www.gov.cn/zwgk/2011-10/14/content_1969993.htm。

〔2〕 参见胡丹萍:《卫健委:我国约1200万家企业存职业病危害,尘肺病占9成》,载澎湃新闻2019年7月30日,https://www.thepaper.cn/newsDetail_forward_4040585。

工作。国务院有关部门在各自的职责范围内负责职业病防治的有关监督管理工作。县级以上地方人民政府卫生行政部门负责本行政区域内职业病防治的监督管理工作。县级以上地方人民政府有关部门在各自的职责范围内负责职业病防治的有关监督管理工作。”

然而,2003 年,中央国家机关编制委员会办公室将卫生部承担的作业场所职业卫生监督检查职责划到国家安全生产监督管理局,因此,根据职业安全卫生行政体制的变化,2011 年修订《职业病防治法》,其第 9 条规定:“国家实行职业卫生监督制度。国务院安全生产监督管理部门、卫生行政部门、劳动保障行政部门依照本法和国务院确定的职责,负责全国职业病防治的监督管理工作。国务院有关部门在各自的职责范围内负责职业病防治的有关监督管理工作。县级以上地方人民政府安全生产监督管理部门、卫生行政部门、劳动保障行政部门依据各自职责,负责本行政区域内职业病防治的监督管理工作。县级以上地方人民政府有关部门在各自的职责范围内负责职业病防治的有关监督管理工作。县级以上人民政府安全生产监督管理部门、卫生行政部门、劳动保障行政部门(以下统称职业卫生监督管理部门)应当加强沟通,密切配合,按照各自职责分工,依法行使职权,承担责任。”

根据 2018 年《第十三届全国人民代表大会第一次会议关于国务院机构改革方案的决定》,组建应急管理部。将国家安全生产监督管理总局的职责等部门的职责整合,组建应急管理部,作为国务院组成部门。不再保留国家安全生产监督管理总局。此外,组建国家卫生健康委员会。将国家卫生和计划生育委员会等部门以及国家安全生产监督管理总局的职业安全健康监督管理职责整合,组建国家卫生健康委员会,作为国务院组成部门。因此,2018 年修订的《职业病防治法》第 9 条规定:“国家实行职业卫生监督制度。国务院卫生行政部门、劳动保障行政部门依照本法和国务院确定的职责,负责全国职业病防治的监督管理工作。国务院有关部门在各自的职责范围内负责职业病防治的有关监督管理工作。县级以上地方人民政府卫生行政部门、劳动保障行政部门依据各自职责,负责本行政区域内职业病防治的监督管理工作。县级以上地方人民政府有关部门在各自的职责范围内负责职业病防治的有关监督管理工作。县级以上人民政府卫生行政部门、劳动保障行政部门(以下统称职业卫生监督管理部门)应当加强沟通,密切配合,按照各自职责分工,依法行使职权,承担责任。”

二、职业病鉴定和诊断制度的问题

第一,职业病诊断的申请主体过于狭窄。《职业病防治法》《职业病诊断与鉴定管理办法》仅规定“劳动者”作为职业病诊断的申请主体,笔者以为,该申请主体规定过于狭窄,一是劳动者罹患职业病后,面临诸多压力,其可能因为身体健康等,无法亲自提起诊断申请,甚至劳动者离开工作岗位后很久并且在面临濒临死亡时,因为某些因素才意识到所患疾病可能是职业病,因此,应该考虑到劳动者的身体健康状况,适当地扩大职业病诊断的申请主体;二是从职业病防治来看,劳动者作为权利人,依法享有相应的保护,但用人单位作为职业病防治的主要义务主体,负有法定的职业病防治义务。《职业病防治法》第 35 条规定:“对从事接触职业病危害的作业的劳动者,用人单位应当按照国务院卫生行政部门的规定组织上岗前、在岗期间和离岗时的职业健康检查,并将检查结果书面告知劳动者。职业健康检查费用由用人单位承担。用人单位不得安排未经上岗前职业健康检查的劳动者从事接触职业病危害的作业;不得安排有职业禁忌的劳动者从事其所禁忌的作业;对在职业健康检查中发现有与所从事的职业相关的健康损害的劳动者,应当调离原工作岗位,并妥善安置;对未进行离岗前职业健康检查的劳动者不得解除或者终止与其订立的劳动合同。职业健康检查应当由取得《医疗机构执业许可证》的医疗卫生机构承担。卫生行政部门应当加强对职业健康检查工作的规范管理,具体管理办法由国务院卫生行政部门制定。”从劳动关系的结构以及目前劳资之间双方谈判能力、知识水平以及权益负担来看,用人单位负有安排劳动者进行健康检查的义务,并且从实践来看,医疗机构会将健康检查结果反馈给用人单位,如果用人单位发现有劳动者罹患或疑似职业病的,应该负有后续义务,主动告知劳动者,并且主动要求劳动者申请职业病诊断。

第二,将职业病诊断限定在劳动关系之中不合理。《职业病防治法》将职业病诊断限定于劳动关系之中,因此,其第 2 条第 2 款规定:“本法所称职业病,是指企业、事业单位和个体经济组织等用人单位的劳动者在职业活动中,因接触粉尘、放射性物质和其他有毒、有害因素而引起的疾病。”笔者以为,一是随着劳动用工形式的多样化、弹性化,尤其是随着用人单位的去劳动关系化的过程出现,使得具有职业危害工作场所出现的人员的身份越来越多元化,已经不限于劳动关系的劳动者了;二是从立法目的来看,《职业病防治法》的中心应该是职业病的预防和治理,因此,其应该以工作场(单位)所为中心,对于因工作场所的职业危害而患(职业)病的人都应该予以诊治,而不应限于劳动者。《职业病防治法》将职业病诊断限制在劳动关系的范围内,有可能使用人单位为了规避职业病的诊断等,采取多种方式规避劳动关系。

第三,职业病诊断与劳动关系等绑定缺乏合理性。由于《职业病防治法》将职业病限定在劳动关系领域内,因此,2002 年《职业病防治法》实施时,有医疗机构要求劳动者提出职业病诊断申请时应该提交劳动关系的证明材料,其目的可能在于:一是劳动关系证明将有利于诊断机构分析劳动者的职业病接触及危害史,有利于职业病诊断结论的作出;二是劳动关系的证明将有利于确定责任单位。然而,一方面,实践中,很多劳动者难以获得劳动关系的证明,导致他们难以获得职业病诊断,从而影响他们的权利救济;另一方面,从专业性来看,职业病诊断乃医学专业之行为,原则上可以根据劳动者患病之临床表现和诊断医生之专业知识,作出判断,而责任单位之确定涉及因果关系之认定,尽管要参考医疗诊断机构之意见,但整体上乃法律专业之行为,因此,将二者绑定必然会使得诊断医生需处理所不熟悉的专业领域的事务。2011 年《职业病防治法》似乎想对此进行修订,但亦未作出明显的变化。《职业病诊断与鉴定管理办法》第 22 条规定:“劳动者依法要求进行职业病诊断的,职业病诊断机构不得拒绝劳动者进行职业病诊断的要求,并告知劳动者职业病诊断的程序和所需材料。劳动者应当填写《职业病诊断就诊登记表》,并提供本人掌握的职业病诊断有关资料。”其中,该办法第 21 条规定的资料包括,劳动者职业病危害接触史(包括在岗时间、工种、岗位、接触的职业病危害因素名称等)、劳动者职业健康检查结果等暗含了劳动关系前提的资料,并且《职业病防治法》《职业病诊断与鉴定管理办法》未明确,劳动者无法提供相关资料的,是否可以申请诊断?《职业病诊断与鉴定管理办法》第 27 条规定:“在确认劳动者职业史、职业病危害接触史时,当事人对劳动关系、工种、工作岗位或者在岗时间有争议的,职业病诊断机构应当告知当事人依法向用人单位所在地的劳动人事争议仲裁委员会申请仲裁。”从该条规定来看,似乎劳动关系的证明仍是职业病诊断的必要资料。因此,整体上仍未完全将职业病诊断和职业病责任单位的确定分离。尽管引入劳动争议处理机制来处理职业病诊断过程中关于劳动关系等争议,似乎能从程序上保障当事人的权益,但是一定会延缓职业病诊断结论的作出,导致罹患职业病的劳动者无法得到及时的救济。

第四,职业病诊断所需资料的举证责任的分配不合理。《职业病诊断与鉴定管理办法》第21条规定:"职业病诊断需要以下资料:(一)劳动者职业史和职业病危害接触史(包括在岗时间、工种、岗位、接触的职业病危害因素名称等);(二)劳动者职业健康检查结果;(三)工作场所职业病危害因素检测结果;(四)职业性放射性疾病诊断还需要个人剂量监测档案等资料。"对于上述资料的举证,原则上确立了"谁主张、谁举证"的原则,然而,由于实践中劳动者通常难以掌握上述资料,因此,该办法规定了以下辅助性的规则:(1)通知用人单位提供职业病诊断资料,用人单位应当在接到通知后的10日内如实提供。(2)用人单位未在规定时间内提供职业病诊断所需要资料的,职业病诊断机构可以依法提请卫生健康主管部门督促用人单位提供。(3)经卫生健康主管部门督促,用人单位仍不提供工作场所职业病危害因素检测结果、职业健康监护档案等资料或者提供资料不全的,职业病诊断机构应当结合劳动者的临床表现、辅助检查结果和劳动者的职业史、职业病危害接触史,并参考劳动者自述或工友旁证资料、卫生健康等有关部门提供的日常监督检查信息等,作出职业病诊断结论。对于作出无职业病诊断结论的病人,可依据病人的临床表现以及辅助检查结果,作出疾病的诊断,提出相关医学意见或者建议。(4)职业病诊断机构需要了解工作场所职业病危害因素情况时,可以对工作场所进行现场调查,也可以依法提请卫生健康主管部门组织现场调查。然而,上述资料的举证机制存在以下几方面问题:

一是用人单位肯定会尽量避免提供相关的资料,以避免自证其罪——如果提供相应的资料可能意味着承认劳动关系,而且可能因此诊断为职业病。"分析职业病危害接触史和现场危害调查与评价,需要用人单位提供有关职业卫生和健康监护等资料。然而,用人单位对患病的劳动者,往往会采取逃避的政策,因为一旦认定企业工作环境不达环保标准,将会导致损害结果的产生,各种民事赔偿不免接踵而至,所以用人单位很少愿意'自证其罪'。"[1]

二是职业病诊断机构缺乏足够力量,对工作场所进行现场调查,或者要求卫生健康主管部门督促用人单位提供或组织现场调查。职业病诊断机构作为医疗机构,缺乏足够的权力让生产经营单位配合其进行调查,也没有足够的人员等资源,来支持对大量的工作场所进行调查,尤其是当劳动者申请在"本人户籍所在地或者

〔1〕 廖晨歌:《关于我国农民工职业病维权困境的思考——从"开胸验肺"事件谈起》,载《南京医科大学学报(社会科学版)》2009年第9期。

经常居住地的职业病诊断机构”进行职业病诊断的，职业病诊断机构根本就无法进行跨地区的调查，因此，当劳动者不在用人单位所在地的诊断机构申请职业病诊断的，职业病诊断机构也无法跨地区要求异地(用人单位所在地)的卫生健康主管部门进行调查。

三是用人单位拒不提供相关资料的法律责任较轻。《职业病防治法》第 72 条第 1 款第 10 项虽然规定了用人单位“隐瞒、伪造、篡改、毁损职业健康监护档案、工作场所职业病危害因素检测评价结果等相关资料，或者拒不提供职业病诊断、鉴定所需资料的”，由卫生行政部门给予警告，责令限期改正，逾期不改正的，处 5 万元以上 20 万元以下的罚款；情节严重的，责令停止产生职业病危害的作业，或者提请有关人民政府按照国务院规定的权限责令关闭。但是该法律责任的追究有以下几个问题：(1)卫生行政部门应履行督促用人单位提供资料的职责，并且确定该用人单位存在职业安全卫生的危害，从而负有保管职业健康监护档案等资料的义务；(2)用人单位违法的，卫生行政部门原则上首先是予以警告、责令限期改正，因此，用人单位可能心存侥幸。

第五，职业病目录稍显陈旧，新类型的“职业病”未涵盖。《国家法定职业病目录及分类》包括 10 类 132 种职业病，而这些类型的职业病主要是以传统的劳动者器官的病变或者功能的衰减的疾病为主。然而，当今社会工作生活节奏变快，压力也与日俱增，尤其随着电脑、移动互联网等工具和技术的普及，使劳动者工作和生活休闲的界限变得模糊，工作时间也不断地延长，因此，出现了大量的新类型的“职业病”，《国家法定职业病目录及分类》却没有包括在内。

第六，关于职业病诊断机构的选择及其协调仍需更加明确。《职业病防治法》第 44 条规定：“劳动者可以在用人单位所在地、本人户籍所在地或者经常居住地依法承担职业病诊断的医疗卫生机构进行职业病诊断。”然而，劳动者是否可以同时或先后向上述三地依法承担职业病诊断的医疗卫生机构申请诊断？如果劳动者同时或先后向上述三地依法承担职业病诊断的医疗卫生机构申请诊断，如何协调？如果三地医疗卫生机构之诊断结论有分歧，其效力如何确定？

第七，职业病鉴定机制缺乏中立性。“我国职业病认定权(诊断权和鉴定权)基本上是一个封闭的系统中运行。无论是行使职业病诊断权的医疗卫生机构、执业医师，还是实际行使职业病鉴定权的职业病诊断鉴定委员会的专家教授，抑或是制定诊断标准和《职业病诊断与鉴定管理办法》的卫生部，都属于一个系统——卫生系统,而且由于采取属地管辖,具体案件的诊断医师与鉴定专家基本是本身同行,具有很强的边缘和地缘关系。"[1]《职业病诊断与鉴定管理办法》第 34 条规定:“当事人对职业病诊断机构作出的职业病诊断有异议的,可以在接到职业病诊断证明书之日起三十日内,向作出诊断的职业病诊断机构所在地设区的市级卫生健康主管部门申请鉴定。职业病诊断争议由设区的市级以上地方卫生健康主管部门根据当事人的申请组织职业病诊断鉴定委员会进行鉴定。”第 35 条规定:“职业病鉴定实行两级鉴定制,设区的市级职业病诊断鉴定委员会负责职业病诊断争议的首次鉴定。当事人对设区的市级职业病鉴定结论不服的,可以在接到诊断鉴定书之日起十五日内,向原鉴定组织所在地省级卫生健康主管部门申请再鉴定,省级鉴定为最终鉴定。”然而,卫生系统的封闭性,导致内部的监督缺乏必要的公正性和说服力。

三、职业病诊断、鉴定制度的完善

第一,扩张职业病诊断的申请主体,除劳动者外,用人单位以及劳动者的近亲属也应该可以作为职业病诊断的申请主体。职业病与工伤类似,都是因为职业危害对劳动者的生命健康造成的损害。《工伤保险条例》第 17 条第 1 款、第 2 款规定:“职工发生事故伤害或者按照职业病防治法规定被诊断、鉴定为职业病,所在单位应当自事故伤害发生之日或者被诊断、鉴定为职业病之日起 30 日内,向统筹地区社会保险行政部门提出工伤认定申请。遇有特殊情况,经报社会保险行政部门同意,申请时限可以适当延长。用人单位未按前款规定提出工伤认定申请的,工伤职工或者其近亲属、工会组织在事故伤害发生之日或者被诊断、鉴定为职业病之日起 1 年内,可以直接向用人单位所在地统筹地区社会保险行政部门提出工伤认定申请。”笔者以为,职业病诊断主体可以参照《工伤保险条例》的该条规定,一是扩张申请主体;二是用人单位作为职业安全卫生的义务人,对劳动者负有保护照顾义务,并且《职业病防治法》中对用人单位的义务有明确规定,因此,用人单位作为义务主体,其负有组织劳动者进行健康检查的义务,并基于此负有申请职业病诊断的首要义务;三是当用人单位未依法申请的,劳动者及其近亲属也可以提起申请。

第二,扩张职业病主体,不限于劳动者。由于目前的工伤体系的限定,我国职

---

[1] 邓红梅、黄静:《完善职业病认定制度,破解职业病认定难题——写在“开胸验肺”事件一周年之际》,载《朝阳法律评论》2010 年第 2 期。

业病的主体仅限于建立劳动关系的劳动者,笔者以为,应该以工作场所的职业危害防治为目的,扩张职业病主体的范围,不限于劳动者,还应该包括经常出现在工作场所其他人员,此种扩张之后的目的在于:一是强化对于工作场所职业危害的防治,加大用人单位的责任,使其能够尽到更高的义务,切实预防工作场所的职业危害。二是在现行的工伤保险的体制下,将职业病诊断和工伤保险待遇的享受进行适当的区分,即构成劳动关系的劳动者被诊断患有职业病后,经过工伤认定,可以享受工伤保险待遇;而其他人员则可以以职业病诊断的结论来请求用人单位承担人身损害赔偿的侵权责任。三是未来我国应该调整工伤保险的适用范围,使得其不完全限于劳动关系领域,而将诸多的类似劳动者的人员纳入其中,增强工伤的风险防范和化解能力。因此,笔者以为,可将下列主体纳入职业病的范围内:(1)机关、事业单位工作人员;(2)幼儿园、小学、中学以及大学学生;(3)类似劳动者的人员,如在工作场所的独立承揽人等。

第三,区分职业病诊断和职业病诊断之后的相关待遇的享有。由于现行的工伤保险制度的约束,使《职业病防治法》要求职业病诊断之时需明确劳动关系的性质及其归属,因此,这直接影响到是否构成职业病,以及构成职业病后由哪个用人单位承担相应的工伤保险责任。笔者以为,应该对此进行区分。因此,职业病诊断性质上为专业的技术性判断,职业病诊断的医疗机构应该基于医学的专业诊断,判断是否构成职业病,而不应该受到劳动关系与否以及谁来承担责任的影响,即使劳动者并不确定是因为哪个用人单位而罹患职业病或者劳动者跟用人单位之间就劳动关系存在与否有争议,也不应影响职业病诊断。但劳动关系的性质以及工伤责任的承担则属于法律问题,当职业病诊断机构作出劳动者患职业病的诊断结论后,劳动者可以此结论作为依据要求工伤认定,或者要求某用人单位承担相应的工伤责任。如果双方就是否存在法律关系以及双方的法律关系是否为劳动关系发生争议的,则可以通过仲裁或诉讼程序来处理。

第四,应该完善职业病诊断相关资料的提供规定。从职业病防治的角度来看,首先,应该要强化先义务的履行。根据《职业病防治法》第 26 条第 2 款的规定,用人单位负有以下义务——进行职业病危害因素检测、评价;检测、评价结果存入用人单位职业卫生档案,定期向所在地卫生行政部门报告并向劳动者公布。工会和安全生产监督管理机构应该要强化内外部的协作,内部通过工会的参与、监督用人单位上述义务的履行,用人单位违反上述义务的,工会应该及时地向安全生产监督管理机构进行投诉、举报;外部则通过安全生产监督管理机构的主动、定期的监察执法,督促用人单位履行上述义务,如果违反上述义务的,则应该给予相应的行政处罚,因此,须强化用人单位上述义务的法律责任。其次,劳动者作为申请主体,应该提供其所掌握的所有资料,以提高职业病诊断的准确性和效率;用人单位作为职业病防治的首要义务人,也负有相关的资料提供义务,并且确立部分的举证责任倒置原则,即由用人单位来提供完整的资料。再次,应该要强化职业病诊断医疗机构现场检查等权利,一方面,赋予职业病诊断医疗机构现场检查的权力,明确用人单位必须予以配合,如果不配合用人单位,职业病诊断医疗机构可以依法要求安全生产监督管理机构予以处罚;另一方面,强化职业病诊断医疗机构和安全生产监督管理机构之间的联系,明确安全生产监督管理机构督促以及现场检查的法定义务及其责任,即职业病诊断医疗机构要求安全生产监督管理机构督促用人单位提交相关资料或者要求其现场检查的,安全生产监督管理机构应该履行相应职责。最后,未来应该要完善职业病防治的信息系统,对于每个用人单位的每位劳动者建立网上信息系统,便于追踪、查找其工作信息。

第五,扩充职业病的类型。我们应该修订《国家法定职业病目录及分类》,根据医学诊断以及当今新的职业危害,应该将新类型的职业病纳入其中,包括以下几个方面:(1)因为职业压力导致精神性疾病,如部分的抑郁症等;(2)因为长期使用电脑导致眼部、手部疾病等;(3)因为长期伏案办公导致的颈椎、腰椎疾病等。

第六,明确职业病诊断机构的管辖。由于地方保护主义,职业病诊断机构可能会避免对当地的用人单位作出职业病诊断结论,因此,2011 年《职业病防治法》修改时,增加了可接受职业病诊断申请的管辖主体,除了用人单位所在地职业病诊断的医疗卫生机构外,劳动者还可以向本人户籍所在地或者经常居住地职业病诊断的医疗卫生机构申请职业病诊断。但笔者以为这仅是为了避免地方保护主义的权宜之计,缺乏充分的理论依据,也不符合实际的情况。因为,户籍所在地或经常居住地的职业病诊断医疗机构在相关资料的收集方面面临诸多困难,所以,笔者以为职业病诊断机构的选择仍然应以用人单位所在地的职业病诊断机构为主,而对于地方保护主义则应该通过其他的制度来予以解决。此外,如果能够将职业病诊断与工伤责任的承担脱离,则可以扩大职业病诊断机构的范围。

第七,完善职业病鉴定制度,增加职业病鉴定机构的中立性。由于职业病诊断属于医疗技术的专业领域,无法通过司法来予以审查,同样,作为专业技术的鉴定,也不应遵守行政或者司法管辖的束缚,其不应该限于“职业病诊断机构所在地设区的市级卫生行政部门申请鉴定”。因为,设区的市级卫生行政部门对其只有业务的指导管理关系,并无专业上的隶属关系,不存在专业上的更高效力问题。所以,笔者以为,职业病鉴定机构应该设定更广泛的范围。如果当事人对职业病诊断结果存在异议的,可以参考司法鉴定的方式,由当事人协商确定鉴定机构或者由卫生行政部门确定鉴定机构。此外,随着互联网的发展,应该扩大职业病诊断、鉴定委员会专家成员范围,使劳动者和用人单位有更多选择。

第四节　职业安全卫生监察体制研究

一、我国职业安全卫生监察体制的历史

1931 年发布的《中华苏维埃共和国劳动法》中就提出了劳动保护监察准则。1949 年新中国的第一部临时性宪法文件——《中国人民政治协商会议共同纲领》规定,人民政府“实行工矿检查制度,以改进工矿的安全和卫生设备”。根据监察执法机构及具体的监察模式的不同,可以将我国职业安全卫生监察执法体系的历史区分为以下两个阶段:

(一)单部门综合监察阶段(1949～1998 年)

1949 年 11 月,中央人民政府在政务院中设置了劳动部,主管全国的劳动行政事宜,此后,政务院颁行数个行政法规,建立了一套由劳动部门综合监管、行业部门具体管理的安全生产工作体制。1970 年,中央决定将原劳动部并入国家计划委员会,其安全生产综合管理职能也相应转移,1975 年,国务院决定将劳动工作从国家计委分出,成立国家劳动总局,并于 1982 年进行机构改革,设立劳动人事部。1993 年 8 月,原劳动部发布了《劳动监察规定》,对劳动监察的内容作出规定。1992 年 11 月,全国人大常委会通过颁布的《矿山安全法》使矿山安全监督管理首次具有了法律基础。1994 年 7 月,全国人大常委会通过了《劳动法》,进一步明确了安全生产国家监督管理体制。1995 年 6 月,劳动部颁布了《劳动安全卫生监察员管理办法》。

从 1982 年至 1995 年,我国各省、自治区、直辖市通过地方立法,规定了劳动行政部门是主管安全生产监督管理工作的机关,行使监察职能,在本地区实行安全生

产监督管理制度。同时,下级劳动安全卫生监督管理机构在业务上接受上级安全生产监督管理机构的指导,从而形成中央统一领导、属地管理、分级负责的安全生产监督管理体制。据统计,1995 年,省级劳动监察机构由上年的 9 个发展到 29 个;建立市县级劳动监察机构达 2800 个,占应建机构的 86.6%;全国已拥有 18,200 多名劳动监察员。[1]

(二)多部门分散监察阶段(1998 年~)

1998 年,在国务院机构改革中成立原劳动和社会保障部,将原劳动部承担的安全生产综合管理、职业安全监察、矿山安全监察职能,交由国家经济贸易委员会承担;原劳动部负责的卫生监察(包括矿山卫生监察)职能,交由卫生部承担;原劳动部承担的锅炉压力容器监察职能,交由国家质量技术监督局承担;劳动保护工作中的女职工和未成年工特殊保护、工作时间和休息休假,以及与劳动保护工作关系密切的工伤保险、劳动保护争议与仲裁等,仍由原劳动和社会保障部管理。国家经贸委成立安全生产局,综合管理全国安全生产工作,对安全生产行使国家监督职权,拟定全国安全生产综合法规、政策,组织协调全国重大安全事故的处理。此后,职业安全监察机构设置历经多次调整、变化,但仍然采取多部门分散监察模式,卫生行政部门、劳动保障行政部门等在各自职责范围内施行监督管理。

2018 年国务院机构改革,根据改革方案作出以下调整:(1)组建应急管理部。将原国家安全生产监督管理总局的职责等整合,组建应急管理部,作为国务院组成部门。(2)组建国家卫生健康委员会。将国家卫生和计划生育委员会等部门职责以及原国家安全生产监督管理总局的职业安全健康监督管理职责整合,组建国家卫生健康委员会,作为国务院组成部门。(3)组建国家市场监督管理总局。将国家工商行政管理总局的职责,国家质量监督检验检疫总局的职责等整合,组建国家市场监督管理总局,作为国务院直属机构。国家市场监督管理总局下设特种设备安全监察局。

我国职业安全卫生监察的具体历史变革见表 11。

---

〔1〕 参见《1995 年劳动事业发展年度公报》,载中华人民共和国人力资源和社会保障部网,http://www.mohrss.gov.cn/SYrlzyhshbzb/zwgk/szrs/ndtjsj/tjgb/201107/t20110723_69884.htm。

表 11 职业安全卫生监察的历史变革

<table>
<tr><th>阶段</th><th>时间</th><th colspan="2">监督执法机关</th><th>监管模式</th></tr>
<tr><td rowspan="7">单部门
综合监管</td><td>1950～1970 年</td><td colspan="2">劳动部</td><td rowspan="7">综合监管、行业部门具体管理；中央统一领导、属地管理、分级负责</td></tr>
<tr><td rowspan="3">1970～1982 年</td><td colspan="2">国家计划革命委员会(劳动局)</td></tr>
<tr><td rowspan="2">国家劳动总局(国家计委代管)</td><td>锅炉压力容器安全监察机构</td></tr>
<tr><td>国家矿山安全监察局</td></tr>
<tr><td rowspan="3">1982～1998 年</td><td rowspan="3">劳动人事部
劳动部</td><td>劳动保护局</td></tr>
<tr><td>国家矿山安全监察局</td></tr>
<tr><td>锅炉压力容器安全监察局</td></tr>
<tr><td rowspan="13">多部门
分散监管</td><td rowspan="4">1998～2000 年</td><td colspan="2">劳动和社会保障部(负责劳动基准监察)</td><td rowspan="4">国家经贸委监管为主；多部门分散监管</td></tr>
<tr><td colspan="2">卫生部(负责卫生监察)</td></tr>
<tr><td colspan="2">国家经济贸易委员会安全生产局(负责安全生产综合管理、职业安全监察、矿山安全监察)、国家煤矿安全监察局(负责煤矿安全生产)</td></tr>
<tr><td colspan="2">国家质量技术监督局(锅炉压力容器监察)</td></tr>
<tr><td rowspan="5">2000～2017 年</td><td colspan="2">国家安全生产监督管理局(国家煤炭安全监察局)(由国家经贸委管理)</td><td rowspan="5">国家安全生产监督管理总局监管为主；多部门分散监管</td></tr>
<tr><td colspan="2">国务院安全生产委员会</td></tr>
<tr><td colspan="2">国家安全生产监督管理局(直属国务院，原属于卫生部的职业卫生监察职责转移给国家安监局)</td></tr>
<tr><td colspan="2">国家安全生产监督管理总局(升格)</td></tr>
<tr><td colspan="2">国务院安全生产监督管理部门、卫生行政部门、劳动保障行政部门依照本法和国务院确定的职责，负责全国职业病防治的监督管理工作(2012 年《职业病防治法》)</td></tr>
<tr><td rowspan="4">2018 年～</td><td colspan="2">应急管理部</td><td rowspan="4">应急管理部和国家卫生健康委员会分别负责安全生产监管和职业卫生监管</td></tr>
<tr><td colspan="2">国家卫生健康委员会</td></tr>
<tr><td colspan="2">人力资源和社会保障部</td></tr>
<tr><td colspan="2">国家市场监督管理总局</td></tr>
</table>

二、我国职业安全卫生监察体制的现状及问题

(一)我国职业安全卫生监察体制的现状

我国现行的职业安全卫生的监察执法体系,从职能分工上可以划分为以下几个部分:劳动监察、安全生产监督检查、卫生监察,以及行业主管部门的安全监督检查等;而从层级来看,机构几乎是根据行政级别的划分,采取中央统一管理,地方分级管理的模式。

1. 以职能标准,形成“安全生产监督检查为主的多元监管体系”(见表12)

表12 我国职业安全卫生监督执法职能体系

执法机关	监察职责	法律依据
应急管理部门	生产经营单位安全生产、职业卫生状况	《安全生产法》《矿山安全法》等
劳动行政部门	童工、女职工和未成年工特殊劳动保护、工作时间和休息休假	《劳动法》《劳动保障监察条例》等
卫生行政部门	负责传染病防治监督	《中华人民共和国传染病防治法》《职业病防治法》等
行业主管部门(铁路、航空等)	行业的安全生产、职业卫生等	《中华人民共和国铁路法》《中华人民共和国民用航空法》等
国家市场监督管理总局特种设备监察部门	特种设备的安全监察监督,以及相关作业人员的考核等	《中华人民共和国产品质量法》等
应急管理部门消防救援部门	工作场所消防工作实施监督管理	《中华人民共和国消防法》等

2. 按层级标准,形成“中央统一管理、地方分级管理”的模式

我国安全生产监督检查机构主要是根据国家的行政层级设置,从而形成了中央统一管理、地方分级管理的模式。以2011数据为例,2011年全国省、市、县三级安全监管部门、安全生产监察执法机构及应急管理机构人员编制总计69,605名,实有人数总计74,427名,其中:三级安全监管部门人员编制51,187名,实有人数57,587名;三级安全生产监察执法机构共计2562个,人员编制23,671名,实有人数22,049名(其中作为内设机构或加挂牌子的监察执法机构人员编制7506名、实

有人数7158名);三级应急管理机构共计965个,人员编制4075名,实有人数4006名(其中作为内设机构或加挂牌子的应急管理机构人员编制1822名、实有人数2057名)。全国省、市、县三级安全监管局所属安全生产监察执法机构共计2562个,共有人员编制23,669名、实有人数22,049名,其中作为内设机构或加挂牌子的监察执法机构人员编制7506名、实有人数7158名。

(1)省级安全生产监察执法机构建设情况

全国32个省(自治区、直辖市)中,已有北京、天津、河北、山西、内蒙古、辽宁、吉林、黑龙江、上海、江苏、福建、江西、山东、河南、湖北、湖南、广东、广西、重庆、四川、贵州、甘肃、新疆等23个省(自治区、直辖市)的安全监管局成立了监察执法总队、执法监察局(处)等省级安全生产监察执法机构,共有人员编制457名,实有人数372名,平均人员编制19.9名。

(2)市(地)级安全生产监察执法机构建设情况

332个市(地)中,有297个(占89.5%)成立了市级安全生产监察执法机构,共有人员编制3535名,实有人数3127名,平均人员编制11.9名。

(3)县(区)级安全生产监察执法机构建设情况

2856个县(区)中,有2242个(占78.5%)成立了县级安全生产监察执法机构,共有人员编制19,679名,实有人数18,550名,平均人员编制8.8名。[1]

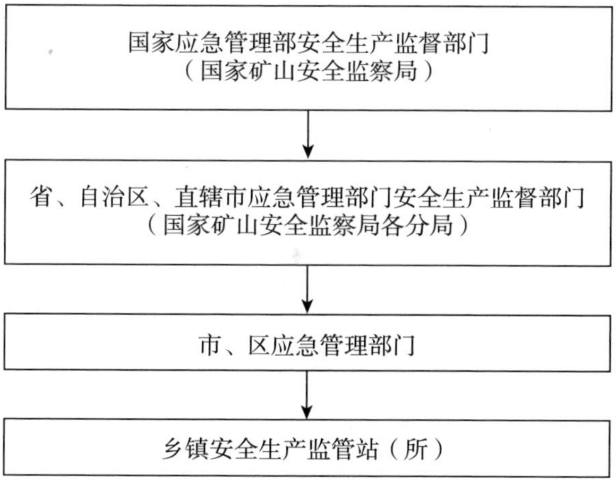

图21　我国职业安全卫生监督执法行政层级体系

〔1〕 参见《2011年度全国地方安全监管机构建设有关情况通报》,载国家安全生产监督管理总局网,http://www.chinasafety.gov.cn/newpage/Contents/Channel_5864/2012/0302/166302/content_166302.htm。

(二)我国职业安全卫生监察体制的问题

1.职业安全卫生多元分散监察执法,主体权责不清

目前,我国的职业安全卫生的监督监察执法模式是“以应急管理部门为主的多元分散监管模式”,其中,《劳动法》关于“劳动安全卫生”的规定是由“国务院劳动行政部门”负责执行。《劳动监察条例》规定,国务院劳动保障行政部门主管全国的劳动保障监察工作。县级以上地方各级人民政府劳动保障行政部门主管本行政区域内的劳动保障监察工作。属于其监察范围的与工作环境安全、健康密切相关的事项主要包括:用人单位遵守禁止使用童工规定的情况、用人单位遵守女职工和未成年工特殊劳动保护规定的情况,以及用人单位遵守工作时间和休息休假规定的情况。2001 年最初颁布的《职业病防治法》第 8 条规定,职业卫生的监察由卫生行政主管部门负责。虽然,其将作业场所职业卫生的监督检查的职权转移给国家安全生产监督管理总局,但是,其依然按照职责分工负责放射卫生、环境卫生和学校卫生的监督管理,负责公共场所和饮用水的卫生安全监督管理,负责传染病防治监督。《安全生产法》规定由应急管理部门负责监督执行,而特殊的行业的安全生产,如交通、铁路、航空等则主要由行业主管部门负责监督执行。此外,对于危险性机械设备的检查监督管理则由市场监督管理总局负责执行。此种多元分散监督执法的模式,可能导致以下问题:

一是监督执法尺度不一,妨碍法律规范贯彻执行。多个监管机关各自的执法依据不同,如劳动监察机关根据《劳动法》以及《劳动保障监察条例》等执法;应急管理部门则是以《安全生产法》为执法依据。因此,不同机关对于同一违法行为,适用不同的法律规范,使得相互之间可能存在执法尺度的不统一问题,影响职业安全卫生法律规范的实施效果。

二是用人单位需要处理多个机关的监督执法,额外增加企业经营成本。并且由于不同法律规定在违反行为的法律责任的规定上不统一,不同机关根据不同的法律规定,所追究的法律责任也不尽相同,如《劳动法》第 92 条规定:“用人单位的劳动安全设施和劳动卫生条件不符合国家规定或者未向劳动者提供必要的劳动防护用品和劳动保护设施的,由劳动行政部门或者有关部门责令改正,可以处以罚款;情节严重的,提请县级以上人民政府决定责令停产整顿;对事故隐患不采取措施,致使发生重大事故,造成劳动者生命和财产损失的,对责任人员依照刑法有关规定追究刑事责任。”而《安全生产法》第99 条规定,生产经营单位未为从业人员提

供符合国家标准或者行业标准的劳动防护用品的，责令限期改正，处5万元以下的罚款；逾期未改正的，处5万元以上20万元以下的罚款，对其直接负责的主管人员和其他直接责任人员处1万元以上2万元以下的罚款；情节严重的，责令停产停业整顿；构成犯罪的，依照刑法有关规定追究刑事责任。

2. 职业安全卫生监察执法的地方化

根据《劳动法》《安全生产法》等规定，目前我国职业安全卫生的监督管理实行“中央统一领导、属地管理、分级负责”的监管模式，其中国家安全生产监督管理总局主要负责监督管理中央管理的工矿商贸企业安全生产工作。省、市、区级(县)安全生产监督管理部门则负责监督管理辖区内生产经营单位的安全生产工作。劳动监察机构的设置亦是如此。

3. 职业安全卫生监察执法程序缺失

《劳动保障监察条例》对于劳动保障监察的形式和程序进行了比较清晰的规定，但是，其中依然存在一定的程序缺陷，如以日常巡视检查的形式实施劳动监察缺乏拘束力等问题。《安全生产法》以及《职业病防治法》对于安全生产监察部门的监察执法程序则完全没有规定。

三、我国职业安全卫生监察体制的完善

(一)理顺监管体制——劳动行政部门综合监管、中央垂直领导

(1)从横向职责划分来看，应由劳动行政部门负责职业安全卫生的监督检查，将安全生产监督管理机构及其职责都下设于劳动行政部门，卫生部门等其他部门则负责协助，提供相关专业领域的咨询、建议。因为，目前以应急管理部门为主的多元分散监管的模式，割裂了职业安全卫生监督执法工作。一方面，职业安全卫生的检查执法的对象为工作者在工作场所工作过程中所面临的安全、健康危害，而目前国家安全生产监管部门所负责的“安全、卫生监督”实质上是游离于“工作”之上的，因此，从根本上，其无法达到事先介入、预防灾害的目的，而只能是事后介入；另一方面，多元分散监管的模式使执法机关之间协调困难，增加不必要的执法成本，如对于工作场所员工的职业培训等，根据《劳动法》《就业促进法》的规定，应该属于劳动行政部门以及用人单位的职责，但是如果涉及相应的安全技能或者特定行业的专业技能，则又涉及安全监督管理部门，因此，部门职责的交叉将会导致相互之间的执法成本的上升。

(2)从纵向的行政层级的划分来看,为了避免目前我国职业安全卫生监察执法过程出现的地方化现象,对地方监察机构则应采取中央垂直领导。根据目前我国的行政体制,对于具体的设置模式,笔者认为有以下两种可作参考:a. 国家税务总局的模式(如图 22)。即完全依照目前我国的行政区划的方式设置地方劳动监察机关,从省、自治区、直辖市到市(县、区)等。b. 中国人民银行的"大区分行制"模式[1](如图 23)。即将全国按照地域等划分为几个大区,设立大区的劳动检查办公室,再在大区办公室下设地区办公室,这些大区办公室和地区办公室是中央劳动行政部门的派出机构。

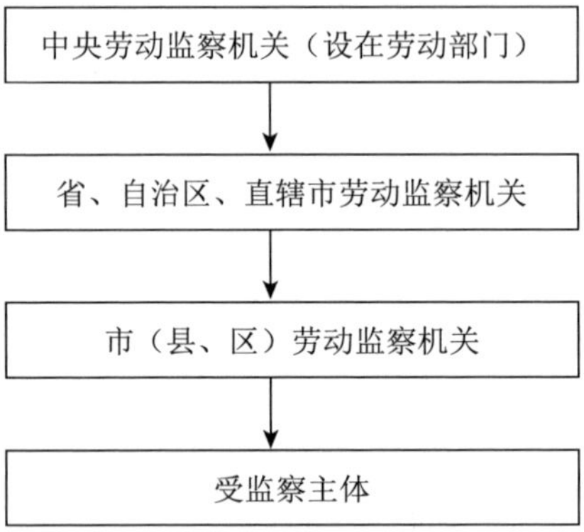

图 22　监察执法组织结构模式 I

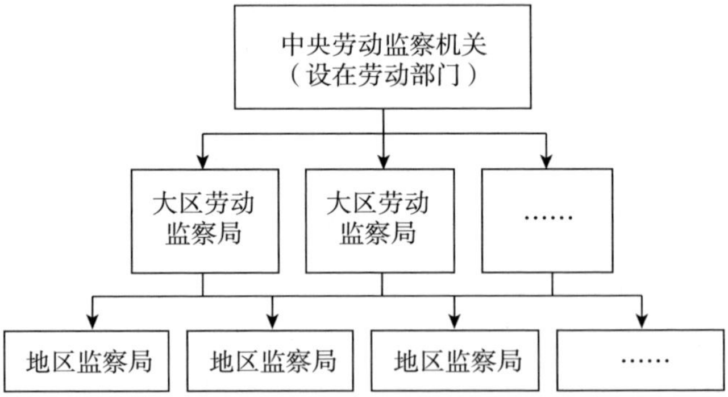

图 23　监察执法组织结构模式 II

---

[1] 参见 1998 年国务院机构改革,撤销中国人民银行 31 个省级分行,并按照经济区域设置 9 个跨省分行,每个大区分行负责几个省、自治区或直辖市,即实行了大区中央银行的体制。

(3)对于铁路、航空等特殊行业的监察执法,亦应由劳动监察部门负责,行业主管部门则应该协助监察执法,提供相应的技术支持等。

(4)应在劳动保障行政部门下设立相应的职业安全卫生的研究机构以及行业协会。研究机构由职业安全和卫生的专业人士组成,其主要职责是对职业安全卫生相应的理论和技术课题进行研究、调查,为劳动保障行政部门制定相应的法规提供咨询和建议,并对该法规的实施效果的调查结果进行检验。行业协会则主要由用人单位代表或者从事职业安全卫生相关产品生产的企业组成,其主要是对劳动行政部门进行职业安全卫生立法、执法提供咨询、建议。

(二)规范监察执法程序——督促监察机构科学、主动执法

(1)劳动监察机构采取日常巡视检查的方式对辖区内的用人单位执行劳动监察,应该规定明确的期限和频率(如1年至少1次),以督促劳动监察机构能够主动监察,逐步纠正目前事后监察、被动监察为主的监察执法方式。

(2)职业安全卫生的监督检查部门在接到举报或者投诉后,应该对于举报和投诉内容做出详细的记录。当事人举报或投诉的违法行为存在紧急危险需要及时处理的,劳动监察执法部门应该立即前往被举报或投诉的工作场所实施监察,根据监察结果采取相应的处理措施。而对于所举报的不具有立即危险的其他违法行为,执法部门应该在一定的期限内(如5日)到被举报的工作场所实施检查,确认违法行为。

(3)劳动监察机关实施劳动监察时,应该要求职工代表或者工会组织代表参加。

(4)规范监察执法的程序。职业安全卫生监察机关在监察执法之前,不得事先通知用人单位,但特殊情形除外,如工作场所存在需要立即处理的危险情形,要求用人单位尽快采取预防或整改措施的。对于轻度违法行为,可以根据简易程序,当场给予相应行政处罚,而对于监察结果应以书面形式(传票或通知书)通知用人单位以及相应的职工代表或者工会组织,用人单位应该将监察结果书面文书的复印件在工作场所张贴。

(三)加强举报人保护——鼓励举报违法

建立和完善举报、投诉的机制,扩大行政监察执法机构的信息来源,加强对于用人单位违法的监督检查具有重要作用。目前《劳动保障监察条例》《安全生产法》《职业病防治法》都明确规定了劳动者以及工会组织等知情人可以举报违法,

但是关于劳动监察机构对于举报人个人信息的保密义务则未予明确规定,仅有部分地方性法规中作了较为笼统的规定。如《天津市劳动和社会保障监察条例》第30条规定,劳动保障监察人员如果泄露举报人的情况,由劳动保障行政部门给予行政处分,并取消监察员资格;构成犯罪的,依法追究刑事责任。该规定中所谓的追究刑事责任,在《刑法》中没有配套的刑事责任的规定,因此,所谓的追究刑事责任无法落到实处。

因此,应该强化对于举报人的法律保护。对于泄露举报人信息的,应该要给予行政处分,情节严重的应该要追究刑事责任。

第九章　女职工和未成年工特殊保护法律问题研究

女性是推进人类发展的重要力量，是推动社会进步的重要参与者，女性成为自食其力的劳动者，在政治、经济、社会中获得独立的社会地位，是历史发展、社会进步和国家文明的重要标志。随着我国经济社会的发展，劳动力市场的开放，女性逐渐走出家庭，走向独立，参与到社会劳动之中，女性劳动力成为我国劳动力市场的重要主体。女性劳动权益表现在同工同酬、平等休息权、劳动权和社会保障权等一般劳动权益保护，也表现在基于女性特殊生理要求而享有的不同于男性的劳动权益的特殊劳动权益的保护。近年来，从女性就业情况来看，女性就业相较于男性就业仍处于弱势的位置，男女就业不平等问题仍然严重；从失业情况来看，女性失业率比男性失业率高，给予女性一定的特殊劳动保护，是保障女性平等劳动的重要手段。关于女职工特殊保护，一方面不能基于女性身体机能的差异限制女性劳动权的实现；另一方面不能单纯注重女性劳动权的保护忽视某些劳动岗位、工作性质对女性身体的损害。女职工的特殊劳动保护既要实现女职工劳动权的实质平等，又要在劳动中给以合理的区别对待。

未成年工因尚未成年，身体、心智均未完全发育成熟，针对未成年工处于生长发育期的特点，以及接受义务教育的需要，国家采取特别的劳动保护措施，形成未成年工特殊劳动保护制度。我国未成年工的保护制度确实在维护未成年工的合法权益，保护其在生产劳动中的健康方面发挥重要作用，但亦面临诸多问题，如年龄界定合理性、禁忌劳动范围合理性以及未成年工权益救济路径不足等，亟待从法律层面提出具体建议。

第一节　女职工特殊劳动保护研究

劳动保护是指国家对用人单位科以保护劳动者的公法上之义务，以保护劳动者的生产安全、身体健康。劳动保护的手段在于公法上的强制性。女职工特殊劳动保护是劳动保护的下位概念，是国家根据妇女生理机能、身体结构的特点以及承担繁衍后代、抚育子女任务的特殊需要，在劳动方面给予妇女特殊劳动权益的法律保障。[1] 女职工特殊保护的宪法基础源于两个方面：一是对女职工的平等保护。《宪法》第48条明确规定妇女在政治的、经济的、文化的、社会的和家庭的生活等各方面享有同男子平等的权利，实行男女同工同酬。二是对母亲的权利保护。《宪法》第49条第1款明确规定婚姻、家庭、母亲和儿童受国家的保护。但受制于传统观念、角色定位、生理因素等影响，女性在劳动市场中表现出极大的脆弱化、边缘化，女职工特殊劳动保护制度是针对女性生理上的差异给予的合理差别对待，是劳动法倾斜保护原则的重要体现，是对实质平等法律价值的追求。

一、我国女职工特殊劳动保护的权利构造

基于性别的个体特征的差异是任何社会都无法抹平的，但社会应给予每个人基于性别平等的法律地位和资格，使全体成员得到平等的发展机会，通过法律或者政策以中立的姿态平等保护不同性别群体在劳动中的权利，还需要通过采取“保护性平等”来进行纠正，即针对特殊群体采取特殊保护政策，这种措施给予某一弱势群体以特惠，或者说剥夺另一群体的某些特权，在结果上达到实质平等的目的。平等是主动保护以及被动防御的结合体，以积极、作为的方式保护被歧视者，逐渐成为一种法律制度，并且需要通过政府一系列的社会政策实现。[2]

（一）女职工特殊劳动保护法律权利的主体层面

劳动合同法律关系主体为用人单位和劳动者，劳动者的从属性削弱其在劳动保护方面谈判的能力；在劳动保护制度中，国家通过强制力手段介入劳动者与用人单位之间，平衡二者关系，强制用人单位为或不为一定的保护行为，在劳动保护法

---

〔1〕 参见杨大文、郭建梅主编：《当代中国妇女权益保障的理论与实践：〈消除对妇女一切形式歧视公约〉在中国执行情况的调查研究》，中国工人出版社2001年版，第142页。

〔2〕 参见蔡定剑主编：《中国就业歧视现状及反歧视对策》，中国社会科学出版社2007年版，第7页。

律关系项下,其法律关系的主体是国家和用人单位,劳动者成为劳动保护制度中的权利保护对象。女职工特殊劳动保护制度不是对女职工与用人单位劳动合同契约自由的限制与干预,而是基于对女职工之母性保护,以女工之分娩事实为背景,自其分娩前后之生理上及精神上的状态,而为之特别保护。[1] 故与劳动合同法律关系不同的是,女职工特殊劳动保护制度的当事人只能是国家和用人单位;用人单位与女职工不能基于劳动合同之约定免除用人单位的保护义务。

(二)女职工特殊劳动保护法律权利的客体层面

女职工特殊劳动保护法律关系的客体层面主要表现在两个方面:一是女职工享有劳动保护的权利不以劳动合同存在为前提;二是女职工特殊劳动保护权利不以劳动合同约定的给付条件为客体。就前者而言,我国法律规定女职工在经期、孕期、产期、哺乳期中不得从事特定的劳动,在劳务派遣的劳动关系中,用人单位不能基于其与劳务派遣女职工之间没有劳动合同,就安排劳务派遣女职工在"四期"内从事法律严格规定的禁忌性劳动。就后者而言,劳动合同通常约定以劳动者给付劳务、用人单位给付工资为履行合同的要件,当女职工处于孕期时,用人单位不能以女职工不履行劳动合同义务为由强制怀孕女职工回到工作岗位,亦不能以其怀孕不履行合同义务为由拒绝支付工资、予以辞退或者解除劳动合同。

二、我国女职工特殊劳动保护的现状

(一)我国女职工特殊劳动保护制度的历史沿革

我国对于女职工的劳动保护在建国初期就已进入国家保护范畴,发展至今呈现以下几方面特点:

一是立法技术上由倡导性条款向精细化条款转变。早在 1949 年 9 月具有临时宪法作用的《中国人民政治协商会议共同纲领》第 32 条直接规定,保护青工女工的特殊利益,而后我国《宪法》明确规定男女平等原则,女职工劳动保护原则;在此原则下 1992 年的《中华人民共和国工会法》、《中华人民共和国妇女权益保障法》以及 1994 年《劳动法》均对女职工特殊保护作了进一步的规定;直至 2012 年 4 月,国务院《女职工劳动保护特别规定》颁布,形成了更为精细、更为完善、更具可操作性的女职工保护制度。

---

〔1〕 参见史尚宽:《劳动法原论》,台北,正大印书馆 1978 年版,第 388 页。

二是制度内容上由分散的点状保护逐渐转化为系统的立体保护。最初的保护内容从生育、产假等单一的保护,扩展为包含平等劳动、“四期”主动性保护与禁忌劳动的禁止性保护相结合的全方位保护。1953年用原劳动部发布的《劳动保险条例实施细则修正草案》对1951年原政务部发布的《劳动保险条例》进行修订,其单列第八章对女工的生育待遇加以规定,包含生育补助、产假等内容;1956年7月,原劳动部发布的《关于装卸、搬运作业劳动条件的规定》对女工单人最高负重作出规定,即不得超过25公斤;1956年5月,国务院颁布《工厂安全卫生规程》,[1]该规程第68条对妇女卫生室作出规定;1960年1月,国务院批准《关于放射性工作卫生防护暂行规定》对孕妇、授乳妇从事放射性工作加以禁止;1988年7月,国务院发布《女职工劳动保护规定》,该规定共计19条,对女职工经期、孕期、产期和哺乳期的特殊保护进行详细的规定,并明确规定不得在女职工“四期”内降低基本工资或者解除合同,该法律成为我国女职工劳动保护的重要单行法规;1990年1月,原劳动部发布《女职工禁忌劳动范围的规定》,对女职工禁忌劳动范围作出具体规定;2012年4月,国务院颁布《女职工劳动保护特别规定》,对女职工特殊劳动保护的适用范围、责任主体、禁忌劳动范围以及责任承担进行更为详细的规定。

(二)我国女职工特殊劳动保护制度的主要内容

女职工特殊劳动保护制度主要目的在于保护女职工在劳动中因生理特点造成的特殊困难,保护女职工的生命安全和身体健康。我国现有的女职工特殊劳动保护的法律渊源主要来自宪法、劳动法、国务院的行政法规、卫生部等相关部门的部门规章,以及各地方的地方性法规、规章。其保护的主要内容包括以下几个方面:

1. 促进式的平等劳动权,禁止性别歧视。我国宪法确认公民在法律面前一律平等,妇女享有同男子平等的权利。劳动法禁止就业性别歧视,规定妇女享有与男子平等的就业权利。除国家规定不适合妇女的工种或者岗位外,在录用职工时不得以性别为由拒绝录用妇女或者提高对妇女的录用标准,劳动合同中不得规定有限制女职工结婚、生育的内容。另外,妇女在享受福利待遇方面享有与男子平等的权利,包括晋职、晋级、评定专业技术职务等方面。退休时亦不得以性别为由歧视妇女。

---

[1] 本篇法规已被2008年1月15日国务院《关于废止部分行政法规的决定》废止。原因是该法规已被2001年10月27日《职业病防治法》(中华人民共和国主席令第60号)、2002年6月29日《安全生产法》(中华人民共和国主席令第70号)代替。

我国《劳动合同法》第42条规定用人单位不得以女职工在孕期、产期、哺乳期为由依照本法第40条和第41条规定的“非过失性辞退”和“经济性裁员”方式解除合同解除劳动合同。《妇女权益保障法》第27条第1款规定，任何单位不得因结婚、怀孕、产假、哺乳等情形，降低女职工的工资，辞退女职工，单方解除劳动(聘用)合同或者服务协议。但是，女职工要求终止劳动(聘用)合同或者服务协议的除外。《女职工劳动保护特别规定》第5条规定，用人单位不得因女职工怀孕、生育、哺乳降低其工资、予以辞退、与其解除劳动或者聘用合同。尽管我国法律具有详细规定，但由于用人单位考虑用工成本的增加以及女性劳动者的弱势地位，诸多用人单位会对女职工采取调岗、降薪、辞退等方式，迫使女职工离开工作岗位，甚至有些女职工在完成生育、哺乳任务之后再也无法回到工作岗位。

2. 禁止性的特殊劳动保护，即职业禁忌。我国女职工职业禁忌主要规定在《劳动法》第七章和《女职工劳动保护特别规定》的附录中，以《劳动法》的规定为基本原则，《女职工劳动保护特别规定》的附录中详细列举了一般职业禁忌和女职工在经期、孕期、哺乳期等禁忌从事的劳动范围。一般禁忌主要包括禁止矿山井下作业，禁止第四级体力劳动强度的作业以及最高直接、间接负重作业的上限；经期、孕期、哺乳期的禁忌劳动主要是基于女性身体结构和生理要求而加以具体规定。

3. 授权性的特殊劳动保护，如“四期”保护、女工保护措施等。《女职工劳动保护特别规定》中除规定用人单位的禁止性法律义务外，也规定了职责性法律义务，如用人单位应采取措施改善女职工的劳动安全卫生条件，开展劳动安全知识培训，书面告知女职工禁忌劳动范围；对于女职工较多的用人单位，可以建立女职工卫生室、孕妇休息室、哺乳室等；尤其是要求用人单位不能基于女职工怀孕、生育、哺乳而降低其工资、予以辞退、与其解除劳动或者聘用合同。

三、我国女职工特殊劳动保护的争议与讨论

从我国目前劳动监察的情况来看，用人单位基本能够遵守法律所规定的上述职业禁忌的规定，但是由此导致的就业性别歧视问题也屡见不鲜。尽管我国多部法律规定“妇女享有与男子平等的就业权利”。《妇女权益保障法》第23条第1款、《劳动法》第13条均明文规定，在录用职工时，除国家规定的不适合妇女的工种或者岗位外，用人单位不得以性别为由，拒绝录用妇女或者提高对妇女的录用标准。然而，现实中就业歧视现象却较为普遍。2016年《最高人民法院关于弘扬社会主

义核心价值观典型案例》公布的典型案例中,某快递公司以求职者为女性而拒绝招录其为快递员,尽管该女性求职者已经顺利通过该快递公司的试用期。2012 年江苏省高级人民法院发布劳动争议十大典型案例,其中之一就是女职工因怀孕请假休息而被用人单位以旷工违反规章制度为由解除劳动合同,最终法院判令公司向女职工支付违约解除劳动合同的经济补偿金。2016 年北京市大兴区人民法院发布五起涉及女职工劳动权益保护典型案件,分别涉及女职工孕期、产期、哺乳期被解除劳动合同、降低工资待遇、无法领取生育津贴的情况。在孕期、产期、哺乳期是否遭遇解聘的调查中显示,有 42% 的女性遭遇解聘或者虽未解聘但降低工资。[1]

1985 年,原劳动人事部劳动保护局委托北京医科大学公共卫生学院劳动卫生教研室,研究制订"限制女工从事有害作业的准则",而后劳动卫生教研室对 11 个城市中女工人数较多的 267 家工厂中从事有害作业的女工情况进行调查,从女性生理特征角度为《女职工禁忌从事劳动范围》提供了科学依据。其成果指出《女职工禁忌从事的劳动范围》的研究和制定的目的在于保护女职工在生产劳动中的安全和健康,预防和减少因其生理特点而受到的危害,保护生产、促进优生优育。[2]而这一立法目的,主要基于男女生理特征的差异,对生殖功能的影响,优生优育、提高人口素质以及保护母性机能四个方面的需求。因此,1990 年的《女职工禁忌劳动范围的规定》(劳安字〔1990〕2 号)立法目的为保护女职工身心健康及其子女的正常发育和成长。

2012 年《女职工劳动保护特别规定》(国务院令第 619 号)进一步将女职工禁忌从事的劳动范围加以完善,并以附录形式予以明示。该规定在禁忌劳动范围上加以缩减,并且进一步增强了禁忌工作的可操作性,但在实践中,实际效果与立法目的之间存在诸多差异。原本对女性的特殊保护开始转入对于女性的过度保护,禁忌劳动范围设定的合理性、妥当性逐渐在实践中受到质疑。

第一,忽视女职工劳动能力的多样性,剥夺部分女职工自主择业的权利。法律不加区分地完全禁止女性从事特定劳动,不利于女性劳动就业的选择权的实现,使原本供大于求的劳动力市场中女性就业歧视问题加剧。如 1948 年,ILO 制定的《夜间工作(妇女)公约》,禁止妇女从事夜班劳动,但该项规定同时侵害了女性夜间劳动的自由选择权;后于 1990 年 ILO 将该条规定修改为禁止孕妇从事夜班劳

---

〔1〕 参见张雅维、李静:《女性劳动权益法律保护问题研究》,载《山东社会科学》2012 年第 6 期。

〔2〕 参见保毓书、周树森:《对女职工禁忌从事劳动范围的研究》,载《中国妇幼保健》1989 年第 5 期。

动，并增加了为上夜班的女工提供医疗检查、医疗咨询服务和支付更多工资等规定。用人单位有告知劳动强度与劳动风险的义务，是否参与该项劳动的权利应由女性自己选择，而不是由法律完全禁止选择。[1]

第二，忽视女职工的禁忌劳动保护与劳动者的安全卫生权保护。如特定劳动环境不仅会对孕妇等特殊女职工产生危害，对于男性或一般女性也会产生危害，该种情况下不是女职工禁忌劳动的问题，而是用人单位的劳动安全卫生问题。对于没有或者已经完成生育的一般女性，法律关注的重点不应该只是保护女性生理机能的禁忌劳动，更应该是全面的劳动安全卫生防护、良性的劳动环境保护、禁止从事有害健康的工种等方面。同时，对于特殊女职工的职业禁忌保护之下，是否需要对男性劳动者加以职业禁忌规定值得思考。

第三，忽视特定工种劳动强度及劳动风险的动态变化，禁忌劳动范围僵化。随着社会发展、科技进步、互联网技术普及以及人工智能的提高，传统的劳动强度以及劳动风险发生转变，原来一些重体力劳动逐渐由机械化取代，劳动者只需要能够操作机械即可，该种情况下，女性禁止从事该项劳动的合理性就缺乏强有力的支持。如德国《母亲保护法》规定，对女性的特殊保护仅限于女性怀孕及以后一段时间，并在新法典中取消旧《劳动法典》法律卷第 711 - 3 条“禁止妇女从事矿井下和采矿工作的限制”。欧盟立法规定在矿业、森林业等行业，每个人都有权选择自己是否从事此类工作，不允许雇主随意基于性别不录用，除非健康条件不允许。[2] 在美国平等就业机会委员会的压力下，矿主们向女工开放了井下岗位，这些岗位能使女工们拿到较高的薪水。此外，电磁辐射、噪声污染、环境污染等新型侵害怀孕等特殊女职工身体健康的劳动工种并不在此法律规定之中。

因此，对于女职工的特殊劳动保护，若过度强调保护会限制女职工的就业选择权，同时会加重用人单位的雇佣成本，以致用人单位逐渐减少雇用女性。我们要寻求的是合理的区别对待，对于女性职工的保护更应注重创造良好的劳动条件、工作环境。传统的单纯性方法属于“保护性平等”，而妇女运动和国际社会要争取和实现的是“实质性平等”。[3] ILO 的公约和建议书中指出：在同有代表性的雇主组织

---

〔1〕 参见刘明辉：《关注女职工职业禁忌的负面影响》，载《妇女研究论丛》2009 年第 2 期。

〔2〕 同上。

〔3〕 参见刘伯红：《特殊保护势在必行，平等发展更需坚持——女职工劳动保护的国际趋势》，载《妇女研究论丛》2012 年第 4 期。

和工人组织磋商之后，各成员须采取适宜措施，以保证孕妇或哺乳妇女（包括农业工人和青年工人）不得从事主管当局确定的会损害母亲或儿童健康的工作，或是经评估确定对母亲的健康或儿童的健康有重大危险的工作，以保证生育不成为就业歧视的原因。[1] 女职工亦不能因为生育责任、家庭责任等而不能平等地享受工作机会和待遇。女性承担着生育繁衍后代的责任，与男性生理上的差异以及社会价值的差异是与生俱来的，所以在推进男女劳动权平等问题上，应是承认差别前提下的劳动机会的平等。[2]

四、我国女职工特殊劳动权益保护的实现路径

随着女性意识的觉醒，现代女性承担着双重的责任，一是以母亲的角色照顾家庭，关爱孩子；二是以劳动者的角色走出家庭，进入劳动市场，参加社会劳动，实现自我价值与社会价值。但基于性别的歧视行为在女性劳动权实现过程中一直存在，女职工特殊劳动保护一方面将女职工当作劳动力市场上的弱者，给予充分的特殊保护，采用禁止性规定或者限制性规定将母性机能保护设定在法律认可的安全范围内，但在劳动力市场中，女职工常常因此被排斥在平等就业机会之外。由于女性天然的生理特征，生育逐渐成为女性就业歧视的一个重要原因，用人单位更多地以隐蔽的方式拒绝招录女性，女职工特殊劳动保护的内在起因渐渐沦为用人单位不招录女性的隐形理由。因此，女职工特殊劳动权益保护的实现路径应注重制度构建上对特殊保护范围、程度的合理界定，平衡国家、社会、单位各方的劳动保护成本，协调女职工的特殊劳动保护与劳动权平等保护两大目标。

（一）合理界定特殊劳动保护范围，增强女职工特殊劳动保护的妥当性

我国现有的女职工特殊劳动保护是依靠法律上的倾斜保护来实现，倾斜的目的在于实质平等，倾斜保护的法律机制保障女职工在就业领域最终达到实质平等。[3] 按照现有的立法体例，女职工特殊劳动保护的范围就是女职工禁止从事劳动的范围，唯有合理界定特殊劳动保护的范围，才能平衡女性特殊劳动保护与女性平等劳动权之间的关系，避免对于女职工的特殊劳动保护成为女性就业的歧视

---

〔1〕 参见刘伯红：《特殊保护势在必行，平等发展更需坚持——女职工劳动保护的国际趋势》，载《妇女研究论丛》2012 年第 4 期。

〔2〕 参见郭慧敏等主编：《女性劳动权益研究——来自陕西的报告》，中国社会科学出版社 2009 年版，第 147 页。

〔3〕 同上书，第 171 页。

因素。

特殊劳动保护范围的界定方面，就具体的职业禁忌范围而言，在程序上应该听取女性劳动者的劳动意愿，注重企业与劳动者之间的沟通协商；在实体上，法律法规的规定保持动态性，根据社会的发展、科技的进步、行业与岗位的需求变化加以调整。如对一些具有节奏快、强度高、高风险和一些具有隐性伤害的工种，如从事电讯、电脑作业，一线流水作业，站立工作等的女职工，在休息时间、特殊保护措施等方面予以特别的规定。[1] 此外，随着科技的发展，电磁波等光线辐射、化学污染等新型有毒有害物质对妇女与婴儿的影响较大，这些仍需要法律条文加以规制。

此外，我国现有的女职工特殊劳动保护分散于《劳动法》《妇女权益保障法》《女职工劳动保护特别规定》等法律法规之中，但内容存在诸多交叉，如《劳动法》第59条至第61条的规定与《女职工劳动保护特别规定》附录的职业禁忌范围多有重合，可以在立法技术上加以整合。在位阶较高的《劳动法》中多给予原则性的保护，而在位阶较低的《女职工劳动保护特别规定》中给予更为具体的规定。此外，我国目前的女职工特殊劳动保护仍需细化，如我国《女职工劳动保护特别规定》第5条规定，用人单位不得因女职工怀孕、生育、哺乳降低其工资、予以辞退、与其解除劳动或者聘用合同。但是该规定并没有进一步界定工资的构成，亦未对孕期岗位调整、产前检查的时间次数、哺乳期间等作出具体的规定，在具体的司法实践中还是带来一定的困惑。因此仍需在立法上加以完善，增强女职工特殊劳动保护的内在体系性与条文的外在可操作性，将对女职工特殊劳动保护规定得更加准确。

（二）发挥工会职能，协调女职工的特殊劳动保护与劳动权平等保护

工会的基本职责是维护职工合法权益，维护女职工的合法权益和特殊权益是工会组织的基本职责。一是工会应该增强维权意识，积极参与女职工维权活动。工会不仅是职工的代表机构，更是职工的维权代表，在女职工权益遭受损害时，能够为女职工提供一定的权利救济的路径和方法。同时工会应积极关注女职工特殊劳动保护现状，广泛开展调查，收集女职工对于特殊劳动保护的意见和建议，为我国女职工权益保护建言献策。二是工会全面推进、落实女职工权益保护专项集体合同。[2] 工

---

〔1〕 参见林艳琴：《女职工特殊劳动保护制度的困境及对策研究》，载《法学杂志》2011年第11期。

〔2〕 参见蒋月：《企业女职工特殊劳动保护实施效果研究——以东南某省为例》，载《法治研究》2013年第12期。

会应着重将我国关于女职工特殊劳动保护的条款纳入专项集体合同内容，带领女职工参与到具体职业禁忌范围的制定，保障女职工在劳动权益保护中的知情权、参与权、协商权等。工会在推进合同签约率的同时，应该注重专项集体合同的履约情况，定期对合同履约情况进行监督检查，对于违反合同内容的情况，坚决予以纠正，保障女职工的合法权益。三是工会应当积极推进女职工特殊劳动保护与平等劳动权保护的纠纷处理。工会应积极搭建与女职工内部沟通、外部维权的平台，建立与相关法律援助部门、相关劳动部门的沟通协调机制，及时了解女职工的权益诉求，维护女职工的合法权益。

（三）健全女职工特殊劳动保护的权利救济机制

女职工的特殊权益与合法权益的救济包括实体权利的救济以及程序权利的救济。实体权利的救济主要表现为推进性别歧视立法、完善生育保险制度方面；程序权利的救济主要表现在强化政府职能部门监督检查、完善司法救济程序方面。

1. 推进性别歧视方面的反歧视立法

女性在劳动就业中遭遇性别歧视，一方面源于社会文化、传统观念对女性身份的认知，将女性更多定位于家庭照料、养育儿女上；另一方面源于我国劳动政策、劳动法规的缺陷积累，尽管我国规定了男女平等、同工同酬，但由于法律法规多系原则性规定，具体操作性不强，在实践中，用人单位采用隐蔽的方式歧视女性就业。当性别歧视发展为一种制度性歧视的时候，只有政策的引导是不够的，必须要依靠法律介入，同时立法并非反就业歧视行动的终点，而是将法律的阐释适用和完善等问题以更为紧迫、直接的方式提出来。通过反歧视立法明确规定何为性别歧视，何为劳动就业歧视行为以及如何承担具体就业性别歧视行为引发的法律责任。在对女职工特殊劳动保护过程中，是否达到过度保护，也可以通过反歧视法的内容加以调整。

2. 完善生育保险保障机制

我国目前对于女职工的劳动保护更多地附加给用人单位承担，用人单位面临巨大的女职工劳动保护费用，自然会排斥女性职工，使女职工劳动权保护更加困难。因此，国家、社会在女职工的保护中需承担更大的责任。女职工的特殊劳动保护在细化的同时，在费用承担上可以考虑由社会统筹。如推进女职工特殊劳动保护与生育保险制度的衔接，既减轻用人单位的负担，又能保证女职工的生育权利。ILO《保护生育公约》中规定生育保险涵盖范围不仅包含受雇女职工，还包括非典型工作形式的女性,也对男性规定有育儿假,男性亦可享有生育保险的待遇。二是完善生育保险制度。目前,一些地方产前检查费用报销比例低,一些地方采取定额制、限额制,难以满足实际生育医疗需要;一些女职工的生育津贴与产前工资收入落差较大;有的企业既不缴纳生育保险,也不按规定标准支付女职工产假工资,女职工生育经济权益难以保障。通过细化生育保险制度,明确生育保险制度与女职工特殊劳动保护之间的关系,降低用人单位在聘用女职工上的成本,帮助女职工重返劳动岗位,保障女性平等劳动权。

3. 强化政府职能部门监督检查职责

政府职能部门作为国家公权力机构介入用人单位和劳动者之间,通过国家强制力平衡和保护弱者的劳动地位。我国现有法律规定人力资源和社会保障部、安全生产监督管理部门以及相关劳动监察部门应严格按照法律规定,切实履行监督和监察的职责,对于用人单位违反女职工劳动保护法律规定的情况,应当严格按照法律规定给予处罚。但是,现有法律规定的处罚力度较弱,用人单位违法成本较低。如对安排女职工进行井下作业的违法行为,由县级以上人民政府安全生产监督管理部门责令限期改正,按照受侵害女职工每人 1000 元以上 5000 元以下的标准计算,处以罚款(《女职工劳动保护特别规定》第 13 条第 2 款)。这样的违法成本,相较于一些矿厂企业雇用女职工下井攫取的利益来讲,处罚力度太弱。因此有必要将侵害女职工特殊劳动保护的行为,直接落实到相关部门、相关责任主体,明确责任承担制,明晰主体职责范围,针对不同的违法行为,确定赔偿和处罚标准,承担不同力度的民事、行政责任。同时,引入刑事处罚,对于侵害女职工合法权益构成犯罪的,应给予及时的刑事处罚。

4. 完善司法救济程序

法院审理的女性劳动争议案件大多集中在女性劳动者在劳动过程中的争议,如劳动合同的履行、变更、经济补偿金等,而真正体现女性平等权利和社会地位的案件较少。[1] 尤其是当女性遭受就业歧视时,迫于自身在劳动力市场的弱势地位以及较大的举证难度,很难在现有的诉讼争议中维护自身的合法权益。因此,在构建女性平等劳动权保护中,可以构建性别歧视的诉讼路径,将性别歧视案件纳入司法审查范围,并由用人单位承担举证责任。此外,现有法律规定,对于侵害女职工

〔1〕 参见张雅维、李静:《女性劳动权益法律保护问题研究》,载《山东社会科学》2012 年第 6 期。

合法权益，造成女职工损害的，依法给予赔偿，但是并未详细界定用人单位赔偿的标准，这在司法实践中难以保证女职工获得直接确定的经济赔偿，或者获得的赔偿甚少，需要在司法救济程序中进一步细化。

第二节　女职工“四期”劳动保护研究

女职工特殊劳动保护是妇女人权保障的重要体现，女性劳动权益表现在同工同酬、平等休息权、劳动权和社会保障权等一般劳动权益保护，也表现在基于女性特殊生理要求而享有的不同于男性的劳动权益，如女职工的“四期”劳动保护。女职工的“四期”劳动保护不完全等同于职业禁忌，主要是针对女性生理特点，在特殊的生理期（经期、孕期、产期、哺乳期）为保护女职工的生理健康而设置的制度。

一、我国女职工“四期”劳动保护

我国对处于特殊生理期的女职工的劳动保护主要是从工作时间、工作范围、特殊环境和职业保障四个方面予以规定。[1]

1. 经期保护标准

女职工在月经期间，所在单位不得安排其从事高空、低温、冷水和国家规定的第三级体力劳动强度的劳动。[2] 患有重度痛经及月经过多的女职工，经医疗或妇幼保健机构确诊后，月经期间可适当给予1～2天的休假。

2. 孕期保护标准

女职工在怀孕期间，所在单位不得安排其从事国家规定的第三级体力劳动强度的劳动和孕期禁忌从事的劳动。对于怀孕7个月以上的女职工，用人单位不得安排其从事夜班劳动，也不得安排其在正常劳动时间以外延长劳动时间，对不能胜任原劳动的怀孕女职工，应当根据医务部门的证明予以减轻劳动量或者安排其他劳动，并在劳动时间内应当安排一定的休息时间。怀孕女职工在劳动时间内需要进行产前检查的，应当视为劳动时间。并要相应地减少生产定额，以保证产前检查时间。

[1] 主要法律依据是《劳动法》《劳动合同法》《女职工劳动保护特别规定》《女职工保健工作规定》。

[2] 参见《女职工劳动保护特别规定》附录第2条。

3. 产假保护标准

女职工生育享受 98 天产假，其中产前可以休假 15 天；难产的，应增加产假 15 天；生育多胞胎的，每多生育 1 个婴儿，可增加产假 15 天。[1] 女职工怀孕未满 4 个月流产的，享受 15 天产假；怀孕满 4 个月流产的，享受 42 天产假。

女职工产假期间的生育津贴，对已经参加生育保险的，按照用人单位上年度职工月平均工资的标准由生育保险基金支付；对未参加生育保险的，按照女职工产假前工资的标准由用人单位支付。女职工生育或者流产的医疗费用，按照生育保险规定的项目和标准，对已经参加生育保险的，由生育保险基金支付；对未参加生育保险的，由用人单位支付。具体包括检查费、接生费、住院费、药费等。

4. 哺乳期保护标准

对哺乳未满 1 周岁婴儿的女职工，用人单位不得延长劳动时间或者安排夜班劳动。用人单位应当在每天的劳动时间内为哺乳期女职工安排 1 小时哺乳时间；女职工生育多胞胎的，每多哺乳 1 个婴儿每天增加 1 小时哺乳时间。婴儿满周岁时，经县（区）以上（含县、区）医疗或保健机构确诊为体弱儿，可适当延长授乳时间，但不得超过 6 个月。

女职工比较多的用人单位应当根据女职工的需要，建立女职工卫生室、孕妇休息室、哺乳室等设施，妥善解决女职工在生理卫生、哺乳方面的困难。建立卫生室的条件是女职工在 100 人以上的单位，建立哺乳室的标准是有哺乳婴儿 5 名以上的单位，另外女职工 100 人以下的单位应设置简易的温水箱及冲洗器，对流动、分散工作单位的女工发放单人自用冲洗器。

5. 非歧视和就业保障

法律禁止用人单位对处于孕期、产期和哺乳期的女职工随意解除劳动合同，即用人单位不得以工作不胜任、企业经营困难等理由解除劳动合同。[2] 用人单位不得在女职工怀孕期、产期、哺乳期降低其基本工资。[3]

6. 其他规定

（1）更年期保护。经县（区）以上（含县、区）的医疗或妇幼保健机构诊断为更

---

〔1〕 参见 2021 年，北京市人口与计划生育条例修改，设育儿假，延长生育假增至 60 天。同年，上海市实施“三孩”生育政策，一对夫妻可以生育三个子女，并简化认定情形，不再对再婚夫妻之前生育的子女进行合并计算，同时将生育假由 30 天延长到 60 天。

〔2〕 参见《劳动法》第 29 条、《劳动合同法》第 42 条。

〔3〕 参见《女职工劳动保护规定》第 5 条。

年期综合征者,经治疗效果仍不显著,且不适应原工作的,应暂时安排适宜的工作。

(2)有些地方提高了孕期女职工劳动保护标准。如《湖北省女职工劳动保护规定》规定用人单位不得安排其从事“35℃以上的高温天气露天作业、温度在33℃以上的工作场所作业”。

(3)有的地方在《人口与计划生育条例》中规定了男性陪产假制度。

二、我国女职工“四期”劳动保护制度存在的问题

(一)女职工“四期”期间工作时间缺少灵活性

(1)工作时间限制上,我国规定过严,只有怀孕7个月以上的女职工方禁止夜间工作及加班。[1]

(2)危险工作的限制上,我国规定过于具体,缺少原则性规定,特别是缺少专业的评估机构,不能适应新情况将大部分甚至所有不适宜工作均纳入进来。

(3)调换工作方面,没有保障妇女权益的程序性规定,也未规定调换工作之后的待遇条件等实质性内容。

(4)非歧视和就业保障。我国在此方面的规定极为欠缺。只有解雇保护和工资待遇保护。而且“基本工资”本身已经过时,不能反映时代变化。所以从整体来讲,我国欠缺对女性劳动者非歧视保护,这也是现实中职业女性一旦怀孕,即面临着劳动权益受损的根本原因所在。

(5)产假制度。将我国产假制度与国际劳工组织公约和世界其他国家规定对比,可以发现总体上我国产假制度的规定符合国际劳工组织公约规定,亦与世界大多数国家的规定趋同,具体表现在产假期间、生育津贴社会化、生育医疗费用的范围来源、生育津贴标准等方面。但是我国欠缺家庭责任共担的陪产假制度。

(6)哺乳时间的规定与国际公约及大多数国家的规定统一,但灵活性不足,且与我国现状不符。随着用人单位内部的托幼机构的撤销,该规定很难实现。

(二)女职工“四期”劳动保护引发隐性歧视

1982年我国女性人口就业率为46.63%,到2015年这个数值已上升为73%,高于大部分国家。相比于数量提升更为重要的是我国女性就业质量的提升,职业领域明显拓宽,岗位层次普遍提升,收入水平不断提高,女性商业领袖层出不穷。

---

[1] 参见《劳动法》第61条、《女职工劳动保护规定》第6条第2款。

从各个方面来看,我国女性的就业状况都处于世界先进行列。但是,基于同男性天然的生理差别和受深厚的男权社会意识的影响,女性在就业中仍会面临多种隐患,如在招聘和晋升环节的不公待遇,孕产假等专属福利难以保障等。这些问题的存在,损害了女性的就业权益,也打破了公平公正的就业原则。

随着劳动者的维权意识逐步提高,用人单位的法律意识也随之提升,并开始出现一些试图规避法律规定的行为,"隐性歧视"类案件就是其中一类。这些案件多表现为通过给"三期"女职工设置苛刻的工作标准或工作条件的方式,逼迫女职工自行辞职;或恶意造成"三期"女职工违反用人单位规章制度的局面,并以此为由解除劳动合同。在孕期、产期、哺乳期是否遭遇解聘的调查中,52%的女性未被解聘并保持之前的工资水平,42%的女性被解聘或者虽未解聘但降低工资。[1] 2014年哈尔滨工会女职工部的调研结果显示,在其抽样调查的127名产假结束正在哺乳期的女职工中,91%是重新找工作上岗,产后哺乳期后回原企业上班的女职工中有96%更换工作岗位。[2] 而且此类案件中,由于用人单位违反法律规定的手段更为隐蔽甚至无明显违法行为,造成女职工举证难、维权难的现状。

三、国际女职工"四期"劳动保护制度借鉴

国际劳工公约对处于特殊生理期的女性也主要是从工作时间、工作范围、特殊环境以及职业保障四个方面予以劳动保护,但是侧重点与我国有所区别。

(一)工作时间安排

为保护生育安全,对于相关妇女在工作时间安排上予以特殊规定。

(1)夜间工作的限制。随着ILO对妇女夜间工作规定的调整,[3]各国也随之调整。完全禁止妇女夜间工作的国家已极少,主要是限制特殊时期的妇女夜间工作,在保证妇女本人及其胎儿或孩子的生命安全和身体健康的前提下,尊重妇女本人意愿的原则安排夜间工作。

首先,限制夜间工作的妇女类型主要集中在孕妇、哺乳妇女、育有一定年龄以下幼儿的母亲等。其中限制孕妇夜间工作最普遍,较通常的做法是不区分孕妇的

---

〔1〕 参见张雅维、李静:《女性劳动权益法律保护问题研究》,载《山东社会科学》2012年第6期。

〔2〕 参见肖瑛:《女职工和未成年工特殊劳动保护工作调研情况》,载哈工网2015年7月21日,http://www.hrbgh.org/show/100505/150721_1728160027.action。

〔3〕 参见《1948年(妇女)夜间工作公约(修订本)》。

怀孕周数,只要确定怀孕即受到特殊保护。[1] 哺乳妇女以及有1岁以内孩子的妇女也是重点保护对象。

其次,允许例外情形。最重要的例外情形是妇女本人书面同意或提出申请,可不受夜间工作限制。也有些国家规定医生提供相关诊断证明在夜间工作不会影响妇女或孩子的安全和健康也可。

最后,夜间时间范围,比较普遍的规定是夜间22时至第二天6时。

具体立法模式有肯定型和否定型。所谓肯定型立法模式是指原则上同意妇女夜间工作,在特定妇女提出请求时才限制其夜间工作,如日本规定,在孕妇、哺乳妇女或正照顾学龄前儿童的雇员提出请求时,方不雇用其夜间工作。所谓否定型立法模式是指原则上禁止妇女夜间工作,但是在其书面同意或提供相关医生证明对其安全与健康没有危险的情况下可以从事夜间工作。采用否定型立法模式的国家更多。有的国家甚至完全禁止妇女在特殊时期从事夜间工作,没有任何例外情形。

(2)加班时间的限制。对妇女加班时间的限制与夜间工作的限制基本相同,只是没有禁止夜间工作普遍。

(3)孕检时间。尽管在夜间工作、加班时间等方面,各国的规定千差万别,但是在孕检时间问题上各国的态度极其统一,无一例外地规定孕期产前检查时间算作工作时间,雇主必须允许且应支付报酬。

(二)工作范围限制

ILO第183号公约第3条规定,各成员须采取适宜措施保证孕妇或哺乳妇女不从事主管当局确定的会损害母亲或儿童健康的工作,或是经评估确定对母亲的健康或儿童的健康有重大危险的工作。该规定体现了国际劳工组织对于妇女以及下一代健康的重视。世界各国纷纷对此作出规定,要求雇主必须采取必要措施、综合评价工作的性质、条件、工人的年龄、性别和职业技能等因素保护雇员免受工伤事故和职业病的伤害。具体内容包括如下几个方面:

1.适用对象

处在怀孕、分娩以及哺乳等特殊生理期的妇女,其身体状况区别于平时,易受到伤害,并有可能影响到胎儿和母乳喂养的婴儿的安全和健康。因此,为保护她们及其子女的安全和健康,法律禁止其从事有危险的工作。

---

[1] 参见也有规定怀孕一定周数或月份之后方禁止夜间工作。

2. 禁忌工作范围

其一，具有危险性的工作。工作过程或工作中使用的物质会损害妇女或胎儿，尤其是妇女暴露于危险物质中的工作。危险物质可以是固体、液体、粉尘、气体或危险辐射。如致癌物质、致基因突变物质、有毒有害物质以及危险的生物化学制剂。还包括矿山井下、压缩空气中等工作。

其二，重体力劳动。包括人工提举、搬运、推拉重物。重物有一定的标准，如阿尔巴尼亚统一规定为5kg；法国规定搬运重物是25kg。奥地利分情况分别规定，有规律提举不能超过5kg，偶尔提举不能超过10kg；有规律搬运不能超过8kg，偶尔搬运不能超过15kg。

其三，体力过劳工作。如长时间站立、坐、暴露于极端气候、振动下的工作。特别是对于孕妇，长时期坐或站立（中间又没有休息）、必须频繁伸缩或过度弯曲的工作，以及身体过度振动、暴露于难闻的气味或其他使身体过度劳损的工作，[1]都十分不利。德国生育保护法规定长时间在炎热、寒冷、潮湿或振动、噪声等环境下工作对孕妇和哺乳妇女会有损害性影响。从孕妇怀孕第5个月开始，不能再从事站立一天超过4小时的工作。若孕妇或哺乳妇女工作需不断站立或来回走动，则雇主须提供座位供孕妇短暂休息。若孕妇或哺乳妇女工作需一直坐着，则雇主须让其有短暂休息的机会。[2] 除法律列举一些常见的不适宜孕妇等特殊时期女性的工作范围外，因工作种类繁多、具体工作条件、工作过程千差万别，科学技术也在不断发展，所以一般国家还规定有概括性条款，规定雇主需对具体工作进行危险评估，必要时可咨询专家和专业医生。

3. 调换工作

（1）调换工作的条件。出现上述有危险、不利于孕产妇及下一代安全和健康的情形，需临时调换工作岗位。调换工作可以是孕产妇申请，也可以是雇主主动为之，但是均要求以原工作会损害或威胁到孕产妇及其子女的健康和安全为前提。若就调换工作妇女与雇主之间意见不一致，或是由雇主建议调换的，则必须由有资格的职业保健医生从医学角度对调换工作的必要性作判断，决定该妇女是否适合继续从事原工作。[3]

---

〔1〕 参见《奥地利生育保护法》第4条、第5条。

〔2〕 参见《德国生育保护法》第2条。

〔3〕 参见《法国劳动法》第1225条。

(2)调换工作后的待遇。原工作岗位不适宜孕妇或产妇的,雇主有义务调换其工作,且调换工作后工资不降低,保持与之前的工资水平相当。奥地利规定与其之前13周的平均工资相等;白俄罗斯规定与其以前岗位的平均工资水平相当。若不能调换工作,即无法转换到其他岗位,则孕妇或产妇休假,依芬兰《健康保险法》第9条规定,孕妇有权享受特殊产假和特殊产假津贴。

(三)产假及其待遇

1. 产假期间

ILO第183号公约规定生育妇女有权享受时间不少于14周的产假。产假分为产前假期和产后假期两部分。为保护母亲健康和婴儿健康,产假须包括6周时间的产后强制性休假,并且产前部分的假期须按预产期和实际分娩之间逾期的时间予以延长,不得从强制性产后假期部分扣除。

根据ILO官方网站资料统计,各国产假期间主要呈现以下几方面特点:

(1)产期的长短与一国经济发展水平和人口政策密切相关。在有数据的164个国家中,产期不到14周的82个,占50%,但是主要是非洲和南美洲国家;产期为14周的有31个国家,占19%;超过14周的有51个国家,占31%,主要是欧洲国家。而且许多国家产假中体现了鼓励生育的立法意图,生育子女越多给予的产假时间越长,特别是在一些人口较少、出现负增长的国家这种立法较普遍,欧洲较长的产假期间与此相关。

(2)产假区分规定。大部分国家遵循国际劳工组织公约的规定,将产假分为强制产假、一般产假、延长产假以及产前休假和产后休假。多种类型的规定使对孕产妇的保护更为细致,可操作性增强。

(3)重视产前休假。许多国家明确规定产前强制休假天数,甚至有的产前假期长于产后假期,如乌克兰、乌兹别克斯坦等原苏联加盟共和国;美洲国家一般将产假在产前、产后均分。

2. 产假待遇

(1)生育津贴[1]的数额

从国际劳工公约的历史发展看,随着经济的发展,人们生活水平不断提高,生

---

[1] 参见根据国际劳工组织保护生育公约的规定,产假津贴有广义和狭义之分。本节此处属狭义产假津贴,国际劳工公约称之为现金津贴(cash benefits)。广义的产假津贴尚包括后文所提到的医疗福利,即妇女孕期、分娩以及产后所发生的检查费用和医疗费用等。

育津贴的数额亦不断增加，标准不断提高，由“无匮乏”发展至“适宜”。1952 年第 103 号公约规定津贴以保证足够使妇女和其孩子按照适当的生活标准维持“无匮乏”的健康生活，津贴标准不低于该妇女过去收入的 2/3；2000 年第 183 号公约规定津贴的水平须保护妇女能以适当的健康条件和适宜的生活标准供养自己及其孩子。

考察世界其他国家和地区关于产假津贴的规定，可以发现呈现与国际劳工公约相似的特点〔1〕：一方面，津贴替代率不断提高。为维持产妇正常的生活水平，使其不因生产而导致生活质量下降，现代各国的产假津贴不断提高。从各国改革的趋势上看，支付比例不断提高，如法国 1994 年支付比例为 84%，1998 年为 100%。大部分国家的支付比例为 100%。笔者粗略统计，在 ILO 官方网站上可查到的国家资料中，有 112 个国家以 100% 的支付比例支付产假津贴，占全部国家的 68%。只是支付的基数不同，有的以社会平均工资或最低工资额为标准，有的以产妇或其他被保险人产假之前的个人工资水平为标准。以社会平均工资或最低工资为标准支付产假津贴，若产妇原本的工资水平较高，则有可能使产妇的收入明显低于其正常收入水平。由此带来的问题是，表面上看各国的津贴替代率趋同，但实际却相差甚远，且从长远看，很难真正统一。另一方面，津贴数额均等。大部分国家不区分就业时间的长短而对津贴数额区别对待，〔2〕采统一标准，体现了平等原则。

（2）津贴的来源

无论是 ILO1952 年第 103 号公约〔3〕还是 2000 年第 183 号公约，〔4〕均规定产假津贴来源社会化，由社会保险或公共基金提供，雇主个人原则上不承担费用。津贴的筹集也不依妇女人数来确定，而是以企业雇员总数（不区分性别）予以交纳。

考察世界各国的产假津贴筹资，主要有四种模式：第一种是国家或社会承担模式；第二种是雇主承担模式；第三种是国家社会与雇主分担模式；第四种是国家或

---

〔1〕 产假津贴的持续时间（duration）与产假期间基本相同，故此处不再赘述，参见前文关于“产假期间”的论述。后述育儿假津贴与陪产假津贴亦同。

〔2〕 阿拉伯联合酋长国是例外，其规定“就业一年以上 100%，不到一年 50%”。

〔3〕 第 103 号公约第 4 条第 4 项、第 5 项、第 7 项、第 8 项规定，“现金和医疗津贴应或者通过强制社会保险或者通过公共基金予以提供；不符合享受津贴条件的妇女，按照社会援助的要求经过家庭经济情况调查后，应享受来自社会援助基金的适当津贴。此津贴不分性别、按有关企业所雇男子和妇女总数予以交纳。在任何情况下，不应责成雇主个人对他所雇用的妇女承担此种津贴的费用”。

〔4〕 第 183 号公约第 6 条第 8 项规定，“为保护妇女在劳动力市场中的地位，不因支付津贴而提升雇用妇女的雇主的用工成本，上述津贴一般情况下须通过强制性社会保险或公共基金提供，或是以国家法律和惯例确定的方式提供。没有雇主的明确同意，雇主个人对其雇用的妇女不承担任何此类货币直接费用的责任”。

雇主补充模式,分为以国家或社会承担为主,雇主为补充,或反之。我们对ILO官网上的国家资料予以初步统计发现,共计有87个国家由社会或国家承担费用,43个国家由雇主承担费用,23个国家由社会和雇主共同承担费用,7个国家是补充型。[1] 所占比例分别为54%、27%、14%、4%。津贴来源地区差异明显。欧洲基本上实现了费用社会化,由社会保险或保障体系承担费用;亚洲津贴来源一半由社会承担,一半由雇主承担;美洲部分由社会保险承担,部分由雇主和社会保险共担;阿拉伯国家几乎全部由雇主承担;非洲情况较为复杂,既有雇主或社会保险单独承担,也有雇主和社会保险共担的情况,所占比例也基本相同。这与各地历史传统、社会政策有直接的关系。但是经济较发达国家更普遍的做法是实现社会化。总体来看,由国家或社会承担的比例不断扩大,费用社会化是大势所趋。

(3)生育医疗费用

依ILO第183号公约规定,医疗津贴是指国家对妇女在孕期、产期、哺乳期进行必要的检查、医疗服务所支付的医疗费用给予一定的津贴补助。医疗津贴涵盖产前、分娩和产后医疗护理以及必要时的住院治疗。

大部分国家所规定的医疗福利与国际劳工公约规定的一致,都是针对妇女与生育有关的费用承担,包括检查时间视为工作时间。也有少数国家将此范围扩大,如瑞士将新生儿的费用也包括在内;白俄罗斯将孕妇、哺乳妇女以及3岁以下儿童的食品保证包括在医疗福利中;丹麦将因照顾14岁以下重病儿童而无法工作或无法全职工作的父母纳入医疗福利中。这些福利措施体现了对妇女生育的保护,甚至扩及至下一代和配偶。

3. 产假类型

ILO公约中除规定女性享有产假之外,再无其他假期规定。但是考察世界各国的规定,发现假期类型越来越丰富,除产假之外,还配套性地规定了育儿假、陪产假等。

(1)育儿假。又称为亲职假、育婴假、父母假等,是指为照顾孩子给予父母或其他亲属的假期。[2] 据我们不完全统计,规定有育儿假的国家有:阿尔巴尼亚、奥地利、阿塞拜疆、白俄罗斯、波黑、保加利亚、克罗地亚、塞浦路斯、丹麦、爱沙尼亚、芬

[1] 有4个国家例外,其中斯威士兰、巴布亚新几内亚是极少数的产假无津贴的国家;波黑和美国是各地区或州的规定极不统一,无法归入任何一种模式,故未作归类。

[2] 育儿假、陪产假也有津贴问题,但限于篇幅不作论述。

兰、法国、德国、匈牙利、冰岛、爱尔兰、以色列、意大利、拉脱维亚、立陶宛、卢森堡、马耳他、荷兰、挪威、罗马尼亚、俄罗斯、斯洛伐克、斯洛文尼亚、西班牙、瑞典、塔吉克斯坦、英国、乌兹别克斯坦、澳大利亚、日本、韩国、老挝、蒙古国、新西兰、新加坡、巴哈马群岛、加拿大、古巴、布基纳法索、南非等。由此可见,大部分欧洲国家都规定有育儿假,且大多数是带薪的。亚洲、美洲和非洲国家较少规定育儿假,且基本不带薪。并且欧洲国家的育儿假假期明显长于其他地区。这在一定程度上反映出育儿假与经济发展水平和性别平等意识、妇女人权的发展状况密切相关。

(2)陪产假。陪产假是指在妇女生产时,丈夫或其他亲属陪护在身边照顾的假期。陪产假的目的是照顾孩子和支持母亲。据笔者不完全统计,法律明确规定有陪产假的国家有:阿塞拜疆、波黑、保加利亚、克罗地亚、丹麦、爱沙尼亚、芬兰、法国、匈牙利、冰岛、以色列、意大利、拉脱维亚、立陶宛、荷兰、挪威、罗马尼亚、斯洛伐克、斯洛文尼亚、西班牙、瑞典、英国、澳大利亚、印度尼西亚、韩国、新西兰、菲律宾、巴哈马群岛、加拿大、阿尔及利亚、喀麦隆、毛里求斯、坦桑尼亚、突尼斯、乌干达等。很明显规定陪产假的国家较育儿假少,有些国家育儿假包括了陪产假的功能,不再单独规定陪产假。一般来说,陪产假具有以下特点:适用条件简单,只要通知雇主即可;适用对象单一,只适用于男性;时间较短。陪产假的主要功能是帮助产妇度过生产的最关键、最危险的时期,在产妇生产时丈夫陪在其身边,给予精神上的鼓励、身体上的照料,所以一般不需要太长时间。而且以孩子出生、产妇生产为节点,生产之后再休假,已不再具有陪产的功能,更多的是育儿的作用,可以归入育儿假中。故育儿假与陪产假可以从休假的时间点和主体两方面区分开。

(四)哺乳期保护

1. 哺乳时间

国际劳工公约第3号公约[1]、第103号公约[2]以及第183号公约[3]均对哺

---

〔1〕 第3号公约第3条规定"如她的孩子由她哺乳,在任何情况下,应允许她每天在上班时间内哺乳两次,每次半小时"。

〔2〕 第103号公约(修订本)第5条规定,"如一名妇女亲自哺乳其孩子,根据国家法律或条例的规定,她应有权为此目的一次或数次中断其工作。为哺乳而中断工作的时间应计算在工作时间之内,并在由法律和条例管理或在符合法律和条例的情况下,给予相应的报酬,在由集体协议管理时,其状况应由有关协议予以确定"。

〔3〕 第183号公约第16条规定:"妇女有权拥有每日一次或多次休息或是减少每天工时为其婴儿哺乳。允许哺乳时间或减少每天工时的那段时间、哺乳休息的次数和时间的长短,以及减少每天工时的程序,须由国家法律和惯例确定。这些休息时间或每天所减少的工时,须算作工作时间,因而要给付报酬。"

乳时间作出规定,并随着社会经济的发展,不断完善。主要体现在以下几个方面:(1)哺乳不限于亲自哺乳,人工喂养也包括在内。(2)哺乳时间、次数和形式灵活性更强,不拘泥于一天两次,一次半小时。(3)明确哺乳时间算作工作时间,给予报酬。考察各国的规定发现工作期间哺乳时间最普遍的是一天两次,每次半小时。若同时哺乳两个以上的婴儿,哺乳时间也相应增加。许多国家还就哺乳时间的具体执行采灵活措施,由女职工根据自身情况决定哺乳时间是合并使用还是分别使用,是放在上班前(晚上班1小时)、上班中间(与午休合并,多休息1小时)还是下班时(提前下班1小时),如塞浦路斯、立陶宛等。也有的国家规定具体明确,如德国规定一般情况下哺乳一天两次,每次至少30分钟。若连续工作超8小时,则可以要求一天两次,每次45分钟。若工作地点附近没有哺乳设施,则一天一次,每次至少90分钟。意大利规定若公司内没有哺乳设施,则每次哺乳时间是1小时,但若公司内有哺乳设施,则哺乳时间为每次半小时。这些国家的规定区分哺乳地点不同,规定不同的哺乳时间,使法律关于哺乳时间规定的实现可能性增强。此外,绝大部分国家将喂养时间看作工作时间,给予相应的报酬。

2. 护理设施

国际劳工公约中未规定哺乳硬件设施的建立问题。但是在我们所统计的国家中,有近一半的国家对护理设施有规定。护理设施主要有两类:一类是为孕妇或哺乳妇女提供可供休息的场所和设施;另一类是雇用女职工达到一定人数时(普遍以50人为标准),雇主需提供育儿设施,包括托儿所、哺乳室等。这些设施的建立对于保护孕妇、哺乳妇女及胎儿和婴儿的安全、健康有重要的意义。但是这种规定在客观上造成雇用妇女的雇主的成本增加,会抑制雇主雇用妇女的积极性,客观上导致妇女就业受到歧视。对此,厄瓜多尔的做法值得肯定,其规定"雇用50名以上雇员的雇主应在其机构或工作中心内或附近建立托儿所"。其育儿设施的建立不以女职工的人数为准,而是以全体雇员人数为准,无论男女,避免雇用女工较多的企业的成本提高。但是欧洲和北美洲主要经济发达国家很少有规定雇主建立托儿所的规定。这与其的社会化程度较高、社会服务系统发达不无关系。

另外需要说明的是,对于哺乳的特殊劳动保护大部分国家都是针对女性劳动者,现在个别国家(如意大利、塔吉克斯坦)也规定特殊情况下的男性可以享受该劳动保护,如单身父亲、养父母或法定监护人等,体现了性别平等,值得我们重视和借鉴。

3.非歧视和就业保障

非歧视和就业保障是为保护处于孕期、产期、哺乳期等特殊时期的妇女免受因生育所造成的就业歧视所采取的保障措施。该保护措施涉及从雇用到解雇的劳动全过程。该内容主要规定在国际劳工组织第183号公约中。(1)就业保护。国家须采取措施保护妇女不因生育受到就业歧视,包括进入就业、就业中以及解除就业。(2)解雇限制。雇主在妇女妊娠期间、产假期间以及重返工作岗位后国家法律或条例规定的一段时间内,终止其就业是非法的,除非终止的理由同妊娠或分娩及其结果或哺乳无关,并且证明解雇的理由同妊娠或分娩及其结果或哺乳无关的责任由雇主承担。(3)岗位、工资待遇保护。雇主要保证妇女在其产假结束后返回同一岗位或工资相同的岗位的权利。

具体到各国和地区在此方面所采取的措施归纳起来主要有以下几项。

(1)禁止怀孕检查。为保护妇女的隐私权,防止因妇女怀孕或分娩受到歧视,法律规定雇主不能要求对妇女进行怀孕检查,除非该工作对孕妇、母亲或其孩子的生命和健康有消极影响;[1]不能询问妇女是否怀孕等个人问题;更不能因为妇女怀孕或分娩拒绝录用女性、试用期间终止雇用合同或者安排其调换工作。因此,雇主任何试图获得与怀孕有关的信息或其他获得该信息的行为都是违法的。

(2)解雇保护。其是指雇主不得随意解雇处于孕期、产期、育儿假期、哺乳期的妇女,除非其解雇是基于与妇女怀孕、分娩、抚养无关的其他严重失误。[2] 具体来说,较普遍的时间限制是:孕期;产假、育儿假期内;孩子不满1岁。少数国家将育有3岁以下孩子的母亲作为保护的对象,如爱沙尼亚、阿塞拜疆、保加利亚。其中我们可以看到,这种解雇保护的期间既要照顾到特殊时期劳动者的劳动权益,又要考虑雇主的权利。过短不利于劳动者,立法目的不能实现;过长会限制雇主的用工自主权。所以大多数国家都是在平衡二者基础上,将这种解雇保护限定在孕期和产后几个月内。

(3)恢复工作保护权。劳动者在休完产假、育儿假等与生育相关的假期之后,法律为避免他们因生育受到不公平的待遇,专门就之后的恢复工作予以特别保护,明确规定劳动者有权恢复工作。具体保护方式有两种:一种是劳动者休假期间保留其岗位和工资。采这种立法例的国家比较少。另一种是假期结束后,原则上恢

---

〔1〕 参见阿尔巴尼亚《劳动法》第105条。

〔2〕 参见《法国劳动法》第1225条。

复其原工作、工资；若不可能，则需提供与原工作在性质上和薪水相当的工作。采这种立法例的国家较为普遍。

四、我国女职工“四期”劳动保护制度的建构与完善

(一)建立女职工“四期”劳动保护之理念

1. 建立与国际劳工公约女职工劳动保护标准的衔接机制

对女职工的职业安全实行特殊保护措施是全世界通行的做法，特别是ILO作为一个以国际劳工标准处理有关劳工问题的联合国专门机构，在深入调研的基础上制定了许多公约。这些国际标准建立在各国大量的实践和研究的基础之上，是对女性劳动者劳动保护科学而适当的标准，代表了国际趋势。因此，从公约制定的科学性角度来看，国际劳工公约应成为我国制定劳动基准法的重要参考依据。

从履行国际义务的角度看，在ILO的近200个公约中与女职工劳动保护密切相关的公约有4个：《同工同酬公约》(第100号)、《反对就业和职业歧视公约》(第111号)、《有家庭责任的男女工人机会和待遇平等公约》(第156号)和《生育保护公约》(第183号)。我国政府先后批准了《同工同酬公约》(1990年9月7日批准)和《反对就业和职业歧视公约》(2005年8月28日批准)。根据ILO的规定，即使尚未批准的公约，仅从作为劳工组织成员这一事实出发，所有成员都有义务尊重、促进和实现这些公约中所确定的规则。所以上述ILO公约中所规定的内容我国政府有义务遵守，应成为确定我国国内女职工劳动保护基准法的重要参考依据。

2. 坚持平等赋权的保护理念

对于女职工予以特殊劳动保护，主要是基于男女两性生理差异，特别是女性担负着繁衍下一代的社会责任，其安全和健康对于整个人类社会的发展至关重要。从历史发展角度看，法律对女性劳动权益的保护经历了从形式平等到保护性平等再到平等赋权三个阶段。形式平等因未关注男女的生理差异，将男女职工同等对待，结果损害了女性甚至下一代的健康；保护性平等虽然注意到了男女生理差异，将女性作为弱势群体，采取倾斜性保护措施，但又有矫枉过正之嫌。正如孟德斯鸠所言“有一些法律，立法者很少了解到它们是和立法的目的本身背道而驰的”。[1]在相当长的一段时间里，立法者对于女性劳动者存在过度保护倾向。“把女性当作

---

〔1〕［法］孟德斯鸠：《论法的精神》(下册)，张雁深译，商务印书馆1963年版，第287～288页。

生育者、家庭照顾者、体力不济者等弱者,假定她们不合适做某些岗位的工作,从而把她们保护起来。"[1]这种保护性规定在保护女性劳动者安全健康的同时,也在客观上限制了女性平等就业权的实现,本质上构成对女性就业的性别歧视,形成妇女在市场经济竞争中的额外障碍。随着女权运动的深入,特别是社会性别理论的发展,自20世纪60年代以来,追求两性平等的就业机会和待遇成为世界妇女劳工运动的新潮流。该潮流倡导对女性劳动者的保护既要考虑女性特殊的生理需求,又不能用过度的"照顾"措施限制女性的就业和发展。因此,女性特殊劳动保护措施仅限于生理差异,范围与措施应适当。

科学研究表明,男女尽管在整体上基于生理特点表现出明显的不同,但是具体到个人差异性较弱。长期以来学者对于两性之间的差异研究较多,而对同一性别中的个体差异研究明显不足。越来越多的劳动法专家认为立法对妇女的保护经常是基于一些没有科学根据的推断或想法,是一种过度保护,其结果反而阻碍了妇女就业。因此,应适当减少对女职工的限制性保护规定,如工作禁忌范围。在法律层面上,只要女职工的体能足以适应工作的劳动强度和高风险系数工种的需要,就应当尊重她们的意愿,赋予她们充分的选择权。[2] 虽然立法者的出发点是保护女职工劳动安全和胎儿健康,但是什么对女职工有利、什么会损害女职工和胎儿的利益?这些最佳的判断者应该是母亲。这也符合马斯洛需求层次理论[3]。当人类维持自身生存的最基本要求都得不到满足时,谈不上其他需求。因此,对于女性劳动者的特殊保护措施应限于生理差异方面,其他方面无特殊保护的必要。这是"等者等之,不等者不等之"的实质平等理念的体现。

从国际社会发展的趋势看,女性特殊劳动保护措施不断放松,特别是关于女性职业禁忌的规定从ILO到世界各国不断放宽,如取消了对女性夜间工作的限制,不断放宽女性进入某些职业的条件。以井下作业为例。随着技术的发展,矿山、井下

[1] 刘伯红:《中国社会转型期的女职工劳动保护》,载《妇女研究论丛》2009年第2期。

[2] 参见张帅:《关于〈女职工劳动保护规定〉修订的几点思考》,载《工会博览》2010年第1期。

[3] 马斯洛需求层次理论(Maslow's hierarchy of needs),亦称"基本需求层次理论",是行为科学的理论之一,由美国心理学家亚伯拉罕·马斯洛于1943年在《人类激励理论》论文中所提出。马斯洛理论把需求分成生理需求、安全需求、社交需求、尊重需求和自我实现需求五类,依次由较低层次到较高层次排列。生理需求是人类维持自身生存的最基本要求,包括呼吸、水、食物、睡眠、生理平衡、分泌、性等;安全需求包括人身安全、健康保障、资源所有性、财产所有性、道德保障、工作职位保障、家庭安全等。情感需求包括友情、爱情、性亲密等;尊重需求包括自我尊重、信心、成就、对他人尊重、被他人尊重等;自我实现需求包括道德、创造力、自觉性、问题解决能力、公正度、接受现实能力等。五种需求像阶梯一样由低到高,按层次逐级递升。一般来说,只有较低层次的需求得到满足之后,较高层次的需求才会有足够的活力驱动行为。

作业条件大为改善，尽管1945年《妇女井下作业公约》仍然适用，但近20年来，截至2015年2月，已陆续有28个国家退出该公约。允许女性在井下工作体现了各国在劳动保护政策上的转变。但是这种保护性立法主要是在经济发达国家和地区被修订或废止。许多发展中国家仍然认为这种措施有益于保护女性劳动者免受剥削。这主要源于女职工劳动保护政策与国家的经济发展水平密切相关，与各国的安全生产条件、生产设施设备关联较大。我国应根据自身经济发展水平、各地生产条件、生产设施设备的情况确定是否禁止女性从事某项职业，不能顾此失彼。

从历史发展的角度看，女性发展空间也被逐步拓展。随着社会的进步和科技的发展，工作岗位正在不断打破传统性别界限，男女之间的生理差异对于岗位的限制已越来越小，原本不适合女性从事的工作，随着科学技术的发展，女性已能胜任；同理，现在被认为不适合女性的岗位，不一定将来也不适合女性。故与其由法律明确女性禁忌从事的劳动范围，不如将工作选择权交予女性决定。[1] 正如有学者所言，“禁止性规定往往最后就是制裁手段，必须有其他辅助的措施，否则即有间接限制工作权之疑虑”[2]。要促进妇女就业，保障妇女平等就业权的实现，首先必须排除妇女就业障碍，增强妇女的权利自由。

3. 树立家庭责任共担的理念

女性与男性在家庭与育儿责任方面的不平等是女性在劳动力市场上面临歧视和社会、经济地位不平等的直接原因。受传统观念的影响，我国妇女承担了大部分家庭责任，特别是在成为母亲之后，育儿重任、照顾家庭的责任很自然地落在了女性身上。背负着如此沉重负担的妇女，要么退出劳动市场，要么难以全身心投入工作中去。不减轻女性家庭负担，法律所规定的平等就业、平等待遇、同工同酬就是空谈，难以改变女性劳动者在劳动力市场中的弱势地位。只有家庭责任共担，才能真正实现男女劳动者平等。根据社会性别理论，所谓“男主外女主内”是社会强加给男女两性的性别认识。当然，要打破传统观念，实现家庭责任男女共担，非一朝一夕所为，需要国家制定政策鼓励和支持男性参与家庭照顾和家务劳动，创造一种男性承担更多的家庭和育儿责任、从而女性不再受歧视的新环境。为此，联合国大会于1979年通过的《消除对妇女一切形式歧视公约》首先肯定了妇女在家庭和社会中作用的变化，使得男女双方适当分担家庭责任越来越被人们所认可。国际劳

---

〔1〕 参见马忆南：《“女性禁忌从事的劳动”再思考》，载《妇女研究论丛》2009年第2期。

〔2〕 参见郭玲惠：《女性劳动政策与法规范》，载《月旦法学杂志》2000年第59期。

工大会于1981年通过《有家庭责任工人公约》(第156号)和《有家庭责任工人建议书》(第165号),取代了1965年通过的《(有家庭责任妇女)就业建议书》(第123号)[1],强调家庭责任应男女共担。欧盟通过将工作与家庭生活区分隔离来保障女性权益的方式,家庭照护休假制度概念应运而生。现欧盟各国普遍规定有亲职休假制度。该假期意在鼓励父亲更多、更积极地参与到育儿的责任中,实现家务共担,从而将女性在一定程度上从家庭事务中解放出来,实现男女平等。除欧盟外,有些国家推行的育儿假、陪产假等其他相关假期(related types of leave),都是旨在鼓励或强制男性承担更多的家庭责任,通过家庭责任共担来实现性别平等。

4. 女职工特殊保护措施应体现国家责任

计划经济体制下,我国政府承担了劳动者的全部社会保障责任,用人单位不会因职工的性别和家庭责任的承担而拒绝录用女性。但是随着经济体制改革的不断深化,政府逐渐退出公共服务领域,以追求经济利益最大化为目标的企业为降低成本,往往拒绝雇用女性,或选择没有生育负担的女性。因此,要改善女职工的就业环境,国家应承担更多的责任。首先,国家在制定保护女职工劳动政策时应慎重,特别是要谨慎规定企业有保护女职工获得相应的劳动条件的强制性义务。因为当国家不能为企业提供足够的激励机制时,法律对女职工的保护性规定越高,雇用承担生育责任的女职工的企业所获得的经济效益就越低,企业雇用女职工的积极性就越少,反倒可能损害女职工权益。其次,政府应在协调工作和家庭矛盾的基本公共服务和女职工的生育保护中发挥主导作用,提供政策和财政支持,以解决劳动力市场回避女职工特殊劳动权利保护、排斥女性就业的问题。如政府应承担部分或全部生育保险基金;女职工每年一次的妇科检查费用应由政府买单等。最后,国家应采取措施不断推进社会性别主流化,以打破传统的性别分工和角色定型。如制定法律政策鼓励男女共同承担家庭责任和社会责任;为所有有家庭责任的男女职工创造生育保障和母婴保护条件,而非仅针对女职工;鼓励和支持男性承担起家庭责任,例如规定丈夫陪产假等。

(二)加强工会组织建设,落实女职工集体合同

一些企业中女职工权益受到侵害往往不是个别现象,若通过女职工个人维权,不仅结果难料,而且很难有人愿意为此付出时间和精力。从有工会组织的企业中

---

[1] 参见该建议书目的在于保障有家庭责任的女工在就业和职业上不受歧视,发展能使她们协调履行两种职责的服务业,并为她们投身于社会劳动创造良好条件。

女职工权益保障情况较好的实践可以得出,工会作为职工利益的代表,有义务和能力维护所在企业所有女职工劳动权益。其维权的最经济、最有效的方法是通过签订集体合同,将女职工劳动权益落实到劳动合同中,惠及至所有女职工。我国一些地方已经开始实践,如《湖北省女职工劳动保护规定》第7条第1款规定:“在女职工人数达25人以上时,用人单位可以与代表其职工一方的工会就女职工劳动保护事项开展集体协商,依法订立集体合同……”女职工权益保护专项集体合同签订之后,工会应当对照合同约定,检查、督促企业履行其义务。工会应当分解指标,制订相应工作方案或实施意见,找出难点和薄弱点,采取有针对性的措施,提高专项集体合同的履约率。工会应定期检查女职工专项集体合同落实情况,及时通报存在的问题,促进整改。相关执法部门加强对工会自身的考核和约束。把女职工专项集体合同履约情况纳入对企业工会的考核范围。

（三）具体细化“四期”劳动保护法律制度规定

决定一个产假政策的因素主要有社会政策、人口政策和性别平等理念等。“欧洲国家优越的产假政策不仅缘于高社会福利政策,也与欧洲国家近些年来生育率低下有关。欧洲妇女的平均生育率不到2.1,匈牙利的人口出生率是欧洲国家里最低的,只有1.27,平均每位女性生1.27个孩子。”[1]优越的产假制度可以鼓励民众生育,并且欧洲国家普遍经济发达,拥有雄厚的资金实力支撑高额的生育成本。我国《女职工劳动保护特别规定》第5条规定:“用人单位不得因女职工怀孕、生育、哺乳降低其工资、予以辞退、与其解除劳动或者聘用合同。”这实际上是从法律的角度规定了女性产假属于“带薪休假”。于是延长产假首要问题即“钱从何来”,用人单位“给不起”是不争的现实。若由社保或财政提供资金,则需要科学论证国家经济承载能力和制度设计。其次,产假长短取决于经济发展水平和劳工供求关系。在就业形势日益严峻、竞争日趋激烈的社会背景下,长时间的休假会进一步加剧就业性别歧视。一般而言,国有企业女职工权益保护落实得较好。但是人力资源和社会保障部的统计数据显示,我国目前90%的就业人员在民营企业,即大多数育龄女性就职于民营企业。而部分民营企业对这种保护性规定的落实有些不尽如人意。随着国家监管力度的加大和女职工法律意识的提高,用人单位很少会以怀孕或生育为由主动辞退女职工,往往是变相强迫怀孕女职工主动辞职。也有些女职

---

[1] 魏华:《政府要不要制定强制性的带薪产假政策》,载《特区经济》2014年第2期。

工从优生优育的角度出发，一旦怀孕就主动辞职。因此，真正享受产假的女职工人数大打折扣。一个制度的好坏不在于纸面上的先进性，更重要的是要能将法定权利转化为现实权利，进而能为民众真正带来福利。

《女职工特别劳动保护规定》附录规定了经期禁忌从事的劳动范围，包括冷水作业、低温作业、高强度体力劳动、高处作业中达到特定等级的作业。但是调查发现，实践中，劳动执法部门一般仅关注孕期、产期、哺乳期的劳动保护问题，即“三期保护”，直接用“三期保护”代替了法律所规定的“四期保护”。而且从国际劳工公约和其他国家的劳动保护规定上看，也几乎没有提及经期保护问题。与其让法律形同虚设，降低法律的权威性，不如根据实际情况取消该规定。

我国可以增设陪产假制度。为实现性别平等，家务分担是一种方法，陪产假是对应的举措。一些省份已开始实践陪产假制度，在地方性法规中予以规定，如2021年修改的《北京市人口与计划生育条例》第19条第1款规定：“按规定生育子女的夫妻，女方除享受国家规定的产假外，享受延长生育假六十日，男方享受陪产假十五日。男女双方休假期间，机关、企业事业单位、社会团体和其他组织不得将其辞退、与其解除劳动或者聘用合同，工资不得降低；法律另有规定的，从其规定。”《上海市人口与计划生育条例》第31条第2款〔1〕、《河北省人口与计划生育条例》第25条〔2〕均规定了陪产假制度。

（四）推进生育津贴社会化，明确津贴待遇享有条件

与生育相关的津贴的来源主要有两种情形，一种是由雇主承担，另一种是由国家或社会承担。在雇主承担模式下，工资会相应降低。在国家或社会承担模式下，工资降低不明显，甚至没有变化。这是因为当津贴由雇主承担时，企业会以其预计应承担的产假津贴成本来相应地减少妇女工资来应对。实际上，这部分成本最终由年轻妇女来承担。我国生育津贴不完全由社会承担的现状应予以改变，特别是在我国全面实施“三孩”政策之后，雇用女职工的企业负担更重，只有实现全面社

〔1〕《上海市人口与计划生育条例》第31条第2款规定：“符合法律法规规定生育的夫妻，女方除享受国家规定的产假外，还可以享受生育假六十天，男方享受配偶陪产假十天。生育假享受产假同等待遇，配偶陪产假期间的工资，按照本人正常出勤应得的工资发给。”

〔2〕《河北省人口与计划生育条例》第25条规定：“依法办理结婚登记的公民，除享受国家规定的婚假外，延长婚假十五天；符合法律法规规定生育子女的夫妻，除享受国家规定的产假外，生育第一、二个子女的延长产假六十天，生育第三个以上子女的延长产假九十天，并给予配偶护理假十五天；三周岁以下婴幼儿父母双方每年可以享受各十天育儿假。婚假、产假待遇按照相关规定执行。护理假和育儿假期间，享受与在岗人员同等的待遇。”

会化,生育成本不由雇主来承担,才能真正保障女职工劳动权益。

第三节 未成年工特殊劳动保护研究

未成年人身体、心智均未完全发育成熟,过早就业不仅限制其继续接受教育的机会,对其身体发育可能带来负面影响,而且极易使其未来陷入学历低、技能差、就业面窄、收入少的困境。联合国《儿童权利公约》规定“18 岁以下的任何人”为儿童;为保护儿童的工作权利,各缔约国应规定受雇人员的最低年龄、有关工作时间和条件,以及惩罚或其他制裁措施以确保规定得到有效执行。[1] 因此,世界各国一方面限制或禁止未成年人过早就业,另一方面对于进入劳动领域的未成年人予以特别保护。我国也不例外,法律严格区分童工和未成年工。以 16 周岁作为分界线,不满 16 周岁的未成年人属于童工,法律明令禁止用人单位招用童工;[2] 16 周岁以上不满 18 周岁的未成年人是合格的劳动者,可以与用人单位签订劳动合同,但是属于未成年工,国家对其实行特殊保护。《劳动法》和《未成年工特殊保护规定》规定有未成年工的职业禁忌制度、定期健康检查制度、登记制度等特殊保护措施。除上述一般性规定外,我国对未成年人进入劳动领域还有两个例外情况:

一是文艺、体育和特种工艺单位依照国家有关规定在履行审批手续并保障未成年人接受义务教育的情况下可以招用未满 16 周岁的未成年人。[3] 这是我国未成年工中唯一可能突破 16 周岁下线的情形。

二是年满 16 周岁未满 18 周岁的在校学生不是合格的未成年工。根据《劳动法意见》的规定,在校生利用业余时间勤工俭学,不视为就业。

区分童工、合格未成年工、不合格未成年工的原因在于一旦形成用工关系之后,因主体类型不同,法律关系性质亦不同,当事人之间的权利义务差异明显。对于非法使用童工的用人单位主要是进行公法上的制裁,对于童工的救济则是劳动法、民法共同适用,在用劳动法补偿童工劳动报酬的同时,童工受到伤害的需依民事侵权予以救济。用人单位与未成年工可以形成劳动法律关系,受劳动法调整;但

---

〔1〕 参见联合国《儿童权利公约》第 1 条、第 32 条。
〔2〕 国务院颁布《禁止使用童工规定》。
〔3〕 《劳动法》第 15 条第 2 款规定。

是用公法与私法责任结合的方式制裁不法行为人。[1]

一、对我国未成年工特殊劳动保护现状的反思

我国社会正处于转型期，不平衡的经济发展状态，经济发达地区的劳动力市场供不应求的状况，使未成年工和童工在客观上成为劳动力市场的一股重要力量。尽管我国明确规定禁止使用童工，对未成年工予以特别保护，但是实践中未成年工的劳动保护状况仍然令人担忧。

未成年工受年龄小、学历低的限制，没有能力和机会从事科技含量较高的工作，主要是在制造业、住宿餐饮业、建筑业、社会服务业和批发零售业等技术含量不高、劳动密集型企业就业。而且未成年工成为这类企业很重要的劳动力。这些用人单位往往规章制度不健全，欠缺工会等维权组织，与未成年工的劳动合同签约率非常低。

在执法部门执法不严、监管不力的情况下，用人单位侵害未成年工权益的情况严重。法院在审理案件时发现，一些不规范的用人单位不仅不能按照未成年人的特殊保护标准对未成年工进行劳动保护，甚至连普通劳动者的劳动保护程度都未达到。[2] 以未成年工工作时间为例，虽然目前很少有直接针对未成年工工作时间的调查研究，但是根据未成年工的年龄特点和职业类型，我们可以从一般调查结果中作出推断。根据《中国劳动力动态调查：2015 年报告》的相关数据可知，低龄（15～29 岁）劳动者的周工作时间相比其他年龄段（30～44 岁和 45 岁以上）更长，有 54.95% 的低龄劳动者周工作时数超过 45 小时。在月工作时间方面，虽然低龄劳动者不及其他年龄组，但是仍有 38.82% 的低龄劳动者月工作时间超过 28 天。[3] 可见，低龄劳动者加班现象普遍。从职业类型上看，除负责人和专业技术人员周工作时间较少外，其他职业类别[4]中周工作时间超过法定标准的劳动者比例均在 50% 以上。未成年工主要在劳动密集型产业就业的特点决定了未成年工基

[1] 曹燕飞：《童工利益保护的法律分析》，载《重庆科技学院学报（社会科学版）》2009 年第 9 期。

[2] 参见刘志月：《"未成年工"劳动特殊保护现状堪忧》，载《安全与健康》2014 年第 6 期。

[3] 数据源于蔡禾：《中国劳动力动态调查：2015 年报告》，社会科学文献出版社 2015 年版，第 222～223 页。

[4] 主要是指办事及有关人员、商业服务业人员、农林牧渔水利生产人员、生产运输设备操作及有关人员、个体户和其他人员。这些职业类型的共同特点是技术含量低，绝大部分属于劳动密集型产业。

本上在超工作时间的职业类别内工作。[1]

未成年工大多初中毕业,缺少社会经验或根本没有社会经验,这些因素使他们法律意识淡薄,不知晓自身的合法权益有哪些,更谈不上维权。而我国又欠缺专门针对未成年工的特殊维权机制,所以未成年工只能和普通劳动者一样,通过劳动仲裁或者诉讼的方式维权。在未成年工不知法、不懂法,又欠缺社会经验的情况下,维权的可能性极小。

二、我国未成年工特殊保护制度的争议与讨论

未成年工是劳动关系的弱势群体,对其进行特殊劳动保护,是世界各国劳动法上的一致做法。下面我们在考察 ILO 公约和其他国家立法经验的基础上,主要对我国未成年工特殊劳动保护法律规定常见的争议进行讨论。

(一)对最低就业年龄规定的争议

ILO 在 1973 年对最低就业年龄作出统一规定。第 138 号公约[2]规定:“准予就业的最低年龄不得低于完成义务教育的年龄,并在任何情况下不得低于 15 周岁。但对于按其性质或其工作环境很可能有害年轻人健康、安全或道德的任何职业或工作类别,其最低年龄不得小于 18 周岁。”据此,ILO 所确定的最低就业年龄至少应满足两个条件:完成义务教育且至少 15 周岁。我国 16 周岁的最低就业年龄规定,高于国际劳工组织标准。

有观点认为,应降低我国的最低就业年龄,采取 ILO 规定的 15 周岁标准。[3]其理由主要是,根据《中华人民共和国义务教育法》的规定,我国实行九年义务教育,年满 6 周岁入学是普遍现象,7 周岁入学是例外现象。如此算来,我国绝大部分未成年人完成九年义务教育时,刚满 15 周岁。但我国《劳动法》规定,16 周岁以上方可订立劳动合同,该规定将已完成义务教育但未满 16 周岁的未成年人挡在了合

---

〔1〕 数据源于蔡禾:《中国劳动力动态调查:2015 年报告》,社会科学文献出版社 2015 年版,第 226 ~ 227 页。

〔2〕 该公约废除了国际劳工组织以往关于最低就业年龄的所有公约,包括 1919 年《(工业)最低年龄公约》、1920 年《(海上)最低年龄公约》、1921 年《(农业)最低年龄公约》、1921 年《(扒炭工和司炉工)最低年龄公约》、1932 年《(非工业就业)最低年龄公约》、1936 年《(海上)最低年龄公约(修订)》、1937 年《(工业)最低年龄公约(修订)》、1937 年《(非工业就业)最低年龄公约(修订)》、1959 年《(渔民)最低年龄公约》和 1965 年《(井下工作)最低年龄公约》。我国于 1999 年 4 月 28 日批准该公约。

〔3〕 贾锋:《我国青少年劳动保护之法制构建——基于德国、日本、英国、美国的法制比较》,载《中国青年政治学院学报》2013 年第 2 期。

法就业的大门之外，为用人单位非法使用童工提供了可能性。较高比例的辍学率也表明大量贫困家庭有让未成年人提前就业以维持家庭生活的客观需求。若我们一味地强调16周岁是合法劳动者的最低年龄，则许多已完成九年义务教育的未满16周岁的未成年人只能打“黑”工，其合法权益难以得到保障。

再考察其他国家的法律规定。国际劳工公约作为国际劳动基准法，已有近90%的成员批准了该公约，许多国家在制定本国法律时将其作为重要的法律渊源。因此，许多国家将15周岁作为最低就业年龄，如德国《青少年劳动保护法》第5条第1款规定，禁止雇用年龄在15周岁以下的儿童以及还在完成全日制义务教育的青少年。针对有些州可能出现儿童在15周岁之前完成义务教育的情况，规定雇主可以与雇员建立学徒关系，每星期工作5天每天工作8小时；也可以建立劳动关系，但每天的工作时间不能超过7小时，每星期不能超过35小时。有些州义务教育为期10年，可能有15周岁以上的青少年还在接受全日制教育，这些儿童不能工作。〔1〕 也有个别国家会有条件地进一步放宽最低就业年龄。如美国规定14周岁是非农业工作的法定最低年龄；英国规定15周岁是最低就业年龄，但是14周岁以下的儿童可以有条件从事一些轻松工作。这些国家在放宽最低就业年龄的同时，又增加规定了许多从业条件限制，甚至区分年龄段规定不同的从业条件和职业禁忌。〔2〕

(二)对未成年工作时间和工作环境规定的争议

依据ILO第182号公约《禁止和立即行动消除最恶劣形式的童工劳动公约》的规定，国家应采取有效措施禁止并消除未满18周岁的儿童从事有害工作。所谓有害工作，是指“其性质或是在其中从事工作的环境，很可能损害/有害于儿童的健康、安全或道德的工作”。〔3〕 ILO虽将“有害工作”作为一种最恶劣的童工形式加以规定并处理，但是将确定有害工作的权责留给了成员。ILO《关于禁止和立即行动消除最有害的童工形式建议书》(第190号)对有危害工作的类型规定了一些特别考虑因素，如有危险的工作、在不健康的环境中从事的工作、在特殊困难条件下

〔1〕 参见[德]沃尔夫冈·多伊普勒:《德国劳动法》(第11版)，王倩译，上海人民出版社2016年版，第26页。

〔2〕 参见贾锋:《我国青少年劳动保护之法制构建——基于德国、日本、英国、美国的法制比较》，载《中国青年政治学院学报》2013年第2期。

〔3〕 参见第182号公约第3条。

从事的工作等，特别指出长时间的工作或夜间工作。[1] 为保护未成年人，ILO 还特别针对儿童和未成年人的夜间工作和体格检查制定了标准。[2] 具体到国家规定，限制或禁止未成年工的工作时间长度和夜间工作是大部分国家的通行做法。如美国、日本规定未成年工每天工作时间不能超过 8 小时，每周工作时间不超过 40 小时。德国原则上禁止未成年人晚上 8 时到翌晨 6 时的夜间工作；日本原则上禁止已满 15 周岁未满 18 周岁的未成年人晚上 10 时到次晨 5 时工作；美国规定年满 14 周岁未满 18 周岁的青少年不得在晚上 7 点到早上 7 点工作。[3]

我国于 2002 年 8 月 8 日批准了第 182 号公约，该公约是我国制定未成年工劳动保护的国际法渊源。我国关于未成年工劳动保护的特别规定主要体现在禁止未成年工从事的工作范围、未成年工定期健康检查和未成年工登记制度等方面。对于未成年工的工作时长和夜间工作未作特别规定。这意味着，虽然我国劳动法将劳动者的劳动时间限制在 44 小时之内，与许多国家对于未成年工的工时限制相差无几，但是因有加班的特殊规定，[4] 若不对未成年工作出特别限制，意味着未成年工也可以加班。

长期加班将影响未成年工的身体发育和健康成长。夜间工作对于未成年人的健康影响更是众所周知，无须多言。“过度劳动”已经成为影响未成年工身心健康的重要表现形式。此外，对于有害工作的规定，区别于国际劳工公约和其他国家的概括性规定，我国采列举式。《未成年工特殊保护规定》针对一般未成年工和患有某种疾病或具有某些生理缺陷（非残疾型）的未成年工分别详细列举了禁止从事的工作范围，既无兜底性条款，又无一般概括性规定，致使禁止未成年工从事的工作类型和范围过于固化，难以及时适应科技、经济发展所带来的变化。

---

〔1〕 参见 ILO 第 190 号公约《关于禁止和立即行动消除最有害的童工形式建议书》第 3 条规定：在确定公约第 3 条（d）提到的工作类型以及查明其存在情况时，应特别考虑：（a）使儿童遭受身体、心理或性虐待的工作；（b）井下、水下、有危险的高处或狭窄空间中的工作；（c）使用危险的机器、设备和工具的工作，或是涉及手工操作或搬运重物的工作；（d）在不健康的环境中从事的工作，例如，可能使儿童接触有危害物质、制剂或工序，或是接触有损其健康的温度、噪声或振动；（e）在特殊困难条件下从事的工作，如长时间的工作或夜间工作，或是不合理地将儿童限制在雇主的场所的工作。

〔2〕 参见 1946 年《（工业）未成年人体格检查公约》（第 77 号）、1946 年《（非工业部门就业）未成年人体格检查公约》（第 78 号）、1965 年《（井下作业）未成年人体检查公约》（第 124 号）、1919 年《（工业）未成年人夜间工作公约》（第 6 号）、1946 年《（非工业部门就业）未成年人夜间工作公约》（第 79 号）。除此之外还有一些建议书。

〔3〕 参见贾锋：《我国青少年劳动保护之法制构建——基于德国、日本、英国、美国的法制比较》，载《中国青年政治学院学报》2013 年第 2 期。

〔4〕 参见《劳动法》第 41 条。

三、对我国未成年工劳动保护制度的完善建议

目前，我国未成年人令人担忧的劳动保护现状，既有用人单位故意违法、相关执法部门监督检查不力的因素，也与我国未成年工劳动保护法律规定不完善和相关制度缺失有关。我国未成年工劳动保护制度的完善既要考虑国际劳工公约确定的国际劳动基准，借鉴其他国家的立法经验，又要结合我国基本国情。

（一）保持16周岁作为最低就业年龄，鼓励接受职业教育

尽管ILO公约将15周岁作为最低就业年龄，长期以来也存在是否需要降低我国最低就业年龄限制的争论，但笔者认为，应当保持当下16周岁作为最低就业年龄的做法。习近平总书记指出，"技术工人队伍是支撑中国制造、中国创造的重要基础，对推动经济高质量发展具有重要作用"。2021年10月，中共中央办公厅、国务院办公厅印发了《关于推动现代职业教育高质量发展的意见》，其中指出，职业教育是国民教育体系和人力资源开发的重要组成部分，肩负着培养多样化人才、传承技术技能、促进就业创业的重要职责。在全面建设社会主义现代化国家新征程中，职业教育前途广阔、大有可为。对于完成九年义务教育满15周岁却没有继续接受高中教育的未成年群体，应鼓励其接受职业教育，提升自身技术技能，而非通过简单降低最低就业年龄使其尽快流入就业市场。通过接受职业教育，提高未成年群体的劳动者素质，为中国产业迈向全球价值链中高端提供生力军，对一个国家、一个民族发展至关重要。同时，更有助于保障未成年群体的就业安全，提高就业质量，让更多青年凭借一技之长实现人生价值，让三百六十行人才荟萃、繁星璀璨。

并且，对于不满16周岁的未成年人就业问题，笔者认为不宜像有些国家那样留有余地，而是应当遵循现行法律规定，除文艺、体育和特种工艺单位履行审批手续以外，原则上都予以禁止。某些发达国家之所以对未成年工的年龄规定得较为宽松，与其国家经济发展和用工特点密切相关。因为这些发达国家主要是技术密集型或资本密集型企业，只有接受过高等教育或专门职业培训的人才有能力从事该工作，基本不会出现年龄较低的劳动者。然而，我国国民经济中劳动密集型产业占比仍然较高。该类产业对技术要求低，低价劳动力成本是其享有竞争优势的重要资本，童工正好可以满足这些企业的用工需求。所以一旦我国法律放开最低就业年龄的要求，极有可能成为该类企业规避法律的借口。

（二）改变未成年工职业禁忌劳动范围的立法模式

我国《未成年工特殊保护规定》采完全列举式的立法模式，将未成年工不能从

事的职业范围逐项规定。该种模式虽说具有明确具体的优点,但是过于生硬,既存在挂一漏万的问题,又缺乏灵活性。因此建议增加兜底性条款或一般概括性条款,对未成年工不能从事的工作类型予以概括规定,表明禁止未成年工从事有危险或有害工作。此种概括加列举的规定方式,既可以保证法律具有可操作性和确定性,又可以根据经济、技术发展及时更新未成年工职业禁忌劳动范围,避免因法律更新较慢带来的滞后性。

(三)增加限制未成年人工作时间的规定

一是增加禁止夜间工作的规定。法律须明确禁止夜间工作的具体时间,同时可以规定例外情况以应对多种需求。但是例外情形应该由法律明确作出规定或者由法律授权有关部门作出解释,禁止用人单位自行确定。

二是增加未成年工的每天工作时间、每周工作总时数的限制,并明确例外情形。其中限制并减少例外情形是重点。我国目前采用8小时工作制,与大多数国家对于未成年工的工作时间规定基本一致,所以我国法律对未成年工工作时长的保护性规定主要体现在对其加班时间的限制性规定上。

(四)增强保护未成年工相关法律的可操作性,加大劳动监察力度

庞德最早将法分为"文本中的法"和"行动中的法",并且认为在实践中发挥效力的法律才是真正的法律。未成年工年龄小、学历低、社会经验不足的特点决定了如果没有特别措施或特别维权程序仅凭借其自身难以将法律规定付诸实践。因此,未成年人劳动保护法应建立一套特殊维权程序,如特殊的代理制度、举证责任等,以提高未成年工或童工的维权效率。同时,劳动执法部门应加强事后监督,加大劳动监察力度,提高用人单位的违法成本。国际劳工局前局长弗朗西斯·勃朗夏说:"没有监察,劳动立法只是一种道德运用,而不是有约束力的社会纪律。"[1]

---

[1] 唐鑛、谭泓:《加强劳动监察工作的逻辑思考与路径选择》,载《中国劳动关系学院学报》2015年第3期。

第十章　劳动基准法的实施机制研究

古希腊思想家亚里士多德指出，订立良好的法律与严格实施法律，是实现法治的两个必要条件。[1] 立法是劳动基准法被赋予法律生命力的起点，但要判断立法是否满足社会需要、是否能够履行适应并服务于经济基础的职能，关键还在于法律能否在社会中顺利实施。将法律应然的行为模式转变为实然的状态，就是法律的实施过程。劳动基准法立法价值和立法目标，也必须通过一定实施机制在社会中形成法律实效来实现。劳动基准的实施机制，须契合劳动基准法的效力属性才能发挥最大效用。

学界目前关于劳动基准法的规范效力主要有两种效力理论，即“反射效力说”和“双重效力说”。[2] 持“反射效力说”的学者认为：劳动基准法的保护并非基于劳动契约，而是以整体社会经济和国家公共利益为出发点，所形成的是用人单位与国家之间的公法关系。因而，用人单位应履行之义务，乃是以国家为权利人，而劳动者仅因为是用人单位义务履行之对象而受益。用人单位如不以劳动基准法规定履行义务，请求权利人是国家，而非劳动者。因此，劳动行政主管部门可通过公权直接干预，对用人单位违反劳动基准的行为进行行政处罚。另有学者持“双重效力说”，认为劳动保护法对用人单位规定的命令与禁止义务，会内容一致地形成用人单位对劳动者具有强行法性质的契约义务。依据该说，劳工在用人单位违反基准法律时，可以主张契约义务的履行请求权，请求用人单位做出合乎基准规范的行为。如用人单位没有遵守劳动保护法规，雇员有权停止提供劳务，即雇员可以主张双务合同中的同时履行抗辩权。雇员还可以基于合同请求违约赔偿，也可以援引

---

〔1〕 参见[古希腊]亚里士多德：《政治学》，吴寿彭译，商务印书馆1965年版，第199页。

〔2〕 参见林嘉：《劳动法的原理、体系与问题》，法律出版社2016年版，第292页。

《德国民法典》第 823 条请求侵权损害赔偿。

笔者认为，尽管劳动基准法具有相当的公法效力，但不宜仅将其视为行政法规范。劳动基准法的核心立法主旨并不是强调对劳动行政部门的公权力限制，而是在于维护劳动条件内容的客观妥当性，保障劳动者的体面劳动和尊严生存。劳动基准法的核心原则是倾斜保护原则。它规定的公法义务具有单向性，仅针对用人单位。在劳动合同违反基准法的强制性规范时，它实行单向处罚，劳动者因处于弱势地位而一般被排除在罚则适用之外。而且，劳动基准法的禁止性规范并非排除一切形式的私法合意，仅禁止低于法定标准的内容，但并不禁止高于基准的约定。这种规范有别于绝对强制性规范，而被称为“相对强制性规范”，即在违反规范但有利于劳动者时仍然有效。〔1〕 这种规范的性质又被归纳为劳动基准法的代替性或补充性，与行政法上的固定行为模式大为不同。因此，劳动基准法并不属于公法领域的行政法，而是属于社会法范畴。

劳动基准法体现出的双重效力，其实是社会法“公私融合”性质的结果。如果用人单位通过劳动合同或集体合同或内部劳动规则来规定低于劳动基准的劳动条件，不仅侵害了劳动者个人的生存利益，而且损害了社会利益、公共福祉，现代劳动法都是通过劳动基准来维护“契约的客观妥当性”。〔2〕 相应地，为劳动基准的切实实施，相关主管部门也有权适时主动介入，这是国家实施强制干预的逻辑起点。这就使劳动基准法在内容上体现为所调整的是两种性质不同的法律关系，即劳动行政关系与劳动关系。劳动行政关系，正是与劳动关系密切联系的“其他社会关系”中的一种，是指“劳动行政主管部门为履行行政职能而与劳动者、用人单位以及其他劳动关系相关人发生的社会关系”〔3〕。在劳动行政关系上，劳动基准法具有行政法规范的公法效力，具体体现在行政部门的监察权力、用人单位的服从义务以及违规时的行政处罚，适用行政法的有关原则。以国家强制力来保障劳动基准的实施，是劳动法中政府和用人单位关系的最主要内容。当然，如果用人单位违背劳动基准法并造成严重损害，须追究刑事责任的，还可通过劳动刑法进行刑事制裁。而在劳动关系层面，劳动基准法则体现为劳动合同中的强行性义务，行政部门并不直接参与合同层面的劳动关系。劳动者根据劳动基准法的强行性规范，得以享有权

〔1〕 参见黄越钦：《劳动法新论》，中国政法大学出版社 2003 年版，第 200 页。

〔2〕 同上书，第 197 页。

〔3〕 林嘉：《劳动法和社会保障法》（第 2 版），中国人民大学出版社 2011 年版，第 15 页。

利并在遭遇违约时有权提出相应主张，并可通过调解、仲裁、诉讼等劳动争议处理途径实现权利。

本章认为要构建高效的劳动基准实施体系，必须强化上述各类劳动基准实施机制的力度、丰富实施机制的类型，完善不同机制之间的关系。

第一节　劳动监察制度的实施和完善

一、劳动监察的救济功能及其实施

劳动监察，域外又称为劳工检查，是指法定的劳动行政部门代表国家，对用人单位遵守劳动法律（一般而言主要针对劳动基准法）的情况进行检查、纠察和处罚等行政监察活动。可见，劳动监察是一种行政执法，在内容上体现为程序性规定，本身并不属于劳动条件，亦难以归入劳动基准的范围，但其保障了涉及劳动者基本权益的劳动基准法实施。有学者指出，劳动监察具有法定性、行政性和专门性的特点，是劳动监督体系中唯一由国家对劳动法遵守所实施的监督机制。[1] “劳动监察被看作一种事实上必需的国家干预责任，一种保护劳动者身心健康所必须的政府法定义务。”[2]

（一）劳动监察的实质是国家强制调整劳动关系

从法理上看，以行政干预为目的的劳动行政执法，被认为是在市场经济条件下促进劳动合同妥善履行以及劳动条件正常化的必要外界条件。各国在发展过程中都出现了劳资关系严重失衡的客观现实，必然要求行政公权力介入劳动市场。劳动监察产生于工业革命时期的英国。1802 年英国议会在历史上的首部劳动立法——《学徒健康与道德法》中首次确立了劳动监察制度。1844 年，这些监察员成为公务员。对首批“监察员”的任命，是现代劳动监察制度出现的标志。之后，劳动监察模式被世界各国普遍采用。例如，德国、日本、法国、加拿大等国陆续在本国劳动法典或劳动基准法中建立劳动监察制度，内容多包括监察机构设置、监察范围、监察员的职权及监察程序等。发达工业国家劳动监察的范围也逐渐扩大，不再仅仅局限于最开始的童工、女工保护以及最高工时限制，逐渐扩展至包括劳动安全卫

---

〔1〕 参见王全兴：《劳动法》（第 2 版），法律出版社 2004 年版，第 411 页。

〔2〕 [德]沃尔夫根·冯·李希霍芬：《劳动监察：监察职业指南》，刘燕斌等译，中国劳动社会保障出版社 2004 年版，第 7 页。

生、工作环境及职业心理健康的保护等领域,包括对精神健康的关注以及劳动者工作过程中尊严的维护等多方面,形成丰富的监察事项体系。

ILO 在劳动监察方面通过的第一个专门性文件,是 1919 年发布的《关于健康服务的劳动监察建议书》(第 5 号)。1947 年,国际劳工大会再次提出劳动监察的问题,并讨论通过了第 81 号公约——《(工商业)劳动监察公约》。该公约是国际劳工标准体系中有关劳动监察问题的最基本的法律文件,其第 1 条明确要求公约生效的国际劳工组织成员在工业工作场所实施劳动监察制度。这次大会还通过了《1947 年(工商业)劳动监察建议书》(第 81 号)和《1947 年(采矿和运输业)劳动监察建议书》(第 82 号)。[1]

以上法律规范说明,劳动监察正是劳动关系调整模式之中"国家强制模式"在法律实施环节中的直接体现。[2] 劳动基准规范不仅在规范层面上体现出以行政权力、公法义务为内容的国家干预,更在法的运行(尤其是法的实施上)层面赋予了行政机关广泛的执法权力。这对实现劳动关系协调上的"抑强扶弱"、平衡劳资力量,具有特别的价值和意义。

(二)劳动监察在劳动基准法实施上的救济功能

1. 劳动监察维护了"倾斜性保护"的立法宗旨

一旦劳动力市场上劳动双方的形式平等性进入生产领域,这种自由平等就会体现出其本质特征,即在实际社会地位上劳动关系双方具有明显的不平等性。[3] 随着现代劳动法的社会化发展,倾斜性保护成为劳动法的基本原则而渗透到种种具体制度之中。行政力量的直接干预也是倾斜保护体现之一。[4] 政府干预劳资关系的途径有两种:一种是通过立法介入;另一种是采取行政方式介入。劳动监察是国家行政强制性干预劳资关系的机制,能够缓和劳动力市场上劳资关系的失衡状态。本质上,劳动监察属于国家公权力对私权领域的强制干预,其宗旨在于通过

---

[1] 参见石美遐:《国际劳工公约、建议书简介之三:关于劳动监察问题》,载《中国劳动科学》1994 年第 9 期。

[2] 参见林嘉:《劳动法的原理、体系与问题》,法律出版社 2016 年版,第 62 页。

[3] 参见秦国荣:《劳资均衡与劳权保障:劳动监察制度的内在功能及其实现》,载《河南省政法管理干部学院学报》2010 年第 6 期。

[4] 笔者认为,劳动法从民法中分离出来的根本原因就在于劳动关系的特殊性使劳动者和用人单位并非在实质上处于同等地位,法律从社会公平正义的目的出发,必须给予弱势群体倾斜保护,如果对双方平等保护,完全可以由民法来规范,劳动法成为独立法律部门也就失去了原有的意义。当然,保护劳动权并不等于不保护用人单位的权益,而是在保护双方权益的基础上倾斜保护劳动权。

干预调整失衡的劳资关系。劳动监察是劳动行政机关在立法机关创制的法律框架内履行监督法律实施的活动，是国家对用工方规范用工而设置的监督机制。劳动监察在法律实施机制上为劳动者提供了一种强有力的国家保障，成为劳动关系调整中的“社会警察”。〔1〕

劳动监察之于劳动基准法的实施保障作用，不仅体现为对违法事实的事后处罚机制，而且体现为具有事前预防功能的积极监督检查机制。前者自不待言，类似于司法裁判之于法律实施的作用，通过惩罚恢复被破坏的劳动基准法律秩序和规范效力。后者则属于积极劳动行政的体现，是国家为防范劳动基准立法意志不能有效贯彻而在劳动行政体制上所采取的“自我设计”，是一种比事后处罚更为主动的监督行政方式。依赖积极检查和事后处罚的方式，劳动监察往往能够比其他司法手段更具效率地纠正劳动基准违法行为，对保障劳动基准法规范的实施取得实效具有无可替代的功能。同时，劳动监察的对象主体仅限于处于强势地位的用人单位。我国《劳动保障监察条例》第 2 条明确规定了条例适用的范围限于针对用人单位的劳动保障监察。〔2〕

2. 劳动监察为劳动者提供更为有效的行政保障

劳动监察制度的重要理论基础就是劳动权内涵的丰富和对劳动权的法律保护，属于保护劳动者的特殊机制。劳动监察是积极行政的制度体现：劳动监察机构运用预先控制、事中监察及追责惩罚的手段，通过常规检查审查、受理投诉、执法监察、专项检查等方式，保障劳动者的合法权益受到正常维护，提高劳动者的福利。

劳动法领域的行政机制，抑或“劳动行政”，〔3〕在劳工政策领域由来已久。行政机制的运用涉及劳动关系的多方面。日本学者晴山一穗认为，若以劳动权利保障的角度划分，劳动行政主要包括三个体系：以保障劳动“三权”为主的劳资关系行政，以雇用权利保障为主的雇用保障法体系，以透过劳动条件基准法定主义的途径作为劳工保护之直接根据的劳动基准行政体系。而劳动基准行政是个别劳工保护的核心行政手段。劳动基准行政体现方式就是劳动监察，属于一种基于生存权

---

〔1〕 参见黎建飞：《强化劳动监察的意识与职能》，载《中国劳动保障》2005 年第 12 期。

〔2〕 《劳动保障监察条例》第 2 条规定：“对企业和个体工商户（以下称用人单位）进行劳动保障监察，适用本条例。对职业介绍机构、职业技能培训机构和职业技能考核鉴定机构进行劳动保障监察，依照本条例执行。”

〔3〕 常凯教授将劳动行政定义为“政府等劳动行政主体为协调劳动关系，规范劳动力市场，监督用人单位等行政相对人执行劳动标准，依法运用行政职权对劳动事务进行组织、管理的活动”。参见常凯：《劳动法》，高等教育出版社 2011 年版，第 578 页。

保障所必备的制度工具。

同时,从前文分析的劳动基准法效力之法理来看,用人单位对劳动者承担的基准性义务在内容上也同时形成其对国家的公法义务。劳动监察的行政权力属于与这种公法义务相对应的公权力、行政职责,劳动监察机构有权进行执法活动以保障以劳动基准法为核心的劳动法律实施。这种监察权以对用人单位履行法定基准性义务情况的检查为主要内容。对公法义务的监察督促,同时促进了对劳动者私法义务的履行,满足了劳动者基准性权利的利益要求。

3. 劳动监察是劳动者权利救济的程序保障

主张劳动基准法"公法效力说"的学者认为,国家属于劳动基准法中唯一的权力主体,运用劳动行政管理权对用人单位遵守劳动基准制度的状态进行监督,而且劳动监察程序是劳动者实体权利救济的唯一程序。虽然在效力理论上有所分歧,但在劳动监察权利救济的权能上,其观点也可认同。对劳动者而言,劳动监察确是获得权利救济的有效途径。正如有的学者指出的:"对劳动者而言,我国立法实际上构建了两套权利救济体系:一个是以劳动争议调解、劳动争议仲裁为主体的劳动争议处理程序;另一个是体现在劳动监察方面的监督检查体系。"〔1〕劳动监察的启动机制很灵活,不仅劳动监察机构可以主动行使检查职责,纠正用人单位履行法定义务,而且劳动者在遭受权利侵害后可以通过监察投诉启动监察程序。从这个意义上看,劳动监察机制既是预防性执法,也是救济性、制裁性执法。

值得注意的是,劳动者在监察执法过程中是以受害人(有利害关系的第三人)的身份出现的,并非行政关系主体,行政执法的对象仅限于用人单位而不包括劳动者。因此,劳动监察的救济性对劳动者来说是具有间接性的,并非像劳动者在劳动诉讼关系上具有主体地位那样,但是其受侵害的劳动权益确实通过国家公权力得到维护。因此,劳动监察的利益救济功能是切实明显的。〔2〕

(三)我国实施劳动监察面临的问题

2004 年国务院颁布《劳动保障监察条例》,赋予劳动保障行政部门职责,对用人单位遵守劳动保障法律、法规、规章进行劳动保障监察,并在各地劳动保障监察

〔1〕 董保华:《中国劳动基准法的目标选择》,载《法学》2007 年第 1 期。

〔2〕 参见范晶波:《我国政府应对劳资冲突的法律机制研究——劳动监察的介入定位与制度创新》,载《江苏社会科学》2012 年第 1 期。

机构设置专职监察员履行职责，在维护劳动关系、保障用工公平方面发挥了一定作用。当前我国正处于社会转型期，市场经济的发展使市场主体向多元化发展，与之相应，劳动用工形式也出现了多样化。特别是随着平台经济的迅速发展，依托互联网平台就业的网约配送员、网约车驾驶员、货车司机、互联网营销师等新就业形态劳动者数量大幅增加。第九次全国职工队伍状况调查结果显示，新就业形态劳动者已达8400万人。[1] 劳动关系的变化给劳动监察增加了难度，特别是对于未与新业态劳动者形成劳动关系的平台企业，劳动监察部门无法对其进行劳动监察，一些平台企业往往以不存在劳动关系为由规避监管。另外，根据《中华人民共和国2022年国民经济和社会发展统计公报》公布的一组劳动安全监察领域方面的数据，全年各类生产安全事故共死亡20,963人。工矿商贸企业就业人员10万人生产安全事故死亡人数1.097人，比上年下降20.2%；煤矿百万吨死亡人数0.054人，上升22.7%。可见，生产安全事故仍然时有发生，而且，劳动用工领域不依法签订劳动合同、欠缴社会保险费、超时加班、欠薪等不规范行为仍然存在，民间也时有劳动监察不力的指责，[2]说明劳动监察能力与劳动力市场的发展情况不相匹配，劳动监察的执法效率仍有一定的提升空间。

首先，劳动监察的范围不尽合理。国际上劳动监管的对象主要有五类，即职业安全和卫生、工资待遇等一般工作条件、产业关系、就业保障、社会保障。这在我国其实是分为两部分，由专门劳动监察和一般劳动监察组成。我国《劳动保障监察条例》第11条对劳动保障行政部门实施劳动保障监察的对象作了列举，虽然监管对象较为宽泛，但与国际上的做法相比，只是监管了后四类，属于一般劳动监察。至于与劳动过程紧密联系的“职业安全和卫生”却不能直接监管，而是由其他几个不同的政府部门来实施，属于专门劳动监察，这明显影响了劳动监察的效果。[3] 例如，2000年国务院设立国家煤炭安全监察局专门对与煤炭有关的劳动生产进行监察；2001年又设立国家安全生产监督管理局，与国家煤炭安全监督局实行“一个机构、两块牌子”，综合监督管理全国安全生产工作。2003年国务院机构改革将国家安全生产监督管理局调整为国务院直属机构。另外，我国职业卫生监察原由劳动

---

〔1〕 参见《第九次全国职工队伍状况调查综述》，载《工人日报》2023年3月1日，第2版。

〔2〕 参见白天亮、钱伟：《民生三问：劳动监察治欠薪出拳如何更有力?》，载人民网，http://news.xinhuanet.com/employment/2010-02/03/content_12924077.htm。

〔3〕 目前，我国的职业卫生监管由两个部门管辖：安全生产监督管理部门与卫生行政部门。参见肖进成：《劳动保障监察法律制度研究》，科学出版社2015年版，第4页。

部门管理,1998年机构改革之后,这一职能由卫生部来承担,2003年卫生部承担的作业场所卫生监督检查职责又被划归安全卫生监督管理部门。我们知道,职业安全、劳动者的健康状况关系着劳动者生存权之保障,就实施监管的层面而言,劳动保障行政部门最有条件进行监管,但因法律的职能配置不足却造成不能管的现状,承担相应职责的其他部门则囿于其他业务而无力监管。

其次,劳动监察的手段有限。根据《劳动保障监管条例》第15条的规定,劳动保障行政部门在实施劳动保障监察时,有权采取调查和检查措施,但没有配备必要的强制手段。在处理非法用工、欠薪案件时,劳动保障监察部门无权对违法的用人单位采取查封、扣押等强制措施,也不能对相关责任人员采取行政拘留手段,无法及时阻止责任人员逃逸,所以一旦违法用工责任人员逃逸,劳动者的合法权益将得不到保护,往往为爆发群体性事件埋下隐患。而劳动监管部门的执法权限有限,使其在日常执法时需要其他职能部门的配合,但有的主管部门觉得清欠工资等事务属于劳动监察执法部门的职责,配合积极性不高,增加了执法的复杂性。

再次,劳动监管执法队伍能力不足。当今世界各国劳动和社会政策领域的体制发生了深刻变革,劳动监察工作日益强化预防的观念,如挪威和瑞典就实行了"内部监控"制度,我国在市场化进程中也要转变过去在计划经济下的监察理念。就客观情况而言,当前我国劳动保障监察机构队伍扩大并不明显,监管机构在人员配置方面明显不足,劳动监察执法力量显有不足,监察人员的配置不能充分满足执法的需求。全国劳动保障监察机构是在3000个左右,每年的增长率在1%以下,劳动保障专职监察员的比例虽有所提高,但每年也是发展不平衡。与之相对应的则是全国范围内用人单位和劳动者每年都以一定的比例增加,用人单位每年的增加量甚至维持在2.8%左右。按照《劳动保障监察条例》第16条的规定,劳动保障监察员至少应2名同时在场,这就意味着相对固定比例的专职监察员要应对如此众多的用人单位和劳动者,不免有些力不从心。此外,劳动监察机构在各地的分布并不均匀。调查显示:有些地区仍然没有成立专门的劳动保障监察机构,还有一些地区,虽然成立了机构,但没有固定编制,人员兼职办案,实际上是虚设。[1] 由于行政执法人员普遍不足,有些地方的劳动保障监察部门在没有经过考核或考试录用

---

〔1〕 参见李建、张威、王文珍:《〈劳动保障监察条例〉立法后评估报告》,载《中国劳动》2007年第5期。

的情形下，就在街道办事处、乡镇任命了一批兼职监察员，以协助行政机关执法，这与《劳动保障监察条例》第 3 条、第 4 条的规定相悖。而且，经费保障不足，没有条件配备必要的交通工具、办案经费等，也影响了执法能力。

最后，地方保护主义影响了劳动监察的有效实施。劳动基准的设定是国家在整个国民经济发展水平的基础上所作的统一规划，是系统、整体的要求。但各地在落实劳动基准时，出于本地自身利益的考虑并没有完全执行。

（四）完善我国劳动监察的建议

我们应转变观念，从保障劳动者基本权利的立场出发，完善劳动监察立法，加强监督和执法，并从制度供给上切实提高劳动保障监察部门的执行力，使其能够起到应有的作用。

第一，以国家治理现代化的观念建构综合性的劳动监察机构。当前我国社会正处于转型期，原有的社会结构发生深刻变革，解决和保障庞大人群的就业问题是当今政府面对的最大问题。为此，各地纷纷展开招商引资行动，为当地民众提供更多的就业岗位。但是价值和实践往往背离，为了招徕和留住企业，发展经济，劳动者的权益往往被忽略。劳动者为了保住工作，不能、不敢向用人单位主张自己的权利，对此负有重要职责的劳动保障监察却仅被看成纯粹的劳动行政行为，而不是国家治理的一部分。[1] 而从治理的角度看，当前碎片化的管理体制影响了劳动监管的实效。劳动关系过程所涉及的技术、医学、法律、经济等劳动保护问题应该交由一个综合性组织体来负责才有效率。而我国在政府机构改革过程中却把劳动保障行政部门的监管内容逐渐剥离给其他部门，作为劳动监察核心的劳动保障行政部门权限受制，如部门之间配合失调，则不仅增加了制度成本，更重要的是无法及时给劳动者予以保护。所以，从国家治理的角度出发，碎片化体制是不妥当的，应将职业安全和卫生等权限整合，交由劳动保障监察部门统一行使。

第二，从立法上强化劳动监察的手段。“徒法不足以自行”，法律规定得再完备如果无法实施，劳动者的权益还是无法实现。由于劳动保障行政部门只有调查权和检查权，没有采取强制措施的权力，对于那些有支付能力却不履行义务的用人单位无法采取查封账户等手段。因此，建议在立法上赋予劳动保障行政部门以必要的行政强制权，如查封、扣押财产，冻结账户。不过，由于行政强制权涉及行政相对

〔1〕 参见岳经纶、庄文嘉：《转型中的当代中国劳动监察体制——基于治理视角的一项整体性研究》，载《公共行政评论》2009 年第 5 期。

人的基本权益,其设定应该由全国人大通过制定法律的形式予以规定,法律覆盖不到的,才由国务院制定行政法规,地方不能设定行政强制权。还可以在处置工资、社会保险费、经济补偿金等案件时,赋予劳动行政部门申请法院先予执行行政处理决定的权力。

第三,加强劳动监察的执行力。由于目前劳动监察的经费和人员不足,使劳动保障监察人员只能"跟着事故跑",而不是预防式监察。面对日益复杂的劳动用工情况,劳动监察能力确实跟不上社会的要求。因此,需要加强劳动保障监管人员的队伍建设,不仅需健全省、市、县劳动保障监察执法机构,完善劳动保障监督检查网络,还应该增加人员编制、经费和装备,这就需要政府加大投入,以提高劳动监察的执法能力。

第四,建立劳动监察的协同机制。劳动保障监察面向的对象和范围比较广泛,其处置得当与否关系到社会的稳定和发展,在此意义上,其不仅仅是一项政府行为,而应该引入第三方协同监督,形成主体多元的网络化立体监督。这就需要强化工会、共青团和妇联等组织的作用,从中聘任劳动保障法律监督员,特别是要发挥工会的作用,使工会确实能对劳资双方履行劳动合同的情况进行监督,积极参与劳动监察的执法。这样既能缓解劳资双方的对立和矛盾,又能减轻行政部门的压力。如此一来,多元主体的共同治理应能矫正失衡的劳动力市场结构。

二、劳动争议处理程序与劳动监察的冲突与协调

劳动争议处理程序是一个多元化的体系,多数国家劳动争议的常规性解决途径已经不再是普通诉讼程序,独立于普通法院体系之外的劳动法院、劳动仲裁、调解和协商程序已经基本取代了正式的司法程序。[1] 与劳动监察程序不同,劳动争议处理程序以私法性劳动契约为基础。当事人因私法性劳动契约而发生劳动争议,可循法定途径请求劳动争议处理机构依法居中公断。[2] 在各国的劳动争议处理实践中,还有斡旋、事实调查等方式,各种方式有着不同的意义和运用时机。从总体上看,协商、调解属于协商性程序,而仲裁和诉讼属于裁决程序。协商性程序灵活、简便、快捷,可以促进纠纷的迅速解决,但缺乏使纠纷终局解决的效力;而裁决程序有较为正式的程序,倾向于依据具有确定性的法律规则或惯例,保证了劳动

---

〔1〕 参见范愉:《纠纷解决的理论与实践》,清华大学出版社 2007 年版,第 230 页。

〔2〕 参见刘焱白:《劳动基准法权利救济程序的冲突及其协调》,载《法商研究》2010 年第 3 期。

争议解决的规范性和原则。本部分着重讨论劳动仲裁、诉讼机制与劳动监察的关系。

（一）劳动仲裁、诉讼机制与劳动者的基准性权利

从法律关系产生的基础上看，劳动监察建立在国家与用人单位的劳动行政关系基础上，其背后是国家干预劳动关系而对用人单位享有的监察权力，用人单位负担着履行公法上的基准性义务以及接受监察部门行政监察的义务。而劳动争议仲裁以及诉讼是劳动者基于私法上的请求权提起的私法救济程序。因此，劳动仲裁、诉讼机制属于对劳动基准法私法效力的实施途径，其所直接对应的是劳动者基于劳动基准法所享有的基准性权利。

在程序法理论上，权利救济是现代法治的必然要求，也是社会公正的重要体现。正所谓“有权利就有救济”，“有权利无救济即非权利”，健全、有效的法律救济制度对切实保护劳动者的合法权益，实现劳动市场秩序的法治化具有重要意义，也是社会稳定与发展的基础。在社会法领域，民事主体诉诸具有纠纷解决权的第三方公权力机构寻求救济并提出主张的请求权利（仲裁中表现为仲裁申请权，诉讼表现为民事诉权），是基于民事实体权利而产生的，并且实体权利因而获得强制力。劳动基准法的双重法律效力赋予了劳动者实体权利，也必然赋予劳动者在基准性权利面临侵害时具有相应的程序请求权。因此，劳动争议仲裁和诉讼机制是劳动基准法私法效力的必然延伸。这也就是有学者所说的，“当实体立法的分配正义遭遇倾斜或者倾斜的威胁时，对分配正义的恢复与维持成为国家和社会的普遍需求”〔1〕。

劳动监察固然有救济的性质，但在基准性权利的保护上并不能取代劳动争议程序。一方面原因是劳动基准法在实施中会对劳动行政法律关系和劳动法律关系双重法律关系产生效果，而劳动监察是基于公法关系而产生，对公法秩序具有恢复作用，虽然部分公法责任仍然体现为用人单位向劳动者履行法定义务内容，但无法解决用人单位的民事责任问题。另一方面原因是劳动者在劳动监察程序中是作为受害人出现的，并非程序主体，在权利实现的过程中属于被动的受益者，无法充分保证劳动者的程序参与权利。为了保障劳动者的基准性权利，专门的纠纷程序仍然是必要的。

---

〔1〕　冉思东：《民事诉权制度：一种私权的公力救济》，载《现代法学》2007 年第 2 期。

(二)劳动争议处理程序与劳动监察的重合救济问题

目前,在劳动基准的贯彻和救济环节中,劳动监察机制与劳动仲裁、诉讼仍存在不协调之处。劳动监察是劳动行政部门在监察范围内对用人单位实施监督、检查,对违反劳动法律的用工行为进行处罚的行政机制。但我国立法不仅赋予了劳动行政部门处罚用人单位的违法行为的监察权力,而且可以通过劳动监察对违法行为的纠正来解决劳动者与用人单位之间的劳动争议。依照现行法律的规定,某些类型的劳动争议中,劳动争议处理程序和劳动监察程序都可以向基准性权益受损的劳动者提供法律救济。而两种手段的同时运用,导致实践中存在程序衔接兼容的问题。

我国在劳动争议案件中采取仲裁前置的方式。依据《劳动争议调解仲裁法》第2条的规定,劳动仲裁的受案范围主要包括六类劳动争议。[1] 依据《劳动保障监察条例》第11条的规定,劳动监察的受案范围主要涉及九类事项。[2] 除此之外,在《矿山安全法》《矿山安全监察条例》等劳动安全卫生法规中,还有一些条文规定了特殊的监察事项。通过比较我们不难发现,各种劳动争议与劳动监察、劳动仲裁的受案范围之间表现出三类关系,即单向关系、兼容关系和选择关系。单向关系是指某类争议属于劳动仲裁或劳动监察的特有受案范围,即只能通过一种程序处理;兼容关系是指劳动仲裁与劳动监察对某类案件在受案处理上存在兼容互补的关系;选择关系是指劳动仲裁与劳动监察都有权受理,两者存在重合,可以由当事人进行程序选择。虽然不同法律规范各自规定了受案范围,但重合的情况仍然十分明显。

重合的案件类型涉及社会保险争议、工资支付、工时争议等方面,而这些案件

---

〔1〕《劳动争议调解仲裁法》第2条规定:"中华人民共和国境内的用人单位与劳动者发生的下列劳动争议,适用本法:(一)因确认劳动关系发生的争议;(二)因订立、履行、变更、解除和终止劳动合同发生的争议;(三)因除名、辞退和辞职、离职发生的争议;(四)因工作时间、休息休假、社会保险、福利、培训以及劳动保护发生的争议;(五)因劳动报酬、工伤医疗费、经济补偿或者赔偿金等发生的争议;(六)法律、法规规定的其他劳动争议。"

〔2〕《劳动保障监察条例》第11条规定:"劳动保障行政部门对下列事项实施劳动保障监察:(一)用人单位制定内部劳动保障规章制度的情况;(二)用人单位与劳动者订立劳动合同的情况;(三)用人单位遵守禁止使用童工规定的情况;(四)用人单位遵守女职工和未成年工特殊劳动保护规定的情况;(五)用人单位遵守工作时间和休息休假规定的情况;(六)用人单位支付劳动者工资和执行最低工资标准的情况;(七)用人单位参加各项社会保险和缴纳社会保险费的情况;(八)职业介绍机构、职业技能培训机构和职业技能考核鉴定机构遵守国家有关职业介绍、职业技能培训和职业技能考核鉴定的规定的情况;(九)法律、法规规定的其他劳动保障监察事项。"

往往又属于劳动仲裁、劳动监察所处理案件中占较大比重的案件。例如,用人单位有如下几种情形的,除申请劳动争议仲裁外,受侵害的劳动者还可以向劳动监察部门举报投诉:第一,违反劳动保障法律、法规或者规章延长劳动者工作时间的;第二,克扣或者无故拖欠劳动者工资报酬的;第三,支付劳动者的工资低于当地最低工资标准的;第四,解除劳动合同未依法给予法定标准经济补偿的。由于劳动监察与仲裁之间的受案范围无清晰界限,一方面容易使同一劳动案件因多头管理需要在不同部门间统筹协调而影响效率,另一方面也容易产生部门之间相互推诿的现象,导致劳动者疲于奔命却无法得到充足的程序保障。此外,劳动仲裁和劳动监察重合受案后,这两种程序的衔接也不通畅。例如,根据《劳动争议调解仲裁法》第9条的规定,用人单位实施的违法行为符合该条规定情形时,劳动者可以向劳动监察部门投诉。但是,如果劳动者没去投诉而是直接将争议交由劳动争议调解组织、劳动争议仲裁委员会处理时,劳动争议调解组织、劳动争议仲裁委员会受理案件发现争议属于《劳动争议调解仲裁法》第9条规定事项的,可以建议劳动者直接向劳动监察部门投诉,以节省维权时间和成本。但是该建议并不具有强制效力,劳动者如不愿意通过监察程序投诉而坚持进行调解、仲裁的,调解组织、仲裁委员会仍应依法受理。此外,虽然《劳动保障监察条例》第21条、《关于实施〈劳动保障监察条例〉若干规定》第15条对属于重合范围的事项作了规定,但只是在程序上作了若干原则规定,依然无法避免整体的程序冲突。[1]

目前,实践中的做法一般为:只要是双方对案件事实没有争议,此类“无争议”案件就由劳动监察机构直接介入处理,对用人单位的违法行为进行纠正;对“有争议”的案件,一般由劳动仲裁机构处理。但是有无争议的区分并无明确的法律标准,实践中主要还依靠办案人员的判断和自由裁量。由于办案人员理解可能不同,这就可能出现劳动者坚持由劳动监察部门受理而劳动监察部门不受理的现象,劳动监察部门则会面临以行政不作为为由被申请行政复议或提起行政诉讼的风险。[2] 由于劳动仲裁、劳动监察两部门分属不同机构系统,并无信息共享机制,劳

---

〔1〕《劳动保障监察条例》第21条第2款规定:“对已经按照劳动争议处理程序申请调解、仲裁或者已经提起诉讼的事项,劳动保障行政部门应当告知投诉人依照劳动争议处理或者诉讼的程序办理。”《关于实施〈劳动保障监察条例〉若干规定》第15条规定:“有下列情形之一的投诉,劳动保障行政部门应当告知投诉人依照劳动争议处理或者诉讼程序办理:(一)应当通过劳动争议处理程序解决的;(二)已经按照劳动争议处理程序申请调解、仲裁的;(三)已经提起劳动争议诉讼的。”

〔2〕参见黄昆等:《劳动保障监察的权限如何界定》,载《中国劳动》2009年第11期。

动监察受理劳动者的举报、投诉后,可能无法得知该争议是否已被劳动争议仲裁委员会受理。这就很可能导致劳动监察和劳动争议仲裁重复立案的现象,存在对同一案件进行重复处理的可能性。另外,对劳动监察受理并作出处理决定的事项,当事人是否有权再行启动劳动仲裁、诉讼程序,目前立法并无明确规定。还有可能出现的问题是,对于涉及违反劳动基准法规范的案件,如果诉至调解、仲裁,这些纠纷是否可以适用调解、仲裁;如经查证属实,是否需要依照法律进行行政处罚,而仲裁并非行政机关。[1]

(三)劳动争议处理程序与劳动监察的调和

为了畅通劳动基准法乃至劳动法整体的实施,劳动监察与劳动争议程序的机制协调可以从以下几个方面着手:

首先,两者的协调必须从缩窄劳动监察事项范围入手。在学术界,有关界定劳动监察事项范围的问题上,主要存在三种观点:一种观点认为只限于劳动基准法中劳动基准事项,即法定的最低劳动条件,如最低工资、工时,女职工和未成年工特殊保护等。第二种观点认为监察范围应涵盖全部劳动法律,如法国规定《劳动法典》、法律和未收录在法典中的法规的各项规定都在劳动监察范围之内。第三种观点认为仅限于劳动法的强行性规范,并只限于"有关劳动者实体权利的强行性法律规范"[2]。

劳动监察的监察事项范围并不宜过于宽泛,其监察范围应主要限于劳动基准法规范以及其他基于公法关系而产生的争议事项,如社会保险的缴纳。劳动合同、内部规章制度等内容应当排除。ILO 第 81 号公约《(工商业)劳动监察公约》就将劳动监察职能限于执行有关工作条件和在岗工人的保护的法律规定,包括工时、工资、安全卫生、福利以及童工等,主要是涉及劳动者本人的劳动基准事项。[3] 这样规定主要是有以下三个原因:第一,劳动合同本质上是劳动关系双方之间的民事契约,因而劳动合同法具有相当的私法性质,劳动关系主体在不违反劳动基准法的前提下应当拥有充分的意思自治。劳动监察不应对意思自治的领域做过多干预,否则将不利于劳动力市场的资源配置。将其限于主要对劳动基准事项进行监督检查

---

〔1〕 参见董保华:《劳动关系调整的法律机制》,上海交通大学出版社 2000 年版,第 318 页。

〔2〕 王全兴:《劳动法》(第 2 版),法律出版社 2004 年版,第 416 页;黄越钦:《劳动法新论》,中国政法大学出版 2003 年版,第 453 页。

〔3〕 参见 ILO 第 81 号公约《(工商业)劳动监察公约》第 3 条规定,"劳动监察制度的职能应为:(a)在可由劳动监察员实施的情况下,保证,诸如有关工时、工资、安全、卫生和福利、儿童和年轻人就业及其他有关事项的规定……"。

是较为合理的。对其他基于公法关系的事项，劳动监察部门对用人单位履行公法义务的情况进行监督，也属必要。第二，相对于众多的用人单位，劳动监察的行政资源相当有限，监察人员也很有限，监察事项过于宽泛，反而会造成监察力度不足、不利于法律实施的负面效应。正如有学者所担心的，“目前劳动监察的职能包括了宏观的宣传教育、对劳动基准的监督执行以及对劳动关系事无巨细的管理，造成劳动监察只能被动执法”[1]。第三，劳动监察并不是唯一的救济途径，目前大部分国家都有以仲裁或诉讼程序为代表的劳动争议处理程序。从解决纠纷的角度看，完全可以通过其他救济途径的分流充分维护劳动者合法权益。

其次，扩大劳动者的选择自由。在涉及违反劳动基准法的争议中，两种救济途径的冲突在所难免。笔者认为，《劳动争议调解仲裁法》《劳动保障监察条例》等立法对劳动争议程序和劳动监察程序相互矛盾的规定需要修改。对于兼有劳动仲裁受案事项和劳动监察受案事项的争议，劳动者通过基层调解无法获得解决时，应当有选择申请劳动争议仲裁或提请劳动监察的程序权利；即使申请劳动争议仲裁后，劳动者在未达成调解协议、仲裁机构未作出裁决前，仍保有撤回仲裁申请再行提请劳动监察的程序权利。劳动基准法具有公法和私法的双重效力，如果涉及违反基准规范的情形，则必然会产生公法上和私法上的双重责任。如果强行要求区分有关劳动基准事项争议案件中的私法问题和公法问题，严格由劳动仲裁和劳动监察分别受案处理，则并不现实。这必然导致劳动仲裁程序中无法追究用人单位的行政责任，而劳动监察程序又无法解决劳动纠纷中的私法责任。无论劳动者如何选择，都会因处理职能上的分裂而导致救济的不充分。

最后，劳动争议处理程序应遵守劳动基准法的强制性。私法的救济程序常常伴随着妥协让步，劳动者为了达到权利实现的效率往往会放弃部分权利诉求。但基准性权利的特殊性即在于它是法律强制的利益分配，而且基准性义务不仅是对劳动者的私法义务而且属于对国家的公法义务。劳动争议的解决不能抹杀用人单位应当承担的公法责任。对此，劳动争议处理程序中发现涉嫌劳动基准违法的，应当同时报请劳动监察部门作出相应的处罚。

此外，在程序上有必要解决的问题是：在劳动者维权无力的现状下，从法律程序上如何处理劳动者私自与用人单位达成的“妥协协议”。例如，2004 年《兰州晨

---

〔1〕 翟玉娟：《劳动保障监察若干问题探讨》，中国社会法学研究会 2013 年年会论文。

报》报道的一起集体讨要加班工资的诉讼案件，在一审、二审期间参与诉讼的劳动者不断减少，最终以达成私下和解协议而撤诉并放弃加班工资的权利主张。[1] 笔者认为，此类案件应当从以下三方面入手：第一，涉及劳动基准争议的诉讼案件中，法院应对撤诉理由进行审查，违反劳动基准法达成协议的，不予撤诉。《中华人民共和国民事诉讼法》第 148 条赋予了人民法院对当事人撤诉审查裁定的权利。不准许撤诉的，经传唤后即便原告无正当理由缺席的，法院也可以缺席判决。第二，在解决劳动争议过程中，涉及劳动基准的违法事项应当排除调解制度的适用，须依法仲裁或判决。调解可能涉及双方互相让步、放弃部分权利的情形，这与劳动基准的强制性效力是相悖的。劳动基准法具有公法性，有违反规定情形者应告知劳动行政部门查处。第三，工会可以履行为职工维权的职权。在美国劳动法判例中，个别受雇者与用人单位单独协议减免其法定义务的，将被视为“严重的不正当劳工行为”，被工会阻止或被诉至法院强行纠正。典型案例如 1969 年美国最高法院审理裁判的“斯科菲尔德诉劳工委案”。[2]

第二节 涉及劳动基准案件的一裁终局研究

一、“一裁终局”制度的立法价值

一裁终局是指仲裁机构对当事人提交仲裁的全部实体争议进行审理后，裁决书自作出之日起发生法律效力的裁决。就各国的劳动仲裁立法和实践来看，劳动仲裁的裁决与民商事仲裁一样，具有终局效力，涉及权利事项的仲裁裁决可以去法院申请强制执行。[3] 而我国的劳动争议处理程序长期以来实行的是一裁两审，仲裁只是前置程序，因而在制定《劳动争议调解仲裁法》时引起了广泛的讨论，最终采取的是以“先裁后审”为基本模式、辅之以有条件的“一裁终局”。

根据《劳动争议调解仲裁法》第 47 条的规定，只有两类案件才得以适用一裁终局：一类是追索劳动报酬、工伤医疗费、经济补偿或赔偿金的小额案件；另一类是执行劳动基准或社会保险的案件，即“因执行国家的劳动标准在工作时间、休息休假、

---

[1] 参见郝冬白：《讨加班工资：官司赢了后的尴尬》，载《兰州晨报》2007 年 6 月 18 日，A09 版。

[2] 参见[美]道格拉斯·L. 莱斯利：《劳动法概要》，张强等译，中国社会科学出版社 1997 年版，第 21 页、第 61 页。

[3] See Textile Workers v. Lincoln Mills, 353 U. S. 448 (1957).

社会保险等方面发生的争议”，这与我国有较为明确的劳动基准体系有关。我国一直注重劳动基准的建设，往往通过定量的方式明确国家的劳动基准，制定了相应的规范性文件，目前的劳动基准体系基本涵盖了劳动领域的主要方面，故此类案件具有规范性文件作为依据。《劳动争议调解仲裁法》还在第48条、第49条对一裁终局的案件规定了劳动争议双方当事人不服终局裁决时的救济办法，即劳动者“可以自收到仲裁裁决书之日起十五日内向人民法院提起诉讼”，用人单位“可以自收到仲裁裁决书之日起三十日内向劳动争议仲裁委员会所在地的中级人民法院申请撤销裁决”。

可见，我国劳动争议处理程序规定的只是单边的一裁终局。这样的制度设计主要有以下考虑：

首先，劳动基准类案件并不复杂但又事关劳动者最重要的权益。根据《劳动争议调解仲裁法》第47条的规定，对劳动基准争议的仲裁裁决为终局裁决，这主要是因为大量劳动争议集中在法定劳动标准的执行方面，如拖欠工资、拖欠加班工资、拒绝支付工伤医疗费等。此类争议是劳动者应享有的最低劳动权利和劳动待遇，也就是劳动条件的最低标准。其构筑了劳动关系得以运行的平台，是劳动法中的核心问题，因而都有相应的法律文件予以明示，标准很容易确定。这些劳动争议的最大特点是争议并不复杂，但严重影响劳动者的基本生活。现实中也存在用人单位恶意拖延诉讼程序，损害劳动者权益的问题。从历年受理案件的情况看，这类案件在劳动争议案件总数中占了相当的比例。为了公正及时地处理劳动争议，维护劳动者合法权益，有必要对涉及劳动者最重要的权益、标的不大、事实清楚且法律法规有明确规定的争议事项，实行仲裁终局裁决制度。

其次，以倾斜保护原则平衡劳动者与用人单位的诉讼地位，力求达到实质正义。在劳动争议诉讼中，用人单位往往凭借其雄厚财力与发达的信息渠道享有诉讼上的优势。因此，国家通过法律制度的干预来调整劳动关系，适度倾斜保护劳动者利益，以实现实质上的公平正义。限制用人单位提起诉讼的权利亦是倾斜保护原则的体现，[1]虽然造成了用人单位与劳动者在诉讼程序上的不平等，但在“强资本弱劳工”的现实情况下，程序上的不平等可以适当矫正现实地位的不平等，以实现实体权益上的公平。

---

〔1〕 参见谭玲：《劳动争议案件一裁终局制度的现实困境与未来转型》，载《人民司法》2012年第1期。

最后,原有的劳动争议处理程序在解决劳动争议方面发挥了一定的作用。立法机关认为"现行的劳动争议处理程序经过二十多年的实践已被社会所接受,不宜轻易否定",因为"一调一裁两审"能够充分发挥调解和仲裁的作用,使劳动争议尽可能在比较平和的气氛中得到解决,尽量减少了"打官司"。但实行"一裁两审终审制"最为诟病之处是劳动争议处理程序冗长,不利于快速解决争议。[1] "针对劳动争议案件处理周期长的问题",规定部分案件一裁终局,这是对现行劳动争议处理制度的又一创新和突破。[2] 借此有效地解决一些用人单位恶意诉讼,拖延履行义务而导致的劳动争议处理周期长的问题。而且,对部分劳动争议案件实行仲裁终局,可以提高劳动争议仲裁的结案率,降低进入劳动争议诉讼程序中的争议数量,促进劳动关系的和谐稳定。[3]

二、劳动基准"一裁终局"制度的实施情况

(一)"一裁终局"的适用率有较大提升

一裁终局制度开始实施时,由于各地仲裁机构对终局裁决的适用范围有不同理解,各方当事人也需要时间去接受这一新制度,导致很多本应在仲裁终结的案件又进入了诉讼程序,一裁终局的适用率并不高,这与立法时所期望的"使将来进入仲裁的案子能有一半通过一裁终局解决"的设想相比还存在较大的差距。[4] 直至2017年新修订的《劳动人事争议仲裁办案规则》详细规定了终局裁决的范围,一裁终局制度从而有了更为明确的规则指引,其适用率得到较大提升。据统计,各级仲裁机构终局裁决率由2016年的28.4%提升到2021年的40.1%。[5]

(二)劳动基准争议的附带请求限制了"一裁终局"

根据《劳动争议调解仲裁法》第47条第2项的规定,对于"因执行国家的劳动

---

〔1〕 仲裁的审理期限一般是45天,如继续到法院诉讼,则一审的审理期限是6个月,二审的审理期限是3个月,当然,这里提到的审理期限都不包括特殊情况需要延长的时间。可见,走完劳动争议处理的整个程序一般至少都要将近1年,而一些用人单位在熟悉了法律流程之后,往往会利用各种机会拖延处理周期,阻碍劳动者及时获得救济。

〔2〕 参见信春鹰:《关于〈中华人民共和国劳动争议调解仲裁法(草案)〉的说明》,载《中华人民共和国全国人民代表大会常务委员会公报》2008年第1期。

〔3〕 参见林嘉:《劳动法的原理、体系与问题》,法律出版社2016年版,第350页。

〔4〕 参见张世诚、王文珍:《关注〈劳动争议调解仲裁法〉的新突破立法者的解读》,载《中国劳动》2008年第2期。

〔5〕 参见孙航:《完善劳动人事争议多元处理机制 维护劳动人事关系和谐社会稳定——人社部调解仲裁司、最高法民一庭负责人就〈关于劳动人事争议仲裁与诉讼衔接有关问题的意见(一)〉答记者问》,载《人民法院报》2022年3月1日,第3版。

标准在工作时间、休息休假、社会保险等方面发生的争议”所作的裁决为终局裁决。实践中,对于劳动者请求用人单位支付养老保险、医疗保险、工伤保险、失业保险、生育保险待遇,属于因执行国家的劳动标准在社会保险方面发生的争议,适用一裁终局并无太大争议。至于劳动者单纯因执行劳动法律、法规、规章等规定的劳动标准,与用人单位在工作时间以及法定节假日、休息日、年休假、产假、病假、探亲假、婚假、丧假等休息休假权利方面发生争议诉诸法律的较少,此类争议往往伴随经济诉求。例如,《劳动法》第41条对用人单位延长工作时间作了规定,并在第44条要求用人单位应当按照一定标准支付高于劳动者正常工作时间工资的工资报酬。相应地,劳动者与用人单位之间因是否存在延长工作时间而发生的争议,往往会随着支付加班工资以及相关联的经济补偿金或赔偿金的要求。[1] 而一旦涉及具体的请求数额,按照文义解释,该类争议又被指引到适用《劳动争议调解仲裁法》第47条第1项小额诉讼的规定,一旦争议数额超出“小额”的标准时,将不能适用“一裁终局”。

(三)“一裁终局”被部分复合性的争议请求排除适用

在一个案件中,当事人提出了多项请求仲裁的事项,既涉及一裁终局的内容,又有非终局裁决事项时,仲裁裁决文书可根据《劳动人事争议仲裁办案规则》第50条第4款的规定进行撰写,即“仲裁庭裁决案件时,裁决内容同时涉及终局裁决和非终局裁决的,应当分别制作裁决书,并告知当事人相应的救济权利”。但仲裁裁决书具体的制作方式仍缺乏明确,在最高人民法院2010年《关于审理劳动争议案件适用法律若干问题的解释(三)》(法释〔2010〕12号,2021年1月1日废止)出台前,各地有不同的做法。例如,广东是规定区分仲裁终局裁决事项和非终局裁决事项分别作出裁决,[2] 而上海则规定此种情形一般不适用终局裁决,当事人双方不

---

〔1〕 参见依据《劳动法》和《工资支付暂行规定》的规定,延长工作时间工资支付标准为:(1)用人单位依法安排劳动者在日法定标准工作时间以外延长工作时间的,支付劳动者不低于其本人小时工资标准的150%的工资报酬;(2)用人单位依法安排劳动者在休息日工作又不能安排补休的,支付劳动者不低于其本人日或小时工资标准的200%的工资报酬;(3)用人单位依法安排劳动者在法定休假日工作的,支付劳动者不低于其本人日或小时工资标准的300%的工资报酬。实行计件工资的劳动者,在完成计件定额任务后,由用人单位安排延长工作时间的,依据上述原则,分别按照不低于其本人法定工作时间计件单价的150%、200%、300%支付工资报酬。实行综合计算工时制的劳动者,其综合计算工作时间超过法定标准工作时间的部分,用人单位应向劳动者支付不低于其工资的200%的工资报酬;其中法定休假日安排劳动者工作的,支付不低于劳动者工资的300%的工资报酬。

〔2〕 参见《广东省高级人民法院、广东省劳动争议仲裁委员会关于适用〈劳动争议调解仲裁法〉、〈劳动合同法〉若干问题的指导意见》(粤高法发〔2008〕13号,2020年12月31日废止)第9条。

服裁决内容的,均可在法定期限内依法提起诉讼。[1] 最高人民法院为了避免人为拆分案件而导致前后处理结果不一致,保持实体和程序上的一致性,在《关于审理劳动争议案件适用法律若干问题的解释(三)》中明确规定,如果同一仲裁裁决中既有终局裁决事项,又有非终局裁决事项时,则是应该统一按照非一裁终局的原则处理,不能按终局事项和非终局事项分别处理。最高人民法院于2021年1月1日开始实施的《关于审理劳动争议案件适用法律问题的解释(一)》(法释〔2020〕26号)延续了这一观念,对于同时包含终局裁决事项和非终局裁决事项的同一仲裁裁决,当事人如不服该裁决提起诉讼的,应当按照非终局裁决处理。如此一来,但凡仲裁裁决包含一项非终局裁决事项的,该类案件均归为非终局案件,这使得不少劳动争议案件达不到终局裁决的要求。

(四)单方的"一裁终局"并不能终结争议

就制度规定来看,劳动者的诉权可以使原本一裁终局的案件继续诉讼。在立法之时,有代表认为一裁终局的规定具有一定的积极作用,但其限制了当事人行使诉讼权,使处于弱势一方的劳动者失去了最终的司法保障,因此建议为劳动者保留司法救济的途径。[2] 所以立法机关又规定了劳动者对一裁终局的仲裁裁决不服的,可以在收到仲裁裁决书之日起15日内向法院起诉。[3] 也就是说,劳动者对《劳动争议调解仲裁法》第47条规定的仲裁裁决具有诉权。由于一裁终局的仲裁裁决自作出之日起生效,如果劳动者认为仲裁裁决对其有利,不行使诉权,则仲裁裁决就可以发生终局的效力;如果劳动者认为仲裁裁决对其不利,有权继续诉讼,从而停止仲裁裁决的效力。立法的天平偏向劳动者之后,又有代表担忧用人单位的诉讼权利无法保障,不利于一些个体户和小企业主的保护,所以,《劳动争议调解仲裁法》第49条又规定了用人单位在法定条件下可以向法院申请撤销仲裁裁决。就规定的撤销事由来看,既有适法错误、无管辖权、伪造或隐瞒证据等实体原因,又有违反法定程序的事由,还包括仲裁员的违法行为。撤销仲裁裁决涉及司法对仲裁的判断,需要慎重对待,因此第49条规定此类案件由中级人民法院通过合议庭形式来审理。而一旦仲裁裁决被中级人民法院裁定撤销,双方当事人都可以自收到裁定书之日起15日内将该劳动争议事项诉至法院。

---

〔1〕 参见《上海市高级人民法院关于劳动争议纠纷若干程序问题的意见》第4条。

〔2〕 参见信春鹰:《中华人民共和国劳动争议调解仲裁法释义》,法律出版社2008年版,第226页。

〔3〕 参见《劳动争议调解仲裁法》第48条。

如此一来,一裁终局的设定就被打破,劳动者和用人单位都有办法阻止仲裁裁决生效。只是说,劳动者启动诉讼的条件比较简单,只要"不服",就可以起诉;而对于用人单位而言,虽然仲裁裁决生效,但还是可以申请撤销,如果其申请得到法院的支持,可重启诉讼,相较而言,用人单位启动诉讼比当事人多了一个程序。这样的制度设计,看似对双方当事人都"留了一手",有利于保护双方当事人的救济权利,但原先通过仲裁分流案件、实现仲裁效率的目标就落空了。对于实体利益的过于强调,使仲裁程序的经过显得没有意义,这依然是传统的"重实体、轻程序"的表现,"一裁终局"还是无法终局。

(五)诉讼程序吞并仲裁裁决撤销程序

根据法院级别管辖的规定,劳动基准类型案件是由基层法院管辖,而用人单位的撤销裁决申请是由中级人民法院管辖,所以就存在两个管辖法院、两套程序,那么它们是同时进行还是先后排序,又或者是可以合二为一呢?从用人单位提起撤销之诉的目的来看,用人单位的意图就是不想执行仲裁裁决,才会想方设法使劳动争议仲裁委员会的裁决失效,从而使原劳动争议得以进入诉讼程序继续审理,这就在某种程度上与当事人行使诉权的目的相重合。既然基层法院已经因劳动者的起诉而审理纠纷,仲裁裁决的效力已经停止,中级人民法院就没有必要来专门审理用人单位的撤销之诉。用人单位完全可以在基层法院将相关撤销原因作为抗辩事由,由基层法院来认定是否成立。所以,《最高人民法院关于审理劳动争议案件适用法律问题的解释(一)》(法释〔2020〕26号)在这两类程序关系的处理上,采取的是诉讼程序吞并仲裁裁决撤销程序——劳动者就终局裁决向基层人民法院起诉,而用人单位向中级人民法院申请撤销仲裁裁决的,中级人民法院应不予受理。已经受理的,应裁定驳回申请。[1] 劳动者行使的是诉权,这是可以处分的权利,劳动者起诉后还可以撤诉,但考虑到撤诉给对方当事人造成的程序利益损失,一些国家规定了原告撤诉须经被告同意。[2] 我国民事诉讼法规定了当事人的撤诉须经法院的职权审查和干预。由于用人单位的仲裁裁决撤销程序被吞并在诉讼程序中,劳动者起诉后又撤诉的,将影响用人单位的程序利益,所以法院应该征询用人单位的意见,如果用人单位要求继续审理的,则法院可不予准许撤诉并仍对整个案件进行审理;如果用人单位也认为不需要继续审理的,则可以准许劳动者撤诉。

---

〔1〕 参见《最高人民法院关于审理劳动争议案件适用法律问题的解释(一)》第21条。

〔2〕 参见江伟:《民事诉讼法专论》,中国人民大学出版社2005年版,第381页。

需要注意的是,用人单位申请撤销仲裁裁决的权利依然存在,如果劳动者的起诉被法院驳回或者劳动者撤诉的,用人单位仍然可以自收到裁定书之日起30日内向劳动争议仲裁机构所在地的中级人民法院申请撤销仲裁裁决。

(六)仲裁员适用一裁终局的能力有限

劳动争议发生后,当事人是否选择仲裁的方式往往有多种考虑因素,其中的疑虑之一就是"在不知道将来会有什么样的仲裁判断时就把纠纷的解决全面委诸于仲裁人而引起的不安",[1]而要消除这方面的不安,就需要仲裁机构有能力作出令人信服的仲裁判断,而劳动仲裁实务中,数量不足、质量不高仍然是当前仲裁队伍面临的最突出也是最基础的问题。劳动仲裁员身份多元化,有劳务派遣、聘用制、合同制、参公制和公务员编制等类型,其中,由于体制内外的待遇差别较大,没有公务员编制的劳动仲裁员流失率较高,业务水平也就缺乏保障。而且仲裁机构内部和外部的各种监管机制可能对仲裁裁决带来否定性评价,这就使仲裁员一般不敢做出终局裁决,"甚至部分仲裁员将可以做出一裁终局的裁决做出非终局裁决,将矛盾转移到法院"[2]。

三、"一裁终局"的法理反思

我国劳动基准争议的"一裁终局"是建立在仲裁前置的基础上,并不以当事人的"合意"为前提,发生劳动争议后都须进入仲裁程序,所以,对于劳动争议实行一裁终局后,当事人不能起诉,法律的强制性规定有剥夺当事人诉权之嫌。而从劳动仲裁的本意来看,其主要是一个让劳资双方以妥协代替冲突的手段,减少争议双方运用极端手段的机会,往往是在劳资双方协商失败或调解不成功时被提起的。对我国目前的一裁终局制度要回到劳动仲裁的本质上进行完善,以建构更为合理的仲裁制度。

(一)一裁终局从单边拓展为双边

我国《劳动争议调解仲裁法》对劳动基准类案件实行"一裁终局",但是这里的"一裁终局"是有条件的,可以因劳动者提起诉讼或用人单位申请撤销而失去终局的效力。这种有条件的"一裁终局"受到很多批评,被认为"可能使劳动争议处理

---

〔1〕 参见[日]棚濑孝雄:《纠纷的解决与审判制度》,王亚新译,中国政法大学出版社1994年版,第103页。

〔2〕 侯玲玲:《劳动争议一裁终局制度的反思与改革》,载《法商研究》2017年第3期。

体制复杂化”，劳动者拿到一份一裁终局的裁决书，其实他也不敢确定这裁决的最终效力，因为用人单位去申请撤裁的概率很大。而用人单位申请撤销仲裁裁决，可能使大量的劳动争议案件从一裁两审变成了一裁一撤裁然后再两审，更不利于劳动者权益的保护。[1] 劳动者对仲裁裁决享有的起诉权，也使“一裁终局”变成了摆设，仲裁的效率特性被抹杀，对于诉讼案件的截流功能将会部分丧失，非诉讼纠纷解决程序（Alternation Dispute Resolution，ADR）成了司法的陪衬。学者指称：“对于劳动者实体利益上的侧重保护付出了牺牲程序正义的代价，违背了程序平等的基本原则。”[2] 因为如果劳动者能够继续诉讼，就说明仲裁裁决不具有终结性，而这正是长期以来我国劳动仲裁在纠纷解决中功能受限的症结所在。基于此，笔者认为，应给予劳动争议当事人平等的地位，一裁终局的规定对当事人双方平等有效，即对双方都是终局的裁定。如果对于裁定不服，只能按法定程序申请撤销裁定，而不能再提起诉讼。

（二）明确劳动基准案件一裁终局的标准

工作时间、休息休假及社会保险等方面在执行国家基准时发生的劳动争议，劳动者往往还会就用人单位违背劳动基准提出赔偿等权利诉求，因而使此类争议出现多重主张。而赔偿等诉求无疑体现为一定的金额，从而以小额诉讼的标准来判断是否进行一裁终局。对此，有两条完善的路径：一是适当扩大一裁终局的事项和范围。《劳动争议调解仲裁法》第 47 条第 1 项关于“追索劳动报酬、工伤医疗费、经济补偿或者赔偿金，不超过当地月最低工资标准十二个月金额的争议”的规定，并没有明确是分项计算还是合并计算，一些地方如上海市出台规定扩大解释为分项计算，每项不超过当地月最低工资标准 12 个月金额，这大大扩大了适用范围。此外，一些争议不大又有法律明确规定的内容，如竞业限制补偿、代通知金规定等也可以列入其适用范围。二是参考广东经验，把执行国家法定标准发生的社会保险争议的保险待遇和赔偿金适用一裁终局，且没有金额标准限制。劳动者以用人单位未依法为其缴纳（包括未登记、未缴纳及未按法定标准缴纳）社会保险费导致损失为由，要求用人单位按法定社会保险待遇标准赔付养老、工伤、失业、生育、医疗待遇损失的，无论其数额多少，也应一裁终局。[3]

---

〔1〕 参见范跃如：《劳动争议诉讼特别程序原理》，法律出版社 2008 年版，第 283 页。

〔2〕 董保华：《劳动争议处理法律制度研究》，中国劳动社会保障出版社 2008 年版，第 301 页。

〔3〕 参见侯玲玲：《劳动争议一裁终局制度的反思与改革》，载《法商研究》2017 年第 3 期。

（三）完善"一裁终局"的司法监督

维护仲裁裁决的终局性，不等于说放任仲裁机构自由决定。司法作为实现社会正义的最后一道防线，必须对仲裁裁决发挥监督的作用。从国外的立法来看，法院的司法监督应该是以程序监督为主，而且，不少国家都在朝着缩小审查范围、简化审查标准、采取宽容原则的方向发展，以最大限度地支持仲裁，维护仲裁权威。这又促成仲裁制度快速、简捷解决纠纷的功能得到很好发挥。我国《劳动争议调解仲裁法》第 49 条第 1 款规定，用人单位有证据证明"一裁终局"的仲裁裁决有以下情形时可申请撤销：一是适用法律、法规确有错误的；二是劳动争议仲裁委员会无管辖权的；三是违反法定程序的；四是裁决所根据的证据是伪造的；五是对方当事人隐瞒了足以影响公正裁决的证据的；六是仲裁员在仲裁该案时有索贿受贿、徇私舞弊、枉法裁决行为的。尽管该条款针对的案件类型有限，但是这里所设定的司法监督情形还是值得探讨的。仲裁与诉讼相较而言，更具弹性和灵活性，当事人选择了仲裁就说明将案件的实体认定和适用法律托付给了仲裁员，法院对于案件的实体方面的审查不宜过于严格，仲裁裁决违背了基本权利、公共政策时才能予以撤销，对于仲裁裁决应该更多地关注其"生产流程"。例如，仲裁机构对于劳动争议案件有没有管辖权，仲裁员有没有超越权限，仲裁员有没有拒绝收取当事人的证据和材料等程序上的瑕疵行为，在裁决过程中有没有接受贿赂、明显偏袒一方当事人等不法行为，当事人在仲裁过程中的基本程序权利有没有获得保障，仲裁裁决是不是通过欺诈、不正当手段获得的等。

（四）借力"一裁终局"深化劳动争议处理模式的变革

劳动基准案件的一裁终局实质易落空，其根源在于当前我国劳动争议处理机制主要实行的"一裁两审"，而裁审又脱节，劳动争议仲裁机构和法院基本上是"我裁我的，你判你的"，各自为政，实际上拉长了处理周期，不利于纠纷的迅速解决。对此，有人主张"单一机构处理模式"，即劳动争议只能由劳动仲裁机构或劳动司法机构处理，这有利于提高解决争议的效率，并克服法律适用上的不统一。但这一观点忽视了劳动争议的不同属性。因为"单一机构处理模式"往往是以权利争议为中心来设计纠纷解决机制，忽视了对利益争议的处理，单一化的处理对于该机制本身是沉重的压力，也违背了当今国际社会蓬勃兴起的纠纷解决的多元化潮流。根据劳动争议的类型，"自主选择、或裁或审"模式才是我国劳动争议处理体制应该追求的方向。个别劳动关系中的争议在于实现法定权利的真正贯彻，而集体劳动关系中的争议在于劳资之间整体利益的平衡，对于前者以提供司法裁判机制为主，对于后者则是柔性方式促成双方实现自治。我国劳动争议仲裁制度应考虑集体争议和个别争议的不同需求，而解决这些需求的关键点在于提供程序保障的同时实现程序效益。仲裁程序的启动以及仲裁裁决的效力都是基于当事人的自治，其本质上体现的是“私”的属性。而审判则具有强制性、官方性，体现的是“公”的属性。[1] 仲裁和审判具有互补性，仲裁的效率较高、救济成本更低，而审判则具有更高的权威性和强制性，并且法院作为最终的裁量机关能对仲裁裁决进行监督。此外，从劳动争议处理制度设置的价值目标看，应当既要考虑公平也要考虑效率。而“自主选择、或裁或审”的模式符合这一价值目标。

（五）重新定位劳动争议强制仲裁

仲裁的本质属性是民间性，而我国的劳动争议仲裁却缺乏这一特征。其是以仲裁机构的半官方化来代替仲裁机构的民间性，以参与仲裁的强制性来代替参与仲裁的自愿性，其启动、管辖、审理等无须当事人合意选择。这一模式固然起到了防止用人单位拒绝仲裁的作用，但强制仲裁环节的负担又落到了当事人身上。基于此，有人将我国的劳动争议仲裁定位于劳动行政的范畴，认为其是执行劳动法律法规的行为，具有执法性。[2] 还有学者认为我国正处于社会转型期，立法上逐步强化公权力在行政执法上的权力范围，但其目的并不全在于维护私权，劳动争议仲裁中所引用的“仲裁”二字，就该法的法义而言，反映行政权对仲裁权的凌驾，“仲裁”其实是被作为政府的一种行政权。[3] 这些观点将我国的劳动争议仲裁定性为行政仲裁，虽然可以解释我国劳动仲裁的一些特征，但是这样的定位显然不是立法者的真正目的。国际上对于劳动争议进行强制仲裁并不少见，只是其强制仲裁的条件、范围和效力有严格限制。从国外劳动仲裁实践来看，“各种程序中的自愿和强制因素将取决于有关劳动争议处理的公共政策。凡是强调当事人的自主性和争议处理的自愿妥协的重要性，则自愿因素将居于优势。相反，凡是强调避免正常秩序中断，强制因素就趋向强化”[4]。我国与国际社会的通行规则和做法不同，对劳动争议实行强制仲裁并没有限制在危及公共利益、公共生活的领域，而是所有行业

---

〔1〕 参见林嘉：《劳动法的原理、体系与问题》，法律出版社 2016 年版，第 349 页。

〔2〕 参见范战江：《劳动争议处理概论》，中国劳动出版社 1995 年版，第 122～123 页。

〔3〕 参见方立维：《中国大陆新劳动争议调解仲裁法重点解析》，载《法学新论》第 11 期。

〔4〕 ［日］T. 哈纳米、［比］R. 布兰佩因：《市场经济国家解决劳资冲突的对策》，佘云霞等译，中国方正出版社 1997 年版，第 198 页。

的劳动争议都可以强制仲裁。而且,其他国家并没有将仲裁作为解决劳动争议的必经程序,而是有多种救济途径供当事人选择,但一旦选定仲裁程序,则须服从仲裁裁决的效力。我国对劳动争议强制仲裁后,当事人还享有对仲裁裁决不服而继续进行诉讼的权利,这就使仲裁程序空洞化,仲裁的强制性貌似很强,实际却很容易沦为走过场。在此意义上,可以说我国的劳动争议强制仲裁的着力点和效果完全偏离了应有的场域。

笔者认为,对于强制仲裁,应进行系统化的定位和设定。首先,劳动争议的仲裁应持自愿原则,由当事人选择适用。而强制仲裁是对当事人自由意志的压制,所以应慎重适用。其次,基于公共利益的考虑,如果劳资双方的争议相互间久拖不决,以致对公共生活造成影响,应对特定产业的劳动争议进行强制仲裁。这些产业主要包括公营、公用及交通事业或具有危险、特殊性行业。最后,特定范围的劳动争议一旦被强制仲裁,则会产生三个效力:一是当事人必须按时出庭应审;二是强制仲裁所作出的仲裁裁决是有效的,劳资双方应当接受并依照裁定履行,违反裁决应当受到处罚;三是强制仲裁期间劳资双方都不得有罢工和锁厂的争议行为。

(六)劳动基准的集体争议应全部纳入仲裁

多年来,我国对于进入劳动争议处理程序的劳动争议基本上是一体对待,并没有区分出个人争议和集体争议,特别是集体争议中的利益事项缺乏相应的法律规范,从而使利益争议事项的解决完全处于自发和无序状态。对于集体争议必须由程序化的解决机制予以疏导,才能维护劳资双方的合法权益。但《劳动争议调解仲裁法》第 2 条明文列举的确认劳动关系、因劳动合同而生的争议等五类劳动争议情形都属于权利事项的争议,一般也都是劳动者和用人单位之间的个别争议。至于集体争议,当前是依《劳动法》第 84 条的规定来处理,该条款专门区分了集体合同争议的不同处理方式。对于因签订集体合同发生的争议,当事人协商解决不成的,当地人民政府劳动行政部门可以组织有关各方协调处理;对于因履行集体合同发生的争议,当事人协商解决不成的,可向劳动争议仲裁委员会申请仲裁,对仲裁裁决不服的,可自收到仲裁裁决书之日起 15 日内向人民法院提起诉讼。可见,能够纳入仲裁程序的集体争议,限于权利事项争议。也就是说,能够进行劳动争议仲裁的事项,都是在劳动关系中因“履约”而发生的争议,至于“缔约”方面的争议是不能申请仲裁的。各地政府有关部门多是作为劳动争议调解者的角色,通过动员各类调解机构不断去主动介入、吸纳和消解集体性劳动争议。2007 年以来实行大调解模式后,集体劳动争议的数量整体上也呈现递减趋势。然而,"化整为零"的思路并非针对所有集体劳动争议均能奏效,对于劳资冲突激烈、争议不可调和的情况,大调解模式并不能防止工人集体利益、意识和行动的凝聚,也就不能避免集体劳动争议的产生。[1] 因此,建议将利益争议也纳入仲裁解决。

(七)提升仲裁员的能力及加强监管

强化一裁终局的同时,对于仲裁制度本身也需要进一步完善,包括仲裁员资质要求,专业能力的提升,以及对仲裁员相关的法律约束等。一裁终局对仲裁员的办案能力提出了较高的要求,这须加强劳动争议仲裁人员的业务素质。首先,从立法入手,落实劳动争议处理体制中真正意义上的"三方机制",确保工会代表和企业方面的代表要通过选举程序产生,从组织、人事、权限等各个方面综合落实劳动仲裁成员的素质要求。其次,完善仲裁员选任制度。无论哪一方劳动争议仲裁机构选派的代表,都应当遵循统一的资格标准,选派的仲裁员应当具备法定任职条件并取得法定任职资格,以确保其素质。最后,完善劳动争议仲裁委员会的监督机制,实现行业自律。劳动争议仲裁员要受本行业的职业道德约束,并有行业从业人员管理规范,以进行行业监管。

第三节　涉及劳动基准案件的公益诉讼研究

随着社会的发展,公共利益的保护问题得到社会越来越广泛的关注,2012 年修改《中华人民共和国民事诉讼法》(以下简称《民事诉讼法》)时专门新增了"公益诉讼"制度,2017 年《民事诉讼法》和《中华人民共和国行政诉讼法》(以下简称《行政诉讼法》)再次修改时,又明确了检察机关提起公益诉讼的资格和程序。公益诉讼的特点是体现出一整套为实现社会正义而倡导的原则体系、价值和目标,公益诉讼所选择的案件,并不是针对单独的事件或交易,而是针对社会生活的条件和大规模的组织在决定这些条件中所起的作用,它以一个诉讼捍卫很多个人的权利,消解那些威胁到主要的制度价值建立的社会状况,并实现弱势群体的法律援助。作为一个专门以弱势群体为代理对象的权利导向的机制,公益诉讼为社会确立了一种底线秩序,因此,将其运用到企业与劳动者基本权益的问题上,特别是劳动安全事

[1] 参见林嘉:《劳动法的原理、体系与问题》,法律出版社 2016 年版,第 335 页。

故、大面积地克扣工资、强制性加班等涉及劳动基准的问题，有可能成为一个有效的解决之道。

一、劳动基准的法益

劳动基准，是近年来学界研究劳动关系调整机制而在国内开始流行的新概念，其他国家和地区早就有劳动基准的立法。由于各个时期的历史条件不同，劳动基准在理解上也就有了不同的内涵，学者将其归纳为广义、中义、狭义之分。广义上的劳动基准强调法律规范的强制性，内容几乎等同于劳动法；中义上的劳动基准定位于法律规范对个别劳动关系的强制性干预，内容相当于个别劳动关系调整法；狭义上的劳动基准着眼于法律规范对劳动关系当事人之间实体性权利的强制性干预，内容近似于劳动条件法。[1] 我国目前虽然没有以“劳动基准”命名的法律，但现有的劳动法律体系有劳动基准的内容。例如，《劳动法》中对工作时间、休息休假、工资、劳动安全卫生、女职工和未成年工特殊保护等都作了规定，只是通常将这些内容表述为“劳动条件”。因此，关于劳动基准，笔者认为应该从狭义上理解，是指国家以立法形式规定用人单位在工资、工时、休息、劳动安全等方面应当为劳动者提供的最低劳动条件。

在劳动关系中，对劳动基准进行强制性规定，是劳动关系的本质使然。因为劳动者和用人单位实际地位并不对等，用人单位掌握着商业资本，劳动力市场又存在供大于求的常态，用人单位与劳动者订立劳动合同时具有天然的优势，特别是商业资本的组织日益庞大之后，劳动者更是无法抗拒大企业的优越经济地位，而只能被动签订劳动合同。外国学者也认为，资本的扩张直接构成了对劳动者的压制，指出“国际化(全球化)所引起的经济环境的迅速变迁和工业及法人的重建……导致了更加分割的劳动力市场，制造业的衰落和服务部门的上升，高度的结构性失业，部分时间的、不安全的和低工资就业的增长”[2]。可见，当社会发展到一定阶段，合同的形式平等只是有利于有产者，使有产者获得实际利益，对于无产者却形同画饼，“有求于人的人不是真正的自由人，相反，为了应付燃眉之急，他将容忍奸商可

---

〔1〕 参见王文珍、黄昆：《劳动基准立法面临的任务和对策》，载《中国劳动》2012 年第 5 期。

〔2〕 H. Silver, *Social Exclusion and Social Solidarity: Three Paradigms*, IILS Discussion Papers, No. 69, 1994.

能强加于他的任何条件”[1]。一旦双方形成劳动关系,基于劳动给付的连续性和人身性,劳动者还要服从用人单位的指挥和管理,从而在人格和经济方面都具有从属性。在劳动关系的调整机制方面,就不得不考虑劳动者的弱势地位,不能由当事人任意决定劳动合同的内容,一些重要的内容必须以“劳动基准”的形式规定为劳动条件的下限。

劳动基准的设定,既是国家维护当事人契约内容“主观上的公平性”的需要,也是关注到了契约对社会的影响,因而特别注重契约内容“客观上的妥当些”。[2] 劳动基准作为法定的最低劳动条件,要求劳动关系的双方当事人只能在劳动基准的基础上协商合同内容,用人单位提供的劳动条件不得低于劳动基准,劳动者也不得放弃劳动基准方面的权利,这是从整个劳动力市场秩序所做的考虑,以免劳动力价格无底线地向下恶性竞争。有学者将劳动基准的这一功能称为“整体推动功能”,认为劳动基准对于整个社会的劳动条件有普遍推动作用。[3] 可见,劳动基准实质上是强调在劳动关系中应对基本的劳动条件进行立法,设置劳动关系的底线,强制实施,以保障实质正义,这是国家基于公共福祉方面的考虑,起到了维护社会安全的支撑作用,蕴含着重要的公益色彩。

二、劳动基准的公益性与公益诉讼之标的

公益诉讼是以保护社会公共利益为目的的诉讼,其客观范围是“不特定主体所享有的社会公共利益所引发的纠纷”。[4] 学者将社会公共利益分为扩散性利益和集合性利益两种类型。前者是指事先没有任何的关系而只是基于特定的事实原因才产生联系的人共同拥有的一种超越个人的不可分的利益;后者也是超越个人并且是不可分的,它属于先前在相互之间就有特定法律关系的特殊团体,在成员的身份上也比扩散性的利益要确定。[5] 实务部门考虑到法律须具有操作性,为此明确了概念,认为公共利益是指在特定社会历史条件下,从私人利益中抽象出来能够满足共同体中全体或大多数社会成员的公共需要,经由公共秩序并以政府为主导所

---

〔1〕 [美]伯纳德·施瓦茨:《美国法律史》,王军、洪德、杨静辉译,中国政法大学出版社 1997 年版,第 138 页。

〔2〕 参见黄越钦:《劳动法新论》(修订 3 版),台北,翰芦图书出版有限公司 2006 年版,第 39 页。

〔3〕 参见王文珍、黄昆:《劳动基准立法面临的任务和对策》,载《中国劳动》2012 年第 5 期。

〔4〕 参见张卫平:《民事公益诉讼原则的制度化及实施研究》,载《清华法学》2013 年第 4 期。

〔5〕 参见江伟等:《民事诉讼法》(第 6 版),中国人民大学出版社 2013 年版,第 155 ~156 页。

实现的公共价值。[1] 在这一理解中，首先，公共利益源于私人利益，二者并不互相排斥，多数人的私人利益共同形成了公共利益。不过，在社会法范畴，基于对弱者倾斜保护的需要，学者认为也“可以透过民主原则，对于某些居于少数的‘特别数量的私益’，使之形成为公益，如工会的利益、贫民的利益等”。[2] 其次，社会公共利益处于公共空间，有相对固定的存在形式。自从国家改变对社会的强大政治管制，社会与国家相分离，就有了独立的发展空间，形成了国家、社会、市场三者，不同的主体享有不同的利益，国家利益有着明确的主体，属于国家，而社会公共利益属于社会。需要说明的是，在日常生活中“公共利益”容易被认为是公权力者的利益，导致国家利益与社会公共利益常被混同，一些国家为了避免“公益”一词带来的理解偏差，改用“公共福祉”以强调社会性。[3] 最后，公共利益的主体具有非特定性，其为不特定的多数人所享有。反之，如果利益的主体能够特定化，势必产生了“直接利害关系”，则属于私人利益，此类诉讼就不能纳入公益诉讼范畴。概言之，社会公共利益，就是社会全部或部分成员所享有的利益，利益的公共性和整体性，构成了社会公共利益的核心。劳动基准类的纠纷要成为公益诉讼的诉讼标的，须对其所涉法益是否具有公共性和整体性为衡量标准，从以下三点论之。

首先，劳动基准体现了整体正义。前已述及，劳动基准关注的是对已形成的弱势群体（劳动者）进行保护和扶助，是一种对弱者保护的利益倾斜，通过这种倾斜，实现对社会资源的再分配，从而矫正失衡的社会关系。“对国民的社会生活尤其是经济生活，国家应……积极地加以干预。通过这样的措施，来确保所有阶层的国民能过像人那样的文化性的最低限度生活，使国民中的每一个人，在实际生活中确实能实现自由和平等。”[4]作为最低的劳动条件，其面向的是劳动者作为“人”的基本权益，无论男性还是女性，青年还是中老年，抑或健康人、残疾人，任何现实的或潜在的劳动者，都有权要求用人单位提供这些基本的劳动条件，以实现底线正义。

其次，劳动基准面向的是所有劳动者，具有公共性。劳动基准的订立，不是对某个具体的劳动者所作的特殊规定，而是对用人单位规定的最低劳动条件，用人单位必须达到劳动基准才能与劳动者建立劳动关系。而劳动者借此获得保护，我国

---

〔1〕 参见江必新：《新民事诉讼法理解适用与实务指南》，法律出版社2012年版，第215页。

〔2〕 参见颜运秋：《公益诉讼理念研究》，中国检察出版社2002年版，第19页。

〔3〕 参见史尚宽：《民法总论》，中国政法大学出版社2000年版，第38页。

〔4〕 ［日］大须贺明：《生存权论》，林浩译，法律出版社2001年版，第13页。

台湾学者称为“劳工成为反射利益之保护对象”,进而认为劳工并非劳动基准法上权利义务之当事人。[1] 但我们认为最低工资、最高工时、休息休假、劳动安全等劳动基准事项,固然是用人单位的义务,从劳动者这一方来看则是权利,这些权利实质上属于劳动者在工作中应享有的基本权益,既体现了劳动者的人格尊严,也与劳动者及其家庭的生存密切相关。在此意义上,劳动基准的权益属于社会上的不特定的劳动者,任何低于劳动基准的行为都是有害于社会公共福祉和社会公共安全的。

最后,劳动基准的违反,在结果上具有扩散性。国家以立法形式规定劳动基准,正是说明其具有共通性,是用人单位和劳动者订立合同时应普遍适用的准据。如果用人单位违反劳动基准,将影响到广大劳动者的工资权、工作环境权等基本权益,甚至有更严重的社会后果,这在以往发生的企业安全生产事故中屡见不鲜。例如,根据 2018 ~ 2022 年《中华人民共和国国民经济和社会发展统计公报》公布的数据,全年各类生产安全事故死亡人数分别为 34,046 人、29,519 人、27,412 人、26,307 人、20,963 人,5 年间各类生产安全事故死亡人数年均在 2.7 万人以上。[2] 珠三角地区的大型代工企业普遍存在“围墙管理”的工厂管理模式,[3] 高强度的劳动过程、超长的劳动时间、低廉的劳动工资、准军事化的管理,招致了劳动者激烈的抗争,从长远看必然影响人力资源和产业的可持续发展。所以,违反劳动基准,侵害的对象具有多重性,“不仅所有直接劳动者的权益受到侵害,而且侵权行为多是对国家经济秩序、社会公共利益也造成了危害”[4]。

三、劳动基准公益诉讼的适用

(一)劳动基准公益诉讼的原告

关于公益诉讼的原告,我国《民事诉讼法》改变长期存在的“直接利害关系人”才享有诉权的观念,规定“法律规定的机关和有关组织”有权提起公益诉讼。这样的规定具有开放性,有待法律进一步明确。

首先,关于“法律规定的机关”。机关的外延较为宽泛,从立法本意考虑,应该是行政机关和检察机关。人力资源和社会保障部门等行政机关可以借助强大的行

---

〔1〕 参见黄越钦:《劳动法新论》(修订 3 版),台北,翰芦图书出版有限公司 2006 年版,第 279 页。

〔2〕 参见董峻、徐庆松、刘巍巍:《人命关天的安全“红线”为何被践踏? ——国务院事故调查组总结昆山爆炸事故 5 大原因》,载新华网,http://news.xinhuanet.com/politics/2014-08/04/c_1111932072.htm。

〔3〕 参见郭于华等:《当代农民工的抗争与中国劳资关系转型》,载《二十一世纪》2011 年第 4 期。

〔4〕 颜运秋:《公益诉讼法律制度研究》,法律出版社 2008 年版,第 377 页。

政资源进行劳动基准违法行为的调查和评价等，掌握信息资料较为便利，行政机关提起公益诉讼会使法院审理此类案件的阻力相对较小，不过，基于“职权法定”的行政法原则，行政机关提起公益诉讼须有法律明确规定。目前，争议较大的问题是行政机关的起诉主体身份与其行政管理主体身份是否冲突。在劳动基准公益诉讼中，往往会涉及劳动基准违法行为的判定，行政机关具有足够的人力资源和专业优势，在损害结果、损害行为和因果关系等方面的证据收集更加能够满足诉讼的需要，但行政机关同时又是监管主体，其已经具有了行政处罚等行政管理权，如果作为起诉主体，该权力和民事主体的请求权难免会发生一定程度的混同。笔者认为，这两项权力是基于不同原理而行使的，行政管理权遵循的是执法原理，行使公益诉权遵循的是诉讼原理，两者并不冲突，对违法者的行政处理与要求民事赔偿可以并行不悖。

从近年来学界关于公益诉讼主体问题的讨论情况来看，关于检察机关参与公益诉讼的必要性和可行性已达成一定程度的共识。这主要是由于检察机关本身具有提起公益诉讼的固有属性和法律地位。我国宪法将检察机关定位为“国家的法律监督机关”，就决定了检察机关必须维护国家法律的统一实施，对一切破坏法律正确实施的违法行为，有职责进行监督和提请法院通过依法审判予以制止和纠正。在劳动基准公益诉讼中，检察机关在劳动者维护社会公共利益动力不足，一些地方政府维护公共利益失职、渎职的情况下，积极主动行使法律监督权提起公益诉讼，既是国家机关对国民负责的应然之举，也是对违反最低工资或劳动安全卫生标准等劳动基准的行为进行直接的否定，是全面履行检察职能的必然要求。而且，在现行的组织框架下，检察机关设置专门的公益诉讼机构负责诉讼事宜，并配备专门的办案人员来保障办案质量。正是法理和制度的支持，全国人大常务委员会于2017年6月将检察机关提起公益诉讼制度正式写入《行政诉讼法》《民事诉讼法》，这是全国人大常委会对检察机关开展公益诉讼试点工作的充分肯定，也体现了党中央“凡属重大改革都要于法有据”的法治要求，[1]标志着检察机关提起公益诉讼制度

---

[1] 2014年10月召开的党的十八届四中全会，在其通过的《关于全面推进依法治国若干重大问题的决定》中，提出了“检察机关在履行职责中发现行政机关违法行使职权或者不行使职权的行为，应该督促其纠正。探索建立检察机关提起公益诉讼制度”，明确提出了“公益诉讼”制度探索和构建问题。习近平总书记在《关于全面推进依法治国若干重大问题的决定》的说明中，就10个问题进行了深入阐述，公益诉讼列在第9个问题，说明十分详尽全面。由此，公益诉讼引起了社会各界广泛关注。参见薛应军：《检察机关提起公益诉讼试点“两年考”》，载《民主与法制时报》2017年6月18日，第5版。

正式确立。

其次,关于“有关组织”。目前,我国社会团体约 25 万个、民办非企业单位约 20 万个、基金会约 2000 个,对于各类组织有必要进行诉讼资格的限定。可考虑的条件有:依法设立,起诉必须符合组织的章程确定的宗旨和主要业务范围,符合组织活动的区域要求,组织须已设立一定的年限,具备经费保障等。目前,工会组织可以作为劳动基准公益诉讼的原告。《中华人民共和国工会法》(以下简称《工会法》)规定:中华全国总工会及其各工会组织代表职工的利益,依法维护职工的合法权益,工会具有社团法人资格。这就说明,工会能够独立行使权利和承担义务,即工会能成为独立的诉讼主体。根据《工会法》第 21 条的规定,企业违反集体合同,侵犯职工劳动权益的,工会可以依法要求企业承担责任;因履行集体合同发生争议,经协商解决不成的,工会可以向劳动争议仲裁机构提请仲裁,仲裁机构不予受理或者对仲裁裁决不服的,可以向人民法院提起诉讼。这些规定为工会提起劳动基准公益诉讼奠定了基础。相较于弱小的劳动者个体,工会作为社团法人,有经费有人力,诉讼能力更强,更适合维护劳动基准利益的实现。

(二)诉讼请求类型的设置

诉讼请求的设置合理与否,对社会公共利益能否得到有效保护产生直接影响。与私益诉讼相比,劳动基准公益诉讼中原告的诉讼请求不仅表现为要求对所受损害的单纯的金钱赔偿,还包括要求侵权人按照劳动基准提供劳动条件,采取有效的防范措施避免损害的扩大,甚至禁止侵权人从事有关活动。从维护公益的目的出发,诉讼请求可以分为两大方面:一是要求加害人按照法律规定作为或不作为;二是向加害人主张损害赔偿。前者为预防性请求,公益诉讼的目的就在于通过诉讼督促加害人停止侵权行为,避免损失的扩大,从而保护潜在的受害者和公共利益,对此学界一般没有争议。争议的焦点在于能否提起损害赔偿。公益诉讼中请求损害赔偿,是为了对过去的损失进行填补,通常需要考虑起诉主体是否具有利害关系。主张不能提起损害赔偿的观点认为,一些公益诉讼案件涉及公共利益和特定民事主体的损害,如果诉讼请求包括损害赔偿,会面临如何处理与具体受害人损害赔偿请求权的关系、如何分配损害赔偿金的难题。

考察大陆法系国家的民事诉讼理论在公益诉讼请求的确定上,经历了由最初完全排除损害赔偿到目前部分国家有限适用损害赔偿的发展阶段。21 世纪以前,大陆法系国家在民事公益诉讼的问题上禁止提出损害赔偿的诉讼请求,原告仅能要求被告停止侵害、排除妨碍、消除影响、恢复原状等请求。2000 年以来，德国、法国等少数欧洲国家开始在特定类型的公益诉讼中允许原告请求损害赔偿，如德国 2004 年修改的《反不正当竞争法》允许团体提起收缴不法收益之诉；保加利亚 2005 年通过的《消费者保护法》规定，为保护消费者的集体性利益，消费者团体可以提起不作为诉讼，也可以提起损害赔偿之诉。由此，损害赔偿请求经过严谨的程序安排，在保护现代群体性纠纷的集合性利益以及大规模侵害私人利益的诉讼中，通过法定诉讼担当与任意诉讼担当原理的严格限制，并且结合惩罚性赔偿等实体性制裁手段才被塑造成为具有某种公益色彩、具有抑制损害发生之功能的诉讼请求形式。[1]

笔者也赞成有关机关或组织可提起损害赔偿型的公益诉讼。一方面，损害赔偿有填补损失的功能，同时兼具制裁违法行为人的功能。公益诉讼是以不特定的多数人利益受损为特征，作为集合性的整体公共利益受到损害，也需要有关机关和组织下大力气去恢复市场秩序和修复环境，允许有关机关和组织通过提起赔偿之诉来惩罚被告具有公益性，应当支持。当侵害人的民事违法行为造成公共利益或者多数不特定人的利益损失时，如果仅让侵害人停止侵害、排除妨碍、恢复原状，不足以弥补已造成的损失，让其承担赔偿金可以发挥损害赔偿的制裁功能，督促其永久停止侵害行为。另一方面，有关机关或组织作为原告，可以解决其他主体因举证能力不足带来的困扰，也可避免赔偿金被挪用，解决赔偿金难以分配的问题。特别是检察机关作为公权力机关，拥有法定的职责和权限，在调查、收集证据方面具有较强的公信力，有能力通过固定证据、对违反劳动基准造成的损失进行评估、鉴定而计算出损失额度。

（三）诉前程序

各国公益诉讼制度在实施过程中，都无法避免一些主体的滥诉行为，特别是某些起诉主体提起公益诉讼的动机比较复杂，如进行新闻炒作、为私人牟利等，不仅影响行政机关对涉及公共利益方面事务执法的有效性，而且加重了司法负担，给本来就有限的司法资源造成极大的浪费。此外，行政公益诉讼还涉及司法权与行政权的关系配置问题，启动公益诉讼之前要特别注意不能以司法权破坏行政权的正当运行。因此，需要通过诉前程序来有效配置司法资源、合理发挥司法的政策引导

---

〔1〕 参见肖建国：《民事公益诉讼条款的具体适用》，中国民事诉讼法学研究会 2012 年年会论文。

和威慑功能。对此,学界主要有两种看法:一是将支持起诉和督促起诉作为检察机关提起公益诉讼的诉前程序;二是将行政机关对侵害公益的违法行为进行行政处罚作为检察机关提起公益诉讼的诉前程序。笔者认为,第二种观点有待商榷,因为对行为人进行行政处罚只是可以进一步证明侵权事实的存在,不宜将其作为提起公益诉讼的前置条件。第一种观点则应该支持,因为劳动基准属于国家以立法形式确立的强行性规则,体现了国家对劳动条件的干预,具有强制执行的效力。所有的集体合同和劳动合同都必须在劳动基准上协商订立,如果用人单位有违反劳动基准的行为,政府主管部门可对其进行行政处罚。[1] 针对相关机关、组织不作为的情况,检察机关或有关组织提起公益诉讼时必须经过诉前程序是有意义的。

公益诉讼的目的在于督促执法,弥补行政机关保护劳动基准的缺位与不足,而非执意与主管机关为难,是对行政权的监督和补充,如果行政机关在检察机关或有关组织提起公益诉讼前能及时作为,则公益诉讼的目的已经实现。对于法定机关来说,提起公益诉讼是其维护公共利益的法定职责,检察机关督促行政机关履行义务并无不当。从有关组织来看,法律对其公益性标准设定了较高条件,确实是以维护公共利益为宗旨,但其有多种开展公益活动的方式和途径。更关键的是,有关组织还是市民社会的重要组成部分,是存在于国家与市场之间的自治力量,以自我规制、自我约束和自我治理为特点,在现代国家治理体系中,与国家机关之间是合作治理的关系,国家机关只能是引导其参与治理,而非强制。所以,对行政机关应当是督促起诉,而对有关组织更多的应是支持起诉。

我国公益诉讼的提起主体包括检察机关、行政机关和社会组织,检察机关行使公益诉讼的起诉权面临着与其他主体之间的诉权顺位问题。从公共利益的受众来看,公共利益与每位社会成员有着直接或间接的联系,他们具有维护公共利益的迫切愿望,在此基础上成立的公益组织其公益性的宗旨和性质与公益诉讼相契合,由其提起公益诉讼实质上是社会关系的一种调整方式,属于实现社会自治的范畴,再加上社会组织成员相较于普通公民更具有专业知识,对损害公共利益的行为有着深刻认识可弥补市场和政府在保护公共利益上的失灵,为鼓励社会组织积极参与公共治理,应将其设为第一顺位。当没有社会团体或社会团体无法维护公共利益时,作为公共利益代表人的国家机关负有责无旁贷的职责。行政机关直接面对公

---

〔1〕 参见王全兴等:《专家谈:劳动基准问题》,载《中国劳动》2011 年第 5 期。

共事务，能快速发现公共利益受损的情形，而检察机关是法律监督机关，受理的案件往往源于当事人的申诉、控告、信访或者举报，相较而言，行政机关比检察机关更有天然优势，有利于问题的及时解决。加之从当前公共利益受到损害的深层原因来看，主要是有的地方行政主管部门缺乏有效监管和打击，也就是说行政救济尚未穷尽，按司法克制主义的观念，应将行政机关设为第二顺位。检察机关应当首先行使检察监督职能，通过起诉意见书或者检察建议的形式督促相关机关或组织履行职责，及时提起诉讼。有关机关或组织在规定的期限内不作为或不诉讼时，检察机关才可提起公益诉讼。

（四）证明责任

在一般情况下，侵害公共利益的加害人经济实力较强，侵害行为及方式也比较隐蔽，这使提起公益诉讼的原告与其相比处于一个极其不平等的地位。为此，必须建立一套合理的举证责任分配规则，确保维护公共利益的诉讼目的得以实现。首先，检察机关、行政机关是国家机关，拥有法定的调查权，基于我国的现实情况，要取得政府机关或公司企业保存的资料，大多需要出示经审批的公函，且在面对国家机关调查时，一般民众对取证工作通常都会予以配合。因而在收集证据时，人民检察院和政府相关主管部门以其特殊地位拥有较大的便利和优势，适用“谁主张，谁举证”的举证责任分担规则。为保障检察机关能顺利调查核实有关情况，最高人民法院、最高人民检察院《关于检察公益诉讼案件适用法律若干问题的解释》第 6 条规定：人民检察院办理公益诉讼案件，可以向有关行政机关以及其他组织、公民调查收集证据材料；有关行政机关以及其他组织、公民应当配合；需要采取证据保全措施的，依照民事诉讼法、行政诉讼法相关规定办理。

其次，有关组织提起的公益诉讼，需要有关机关出具鉴定意见等证据的，具有特定职能的行政机关应当依法履行行政职责，积极促进公益诉讼。这是因为，在公益诉讼中，原告要证明公共利益遭受或可能遭受侵害的事实，以及侵害行为与结果的因果关系，但由于证据的技术性、专业性强，而且一般为被告所掌握，原告举证比较困难，为了保障公益诉讼案件得到公平、公正的审理，举证责任应根据具体情况合理分担。例如，原告提出违法行为有侵害社会公共利益的初步证据后，请求被告提供其执行劳动基准情况等具体信息时，有证据证明被告持有而拒不提供，如果原告主张相关信息的内容不利于被告的，人民法院可以推定原告的主张成立。当然，法院为维护社会公共利益，对于原告在诉讼过程中认可的证据和承认的对己方不利的事实，认为损害社会公共利益的，可以不予确认。

（五）诉讼费用

法律规定的机关或有关组织作为公益诉讼的原告，只是意味着其对诉讼拥有诉讼管理权或诉讼实施权，能启动诉讼程序来处理该违法行为，其只是程序主体，而非公共利益的实体代表，因此不应当对公益诉讼案件的实体问题也享有完全的处分权，但在应否承担诉讼费用的问题上，目前有不同的意见。有的主张检察机关应当预交诉讼费用，并承担败诉部分的诉讼费；有的认为检察机关是国家机关，其经费是由国家财政拨款，从国库支出，如果规定由检察机关预交诉讼费用和承担败诉费用，那也是由国库支付检察机关，再由检察机关交给审判机关，最后审判机关又把诉讼费交回国库，对国库而言等于什么都没有发生，但是却增加了很多不必要的工作量。笔者认为，检察机关提起公益诉讼是为了保护社会公共利益，即便胜诉，所获得的利益也与检察机关没有法律上的联系，如果要求其承担预交诉讼费义务和败诉后的风险，必然导致权利义务不对等，所以检察机关没有必要预交诉讼费，也不必承担败诉部分的诉讼费。如果检察机关败诉，诉讼费用可由国家承担，检察机关仅负担诉讼支付的必要费用。另外，对于有关组织的诉讼费用问题，由于公益诉讼原告不是为了或者不只是为了维护自身利益而诉，如果不考虑有关组织为公益诉讼负担的诉讼成本，公益诉讼制度就无法发挥应有作用。因此，对于有关组织诉讼费用的承担，应当进行合理的安排。在起诉时可以实行原告缓交，在被告败诉时由被告直接负担的方式。原告败诉，成立公益诉讼基金的，由人民法院判决从公益诉讼专项资金支付；未成立公益诉讼基金的，还可以向法院提出减交、免交诉讼费用的申请，法院应当减少或者免除败诉组织的诉讼费用。通过这样的制度设计，有关组织就不会因为交不起诉讼费而撤诉或者迟迟不能起诉，也就不会放任劳动者的基本劳动权益继续遭受不法行为的损害或者威胁。当然，为了防止有关组织滥用诉权，也可责令公益诉讼的原告方向被起诉方赔偿因滥用诉权而遭受的实际损害，包括律师费用在内的各种必要费用。

（六）裁决的执行监管问题

公益诉讼裁判的执行监管问题也需妥善处置。法院在公益诉讼中采取职权主义进行积极主动的干预已是共识，对于需要采取强制执行措施的公益诉讼裁判，法院应当主动移送执行，无须申请执行。为了保护国家利益和社会公共利益，检察机关更应加强对法院执行活动的监督。但是由于公益诉讼执行具有特殊性，特别是公益诉讼赔偿金支付给谁、由谁支配、由谁监管存在法律空白。建议检察机关和法院协商一致,开设公益诉讼专项资金账户,由专门部门来管理,设立一个省级资金管理平台,对省内所有公益诉讼案件的资金进行存放保管以及统筹调配。

(七)劳动基准公益诉讼与私益诉讼的关系

根据诉讼证明法理,预决的事实成为其后案件需要认定的事实时,无须证明,即对于其后的案件有关事实的认定具有预决的效力。所以,劳动基准公益诉讼判决生效后,判决中认定的事实应对后续的民事诉讼具有预决的效力,可在后来的私益诉讼中直接作为判决依据。劳动者提起私益诉讼时,对于用人单位同一违反劳动基准的行为,原告、被告均无须举证证明,但原告一方对该事实有异议并有相反证据足以推翻的除外。